本书受西华大学人才引进项目"近代嘉陵江上游地区城镇地理研究"（项目编号：W202325）和西华大学马克思主义学院"学术成果培育工程"的资助。

明清关陇地区
交通地理研究

贾强◎著

新华出版社

图书在版编目（CIP）数据

明清关陇地区交通地理研究／贾强著 . —北京：
新华出版社，2023.12
ISBN 978 - 7 - 5166 - 7185 - 6

Ⅰ.①明…Ⅱ.①贾…Ⅲ.①运输地理—研究—中国
—明清时代Ⅳ.①F512.99

中国国家版本馆 CIP 数据核字（2023）第 226270 号

明清关陇地区交通地理研究

作者：贾强
出版发行：新华出版社有限责任公司
　　　　　（北京市石景山区京原路 8 号　邮编：100040）
印刷：三河市龙大印装有限公司

成品尺寸：170mm×240mm　1/16　　印张：20.25　字数：299 千字
版次：2024 年 5 月第 1 版　　　　　印次：2024 年 5 月第 1 次印刷
书号：ISBN 978 - 7 - 5166 - 7185 - 6　　定价：98.00 元

微店

视频号小店

抖店

京东旗舰店

请加我的企业微信

微信公众号

喜马拉雅

小红书

淘宝旗舰店

扫码添加专属客服

| 前　言 |

交通是不同区域间人们交往的产物，也是社会经济发展的重要基础。关陇地区作为中华文明的发源地之一，其交通经历了数千年的发展演变。先秦时期是关陇交通的萌生期，影响后世的几大干道已具雏形；秦汉时期是关陇交通的发展期，初步构建起以西安—咸阳为中心通往各地的交通体系；隋唐宋元时期是关陇交通的完善期，以西安为中心的道路网趋于严密化、合理化；明清时期是关陇交通的成熟期，区域路网得到进一步整合与调整。本书着重对明清关陇地区的交通进行探讨。

明代关陇地区的交通格局是以西安为中心，呈放射状向周边地区辐射。驿道作为官方道路，是这一交通格局中的主要框架，而普通道路则是进一步的完善和补充，两者共同构建起相对严密和合理的交通路线网。清代关陇地区交通体系进一步完善的同时，区域交通中心也发生了变化，形成西安和兰州两中心并重的格局。除陆路外，黄河、渭河、嘉陵江、汉江和丹江等重要河流是天然的水运通道，陆路与水路共同构建起关陇地区的交通网。一些位于路网节点的城市，因此成为重要的交通枢纽。

道路的功用主要体现在政治、经济和军事方面。政治方面，通过对各处驿站驿马数量进行分析，发现明清时期陕甘大道北道和川陕大道的政治功用较为突出，其他路段在不同时期则有所变化。经济方面，通过对各地商税数量进行分析，发现由西安通往大庆关、潼关和龙驹寨的道路始终是重要的商贸通道，其他路段在不同时期亦有所变化。军事方面，从递运所的设置看，明代由关中通往边地卫所的道路，是重要的军事通道；从台站的设置看，清代陕甘大道北道和川陕大道是重要的军事通道。

为有效管理和维护各处道路，明代于腹地广设巡检司，边地广设烽堠；清代大量裁革巡检司，而将明代的烽堠发展为汛塘制度并推及各地。同时，明清两代均以法律的形式明确道路维修职责，统治者亦时常督促各地官员及时修缮各处桥梁道路。

国家视域下，明代关陇地区是中原通往"三边四镇"和西南地区的重要通道。清代随着新疆的收复，关陇地区在空间上位于国家疆域的中心地带，东达中原，西至新疆，南抵巴蜀，北去蒙古。近代以后，国门洞开，海运和铁路的发展极大推进了东部交通发展，而关陇地区被视作闭塞之区。民国时期，随着抗战的全面爆发，关陇地区的交通重新为人们所重视。新中国成立以后，随着全国交通建设的加快，关陇地处的地域优势逐渐凸显，交通地位日渐提升。

|目　录|

|表目录|

绪　论

一、选题缘由及研究意义

（一）选题缘由

道路是空间内人们迁移和交往的载体，是人类社会发展的重要基础。国家机器的顺利运转，也必然基于覆盖全国范围的严密交通体系之上。"盖无论政令推行，政情沟通，军事进退，经济开发，物资流通，与夫文化宗教之传播，民族感情之融和，国家关系之亲睦，皆受交通畅阻之影响。"① 历史时期，任何政权建立之后无不以修辟道路、设置驿传、完善交通系统为首要任务。秦并六国后，"为驰道于天下，东穷燕齐，南极吴楚，江湖之上，濒海之观毕至"②。汉兴以长安（今西安）为中心，驿路遍及各地郡国，"十里置一邮。南郡江水以南，至索南水，廿里一邮。……北地、上、陇西，卅里一邮；地险狭不可邮者，得进退就便处"③。至唐代则"凡三十里一驿，天下凡一千六百三十有九所"④。"凡万国之会、四夷之来，天下之道途毕出于邦畿之内。"⑤ 明太祖朱元璋即位之初便下令，"置各处水、马站及递运所、急

---

① 严耕望：《唐代交通图考序》，《唐代交通图考》第 1 卷，上海：上海古籍出版社，2007 年，第 1 页。
② （汉）班固：《汉书》卷 51《贾山传》，北京：中华书局，1999 年，第 1781 页。
③ 朱红林：《张家山汉简〈二年律令＞集释》，北京：社会科学文献出版社，2005 年，第 177 - 178 页。
④ （唐）李吉甫等：《唐六典》卷 5，北京：中华书局，1992 年，第 163 页。
⑤ （唐）柳宗元：《柳宗元全集》卷 26《馆驿使壁记》，曹明纲标点，上海：上海古籍出版社，1997 年，第 218 页。

递铺"。① 时人更是指出，"驿递天下之血脉也，血脉不容一日稍郁，邮传之设不可废也，明矣"②。而驿递之顺利运转取决于道路是否畅通，由此可见道路交通对于国家的重要性。

关中乃"四塞之地"，沃野千里。古代众多政权先后建都于此，"以关中为政治重心的王朝为确保对国家的控制，势必加强关中及其与外部交通的营建"③。遂逐渐形成以关中为辐射中心的全国交通网络。陇右紧邻关中，为关中之重要屏障。"夫欲保关中，先固陇右"④，两者唇齿相依实为不可分割之整体。历史时期关陇地区战略地位极为重要，正处于东、西、南、北四方交通体系的汇合处。其东北经蒲关道渡黄河可达山西高原，向东经函谷道可入黄河下游，东南经武关道可达江淮，向南经陈仓道、褒斜道、子午道可达汉中、巴蜀，西南沿唐蕃古道入青藏高原，向西经河西走廊可至西域，向北则可直达塞外。清代沿革地理学家顾祖禹历陈历代大势，认为"陕西之为陕西，固天下安危所系也，可不畏哉?"⑤ 是故历代统治者都极为重视关陇地区的交通建设。

大体来看，先秦时期是关陇交通的萌生期，对后世影响较大的主干道得到初步利用；秦汉时期为关陇交通的发展期，这一阶段陇右地区被动接受关中地区的交通辐射，初步形成一些主干道；隋唐宋元时期为完善期，这一阶段陇右与关中的交通网日渐严密，两者融为一体；明清时期为成熟期，关陇交通体系在前一阶段基础上继续发展完善，并出现了双辐射中心的格局，西安与兰州分别位居关陇东西两端，成为区域空间内两座非常重要的交通枢纽。

(二) 研究意义

道路是伴随着人类在社会发展中，日益增长的探索欲望和交往需求而逐

---

① 《明太祖实录》卷29，洪武元年正月庚子条，台北："中央研究院"历史语言研究所，1962年，第500页。
② 方裕谨：《明崇祯年间驿递制度史料》，《历史档案》1983年第1期。
③ 饶胜文：《布局天下：中国古代军事地理大势》，北京：解放军出版社，2006年，第20页。
④ （清）顾祖禹：《读史方舆纪要》卷59《陕西·平凉府》，北京：中华书局，2005年，第2811页。
⑤ （清）顾祖禹：《读史方舆纪要·陕西方舆纪要序》，北京：中华书局，2005年，第2451页。

渐形成的。在这一过程中，利用率最高的路线成为区域空间内的主干道，利用率较低的路线则成为支线道路。随着人类活动的深入和扩展，区域路线格局日益完善，并与周边区域的路线相衔接，形成一幅广阔的交通网络。其后，国家的建立使得较大空间范围内的交通网络处于统一政权的管理之下，而当政者为推进社会经济的发展对其不断调整和完善。因此，今天我国的交通格局是数千年来发展演变的结果，且今后随着社会经济的发展，仍然会不断进行调整和完善。

当前是我国交通建设的重要时期，高速公路和高速铁路的建设使各地越来越紧密地联系在一起，未来这种趋势还将进一步加深。关陇地区位于国家疆域的腹心地带，交通建设尤为关键。在对历史时期关陇交通体系的形成与变迁进行综合考察的基础上，对今天关陇地区交通格局现状做出评价，并对未来该地交通体系的调整和完善提供借鉴，这是本书的现实意义。

目前对历史交通地理的研究，主要侧重于道路的复原方面，对道路的社会功用、通行条件及通过能力等涉及较少，区域交通整体研究亦不多见。本书以古代关陇地区的交通体系为研究对象，研究其形成的历史过程和特点及在全国交通体系中的地位，可丰富历史交通地理学的研究。

二、研究综述

现代交通史的研究可上溯到 20 世纪 20 年代，1923 年出版的《交通史》（王倬）[①] 可视为最早的著作。其后先后出版了《交通史略》（袁德宣）[②] 及《中国交通史》（白寿彝）[③]，后者分时段对不同时期的交通路线、交通设施、交通工具、交通管理制度等进行综合考述，为后来的交通史研究奠定重要基础。历史地理学界对交通问题的研究可以追溯到 20 世纪 40 年代，1944 年史念海发表《秦汉时代国内之交通路线》一文，结合秦皇汉武巡狩活动，两汉时期重要军事行动及经济都会的空间分布，来考察秦汉时期国内的交通

① 王倬：《交通史》，上海：商务印书馆，1923 年。
② 袁德宣：《交通史略》，北京：交通丛报社长沙铁路协会，1927 年。
③ 白寿彝：《中国交通史》，上海：商务印书馆，1937 年。

干道①。同年还出版了《中国的运河》一书，详细论述了历代对运河的开凿、疏通和利用，堪称一部完整的中国运河史，对学习和了解历史时期的运河交通意义重大②。经过近百年的发展，学界对历史时期交通问题的研究已经取得了丰硕的成果。作为西周、秦、汉、隋、唐诸王朝的建都地西安所在关陇地区，处于丝绸之路主干道上，历史时期关陇地区的交通状况自然也引起了众多学者的关注，成果颇丰。下面就交通史和历史交通地理学界关于关陇地区交通的研究成果做统一梳理，并进行点评。

（一）关陇地区交通史研究

从研究区域看，既有对关陇地区的交通进行系统研究者，也有专就某一小区域交通、某一条线路或一地点进行研究考证者。前者首推严耕望《唐代交通图考》③，作者基于翔实的史料分析，分区域考证了唐代全国各地的驿馆设置和驿道走向。在卷一《京都关内区》、卷二《河陇碛西区》和卷三《秦岭仇池区》中，以长安为中心，分别考察了长安向东通往洛阳，向北通往太原、丰州（今呼和浩特赛罕区），向东北通往胜州（今内蒙古准格尔旗东北），向西北通往灵州（今吴忠市），向西通往安西的驿道以及向南跨越秦岭的武关道、子午道、褒斜道等，对了解唐代关陇地区的交通状况有重要参考意义。另外，杨正泰《明代驿站考》④ 依据《明会典》《寰宇通衢》《寰宇通志》《读史方舆纪要》和《嘉庆重修一统志》等史料，分省详列各地驿站并考证其现今地点，同时绘制出全国范围的驿路图，有助于了解明代关陇地区的交通状况。

对局部区域或某条线路、地点进行考察的论述较多。例如，史念海对秦直道的考察⑤。辛德勇对汉唐长安城附近水陆交通、崤山古道的考察，以及霸上及长安都亭驿位置的考证等⑥。王文楚《唐代两京驿路考》详细考证了

① 史念海：《秦汉时代国内之交通路线》，《文史杂志》1944 年第 1 – 2 期。
② 史念海：《中国的运河》，重庆：史学书局，1944 年。
③ 严耕望：《唐代交通图考》，上海：上海古籍出版社，2007 年。
④ 杨正泰：《明代驿站考（增订本）》，上海：上海古籍出版社，2006 年。
⑤ 史念海：《秦始皇直道遗迹的探索》，《文物》1975 年第 10 期。
⑥ 辛德勇：《古代交通与地理文献研究》，北京：中华书局，1996 年。

唐代长安与洛阳间的驿馆分布与驿道路线走向①。李之勤指出了柳宗元《馆驿使壁记》中存在的问题，并对唐京兆府境内的驿路走向和部分驿站位置进行了考证②。刘满《秦汉陇山道考述》对秦汉时期东西横跨陇山的陇坻道、瓦亭道、鸡头道和番须道，以及陇山东麓南北向的回中道进行了考证③。程义《唐代宫人斜与临皋驿地望考证》重点考察了唐长安城以西临皋驿的位置④。赵逵夫以碑刻资料为基础，着重探讨了陇南在陇蜀道中的重要地位⑤。冯培红、王蕾对唐代乌兰关和乌兰县的位置进行了考证⑥。刘满《河陇历史地理研究》一书中对古代陇右地区的重要渡口、关隘、道路及城址等进行了考证⑦。

关陇地区是古代丝绸之路东段的必经之地，因此对历史时期丝绸之路的路线考察，也必然涉及关陇地区的交通。苏海洋等《丝绸之路陇右南道甘肃东段的形成与变迁》一文指出，丝绸之路陇右南道形成于春秋时期，战国晚期至西汉获得初步发展，并逐渐发展成为官道，东汉以后至北宋长期保持繁荣局面，之后趋于衰落⑧。吴景山《丝绸之路在甘肃的线路述论》对历史时期甘肃境内的丝绸之路路线进行较为系统的考察，陇右地区尤为详细，并注意到各线路间的互相联系⑨。张硕勋等《作为媒介的驿道：古代长安通西域的驿道考》一文系统考证了汉代至清末长安至西域的驿道建设和驿站分布情况⑩。除以上数篇文章对历史时期丝绸之路关陇段进行系统介绍外，大多数研究将时间段集中于汉唐或五代、北宋、西夏时期。

---

① 王文楚：《唐代两京驿路考》，《历史研究》1983 年第 6 期。
② 李之勤：《柳宗元的〈馆驿使壁记〉与唐代长安城附近的驿道和驿馆》，《中国古都研究》第一辑，杭州：浙江人民出版社，1985 年。
③ 刘满：《秦汉陇山道考述》，《敦煌学辑刊》2005 年第 2 期。
④ 程义：《唐代宫人斜与临皋驿地望考证》，《唐史论丛》2013 年第 2 期。
⑤ 赵逵夫：《蜀道变迁与陇南交通》，《兰州交通大学学报》2017 年第 5 期。
⑥ 冯培红、王蕾：《中古时期乌兰关、县位置考辨》，《敦煌研究》2017 年第 2 期。
⑦ 刘满：《河陇历史地理研究》，兰州：甘肃文化出版社，2009 年。
⑧ 苏海洋、雍际春、晏波：《丝绸之路陇右南道甘肃东段的形成与变迁》，《西北农林科技大学学报（社会科学版）》2011 年第 3 期。
⑨ 吴景山：《丝绸之路在甘肃的线路述论》，《兰州大学学报（社会科学版）》2013 年第 3 期。
⑩ 张硕勋、王晓红、韩岩等：《作为媒介的驿道：古代长安通西域的驿道考》，《长安大学学报（社会科学版）》2015 年第 1 期。

对汉唐时期丝绸之路关陇段的研究成果主要有：吴礽骧《两关以东的"丝绸之路"——兼与鲜肖威同志商榷》，该文对汉代丝绸之路东段的路线进行了考察①。鲜肖威《甘肃境内的丝绸之路》一文指出，汉唐时期从长安出发到达河西走廊的丝绸之路分为南、北、中三道，认为它们在不同时期有主次之分②。其在另一篇文章《唐乌兰县何在？——兼论敦煌以东丝绸之路》中，对丝绸之路东段北道所经过的乌兰县的地点进行了考证③。鲁人勇《宁夏境内的"丝绸之路"——兼论唐长安、凉州北道的驿程及走向》分析了唐代丝绸之路东段北道的空间走向，着重探讨了其在今宁夏境内的具体路线④。杨希义、唐莉芸《唐代丝绸之路东段长安至敦煌间的馆驿》通过对史料的爬梳，系统考证了唐代长安至敦煌间的驿路走向和驿馆分布⑤。高景明《丝绸之路长安——陇州道》探讨了丝绸之路长安—陇州道的开辟、发展及空间走向，并强调其地位的重要性⑥。达浚、韶蓉《汉唐丝绸之路与陇右的开发》一文探讨了汉唐时期丝绸之路的畅通对陇右地区的发展所产生的影响⑦。马智全《汉代丝绸之路上的安定道》一文，通过考察汉简资料，将汉代安定郡内的丝绸之路称为"安定道"，指出其不仅是传递官方文书的重要通道，也是安定郡与河西地区密切往来的重要路线，在丝绸之路交通上发挥着重要作用⑧。苏银梅《宁夏固原早期丝绸之路遗址——回中宫、瓦亭驿、朝那古城、固原古城》一文，通过对回中宫、瓦亭驿等文物遗址的考察，强调了固原在古代丝绸之路上的重要地位⑨。李并成《汉代河西走廊东段交

---

① 吴礽骧：《两关以东的"丝绸之路"——兼与鲜肖威同志商榷》，《兰州大学学报（社会科学版）》1980 年第 4 期。

② 鲜肖威：《甘肃境内的丝绸之路》，《兰州大学学报（社会科学版）》1980 年第 2 期。

③ 鲜肖威：《唐乌兰县何在？——兼论敦煌以东丝绸之路》，《兰州学刊》1982 年第 4 期。

④ 鲁人勇：《宁夏境内的"丝绸之路"——兼论唐长安、凉州北道的驿程及走向》，《宁夏社会科学》1983 年第 2 期。

⑤ 杨希义、唐莉芸：《唐代丝绸之路东段长安至敦煌间的馆驿》，《历史研究》1983 年第 6 期。

⑥ 高景明：《丝绸之路长安——陇州道》，《文博》1988 年第 6 期。

⑦ 达浚、韶蓉：《汉唐丝绸之路与陇右的开发》，《中国典籍与文化》1997 年第 3 期。

⑧ 马智全：《汉代丝绸之路上的安定道》，《豳风论丛》2006 年期。

⑨ 苏银梅：《宁夏固原早期丝绸之路遗址——回中宫、瓦亭驿、朝那古城、固原古城》，《文博》2010 年第 3 期。

通路线考》依据悬泉和居延里程汉简，着重探讨了汉代河西走廊东段，即黄河以西至武威间的丝绸之路南北二道的空间走向①。周俭主编的《丝绸之路交通线路（中国段）历史地理研究》一书，对汉唐丝绸之路关陇段进行了较为详尽的考察②。

　　对五代、北宋、西夏时期丝绸之路关陇段的研究成果主要有：鲁人勇《灵州西域道考略》一文对盛于五代、宋初的灵州道的开辟时间、背景及走向进行了较为详细的考察。其指出，由于吐蕃势力扩张，旧丝绸之路干道被阻断，灵州道应运而生，开辟时间在唐大中六年至九年（852—855 年）。长安至灵州路线固定，灵州以西则可分为南、北、中三线③。周伟洲《五代时期的丝绸之路》一文主要探讨了五代时期，丝绸之路东段的路线变化及沿线各政权、民族在丝绸之路上所起的作用等④。钱伯泉《西夏对丝绸之路的经营及其强盛》一文指出，西夏在丝绸之路上占据重要地位，凭借丝路贸易使国家迅速发展强盛⑤。罗丰《五代、宋初灵州与丝绸之路》着重探讨了五代、宋初时期灵州在丝绸之路上的重要地位，并对灵州通往内地和塞外的路线进行考证⑥。赵贞《敦煌文书中所见晚唐五代宋初的灵州道》一文通过对敦煌文书的解读，认为灵州道开辟于唐大中年间（847—860 年），其路线走向大致包括两条，即灵州—凉州道和灵州—甘州道⑦。李学江《西夏时期的丝绸之路》一文认为，西夏的建立并未阻碍丝绸之路的畅通，相反其与西域诸国保持着较为密切的商贸联系，直到北宋灭亡⑧。杨蕤《关于西夏丝路研究中的几个问题的再探讨》一文客观分析了西夏兴起对丝绸之路的影响，认为传统丝绸之路在西夏境内并未完全"失效"，仍然起着一定的连接

① 李并成：《汉代河西走廊东段交通路线考》，《敦煌学辑刊》2011 年第 1 期。
② 周俭：《丝绸之路交通线路（中国段）历史地理研究》，南京：江苏人民出版社，2012 年。
③ 鲁人勇：《灵州西域道考略》，《固原师专学报（社会科学版）》1984 年第 3 期。
④ 周伟洲：《五代时期的丝绸之路》，《文博》1991 年第 1 期。
⑤ 钱伯泉：《西夏对丝绸之路的经营及其强盛》，《西北民族研究》1993 年第 2 期。
⑥ 罗丰：《五代、宋初灵州与丝绸之路》，《西北民族研究》1998 年第 1 期。
⑦ 赵贞：《敦煌文书中所见晚唐五代宋初的灵州道》，《中国历史地理论丛》2001 年第 4 期。
⑧ 李学江：《西夏时期的丝绸之路》，《宁夏社会科学》2002 年第 1 期。

作用①。杨蕤等《略论五代以来陆上丝绸之路的几点变化》一文着重探讨了五代以来，政权分裂割据对丝绸之路的影响，灵州路在兴起的同时，传统的秦州路并未因吐蕃的进攻而完全失效②。

还有些著述，虽不以丝绸之路为探讨主题，但从所论内容看，也可归入此范围内，如陈守忠《北宋通西域的四条道路的探索》一文，考察了灵州道、夏州道、泾原道、青唐道四条道路的空间走向和开辟背景③。通过对宋夏交战中军旅往返路线的考察，韩茂莉《宋夏交通道路研究》一文认为当时两国间的主要交通路线有三，即延夏路、环庆路、镇原路，并注意到道路与周边地形的关系④。顾吉辰《北宋时期中西交通考述——兼述吐蕃在中西交通史上的地位和作用》一文，探讨了宋、西夏及吐蕃诸政权并立形势下，政治和战争因素对彼此间交通路线的影响⑤。孙修身《五代时期甘州回鹘和中原王朝的交通》一文主要探讨了唐五代时期甘州回鹘与中原王朝间的交通路线及灵州的重要交通地位⑥。鲁人勇《论西夏交通》对西夏交通的地位、特点、交通工具及驿道走向等进行了论述⑦。曹家齐《宋境通西夏道路新考》对宋境通西夏的五组道路进行了探讨⑧。杨作山《北宋时期秦州路考略》一文探讨了西夏立国灵州道受阻后，北宋开辟秦州道的过程⑨。陈旭在《西夏驿路与驿传制度》一文中考察了西夏通往宋朝、辽朝和回鹘的三条驿路干线，并对西夏驿传制度进行了探讨⑩。杨小敏则对北宋时期秦州（今甘肃省天水市）在丝绸之路上的重要地位进行了探讨⑪。张多勇、李并成依据《西夏地形图》和历史文献及考古调查等，对西夏境内的十三条干道进行了

① 杨蕤：《关于西夏丝路研究中的几个问题的再探讨》，《中国历史地理论丛》2003 年第 4 期。
② 杨蕤、王润虎：《略论五代以来陆上丝绸之路的几点变化》，《宁夏社会科学》2008 年第 6 期。
③ 陈守忠：《北宋通西域的四条道路的探索》（《西北师大学报（社会科学版）》1988 年第 1 期。
④ 韩茂莉：《宋夏交通道路研究》，《中国历史地理论丛》1988 年第 1 期。
⑤ 顾吉辰：《北宋时期中西交通考述》，《西藏研究》1989 年第 2 期。
⑥ 孙修身：《五代时期甘州回鹘和中原王朝的交通》，《敦煌研究》1989 年第 3、4 期，1990 年第 1 期。
⑦ 鲁人勇：《论西夏交通》，《固原师专学报》2001 年第 1 期。
⑧ 曹家齐：《宋境通西夏道路新考》，北京：中华书局，2017 年，第 162 - 175 页。
⑨ 杨作山：《北宋时期秦州路考略》，《宁夏社会科学》2007 年第 3 期。
⑩ 陈旭：《西夏驿路与驿传制度》，《北方民族大学学报（哲学社会科学版）》2010 年第 1 期。
⑪ 杨小敏：《北宋时期的秦州（天水）经济与陆上丝绸之路》，《中国史研究》2017 年第 4 期。

复原①。

国外方面，日本学者藤枝晃《李继迁的兴起与东西交通》一文主要分析了李继迁时期党项政权在东西交通中所起的重要作用②。长泽和俊《丝绸之路史研究》一书分上下两篇，上篇对汉、唐至西夏时期的丝绸之路交通状况及变迁进行探讨，下篇对重要人物的西行路线进行考证③。

其他时段上有胡小鹏《元甘肃行省诸驿道考》一文对元代甘肃行省的主要驿道和驿站进行了考证④。张涛《清代甘肃的驿传制度》对清代甘肃地区驿站的设置、分类及运行管理进行了考察⑤。

（二）研究特点和待改进之处

综上所述，涉及古代关陇地区交通地理的研究成果较为丰硕，在研究途径和方法上积累了丰富的经验。同时呈现出以下特点：其一，从研究时段看主要集中于汉唐及五代、北宋时期。这些时段是丝绸之路形成、发展和变动的重要时期，更具研究价值，而其他时段则很少涉及。其二，从研究内容看，侧重于对路线的复原和地点的考证，而对交通格局演变过程和特点涉及较少。综合考虑，今后对关陇地区的交通地理研究应当在以下方面加以丰富：

（1）注重研究时段的均衡性。区域内交通体系的构建并非一蹴而就，而是历经几百上千年的漫长探索和演变而形成的，并且未来仍将处于进一步的优化阶段。对历史交通地理的研究，不能只着眼于某一段或某几段时期，而是应当从纵向上打通，对区域内的交通体系在历史时期的演化过程进行全面的考察。就关陇地区的交通来说，汉唐时期是其形成和发展的重要阶段；五代宋初时期，是其调整和变迁的重要阶段，自然应当予以重视。但汉以

---

① 张多勇、李并成：《〈西夏地形图〉所绘交通道路的复原研究》，《历史地理》第36辑，上海：复旦大学出版社，2018年。

② 〔日〕藤枝晃：《李继迁的兴起与东西交通》，刘俊文主编，辛德勇等译：《日本学者研究中国史论著选译》第9卷，北京：中华书局，1993年。

③ 〔日〕长泽和俊：《丝绸之路史研究》，钟美珠译，天津：天津古籍出版社，1980年。

④ 胡小鹏：《元甘肃行省诸驿道考》，《西北史地》1994年第4期。

⑤ 张涛：《清代甘肃的驿传制度》，《长江师范学院学报》2009年第1期。

前、魏晋北朝及明清时期，亦是关陇地区交通体系奠基、变迁和发展完善的重要阶段，亦应当予以重视。如此方能对历史时期关陇地区交通体系的发展脉络有更为全面的了解。

（2）树立宏观的交通体系意识。任何一条道路都不是孤立存在的，而是与其他路线相连接、相交会，组合成一个完整的交通体系。对历史交通地理的研究，不应当局限于局部道路的具体考证，要树立交通体系意识。尝试探讨区域内交通网络的空间格局特征，以及影响其形成和变迁的自然和人文因素，同时将其放置于国家视域之下，分析其在全国交通体系中的地位和所起到的作用。

（3）注重区域整体研究。侯甬坚《历史交通地理研究的方法与途径》一文指出，对历史交通地理的研究可从交通史、社会功用、交通运输地理、通行条件、通过能力、整体研究及对比综合研究等多方面开展①。对历史时期某一区域交通进行整体研究，探讨其交通网络的形成过程和特点，不仅有助于全面把握该地区的交通发展脉络，也可为今天该区域内的交通建设提供借鉴。

（4）注重实地考察。文献考证结合实地考察，是历史地理学研究的一大特点。对于历史交通地理的研究，特别是中古以前，传世史料较少，实地考察显得尤为重要。结合文献记载，实地调查古道路遗迹，了解其具体走向、宽度、坡度及沿线地理环境，在此基础上方能对古道路的形成、变迁史做出更合理的分析，为今天的交通建设提供科学的借鉴。

（5）注重地理信息系统（GIS）的应用。地理信息系统应用在历史地理学研究中已经有近二十年的时间，作为一种计算机技术与空间数据相结合的研究手段，其通过将历史文献记录进行量化—建立空间模型—数据分析的路径进行研究，目前在气候、河流地貌、人口聚落研究等方面取得了较大突破。在现代交通地理学中，地理信息系统已被广泛应用于交通管理和规划。对历史交通地理研究来说，当然不能将现代地理学对地理信息系统的应用简

---

① 侯甬坚：《历史交通地理研究的方法与途径》，《经济地理》1987 年第 4 期。

单照搬，在文献梳理考证与实地遗址考察相结合的基础上，利用地理信息系统进行科学定位，对古道路进行精准复原，并分析其与周边地形、聚落的关系是切实可行的。目前这一方面已经取得了较大进展，复旦大学历史地理研究中心侯杨方教授主持研制的"丝绸之路地理信息系统"和首都师范大学历史地理研究中心张萍教授主持的"丝绸之路历史地理信息系统"研究虽侧重点有所不同，前者致力于历史时期丝绸之路路线的精准复原，后者着眼于丝绸之路沿线自然环境、民族、交通和文化等的综合研究，但均借助于地理信息系统这一新型技术。作为新时期历史学研究的重要手段，地理信息系统的潜力仍值得我们进一步发掘，未来其与历史交通地理的关联将更加密切。

三、研究思路与方法

（一）研究思路

区域交通体系有一个漫长的形成和演变过程。道路是伴随着人类生产活动的开展而形成的，最初较为简单，辐射范围较小。随着人类活动的加强，新的道路被不断开辟，旧的道路被不断延伸，路线变得复杂，辐射范围亦加大，逐渐形成较为完善的区域交通体系。

关中是历史时期开发较早的地区，西周时为王畿之地，秦、西汉、隋、唐等大一统帝国先后定都于此，遂构建起以关中为中心的全国交通体系。从空间上看，陇右紧邻关中，是关中以西的重要屏障，是以历代统治者都极为重视关中与陇右间的交通建设。经过不断调整和完善，关中和陇右联系越来越密切，最终形成区域内完善的交通体系。从时间上看，秦汉时期是关陇交通体系的发展期，这一阶段陇右被动接受关中交通辐射，形成南北两条主干道，即丝绸之路关陇段。魏晋南北朝时期，秦岭一线成为南北对峙政权间的主要界线，关陇南部战事频发成为双方争夺焦点，秦岭诸道被频繁利用，推进了关陇、巴蜀间的联系，促进了关中和陇右间的交通融合。隋至唐前期是关陇交通的完善期，主干道继续沿用的同时又衍生出众多支线。中晚唐至北宋时期，关陇地区又成为东西对峙政权间争夺的要地，北方灵州道兴起，成为沟通关陇与河西乃至西域地区的重要通道。元明清时期为关陇交通体系的成熟期，构建起严密的驿道交通网，特别是进入清代，兰州发展成为新的交通辐射中心，与西安各据关陇地区东西两端，直接影响到今天的交通格局。

影响道路形成和发展的原因是多方面的，既有自然环境因素也有人文社会因素。从地理层面讲，道路必择地势平坦，水草丰美处行进。而河流的变迁，及地震、滑坡等地质运动必然会对道路产生影响，使其发生改道。从人文方面来说，影响道路变迁的不仅有经济因素，亦有政治、军事因素。政权分裂局面下，原先的道路很可能受到阻碍，不得不另寻他路，如唐末五代受吐蕃势力影响，灵州道开始兴起。而一些道路的开通和利用与军事活动密切相关，战起则兴，战罢则废，如褒斜道在历史时期曾反复修废。就关陇交通体系的研究来说，只有在综合考虑各方面因素的基础上方能对其路线形成和变迁做出合理解释。

另外，将关陇地区的交通体系置于全国大背景之下考察，可以发现其在历史时期一直处于重要的地位。唐以前几大王朝定都关中地区，作为政治中心关陇地区的交通体系自然占有重要地位。唐以后虽然政治中心东移，但关陇地区作为控御西北局势的重要依托，其交通建设依然受到重视。特别是进入清代，伴随大一统帝国的形成，关陇地区处于国家疆域的腹心地带，交通作用更为凸显。

（二）研究方法与途径

历史交通地理的研究是一门综合性研究，研究方法具有多样性。对历史时期的交通状况进行探讨最重要的当是对历史文献的搜集和分析。现存正史、志书、文人笔记等资料中，有众多涉及关陇地区交通的记载，包括当时的州县乡村等各级聚落分布，重要关隘、驿站的设置，时人主要行经路线，通行条件及交通工具等。对这些资料的整理和研究是了解和复原各时期关陇地区交通格局，并分析影响交通网络形成与变迁的自然和人文因素的重要基础。

实地考察对验证和精确复原交通路线具有重要意义。对史料的分析只能大致了解古道路的空间走向，但其具体路线及道路的形制、坡度，与周边地形的关系等，则需要进行实地考察才能得出科学的结果。虽然时过境迁，但关陇地区的地形地貌并未发生大的变动，区域内尚保存有众多关隘、城址、道路等历史遗迹，这都极大地提高了实地考察的可行性。同时，结合卫星地图进行定位可弥补实地考察无法面面俱到的缺憾。

现代交通运输地理学的理论方法对历史交通地理的研究具有重要的借鉴意义。现代交通运输地理学的研究对象之一便是交通网和枢纽的地域结构及类型①，借助这一理论和研究方法，有助于科学分析历史时期关陇地区交通体系的布局特点，及其与区域自然环境、经济环境和社会文化环境的互动关系，也有助于考察关陇交通体系中的枢纽城市的地位和作用。

绘制地图是历史交通地理研究的重要一环。无论是对古道路的复原还是对交通体系布局的分析，都离不开地图。地图能以更直观的方式对交通路线进行表达，其不仅是一种研究手段，更是研究成果的一部分。

四、关陇区域界定

"关陇，谓关中、陇右也。"② 从字面理解，关陇应包括"关中"和"陇右"两个地区。"关中"大体以关中平原为主。③《史记·留侯世家》载"夫关中左崤函，右陇蜀，沃野千里，南有巴蜀之饶，北有胡苑之利"④。而"陇右"亦称"陇西"，汉晋时期指陇山以西，黄河以东的地方。⑤

"关陇"一词初见于西晋陈寿所著《三国志》中。《三国志·魏书·桓二陈徐卫卢传·陈》载："若维以战克之威，进兵东向，据栎阳积谷之实，放兵收降，招纳羌、胡，东争关、陇，传檄四郡，此我之所恶也。"《三国志·魏书·桓二陈徐卫卢传》又载："众议以经奔北，城不足自固，维若断

① 杨吾扬：《交通运输地理学》，北京：商务印书馆，1986年，第1页。
② （明）卓明卿：《卓氏藻林》卷1《地理类》，《四库全书存目丛书·子部》214册，济南：齐鲁书社，1995年，第267页。
③ 一些文献中对此有更为明确的说明，如《三辅旧事》载："西以散关为限，东以函谷为界，二关之中谓之关中。"《关中记》载："秦，西以陇关为限，东以函谷为界，二关之间，是谓关中之地。"
④ （汉）司马迁：《史记》卷55《留侯世家》，北京：中华书局，1999年，第1632页。
⑤ 宋翔：《汉魏南北朝时期"河陇"政治地理之演变》，《暨南学报（哲学社会科学版）》2017年第5期。

凉州之道，兼四郡民夷，据关、陇之险，敢能没经军而屠陇右。宜须大兵四集，乃致攻讨。"① 蜀汉延熙十八年（255年）蜀将姜维北征，雍州刺史王经迎战，兵败被围狄道。魏将邓艾等主张避其锋芒暂不救援，征西将军陈泰等则表示反对，遂有上述一番言论。时姜维率兵围攻狄道，陈泰担心其"东争关、陇"，可见当时"关陇"是指狄道（今临洮）以东，包括关中及陇山以西的地区。又东晋常璩《华阳国志》载，两汉之际，据有益州的公孙述称帝后，荆邯曾谏曰："不东出荆门，北陵关陇，与之进取，则王业不全，子孙不久安也。"② 时公孙述已据有汉中地。同书又载，建安二十年（215年）张鲁降曹操，曹据有汉中后，"迁其民于关陇"③，可知当时的"关陇"指汉中以北的地区。可见，汉晋时期"关陇"确是"关中"和"陇右"两区域的结合。

南北朝时期，"关陇"这一区域观念得到普及，各类文献中屡见不鲜。究其原因，当与十六国时期的政权割据密切相关。前赵、前秦、后秦等政权均立足关陇，割据一方，这无疑加深了人们对"关陇"这一地理区域观念的认知和印象。

与此同时，"关陇"所涵盖的区域亦变得愈加宽泛。《元和郡县图志》鄯州条下载："隋乱陷贼，武德二年讨平薛举，关、陇平定，改置鄯州。"④ 时鄯州为薛举所据，此处分明是将鄯州所处的今西宁一带视作"关陇"范围之内。宋元时期，陕北部分地区亦被纳入"关陇"区域之内。《宋史》载，绍兴元年（1131年）"张浚承制以吴玠为陕西诸路都统制。时关陇六路尽陷，止馀阶成岷凤洮五郡、凤翔之和尚原、陇州之方山原"⑤。关陇六路即陕西六路，《宋史》载，建炎二年（1128年）六月"以知延安府王庶节

① （晋）陈寿：《三国志》卷22《魏书·陈泰传》，北京：中华书局，1999年，第477页。
② （晋）常璩著，汪启明、赵静译注：《华阳国志译注》卷5《公孙述刘二牧传》，第208页
③ （晋）常璩著，汪启明、赵静译注：《华阳国志译注》卷2《汉中志》，成都：四川大学出版社，2007年，第55页。
④ （唐）李吉甫：《元和郡县图志》卷39《陇右道上》，北京：中华书局，1983年，第991页。
⑤ 《宋史》卷26《高宗本纪三》，北京：中华书局，2000年，第326页。

制陕西六路军马"①。又载，靖康年间（1126—1127 年）同州知州唐重曾上疏"关中百二之势，控制陕西六路，捍蔽川陕四路"②。六路包括熙河路、泾原路、环庆路、鄜延路、永兴军路，包括今甘肃东部、青海东南部和关中、陕北地区。金人亦有绥德州"襟带关陇，控制灵夏，实为用武之地"③的记载。

明清时期，汉中和河西或被纳入"关陇"范围之内，明人陈继儒在《乐城十景跋》中写道，"汉中左控三秦，右跨西蜀，中缠襄楚，为关陇一大都会。"④ 将汉中视作关陇重镇。胡缵宗《卦台记》写道："西北之边有九，全陕实当其三，而甘肃又为关陇重地，东有金城之固，西有玉关之严，南有祁连之屏翰，北有合黎之拱护。"⑤ 赵载在《总兵府记》中写道："夫甘肃南控羌番，西通回纥，东北阻鞑靼，四面受敌。晋失之，而四凉伪起；唐失之，而中叶岁微；宋失之，而西夏僭据，中国往往不宁。盖其为关陇襟喉，河洛藩屏，用武要地。"⑥ 明甘肃即河西地区，可见时人亦将河西地区视作"关陇"所属地区。而南面的文县被称为"关、陇之襟喉，巴、蜀之门户"⑦。北面的宁夏被看作"西陲重镇，负山而阻河，外制夷狄，内固关陇"⑧。因此，至明清时期广义上的"关陇"所涵盖的区域包括了关中、陕北、汉中、宁夏、陇右、河湟及河西地区，涵盖今天陕甘宁大部及青海东部地区。而本书所说的关陇与此相埒，是指东至潼关，西达嘉峪关，南至汉中，北抵银川、延安的区域。

---

① 《宋史》卷 25《高宗本纪二》，北京：中华书局，2000 年，第 305 页。

② 《宋史》卷 447《唐重传》，北京：中华书局，1977 年标点本，第 10257 页。

③ （金）刘忠：《重建儒学碑记》，光绪《绥德州志》卷 8《艺文志》，《中国地方志集成·陕西府县志辑》第 41 册，南京：凤凰出版社，2007 年，第 508 页。

④ 雍正《陕西通志》卷 94《艺文志》，《中国西北文献丛书·西北稀见方志文献》第 5 卷，兰州：兰州古籍书店，1990 年，第 368 页。

⑤ （明）赵锦：《陕西行都指挥使司记》，乾隆《甘肃通志》47《艺义志·书》，《中国边疆丛书》第 2 辑，台北：文海出版社，1966 年，第 4830 页。

⑥ （明）赵载：《总兵府记》，乾隆《〈甘州府志〉校注》卷 13《艺文上》，张志纯等校注，兰州：甘肃文化出版社，2008 年，第 473 页。

⑦ （明）顾炎武：《肇域志（四）》，上海：上海古籍出版社，2011 年，第 2902 页。

⑧ （明）王直：《宁夏预备仓储记》，《明经世文编》卷 26《王抑庵集》，北京：中华书局，1962 年，第 197 页。

第一章 明代以前关陇地区的交通概况

道路交通的发展与人类文明的演进同步。关陇地区的道路交通经历了漫长的发展演变史,明清时期的交通建设正是在此基础上的进一步调整和完善。因此,要想深入而完整地了解明清关陇地区的交通,有必要对明代以前这一区域的交通状况进行梳理。

第一节 先秦时期的交通

随着人类社会经济的萌芽和发展,相邻部族间的交往日益密切,从而促进了道路的开辟。先秦时期是关陇地区道路交通体系的萌生期,历经夏商西周,至战国后期,关陇地区的道路网已具雏形,并对后世产生了深远影响。

一、夏商西周时期

由于缺少文献记载,夏商西周时期关陇地区的具体交通状况已无法获悉。但借助考古学成果,仍可进行一番窥测。

(一) 夏代关陇地区交通推测

从目前的考古发掘情况看,以"二里头"为代表的夏文化遗址主要分布于河南、晋东南、陕东和鄂北一带。就关陇地区来说,二里头文化主要发现于丹江和洛河上游的商洛地区，以及渭河下游的渭南一带。① 据考古研究，二里头文化在第三期（前1635年—前1565）时出现向西扩张的现象，经豫西山区进入关中平原东部。目前所发现的大荔县赵庄、渭南市华州区南沙村和元君庙、洛南县龙头梁和商州东龙山等处遗存均属二里头文化第三、四期②。可知在夏王朝晚期，秦岭以北的关中平原东部和以南的商洛一带已被纳入其势力范围。

二里头文化的西进，也一定程度上促进了关陇地区东部交通的开发。由伊洛平原进入关中平原，最直接的道路是穿越豫西山区，因此连接两地的崤函古道很可能在这个时期得到初步的开发和利用。③ 另外，如上所述关陇地区东部的二里头文化主要集中于秦岭以南、以北两个区域，而两地之间无论是在二里头文化传入前还是传入后，都存在着密切的联系④。因此至少在夏朝晚期，对后世影响深远的蓝田—商州古道便已具雏形。

2002年，河南偃师二里头遗址宫殿区3号墓出土大型绿松石龙形器。2004年，又在遗址南部发现绿松石器作坊，出土大量绿松石碎料⑤。2010年至2015年北京科技大学、陕西考古研究所对陕西洛南河口遗址进行调查发掘，出土石锤、陶片及绿松石矿料等，最终断定此处为"目前中原周边发现的唯一一处早期绿松石古矿遗址，也是目前我国发现的最早的绿松石矿"⑥。相关研究者对比分析后发现，洛南河口绿松石与偃师二里头遗址出土绿松石有着较高的关联性⑦。表明洛南河口很可能是偃师二里头绿松石的

---

① 李维明：《夏文化分布态势量化与信息初现》，《东南文化》2004年第3期；段天璟：《二里头文化时期的文化格局》，吉林大学2005年博士学位论文；薛桢雷、吴朋飞：《夏代文化遗址分布与夏都地望的耦合性分析》，《地域研究与开发》2018年第5期。
② 张天恩：《试论关中东部夏代文化遗存》，《文博》2000年第3期。
③ 李久昌：《夏王朝时期崤函古道交通的初创》，《三门峡职业技术学院学报》2018年第2期。
④ 张天恩：《论关中东部的夏代早期文化遗存》，《中国历史文物》2009年第1期；李永强：《陕西东部二里头时期遗存分区研究》，《文博》2014年第3期。
⑤ 中国社会科学院考古研究所二里头工作队：《河南偃师市二里头遗址中心区的考古新发现》，《考古》2005年第7期。
⑥ 李延祥、先怡衡等：《陕西洛南河口绿松石矿遗址调查报告》，《考古与文物》2016年第3期。
⑦ 先怡衡、樊静怡等：《陕西洛南绿松石的锶同位素特征及其产地意义——兼论二里头出土绿松石的产源》，《西北地质》2018年第2期。

重要来源地。这进一步证明关陇东部与伊洛地区存在着密切的联系。《夏令》中有"九月除道，十月成梁"①的规定，可见对道路的修理铺砌是较为关注的。但需要强调的是，基于当时的社会生产条件，夏王朝对于关陇地区的交通开发和建设是十分有限的。"先秦交通区域，在夏后氏时期，似乎仅限于现在的山西东南部和河南西北部。"②

（二）商代关陇地区交通管窥

商汤灭夏后迅速据有了夏朝疆土，并进一步向周边扩展，特别是在东、南、北方三个方向。但商朝初期，商王朝对关陇地区的控制是十分有限的，似乎仍局限于渭河下游一带。"早商时期，西安一带不是商朝政治和军事经营的重点地区，其在考古学文化方面，只呈现出商文化西渐的某些迹象。"③而到商朝初期末，随着商文化的进一步扩张，"渭河中游偏东地区亦被纳入商王朝的控制范围"，至商中期或稍晚阶段，商文化的势力范围已囊括了渭河上游地区。④ 与夏朝相比，商朝对关陇地区的影响更为广泛和深刻。商朝势力的西进有力促进了关中地区交通的发展。从现已探知的关中西部商文化遗址分布来看，似有沿泾、渭干流而上，进入其主要支流的规律。商朝"势力范围沿泾、渭两条主干河流继续推进，占据了岐、幽之间的主要交通孔道"，初步形成了沿渭河、泾河两岸行进的原始干道。⑤ 但至商朝晚期，"随着商王朝的统治中心向北移动，商文化开始逐渐从关中地区向东退缩，至迟从殷墟中期偏晚的殷墟三期开始，西安以西已经不再是殷墟文化的分布区"⑥，代之而起的是先周文化。

从考古发掘的车马坑⑦和甲骨文记载来看，商代车的使用已十分普遍。商代车分牛车和马车两种，前者主要用作载重运输，后者主要用于乘坐、狩

---

① （春秋）左丘明著；（三国）韦昭注：《国语·周语》，上海：上海古籍出版社，2015 年，第46 页。
② 白寿彝：《中国交通史》，武汉：武汉大学出版社，2012 年，第5 页。
③ 周书灿：《早商时期经营四土之考古学新证》，《考古与文物》2011 年第 1 期。
④ 张天恩：《关中商文化研究》，北京：文物出版社，2004 年，第 12 页。
⑤ 张天恩：《关中商文化研究》，北京：文物出版社，2004 年，第 33、78 页。
⑥ 孙华：《安阳时期商朝国家的政治版图——从文化分域和重要遗存的角度来考察》，《古代文明》第 10 卷，上海：上海古籍出版社，2016 年。
⑦ 除殷墟外，关中地区西安老牛坡亦曾发掘出商代车马坑。（刘士莪、宋新潮：《西安老牛坡商代墓地的发掘》，《文物》1988 年 6 月）。

猎和战争。① 牛、马车的普及侧面反映当时的交通道路已具备较强的通行能力，时人开始注重道路的铺砌和维护。据考证，商代已确立了"驲传制度"，即以马车传递信息和递送使客。②

商代交通的发展状况还可从出土玉器原料的来源进行窥探。中国有着源远流长的玉石文化，距今 5000 年的红山文化和良渚文化遗址中便出土了不少精美玉器。延至商代，玉器的种类更加多样，出土数量更加庞大，仅殷墟妇好墓便一次性出土 755 件。近几十年来，经过各界学者的研究分析，已初步断定新疆和田是殷墟出土玉器的重要来源地③。有学者还提出了"玉石之路"的概念，认为早在新石器时代便存在一条横贯我国东西，以运送玉石为主的通道。④ 若果真如此，则关陇地区自然是这条通道上的重要一环。但目前尚未有足够的证据表明，当时东西部两地的先民之间已存在直接的联系，殷墟等地出土的和田玉石并不排除是通过间接方式取得的。

（三）西周关陇地区交通的发展

周人在建立周朝之前，已经历了漫长的发展过程，这段过程通常被称为"先周时期"。据传世文献记载，先周时期周人的主要聚居地有六处，分别是邰、豳、周、程、丰、镐⑤。总体来看，先周时期周人的主要活动范围，"其北约以彬县、旬邑为限，西到周原，东界为丰镐，大体上是在岐山以东，泾渭交汇的三角地带之内"⑥。即以关中平原中西部为主。殷商时期，随着商王朝势力的东退，周人在关中西部逐渐发展壮大。在长达数百年的时间里，周人对关中平原西部进行了持续不断的开发，其在促进农业发展、人口增长的同时，也必然推进了交通道路的开发和利用。

---

① 刘志玲：《试论商代的交通》，《四川师范学院学报（哲学社会科学版）》，1998 年第 3 期；郭宝钧：《殷周车器研究》，北京：文物出版社，1998 年，第 4 页；杨宝成：《商代马车及其相关问题研究》，《华夏考古》2002 年第 4 期。

② 于省吾：《殷代的交通工具和驲传制度》，《东北人民大学人文科学学报》，1955 年第 2 期。

③ 申斌：《"妇好墓"玉器材料探源》，《中原文物》1991 年第 1 期。

④ 杨伯达：《中国古代玉器面面观》，《故宫博物馆院刊》1989 年第 1 期；臧振：《"玉石之路"初探》，《人文杂志》1994 年第 2 期。

⑤ 牛世山：《周族起源与先周文化研究的回顾与思考》，《三代考古》第 7 辑，北京：科学出版社，2017 年。

⑥ 张天恩：《关中商代文化研究》，北京：文物出版社，2004 年，第 189 – 190 页。

周朝建立后，关陇地区的道路交通又有了进一步的发展和完善，主要体现在以下几点：

一是连接关中和豫西的东西干道地位愈加重要。西周建立后，与商朝相比疆域又有了较大的扩展，为便于控御东部疆土，周人以镐京（今西安市长安区西北）为宗周，以洛邑（今洛阳）为成周，实际形成东西两大政治中心，而连接两地的东西大道成为当时最重要的道路之一。所谓"周道如砥，其直如矢"①应当便是对条干道的真实写照。

二是丰、镐通往周边地区的交通网进一步完善。"丰、镐既富产粮食，又是关中的中心，更是关中和东方交往的重要的地点，所以周人剪商之前，定都于此，作为经营东方的始基；灭殷之后，继续在此留驻，使它成为控制全国的枢纽。"② 西周建立后采取分封制，仅关中地区便有不少诸侯国，西部有陈国、散国、西虢、西申、郇国等，东部有郑国、韩国、梁国、芮国、贾国、东虢、有莘国等。各地诸侯不仅与丰京（今西安市长安区西南）、镐京（一起并称丰镐）间保持密切的通信往来，还需定期朝觐，因此丰镐通往这些诸侯国的道路得到了进一步的开发。《周礼》载，秋官司寇属官野庐氏"掌达国道路，至于四畿；比国郊及野之道路、宿息、井、树"③。而"凡国野之道：十里有庐，庐有饮食；三十里有宿，宿有路室，路室有委；五十里有市，市有候馆，候馆有积。"④ 虽然未必完全符合现实，但一定程度上表明西周交通道路的发展状况。

三是镐京与陇右地区的联系也日渐密切。《史记集解》应劭曰："密须氏，姞姓之国。"据考证密须国位于今甘肃灵台县境内，早在殷商时便已存在，为泾河流域重要部族。周文王灭商前为除后顾之忧，率兵征伐密须，此后密须国长期臣服于周。"从地望上看，密须国是当时泾水流域诸国、部族通向宗周的咽喉，亦是西北诸戎出入的要冲，地理位置十分重要。"⑤ 从丰镐出发，溯渭河而上至今凤翔一带，再折向北至密须的道路，以及自镐京向

---

① 《诗经·小雅·大东》，郑州：中州古籍出版社，2005年，第181页。
② 史念海：《古代的关中》，《河山集》初集，北京：三联书店，第1963年，第56-57页。
③ 《周礼·秋官司寇·野庐氏》，陈戍国点校，长沙：岳麓书社，1989年，第105页。
④ 《周礼·地官司徒·遗人》，陈戍国点校，长沙：岳麓书社，1989年，第36-37页。
⑤ 李仲立、刘得祯：《密须国初探》，《陕西师范大学报（哲学社会科学班）》，1989年第4期。

西北沿泾河而上的道路，应是周王朝通往西北地区的重要通道。而在陇西一带，周孝王时封非子于秦，据考证在今甘肃礼县一带，地处陇山以西，说明陇山道此时亦已开辟。①

四是关中通往楚地的武关道也得到进一步的开发。自丰镐出发，东南经今蓝田县越秦岭，进入丹江流域，由此向东可通往南阳盆地，向南可通往楚地。西周时先后于南阳盆地分封申、吕、邓、鄂、谢、唐等诸侯国。② 西周初期与楚国之间也有着密切联系，《史记·楚世家》载，楚人先祖"鬻熊子事文王"，周成王时"封熊绎于楚蛮，封以子男之田，姓芈氏，居丹阳"③。可见沟通关中和南阳盆地、江汉地区的武关道当时已开通。

五是关中通往巴蜀地区的道路初步形成。《尚书·牧誓》所列随周武王伐纣的八个国族中即有蜀④。古本《竹书纪年》载周夷王二年（前 877 年），"蜀人、吕人来献琼玉"⑤。甚至殷墟出土卜辞中亦有"伐蜀"的记载⑥，相关考古发现更是表明早在新石器时代，巴蜀、汉中与关中地区的文化便存在密切联系⑦。司马迁亦称"此谷道（指褒斜道——笔者注）之通久矣。"关中入蜀须翻越秦岭和大巴山，不少学者认为穿越秦岭的故道、褒斜道，以及穿越大巴山的金牛道早在商周时期便已初步开通⑧。

综上可以大胆推测，关中地区东部的道路交通经过夏、商两代先民的经

---

① 这三条沟通关中和陇右的通道，已有专门论述，可参见周博《西周陇东与关中交通考略》（《科学经济社会》2016 年第 2 期）。
② 许倩：《周代南阳盆地封国初探》，2017 年烟台大学硕士学位论文。
③ （汉）司马迁：《史记》卷 40《楚世家》，北京：中华书局，1999 年，第 1388－1389 页。
④ 冀昀：《尚书·牧誓》，北京：线装书局，2007 年，第 129 页。
⑤ 方诗铭、王修龄校注：《古本竹书纪年辑证（修订本）》，上海：上海古籍出版社，2005 年，第 55 页。
⑥ 郭胜强：《蜀与殷商关系刍议——从甲骨文记载谈起》，《郑州大学学报（哲学社会科学版）》2004 年第 4 期。
⑦ 唐金裕：《汉水上游巴文化与殷周关系的探讨》，《文博》1988 年第 1 期；孙华：《试论城洋铜器存在的历史背景》，《四川文物》2011 年第 3 期；魏京武：《陕南巴蜀文化的考古发现与研究——兼论蜀与商周的关系》，《三星堆与巴蜀文化》，成都：巴蜀书社，1993 年，218－226 页。
⑧ 艾冲：《西晋以前的褒斜道》，《人文杂志》1983 年第 4 期；杨伟立：《褒斜道是蜀人走向关中、中原的通道》，《成都大学学报（社科版）》1989 年第 1 期；史党社：《故道的早期历史——以考古材料为主的论证》，《栈道历史研究与3S技术应用国际学术研讨会论文集》2007 年；彭邦本：《故道起源新探》，《宝鸡社会科学》2012 年第 3 期；李久昌：《金牛道早期史考述》，《成都师范学院学报》2016 年第 8 期；彭邦本：《金牛道的起源和早期发展》，《中华文化论坛》2019 年第 3 期。

营，已初具规模，而关中西部经过商人的短暂经营和先周部族的长期开发，也已有了较大改观。周朝建立后，关中作为王畿所在地，道路交通又有了进一步的发展和完善，关中通往豫西、陇右、江汉、汉中乃至巴蜀地区的道路，均获得了不同程度的开发。

二、春秋战国时期

西周末年犬戎杀幽王于骊山下，秦襄公"将兵救周，战甚力，有功"。平王东迁时，"襄公以兵送周平王"，因此获封诸侯，正式据有岐山以西的土地。① 此后秦人不断向周边扩充疆土。武公十年（前 688 年），秦人"伐邽、冀戎，初县之"。十一年（前 687 年），"初县杜、郑"②。至秦穆公三十七年（前 623 年），"伐戎王，益国十二，开地千里，遂霸西戎"③。秦惠文王时征楚伐蜀讨魏，据有汉中及魏国上郡、河西之地。秦昭王时，诈杀义渠戎王，大举攻伐义渠族。"于是秦有陇西、北地、上郡，筑长城以拒胡。"④ 至战国末期，关陇地区大部都被纳入秦国版图。秦国疆域的扩展进一步推进了关陇地区的交通开发。

春秋战国时期盛行车战，其基础自然是道路的休整和便利。"春秋时代交通工具既已普遍使用车辆，而会盟战争又极频繁，道路休整的工作也就不能不被重视起来。"⑤《国语·周礼》记载，周定王时单襄公奉使前往楚国，途径陈国时见"道茀不可行也，侯不在疆，司空不视涂，泽不陂，川不梁"，道路两旁亦无树木，便断定陈国必亡。⑥ 可见，当时各国对道路的修建是较为注重的。与此同时，驿传制度似乎也更加完善。《左传》载鲁文公十六年（前 611 年）"楚子乘驲，会师于临品"⑦。《国语·晋语》："公惧，

---

① （汉）司马迁：《史记》卷 5《秦本纪》，北京：中华书局，1999 年，第 129 页。
② （汉）司马迁：《史记》卷 5《秦本纪》，北京：中华书局，1999 年，第 131 页。
③ （汉）司马迁：《史记》卷 5《秦本纪》，北京：中华书局，1999 年，第 140 页。
④ （汉）司马迁：《史记》卷 110《匈奴列传》，北京：中华书局，1999 年，第 2209 页。
⑤ 史念海：《古代的关中》，《河山集》（初集），北京：三联书店，1963 年，第 81 页。
⑥ （春秋）左丘明著；（三国）韦昭注：《国语·周语》，上海：上海古籍出版社，2015 年，第 45—46 页。
⑦ （春秋）左丘明：《左传》，长沙：岳麓书社，1988 年，第 112 页。

乘驲自下，脱会秦伯于王城，告之乱故。"① 《管子·大匡》载"三十里置遽委焉，有司职之。"② 《韩非子·难势》载，"夫良马固车，五十里而一置，使中手御之，追速致远，可以及也，而千里可日致也"③。《孟子》"速于置邮而传命"。这说明各国境内似乎都确立了较完善的邮驿体系。车辆的广泛使用和驿传体系的日渐完善，使得人们的空间活动范围不断扩大。大约成书于此时的《穆天子传》《山海经》《尚书·禹贡》等著作，其内容虽未必完全切合实际，但所描绘的空间范围之广却是空前的。

在此背景下，至战国末期关陇地区已构建起以秦都咸阳为中心，通往周边的交通道路网。其中，通往东方六国的道路主要有以下三条：第一条是自咸阳出发，沿渭河南岸向东出函谷关的大道；第二条是自咸阳出发，沿渭河北岸向东出临晋关的大道；第三条是自咸阳出发，向东南越秦岭出武关的大道。④

除此之外，还有几条其他重要道路：

一是自咸阳出发，沿渭河向西至雍，再溯汧水而上，越陇山后复循渭河河谷经绵诸、冀、獂等地达于陇西郡的道路。

二是由咸阳出发，向西北沿泾河及其支流至北地郡的道路。"战国时期，泾河及其上游颉河、茹河和马莲河这三条具备通行条件的川谷已被充分利用。"⑤ 自战国中期以后，陇西郡（郡治在今甘肃省临洮县南）和北地郡（郡治在今甘肃省宁县）是秦国西北方面的重要门户，是抵御周边诸游牧民

---

① （春秋）左丘明著，（三国）韦昭注：《国语·晋语四》，上海：上海古籍出版社，2015 年，第 247 页。

② （唐）房玄龄注，（明）刘绩补注：《管子》，刘晓艺校点，上海：上海古籍出版社，2015 年，第 132 页。

③ 《〈韩非子〉译注》卷 17《难势》，张觉等注，上海：上海古籍出版社，2007 年，第 595 页。

④ 卢云：《战国时期主要陆路交通线初探》，《历史地理研究》第 1 辑，上海：复旦大学出版社，1986 年，第 33 - 47 页；王健：《西周政治地理结构研究》，郑州：中州古籍出版社，2004 年，第 349 - 350 页；史念海：《春秋时期的交通道路》，《河山集》（初集），北京：三联书店，1963 年，第 67 - 81 页；王开：《陕西古代道路交通史》，北京：人民交通出版社，1989 年，第 40 - 49 页。

⑤ 孟洋洋：《战国秦汉时期鄂尔多斯高原军事地理研究》，陕西师范大学 2018 年博士学位论文，第 150 页。

族的前沿阵地。

三是自咸阳向西南沿褒斜道、石牛道（又称金牛道）通往汉中、蜀地的道路。《史记·货殖列传》载："栈道千里，无所不通，唯褒斜绾毂其口""及秦文、德、缪居雍，隙陇、蜀之货物而多贾。"① 可见褒斜道是当时沟通关中和汉中的重要通道。由汉中通往蜀地的道路开通已久，战国后期司马错灭蜀时进一步拓宽，"厥盖因而广之矣"②，形成所谓的石牛道。但当时的石牛道的具体走向有别于唐宋和元明清时期，其路线是自今汉中勉县西南行，经宁强县大安镇至阳平关，沿嘉陵江下至燕子砭，再经广坪、白水关等地进入四川盆地。③

四是西北通往上郡（郡治今陕西省绥德县）的道路。秦据上郡后，此处成为防御匈奴和进攻赵魏的重要基地，据有重要的军事地位。《史记》载秦昭王二十年（前287年），"王之汉中，又之上郡、北河"④，由此可知咸阳向北有通往上郡的道路。由咸阳至上郡的路线大致为：由咸阳东北行，进入黄土高原后，沿洛河河谷北行，先后经雕阴、高奴、阳周等地至上郡治所肤施县（今绥德县）。⑤ 需要注意的是，这条道路有别于后来的直道，其存在已久⑥。

第二节　秦汉魏晋时期的交通

秦灭六国后建立起空前辽阔的大一统帝国。为有效控御各地，秦王朝以咸阳为中心大修驰道，并修建直通九原郡（郡治内蒙古王原县）的直道。

---

① （汉）司马迁：《史记》卷129《货殖列传》，北京：中华书局，1999年，第2467页。
② （北魏）郦道元原注，陈桥驿注释：《水经注·沔水》，浙江：浙江古籍出版社，2001年，第435页。
③ 孙启祥：《金牛古道演变考》《历史地理》第23辑，上海：上海人民出版社，2008年。
④ （汉）司马迁：《史记》卷5《秦本纪》，北京：中华书局，1999年，第152页。
⑤ 孟洋洋：《战国秦汉时期鄂尔多斯高原军事地理研究》，陕西师范大学2018年博士学位论文，第148–149页。
⑥ 史念海：《直道和甘泉宫遗迹质疑》，《中国历史地理论丛》1988年第3期。

西汉建立后，在原有基础上构建起以西安为中心通往各地的交通路线。

一、秦代的驰道与直道

赢政统一六国后，建立起空前庞大的秦帝国。为有效控御各地，其下令修建以咸阳为中心通往全国各地的驰道，"为驰道于天下，东穷燕齐，南极吴楚，江湖之上，滨海之观毕至。道广五十步，三丈而树，厚筑其外，隐以金椎，树以青松"①。虽不免有夸张的成分，亦可见其工程之浩大。道路具有较强的沿用性，特别是区域内的交通干道，若完全摒弃旧道而另行开辟，不仅毫无必要且劳民伤财，因此驰道的修建很大程度上应是对原有道路的进一步拓宽和铺砌。在此基础上，秦朝创建起完善的邮驿制度，用以传递诏令文书，"近县令轻足行其书，远县令邮行之"②。

从空间上来看，秦朝时关陇地区的道路网与战国后期相比并未有太大的变化。但有两段道路需要注意：

一是陇西郡与北地郡之间的道路。《史记》载，秦始皇二十七年（前220年）"巡陇西、北地，出鸡头山，过回中"③。陇西、北地二郡是秦朝西部边疆的重要门户，此次出行的目的应是巡视西部边境。从空间上看，北地郡位于咸阳西北，陇西郡位于咸阳以西，两地距离咸阳均较远。因此，此次对陇西郡、北地郡的巡视应是一次性完成，没有必要在巡视完一地后返回咸阳再次西巡。"始皇西巡的大致路线是从咸阳出发，西北到北地郡治（今庆阳西南），西出鸡头山，过回中，到陇西郡治，然后返回咸阳。这样正好巡视了关中西北长城以内的边境地区，达到了视察边防的目的。"④ 陇西郡与北地郡之间显然存在一条重要通道，且至迟在修建长城时便已开通，用以巡视边境及军队行进等。

二是直道。秦始皇三十二年（前215年）令蒙恬发兵三十万击匈奴，

① （汉）班固：《汉书》卷51《贾山传》，北京：中华书局，1999年，第1781页。
② 睡虎地秦墓竹简整理小组：《睡虎地秦墓竹简·田律》，北京：文物出版社，1990年，第19页。
③ （汉）司马迁：《史记》卷5《秦始皇本纪》，北京：中华书局，1999年，第172页。
④ 王京阳：《关于秦始皇几次出巡路线的探讨》，《人文杂志》1980年第3期。

"略取河南地"①，随即修建长城。秦始皇三十五年（前212年）又令蒙恬修建直道，"自九原抵甘泉，堑山堙谷，千八百里"②。司马迁途径直道时不禁感慨道，"固轻百姓力矣"③，可见其规模之宏大。直道修建的表面目的是"始皇欲游天下，道九原，直抵甘泉"④，但实际上却有深刻的军事意图。与驰道在旧有道路基础上的拓宽铺砌不同的是，直道完全是一条新开辟的道路，自腹地云阳甘泉直达边地九原郡。这条道路开通以后，无论军情传递还是军队行进、物资转运都变得更为迅速，有效维护了边境安定，也进一步完善了以咸阳为中心的道路交通网。但讽刺的是，秦始皇并没能见到直道，秦始皇三十七年（前210年），其在第六次出巡时病死于沙丘平台（今河北省广宗县境内），此后队伍经九原至云阳的直道返回咸阳。关于直道的具体走向，目前有"东线说"和"西线说"两种观点。前者认为直道自云阳县甘泉宫出发，循子午岭主脉北行，西北经今甘肃合水、华池县和陕西吴起、定边县境内，再向东北进入鄂尔多斯草原，到达位于包头市西南的九原郡治。后者则认为直道自云阳出发后，向北直达九原郡治，并不向西绕行。⑤

二、汉代秦岭诸道与西北丝绸之路

由于咸阳宫城毁于战火，刘邦在决定建都关中后另建长安城。"以丰、镐和咸阳、长安连起来看，这几个地方显然成了一个三角形，而且相距很近，实际起着共同的作用。也就是说，名称地址稍有改变，作为都城的地理条件还是一样的。这是关中地区的中心，也是交通的枢纽，更是一片肥沃富庶的土地。"⑥长安城选址紧临镐京、咸阳旧址，除却地理环境等因素外，必然与此处长期作为交通枢纽的重要地位密切相关。两汉时期，关陇地区的

① （汉）司马迁：《史记》卷6《秦始皇本纪》，北京：中华书局，1999年，第179页。
② （汉）司马迁：《史记》卷88《蒙恬列传》，北京：中华书局，1999年，第1996页。
③ （汉）司马迁：《史记》卷88《蒙恬列传》，北京：中华书局，1999年，第1998页。
④ （汉）司马迁：《史记》卷88《蒙恬列传》，北京：中华书局，1999年，第1996页。
⑤ 持"西线说"者有史念海、吴宏岐、李仲立等；持东线说者有王开、王北辰、孙武相等。具体可参见马啸、雷兴鹤、吴宏岐《秦直道线路与沿线遗存》，西安：陕西师范大学出版社，2018年，第8–14页。
⑥ 史念海：《古代的关中》，《河山集》（初集），北京：三联书店，1963年，第63页。

交通路线在秦朝基础上，又有了进一步的延伸和完善，这主要体现在关陇地区南部和西部。

（一）南部秦岭诸道

1. 褒斜道

褒斜道，汉武帝时对荒废壅塞的褒斜道进行了重修，"发数万人作褒斜道五百余里"①。东汉永平六年（63年）再次对褒斜道进行大规模修葺，"作桥格六百三十三间，口太格五，为道二百五十八里，邮、亭、驿、置，徒司空，褒中县官寺，并六十四所。凡用功七十六万六千八百余人，瓦三十六万九千八百四口口器，用钱百四十九万九千四百余斛，粟口口口"②。但在不久后的安帝永初元年和二年之间（107—108年），又毁于战乱，"中遭元二，西夷虐残，桥梁断绝，子午复循"③。

2. 故道

故道，又称陈仓道、嘉陵道。此道由宝鸡出发，向南入秦岭谷道，经散关至凤县，再向西至两当县，西南至徽县，之后折向东南经青泥岭道或白水江路至嘉陵江，再顺流而下至略阳县。通常认为故道通行的最早记录是在楚汉之争时，刘邦由汉中出故道至关中，最终夺得天下。对此《史记·高祖本纪》载汉元年（前207年）"八月，汉王用韩信之计，从故道还，袭雍王章邯"④。《汉书·高帝纪》则记，"五月，汉王引兵从故道出袭雍"⑤。虽时间上略有不同，但均记载刘邦率军出故道入关中。另外，东汉《石门颂》记载："高祖受命，兴于汉中。道由子午，出散入秦。"⑥ 又由东汉《郙阁

---

① （汉）司马迁：《史记》卷29《河渠书》，北京：中华书局，1999年，第1199页。
② 《汉·郙君开通褒斜道碑》，薛凤飞：《褒谷摩崖校释》，武汉：湖北人民出版社，1999年，第1页。
③ （清）沈树镛著，柴志光、高贞杰编：《汉石经室题跋》，上海：上海远东出版社，2017年，第173页。
④ （汉）司马迁：《史记》卷8《高祖本纪》，北京：中华书局，1999年，第260页。
⑤ （汉）班固：《汉书》卷1上《高帝纪上》，北京：中华书局，1999年，第22页。
⑥ （清）沈树镛著，柴志光、高贞杰编：《汉石经室题跋》，上海：上海远东出版社，2017年，第173页。

《颂》知，当时嘉陵江沿岸已修建栈道①。总之，故道在两汉时期是往来汉中与关中的重要通道。

3. 子午道

子午道是由西安向南入子午谷，翻越秦岭直达汉中的道路，今谷道南北入口处各有一地名子午镇者。子午道通行的最早记载是在汉初，时刘邦被封为汉王，便是经由子午谷入汉中的②，当时刘邦听取张良建议，"去辄烧绝栈道，以备诸侯盗兵袭之，亦示项羽无东意"③。既已有栈道，可知子午谷早在汉以前便已开通。严耕望认为子午道的开通不当迟于战国、秦时。④ 经过这次人为的破坏，子午谷在相当长的时间内都处于沉寂状态，直到汉平帝元始五年（5年），王莽"以皇后有子孙瑞，通子午道。子午道从杜陵直绝南山，径汉中"⑤。相比褒斜道，子午道因道路险峻并没有成为主要通道。如前所引"中遭元二，西夷虐残。桥梁断绝，子午复循"。安帝永初年间（107—113年），因栈道为羌人破坏，子午道才得以复通，可见该道路一直处于次要地位。果然至东汉顺帝时"诏益州刺史罢子午道，通褒斜路"⑥。随着褒斜道的畅通，子午道再次被废弃。

4. 傥骆道

傥骆道位于褒斜道和子午道之间，其走向是自关中平原入秦岭，沿骆谷转入傥谷进入汉中。据学者研究，傥骆道在东汉初年曾进行过重修⑦，但当时的傥骆道称堂光道，走向上亦有所不同，其在秦岭北坡走围谷，即今泥河。⑧

---

① （清）严如熤修：《嘉庆汉中府志校勘（下）》卷25《艺文上》，郭鹏校勘，西安：三秦出版社，2012年，第856–857页。

② 《汉王刘邦就国南郑时"烧绝栈道"考辨》，《成都大学学报（社会科学版）》2018年第6期。

③ （汉）司马迁：《史记》卷8《高祖本纪》，北京：中华书局，1999年，第259页。

④ 严耕望：《唐子午道考》，《唐史研究丛稿》，香港：新亚研究所，1969年，305–322页。

⑤ （汉）班固：《汉书》卷99上《王莽传上》，北京：中华书局，1999年，第2994页。

⑥ （南朝宋）范晔撰，（唐）李贤等注：《后汉书》卷6《顺帝纪》，北京：中华书局，1999年，第168页。

⑦ 郭荣章：《也谈"围谷"、"堂光"之道》，《中国历史地理论丛》1994年第2期。

⑧ 辛德勇：《汉〈杨孟文石门颂〉堂光道新解——兼析傥骆道的开通时间》，《中国历史地理论丛》1990年第1期。

(二) 西北丝绸之路

张骞两次出使西域，打通了长安通往西域的通道，即对后世影响深远的丝绸之路。长安通往河西走廊段属丝绸之路东段，其具体走向史书中并没有明确记载。但 20 世纪 90 年代居延 E. P. T59：581 和敦煌悬泉Ⅱ0214①：130 里程汉简的出土，为这段道路的复原提供了可能。李并成经过研究认为，汉代长安至武威间存在南北两条道路。北道由长安径取西北方向，大体溯泾河河谷而上，经今泾州、平凉、固原等地，直抵武威；南道由长安出发，沿渭河西行，在今宝鸡附近溯千水西北行，过陇关后复沿渭河西行，经天水、陇西、临洮等地折而向北，经兰州越乌鞘岭至武威。① 由武威郡继续向西经张掖郡（郡治今甘肃省张掖市甘州区）、酒泉郡（郡治今酒泉市）、敦煌郡（郡治今敦煌市西南）出阳关、玉门关后正式进入西域。

此外，又有通往青海的湟中道。即"从关中过陇西，渡黄河进入湟水流域，经郡州（今青海乐都）抵达西平（今青海西宁），并向西、向南、向北辐射，西接羌中道，南连河南道，北面通过乐都武威道、西平张掖道至凉州、张掖"②。此道的畅通与西汉王朝对湟中地区的军事行动密切相关。元鼎六年（前 111 年），"汉遣将军李息、郎中令徐自为将兵十万人平之。始置护羌校尉，持节统领焉"③。经过此次征伐，汉军占领了河湟地区。神爵元年（前 61 年），赵充国奉命讨羌，此役之后汉王朝在湟中地区增设 7 县，此地正式纳入国家郡县体系之中。④ 另外，由西宁向北，经峨堡镇翻越祁连山出扁都口至张掖的道路，在汉代已是连接湟中与河西走廊的重要通道。⑤

---

① 李并成：《汉代河西走廊东段交通路线考》，《敦煌学辑刊》2011 年第 1 期。
② 张得祖：《古玉石之路与丝绸之路青海道》，《青海师范大学学报（哲学社会科学版）》2008 年第 5 期。
③ （南朝宋）范晔撰，（唐）李贤等注：《后汉书》卷 87《西羌传》，北京：中华书局，1999 年，第 1944 页。
④ 王昱：《青海东部地区早期郡县设立时间考辨》，《青海社会科学》1988 年第 5 期。
⑤ 陈新海：《西汉时期湟中地区的交通》，《中国历史地理论丛》1997 年第 1 期；王宗维：《汉代祁连山路考述》，《西北师大学报（社会科学版）》，1983 年第 3 期。

总之，两汉时期关陇地区的道路体系进一步完善，在此基础上建立了全国性的邮驿体系，"十里置一邮。南郡江水以南，至索南水，廿里一邮。……北地、上、陇西，卅里一邮；地险狭不可邮者，得进退就便处"①。经过不断的经营形成以长安为中心，"四方并臻"② 的交通格局。

三、三国两晋南北朝时期蜀道的兴废

东汉以后，天下陷入长达四百年的纷乱割据时期。秦岭作为南北政权间的重要分界线，成为双方争夺的要地。在此背景下，连接关中和汉中的秦岭谷道使用频繁。蜀汉建兴六年（228 年），诸葛亮将伐蜀，"扬声由斜谷道取郿"③。魏太和四年（230 年），曹魏伐蜀数道并进 "魏使司马懿由西城，张郃由子午，曹真由斜谷，欲攻汉中"④。曹魏正始五年（244 年）曹爽经傥骆道伐蜀，"大发卒六七万人，从骆谷入"⑤。蜀汉建兴十二年（234 年）"亮悉大众由斜谷出，以流马运，据武功五丈原"⑥。蜀汉延熙二十年（257 年）姜维趁曹魏关中兵东下淮南平叛之机，"率数万人出骆谷，径至沈岭"⑦。魏景元四年（263 年）魏将钟会"统十余万众，分从斜谷、骆谷入"⑧。会同邓艾、诸葛绪共灭蜀。东晋时梁州刺史司马勋曾由汉中北出骆谷以攻后赵，其后桓温伐前秦时后又率兵出子午道⑨。西魏大统十七年（551 年），元钦下令伐梁，"遣大将军王雄出子午，伐上津、魏兴，大将军达奚武出散关，伐南郑"⑩。

另外，连接陇蜀的阴平道的地位逐渐提升，此道路主线是由文县碧口出

---

① 朱红林：《张家山汉简〈二年律令〉集释》，北京：社会科学文献出版社，2005 年，第 177 - 178 页。
② 桓宽撰，张之象注：《盐铁论》卷 4《园池》，上海：上海古籍出版社，1990 年，第 48 页。
③ （晋）陈寿：《三国志》卷 35《蜀书·诸葛亮传》，北京：中华书局，1999 年，第 685 页。
④ （晋）陈寿：《三国志》卷 33《蜀书·后主传》，北京：中华书局，1999 年，第 667 页。
⑤ （晋）陈寿：《三国志》卷 9《魏书·曹爽传》，北京：中华书局，1999 年，第 212 页。
⑥ （晋）陈寿：《三国志》卷 5《蜀书·诸葛亮传》，北京：中华书局，1999 年，第 687 页。
⑦ （晋）陈寿：《三国志》卷 14《蜀书·姜维传》，北京：中华书局，1999 年，第 788 页。
⑧ （晋）陈寿：《三国志》卷 28《魏书·钟会传》，北京：中华书局，1999 年，第 585 页。
⑨ （唐）房玄龄：《晋书》卷 37《司马勋传》，北京：中华书局，2000 年，第 723 页。
⑩ （唐）李延寿：《北史》卷 9《周帝纪上》，北京：中华书局，2000 年，第 213 - 214 页。

发，经青川县白水街、乔庄、青溪，平武县南坝至江油市。① 阴平道本是一条狭窄难行的道路，"山高谷深，至为艰险"②。但东汉以降却成为重要的行军路线。据统计自东汉末年至南北朝，阴平道被用作军事通道见于记载的达19次之多③。蜀汉建兴七年（229年）诸葛亮遣陈式经由此道取曹魏武都、阴平二郡④，蜀汉延熙十六年（253年）姜维亦经此道，"出石营，经董亭，围南安"⑤。曹魏景元四年（263年）邓艾亦是经此道平蜀汉，"自阴平道行无人之地七百余里，凿山通道，造作桥阁"⑥。

第三节　隋唐五代时期的交通

隋朝是继东汉以后的又一个大一统政权，结束了四百年的割据纷争局面。在汉代以来的交通基础上，隋朝对全国交通体系做了进一步调整和完善，特别是进一步完善了邮驿系统。隋文帝时因担心边塞不稳，命贺娄子干镇守凉州（今甘肃省武威市），"子干请入朝，诏令驰驿奉见。吐谷浑复寇边，西方多被其害，命子干讨之。驰驿至河西，发五州兵，入掠其国"⑦。贺娄子干驰驿前往河西，说明彼时从长安前往河西的道路沿途应当设置了不少驿站，道路较为畅通。隋炀帝继位后开始新一轮大规模的治桥铺道，"凿通渠，开驰道，树以柳杞，隐以金槌。西出玉门，东逾碣石，堑山堙谷，浮河达海"⑧。隋炀帝在位时曾多次出巡，大业三年（607年）自长安出发巡视塞北；大业五年（609年），隋炀帝又出长安，经扶风、陇西、狄道、临津关、西平郡、大斗拔谷等地，西巡至河西张掖地区。同时，长安与洛阳之

① 鲜肖威：《阴平道初探》，《中国历史地理论丛》1988年第2期。
② （晋）陈寿：《三国志》卷28《魏书·邓艾传》，北京：中华书局，1999年，第579页。
③ 李龙：《阴平道考略》，《成都大学学报（社会科学版）》2017年第1期。
④ （晋）陈寿：《三国志》卷35《蜀书·诸葛亮传》，北京：中华书局，1999年，第686页。
⑤ （晋）陈寿：《三国志》卷44《蜀书·邓艾传》，北京：中华书局，1999年，第788页。
⑥ （晋）陈寿：《三国志》卷28《魏书·邓艾传》，北京：中华书局，1999年，第579页。
⑦ （唐）魏征：《隋书》卷53《贺娄子干传》，北京：中华书局，2000年，第903页。
⑧ （唐）魏征：《隋书》卷70，北京：中华书局，2000年，第1100页。

间的交通往来也变得更加频繁。这说明隋朝已经建立了以长安为中心的交通道路网，这对于隋朝的政治、经济和文化发展起到了重要的推动作用。

唐朝建立以后，基于隋朝道路交通体系，又进一步优化完善以长安为中心的道路交通，在唐朝境内重要的道路上均设置了驿站，所谓"凡三十里一驿，天下凡一千六百三十有九所"①。随着交通的完善和社会经济的发展，唐朝对外交往日渐繁忙，长安也由此成为国际性的大都会，"凡万国之会，四夷之来，天下之道毕出于邦畿之内"②。彼时，长安通往周边的驿道主要有以下几条。

一、长安至潼关的驿道

长安至潼关的驿道由长安城都亭驿（今西安市区）出发，向东经长乐驿（今西安市长乐坡）、滋水驿（又称灞桥驿，今西安市灞桥）、昭应驿（又称昌亭驿，今临潼区）至戏水驿（又称戏口驿，今临潼新丰镇东)③。继续向东经杜化驿（今渭南西南杜化）、渭南驿（今渭南市临渭区内）、东阳驿（今渭南东阳水）、赤水驿（今华州西赤水）、华山驿（今渭南市华州区）、敷水驿（今华阴西夫水）、罗敷东馆（今华阴县罗敷镇）、长城驿（今河北省秦皇岛市山海关区）、华阴驿（今华阴县）、东驿（今华阴县东岳庙）、关西驿至潼关驿（今潼关县东北）。④

二、武关道

武关道由滋水驿分出，向东南沿灞河经蓝田驿（今蓝田县西北华胥镇）、故驿（又称蓝田故驿、青泥驿，今蓝田县城内）至韩公驿（又称桓公驿，今蓝田县南），越七盘岭至蓝桥驿（今蓝田县蓝桥镇北），再经蓝溪驿

---

① （唐）李林甫等撰：《唐六典》卷5，陈仲夫点校，北京：中华书局，1992年，第163页。
② （唐）柳宗元：《柳宗元全集》卷26《馆驿使壁记》，曹明纲标点，上海：上海古籍出版社，1997年，第218页。
③ 辛德勇：《隋唐时期长安附近的陆路交通——汉唐长安交通地理研究之二》，《中国历史地理论丛》1988年第4期。
④ 王文楚：《唐代两京驿路考》，《历史研究》1983年第6期。

至蓝田关（今商洛市商州区牧护关镇）①。由蓝田关向南翻越秦岭主脉，经麻涧、仙娥驿（沙溪馆）至商於驿（今商洛市商州区西）。由商州向东南经洛源驿（今商州市东四十里乐园）、棣华驿（今丹凤县西北棣花乡）至商洛县四皓驿（今丹凤县商镇），再经青云驿（今商南县东 15 公里）、武关驿（今武关镇）、层峰驿（今商洛市商州南郊）至阳城驿，继续前行可通往南阳、邓州、襄州等地。② 另外，从蓝田出发东南走石门道，西南走辋谷道亦可通往商州。

除武关道外，唐代还曾开通上津道。即沿汉江而上，至今白河县以西转入金钱河，溯流至上津。由上津向北陆路至商州，并入武关道。上津至商州中间崇山峻岭不易通行。这条道路只有在安史之乱及淮西节度使李希烈反叛，致使潼关道和武关道受阻时才临时使用，以转输江南物资。③

三、蒲关道

蒲关道亦由滋水驿分出，东北过东渭桥（今高陵耿镇白家咀西南）即渭桥镇，设有鸿胪馆，由此向北至高陵县（今西安市高陵区）神皋驿（今高陵市区）至栎阳县在城驿。栎阳县东北至同州在城驿有南北两道，南道经故市店、下邽村、蕃驿、安远村，北道经下邽县在城驿、乾坑。由同州向东经朝邑县至河西县，其东即为蒲津关，建有黄河浮桥。另外，由长安向东北经泾阳县迎东驿、三原县在城驿、富平县在城驿、奉先县（今蒲城）昌宁驿，亦可到达同州。④

四、长安通往鄜州的驿道

长安通往鄜州的驿道由长安出发向北过渭河至泾阳县迎冬驿，东北至三

---

① 辛德勇：《隋唐时期长安附近的陆路交通——汉唐长安交通地理研究之一》，《中国历史地理论丛》1988 年第 4 期。
② 王文楚：《唐代长安至襄州荆州驿路考》，《史地丛稿》，上海：上海人民出版社，2014 年，第119 – 143 页。
③ 李之勤：《论唐代的上津道》，《中国历史地理论丛》1988 年第 4 期。
④ 王文楚：《唐代太原至长安驿路考》，《史地丛稿》，上海：上海人民出版社，2014 年，第144 –172 页。

原县三原驿，再向北经华原县（今铜川市耀州区）泥阳驿、同官县（今铜川市印台区）、宜君县至坊州治所中部县（今黄陵县）。由中部县继续向北经三川县（今富县三川驿）至鄜州治所洛交县（今富县）。[①]

五、长安通汉中的驿道

（一）子午道

子午道历经两汉魏晋几度兴废，至南朝梁时将军王神念重开此道。"旧道在金州安康县界，梁将军王神念以旧子午道缘山避水，桥梁百数，多有毁坏，乃别开乾路，更名子午道，即此路是也。"[②] 据严耕望考证，"旧道自子午谷南行，越秦岭，再循今洵水上游之西源，经蓰阁，度入直水（今池河）河谷，循谷道至安康县。至于梁开新道，则向西南斜出至今洋县东境，行山区，避河流也"[③]。唐代子午道为沟通关中、汉中的重要驿道。据《大慈恩寺三藏法师传》，唐初玄奘便是经由子午道入蜀[④]。《舆地纪胜》引《洋州志》："杨妃嗜生荔枝，诏驿自涪陵由达州，取西乡，入子午谷，至长安才三日，色香俱未变。"[⑤]

（二）故道（陈仓道、嘉陵道）

唐代故道是关中通往汉中和蜀地的主驿道，安史之乱唐玄宗入川便经由此道。《通典》"汉中郡"条载："去西京，取骆谷路六百五十二里，斜谷路九百三十三里，驿路一千二百二十三里。"[⑥] 这里的驿路便是指故道。其具体走向为，自长安出发向西至凤翔府，由此向南经潘氏（今宝鸡市东北）、

---

① 严耕望：《长安北通丰州天德军驿道》，《唐代交通图考》卷1《京都关内区》，上海：上海古籍出版社，2007年，第229–258页。
② （唐）李吉甫撰：《元和郡县图志》卷22《山南道·洋州》，贺次君点校，北京：中华书局，1983年，第563页。
③ 严耕望：《子午谷道附库义锡三谷道》，《唐代交通图考》卷3《秦岭仇池区》，上海：上海古籍出版社，2007年，第669–686页。
④ （唐）慧立、彦悰：《大慈恩寺三藏法师传》卷1，北京：中华书局，1983年，第7页。
⑤ （宋）王象之：《舆地纪胜》卷190《洋川·景物丁》，成都：四川大学出版社，2005年，第5595页。
⑥ （唐）杜佑：《通典》卷175《州郡·古梁州上》，北京：中华书局，1984年，第927页。

石鼻驿（今宝鸡市东千河东岸）、宝鸡县（今宝鸡市陈仓区）陈仓驿渡渭河至三交城（今益门镇）入秦岭山谷。循山谷西南行，经遵途驿、大散关，越黄牛岭至黄花县黄花驿。继续西南行经唐仓镇至凤州治所梁泉县（今凤县凤州镇），由此向西经两当县（今两当县冬杨家店）至河池县（今甘肃省徽县西北）。由河池县向南经青泥岭青泥驿至长举县（今略阳县白水江），东南经兴州治所顺政县（今略阳县）、兴城关、西县（今勉县西）、褒城至梁州治所南郑县（今南郑区）。[①]

（三）傥骆道亦是连接关中与汉中的重要驿道

唐德宗时，泾原兵变德宗南逃汉中；唐末黄巢起义僖宗入川等都是经由傥骆道。此道从长安出发，西南经鄠县（今西安市鄠邑区）至盩厔县（今周至县），由盩厔县向南入骆谷，途经骆口驿、骆谷关，之后翻越秦岭主脉入傥谷，经青山驿、华阳县、白草驿等，出傥谷至洋州（今陕西省洋县），由此向西沿汉江北岸可通往城固县、兴元府（今汉中市东）。[②]

（四）褒斜新道

唐代出现一条连接关中和汉中的新道路。此道从今宝鸡向南入秦岭，沿故道至凤州镇，再向南经留坝县入褒谷，沿褒故至褒城、汉中。即将故道与褒斜道相连接的一条道路。这条谷道唐代常称为"褒斜旧道""斜谷旧道"，宋代又或称为"褒斜新路"，元代以降则被称连云栈道。为与旧褒斜道相区分，此处统一称为"褒斜新道"。严耕望认为，这条道路开通于北魏时期，即止始四年至永平二年（507—509 年）梁、秦二州刺史羊祉所开凿的"迴车道"[③]。李之勤则予以否定，认为所谓"迴车道"只是秦汉褒斜道的一段，即从褒谷口至迴车间二百余里的南段。但同时强调，褒斜新道至迟在唐初便

---

① 严耕望：《通典所记汉中通秦川驿道——散关凤兴汉中道》，《唐代交通图考》卷 3《秦岭仇池区》，上海：上海古籍出版社，2007 年，第 755－799 页。

② 知勤、肖珍：《唐代傥骆道上的几个驿馆》，《人文杂志》1984 年第 4 期；李之勤：《傥骆古道的发展特点、具体走向和沿途要地》，《文博》1995 年第 2 期。

③ 严耕望：《汉唐褒斜驿道》，《唐代交通图考》卷 3《秦岭仇池区》，上海：上海古籍出版社，2007 年，第 701－753 页。

已开通。① 唐文宗开成四年（839 年），山南西道节度使归融大修褒斜新道，"自散关抵褒城，次舍十有五"②。

（五）文川道

唐宣宗大中三年（849）还一度开通文川驿道，"以褒斜旧路修阻，上疏开文川道以易之③"。此道在秦岭以北段仍循斜谷，秦岭以南段则另辟蹊径，经汉江支流文川河谷进入汉中。此道路自长安出发西南经鄠县、盩厔县、凤泉驿（今陕西省眉县东）至郿县（今陕西省眉县）。由郿县向南经临溪驿入斜谷，经松林驿、连云驿、平川驿、白云驿、芝田驿、青松驿、山辉驿、回雪驿、盘云驿、双溪驿、文川驿、灵泉驿等入汉中盆地。④ 但仅隔一年，文川道便为暴雨冲毁，"经年为雨所坏，又令封敞修斜谷旧路"⑤。这里的斜谷旧路即"褒斜新道"。

此外又有锡谷道、义谷道、库谷道、采谷道等。锡谷即今小峪谷，义谷即今大峪谷，从长安出发向南入两谷，翻越秦岭后合为一路，沿今乾佑河一路向南经安业县（今柞水县）至洵阳（今陕西省旬阳县）等地。府谷路则是由长安出发，向南沿今浐河支流库峪河而上，翻越秦岭后再沿金钱河而下至汉江沿岸。沿汉江向西至金州、梁州，向东至均州、襄州。采谷道应先沿浐河支流峪河行进，再转而沿灞河支流网峪河上源西采峪越秦岭，之后沿丹江支流乳河至商州。

六、长安通往河西地区的驿道

唐代长安城以西设有临皋、磁门二驿，继续西行，经西渭桥（便桥）渡渭河后经望贤驿至咸阳县（今咸阳市所属）陶化驿（又称渭城驿、咸阳

① 李之勤：《元明清连云栈道创始于北魏迴车道说质疑》，《历史地理》第 21 辑，上海：上海人民出版社，2006 年。
② 刘禹锡：《山南西道新修驿道记》，《石门石刻大全》，西安：三秦出版社，2001 年，第 172 页。
③ （唐）孙樵：《兴元新路记》，薛凤飞：《褒谷摩崖校释》，武汉：湖北人民出版社，1999 年，第 96 页。
④ 李之勤：《唐代的文川道》，《中国历史地理论丛》1990 年第 1 期。
⑤ （后晋）刘昫等撰：《旧唐书》卷 18 下《宣宗纪》，北京：中华书局，1995 年，第 625 页。

驿）。由咸阳向西则分南北两道，北道途经邠州、泾州、原州、会州等地到达凉州，沿途设置有礼泉驿、骆驿、奉天驿、麻亭驿、阴槃驿、乌氏驿、凉州馆等驿站。南路则途经岐州、陇州、秦州、渭州、兰州等地至凉州，沿途设温泉驿、槐里驿、娄馆、马嵬驿、望苑驿、武功驿、龙尾驿、石豬驿、凤翔驿、分水驿、秦州驿、武阶驿、金城临河驿、凉州馆等驿站。①

除上述经由关中和陇右前往河西的道路外，中晚唐时又在北面开辟了灵州道。安史之乱后，陇右地区大部分被吐蕃占领，导致长安通往西域的道路不得不绕行回鹘辖境，史称"回鹘道"。大中二年（848 年），沙州（今甘肃敦煌）的张议潮率领民众收复了瓜、沙二州，并派遣使者绕道漠北经天德军（治所今内蒙古巴彦淖尔市境内）、灵州（今甘肃吴忠市），最终成功奉表长安，从而开启了灵州道的先河。后来唐宣宗封张议潮为归义军节度使，至咸通二年（861 年），归义军先后收复了甘、肃、凉州，不仅恢复了长安通往河西的旧道，还开辟了灵州至凉州的道路。从此，灵州道正式形成，成为内地通往西域的重要道路。这条道路历经晚唐、五代，一直沿用至北宋初年，后晋时期的僧人高居诲便是经由这条道路前往西域的。这条道路的具体走向，目前学界已基本考证清楚，即由长安向西北至邠州，再沿马岭河而上经庆州、环州至朔方节度治所灵州。之后在灵州渡过黄河，出贺兰山口后西行，穿越腾格里沙漠后直趋白亭海，之后再转向南至民勤，最终在渡过白亭河后到达凉州。除此之外，还可以横穿巴丹吉林沙漠，沿额济纳河（即黑河）向南到达张掖②。

七、唐蕃道

唐代，唐朝与青藏高原的吐蕃往来密切，由此在汉代以来官道的基础上开通了唐蕃道。唐蕃道由长安出发，向西经由秦州到达狄道县（今临洮县），之后又分为南北两路：南路由狄道县向西经河州、临津关、龙支县

---

① 杨希义、唐莉芸：《唐代丝绸之路东段长安至敦煌间的馆驿》，《敦煌研究》1994 年第 4 期。
② 赵贞：《敦煌文书中所见晚唐五代宋初的灵州道》，《中国历史地理论丛》2001 年第 4 期。

(今民和县古鄯镇)、湟水县（今乐都县）至鄯城（今西安市）；北路由狄道向西北至兰州，之后向西沿湟水谷地行进，经湟水县至鄯城。[①]

此外，鄯城向北还有通往河西张掖的道路，即大斗拔谷道。隋大业五年（609 年），隋炀帝便经由此道至张掖，开元十四年（726 年）吐蕃将领悉诺逻也是经由大斗拔谷道，进军张掖的[②]。

第四节　宋元时期的交通

唐以后进入长期的政权割据时期，关陇地区先后为诸多政权分割占据，汉唐以来的交通体系无法获得进一步完善。受政治、战争等的影响，一些原有的干道遭到阻断，但也开辟出一些新的替代性通道。随着元朝的建立，关陇地区的交通体系再次恢复和发展。

一、宋代关陇地区的交通

北宋初年，通往西域的道路仍然延续了晚唐、五代时期的旧道。此后，西夏王朝迅速崛起，占据陇右河西地区，连接关中和西河的灵州道、泾原道相继受阻。于是，青唐道取而代之，逐渐成为北宋连接西域的重要通道。另外，随着西北茶马贸易的兴盛，以故道为主的秦岭诸道得到进一步开发。南宋汉中地区成为边陲重地，其向东通往荆楚地方的道路得到进一步开发。

（一）北宋通往西域的道路

北宋时期，经由关陇地区通往西域的道路主要有三条：一是灵州道，二

---

① 陈小平：《"唐蕃古道"的走向和路线》，《青海社会科学》1987 年第 3 期；苏海洋、雍际春等：《唐蕃古道大震关至鄯城段走向新考》，《青海民族大学学报（社会科学版）》2011 年第 3 期；余小洪、席琳：《唐蕃古道路网结构的考古发现与重构》，《西藏民族大学学报（哲学社会科学版）》2017 年第 6 期。
② （宋）欧阳修、宋祁撰：《新唐书》卷 216 上《吐蕃》，北京：中华书局，2000 年，第 4629 页。

是泾原道，三是青唐道。①

1. 灵州道

北宋建立之初，陇右河西地区仍然被党项、甘州回鹘和归义军等政权控制，传统的丝绸之路干道仍然受阻，灵州道仍是连接西域的重要通道。敦煌文书中发现的写本——《西天路竟》，据学者考证②为乾德四年（966年）受命前往西域取经的僧人所著，其中写道："东京至灵州四千里地，灵州西行二十日至甘州，是汗王。"内地通往甘州需绕行灵州，其所走的路线仍是晚唐以来的灵州道。从史料记载来看，泾河支流马岭水（今马莲河）河谷也是北宋、西夏行军的重要道路。其具体走向为，由庆州（今庆阳）出发，向北循马岭水经环州（今环县）至洪德寨，"洪德寨，西北路即旧入灵武大路，号青冈峡"③。由洪德寨向北经青岗峡，穿越一处山岭后便到达瀚海。瀚海并非海，而是指今天灵武以南的大片沙碛地带，这里虽"斥卤枯泽，无溪涧川谷"④，却是环州通往灵州的必经之地，所谓环灵大道是也。

除马岭水外，洛河支流华池水（今葫芦河）河谷在北宋时期也是一条重要的军事通道。

2. 泾原道

泾河—胡芦河川（今黄河支流清水河）一线亦是宋、夏重要往来通道。该道路自渭州（今平凉）出发，循泾河支流颉河向西北，经瓦亭寨折向北至镇戎军，之后再向北循胡芦河川经怀德军，越兜岭，可到达鸣沙、灵州地区。"葫芦河川，原野广阔，别无山谷巉崄之患，资藉水草，民兵易集。"⑤因沿途地势平坦，水草充沛，故成为连接北宋与西夏的主要道路。绍圣二年

---

① 韩茂莉：《宋夏交通道路研究》，《中国历史地理论丛》1998年第1期；陈守忠：《北宋通西域的四条道路的探索》，《西北师大学报（社会科学版）》1988年第1期。
② 黄盛璋：《敦煌写本〈西天路竟〉历史地理研究》，《历史地理》创刊号，上海：上海人民出版社，1981年，第9-20页。
③ （宋）曾公亮：《武经总要前集》卷18上，长沙：湖南科学技术出版社，2017年，第1080页。
④ （宋）彭百川：《太平治迹统类》卷2《太祖太宗经制西夏》，扬州：江苏广陵古籍刻印社，1981年影印本。
⑤ （宋）李焘：《续资治通鉴长编》卷485，绍圣四年四月壬辰条，北京：中华书局，1993年，第11523页。

（1095 年）二月章楶奏称："葫芦河川滨水路，乃寇出入道，东带兴、灵，西趣天都，可蓄收耕稼，且居形胜地，今往城之，平夏国可岁月几也。"①可见其交通地位之重要。此外，这条道路自镇戎军城向西还可连接凉州，进而通往西域。

3. 青唐道

北宋初，河湟一带的吐蕃部族建立起以唃厮啰为首的政权，被宋人称为青唐羌。青唐羌与北宋之间保持着一定的贸易往来和政治联系。西夏王朝崛起后，灵州道、泾源道相继遇阻，经由青唐城（今西宁）的道路成为连接北宋和西域的重要道路。大致路线是自陇西西行，经渭源堡至狄道（今临洮），又经康乐寨、定羌城（今广河）到达河州（今临夏），续由河州向北，于炳灵寺附近渡过黄河后翻越一条山梁，经今杨塔、川城至邈川，再沿湟水至青唐城。② 位于这条道路上的秦州，地位愈加凸显，"秦州不仅是北宋西部边境的军事重镇，而且也是非常重要的经济枢纽城市，从而为北宋发挥了军事前哨和发展丝路贸易的重要作用"③。随着青唐道地位的不断提升，秦州成为北宋西北边地的重要军事、经济重镇。

（二）北宋秦岭诸道的进一步开发

1. 故道

北宋时期，故道是关中通往汉中、蜀地的主驿道，"入川大路，自凤州至利州剑门关，直入益州"④。这条道路中，由凤州河池县至兴州长举县（今陕西省略阳县）需经由青泥岭驿道，其间山高路远颇不易行，"大抵蜀道之难，自昔青泥岭称首"。景德元年（1004 年），政府曾尝试开辟从河池向南沿白水江直达长举的驿道，即白水路。但因青泥岭一路经久难改，遂

---

① （宋）李焘：《续资治通鉴长编》卷 486，绍圣四年四月壬寅条，北京：中华书局，1993 年，第 11546 页。
② 陈守忠：《北宋通西域的四条道路的探索》，《西北师大学报（社会科学版）》1988 年第 1 期。
③ 杨小敏：《北宋时期的秦州（天水）经济与陆上丝绸之路》，《中国史研究》2017 年第 4 期。
④ （清）徐松辑：《宋会要辑稿》第 16 册《方域》10《道路》，刘琳等校点，上海：上海古籍出版社，2014 年，第 9463 页。

"诏兴州青泥旧路依旧置馆驿,并驿马、递铺等,其新开白水路亦任商旅往来"①。至和元年(1054 年)利州转运使李虞卿奏请重开白水路,此役"作阁道二千三百九间,邮亭、营屋、纲院三百八十三间;减旧路三十三里,废青泥一驿,除邮兵驿马一百五十六人骑;岁省驿廪铺粮五千石,畜草一万围,放执事役夫三十余人"②。自此之后,白水路取代青泥路成为河池、长举间的主驿道。

2. 褒斜新道

除故道外,褒斜新道由于路途较近,也成为往来行旅通行的重要干道,交通地位仅次于故道,"成都府至凤州大驿路,自金牛入青阳驿,至兴州,虽兴元府界亦有褒斜路,久来使命、客旅任便往来"。在此背景下,褒斜新道还一度取代故道,成为川陕主驿道。熙宁七年(1074 年),利州路提点刑狱范百禄奏请修复褒斜新道,并移故道马递铺兵于此,使褒斜新道成为驿道。但不久便现出弊端,反对之声便此起彼伏。熙宁十年(1077 年)先是三司干当公事李杞奏称,由于故道铺兵调往褒斜新道,致使沿途栈阁难以及时修葺,不利于川茶运送。随后,成都府路提刑司又奏称,"旧路自凤州入两当至金牛驿十程,计四百九里,间道平坦,驿舍马铺完备,道店稠密,行旅易得饮食,不为难艰。新路自凤州由白涧至金牛驿,计三百八十五里,虽减两驿,比旧路只少二十四里,随山崎岖,登陟甚难,复少军民,又无食物,人情以此厌劳"。希望趁故道栈阁尚未完全毁坏之前,将驿道改归原路。元丰元年(1078 年)三原知县黄裳又奏称:"本县当益、梓、利、夔四路之冲,昨议者请废北路,复褒斜故道,以减程驿,宽汉中输纳之劳。今日较之,为害甚于前日。"朝廷令刘忱、李稷等前往勘察,覆奏称"褒斜新路视兴州旧路,虽名减两程,其铺兵、递马皆增于旧。又卒亡马死相寻,官吏

---

① 《宋会要辑稿》第 16 册《方域》10《驿传杂录》,第 9469 页。
② (宋)雷简夫:《新修白水路记》,《褒谷摩崖校释》,武汉:湖北人民出版社,1999 年,第 119 - 120 页。

馆券、给请亦倍旧路,虽号十程,比新路才远八里,且多平慢"①。经过多番考量,最终将驿递铺重新迁回故道。

3. 傥骆道

北宋时期,傥骆道仍然是沟通关中、汉中两地的驿道。宋敏求《长安志》载:盩厔县驿"南至终南山樱桃驿四十五里。樱桃驿至三交驿五十五里。三交驿至林关驿四十五里。林关驿至洋州真符县大望驿七十五里"②。据考证,其所列驿站应为宋驿③。

(三) 南宋汉中通往临安的道路

南宋时期,汉中成为对阵金朝的前沿地带,宋朝命官十分注重这一区域。南宋初年任川陕宣抚处置使的张浚曾奏言:"汉中实形胜之地,前控六路之师,后据两川之粟,左通荆襄之财,右出秦陇之马,号令中原,必基于此。"④ 为便于军情传递及"马纲"的输送,南宋王朝建立起一条沿汉江、长江行进,东至临安西达秦陇的东西驿道。其具体走向为"自宕昌至兴州一十五驿,属兴州都统司;自大桃至汉阴一十五驿,属兴元府都统司;自衡口至干平一十三驿,属金州都统司;自梅溪至石墙一十四驿,属江陵副都统司;自应城至石田一十四驿,属鄂州都统司;自边城至杨梅一十一驿,属江州都统司;自紫严至广德军一十二驿,属池州都统司;自段村至临安府余杭门六驿,属殿前、步军司"⑤。

二、元代关陇地区的驿道

元朝的建立结束了唐以来数百年的割据局面,再次实现了大一统。为控

---

① (清)徐松辑:《宋会要辑稿》第16册《方域》10《道路》,刘琳等校点,上海:上海古籍出版社,2014年,第9464-9465页。
② (宋)宋敏求撰:《长安志》卷18,辛德勇、郎洁点校,西安:三秦出版社,2013年,第552-553页。
③ 李之勤:《傥骆古道的发展特点、具体走向和沿途要地》,《文博》1995年第2期。
④ (明)陈邦瞻:《宋史纪事本末》卷68《张浚经略关陕》,上海:上海古籍出版社,1994年,第191页。
⑤ (清)徐松辑:《宋会要辑稿》第15册《兵》23《马政·买马下》,刘琳等校点,上海:上海古籍出版社,2014年,第9099页。

制好广袤的疆域，元朝在境内构立起庞大的邮驿体系。对此，元人颇为自豪，写道："我国家疆理之大，东渐西被，暨于朔南，凡在属国，皆置邮传，星罗棋布，脉络贯通，朝令夕至，声闻必达，此又总纲挈维之大机也。"① 元代官修文书《经世大典》和元人熊梦祥所撰《析津志》记录了元代的主要驿道和沿途驿站设置情况。虽然两书已佚，但残存的《永乐大典》中保存了其部分内容。以《析津志》为基础，结合《经世大典》，同时参考相关研究成果②，基本可以复原出元代关陇地区的主要驿道。

（1）奉元（今西安）向东通往河南的驿道。由奉元秦川驿③向东七十五里至临潼，八十里至渭南，五十里至华州、七十里至华阴、七十里至河南阌乡（今灵宝市西北）。

（2）奉元向北通往鄜州的驿道。由秦川驿向北一百里至龙桥，九十里至耀州，七十五里至同官（今铜川），八十五里至宜君，七十五里至中部（今黄陵县），七十五里至三川（今富县西南），六十五里至鄜州。

（3）奉元向西通往临洮的驿道。自秦川驿出发，西行五十里至咸阳，五十里至兴平，九十里至武功，六十里至扶风，六十里至岐山，六十里到达凤翔。由凤翔出发，西行九十里至汧阳（今千阳），七十里至故关，一百里至上邽（今天水市境内），又一百里至社树坪，七十里至秦亭，一百二十里至伏羌，一百里至文盈（今武山县），一百里至巩昌，九十里至首阳（今陇西县西部），九十里到达临洮。

李之勤在《〈析津志天下站名〉校释》一书中认为，上邽、社树坪、秦亭三站顺序颠倒。秦亭站应在今清水县东秦亭镇，社树坪在天水东社棠镇，上邽站在今天水西关子镇④。除以上驿站外，《经世大典》还记载有陇州站、咸宜村站、大寨站、秦州站、赤嘴站等驿站。其中陇州站应位于陇州城内，

---

① （明）官修：《经世大典》，《永乐大典》第 8 册，北京：中华书局，2012 年，第 7192 页。
② 李之勤：《元代陕西行省的驿道和驿站》，《西北史地》1987 年第 1 期；《元代川陕间的驿道和驿馆》，《中国历史地理论丛》1988 年第 1 期；胡小鹏：《元甘肃行省诸驿道考》，《西北史地》1997 年第 4 期。
③ 由元李好文《长安志图》知，元代沿袭宋金奉元城内设秦川驿。
④ 李之勤：《〈析津志天下站名〉校释》，西安：三秦出版社，2017 年，第 155－156 页。

咸宜村站在陇州以西，明代曾在此设咸宜关。大寨站《中国历史地图集》标注于安戎关，秦州站应位于秦州城内。而赤嘴站据《金史》载："盐川旧有赤嘴镇。"《明一统志》载："《旧志》在县二十里，今为铺。"今陇西县西二十里处，有一条自西向东的尖嘴形山梁，直逼渭河南岸，山体呈赤色，赤嘴站即当设于此处，《中国历史地图集》亦标注如是。

（4）奉元通往肃州的驿道。自奉元向西北，经咸阳至兴平站，又九十里至乾州站，又七十里至永寿站，又八十五里至泰知房站，又九十里至邠州站。由邠州向北一百八十里至宁州站，又一百八十里至庆阳站，又二百里至环州站，又二百五十里至萌井站，再向西北三百五十里可达灵州站。由灵州站向西南一百二十里至鸣沙州，再向西渡过黄河为应理州站，又西行一百八十里至野马泉站，一百六十里至永昌站，六十里至辛汜站，一百六十里至青寺站，一百三十里至甘州站。由甘州站继续向西经舍站、忙不剌等处驿站可到达肃州。此外，《经世大典》又录有马连泉站，《中国历史地图集》将其标注于武威以北。

（5）凤翔通往兰州的驿道。自凤翔出发，北行九十里至小川、七十里至蛮坊，继续北行经董店一百一十里至泾州，再向西经白水可到达平凉。由平凉向西，九十里至瓦亭，四十三里至德顺州，一百二十里至吴家湾，一百二十里至会州，一百三十里至定西州，西北行一百六十里至金州，九十里至兰州。

《经世大典》还收录有百里镇、麻夫镇二站，前者应位于今灵台县西二十公里的百里镇，后者应位于今麟游县西四十公里处的麻夫村。从空间上看，这两处驿站位于凤翔去往泾州的道路上。然而《析津志》对该条驿道的记载却有所不同，其录有小川、蛮坊、董店三站，却未提及百里、麻夫二站。考虑到《析津志》成书晚于《经世大典》，可推测为这条道路上的驿站曾发生过变动，即因路程较远，故将原来的两处驿站调整为三处。

另外《经世大典》还记载有兰泉、席家堡二站，据《中国历史地图集》的标注，前者位于今兰州市区以东，后者位于今静宁县以西的席家堡子。

（6）凤翔通往四川的驿道。凤翔向南九十里至宝鸡、九十里入连云栈，经草亭楼至凤州。由凤州向南七十五里至陈仓、柴关，八十里至苗峡，七十五里至马头，七十五里之襃城，四十五里至沔阳，九十里至金牛，五十里至罗村，再经镇宁至朝天入四川境内。《经世大典》所载宝鸡、草亭楼二站之间尚有东河桥站，凤州站以南尚有三岔站。

此外，根据《经世大典》的记载，可以推测元代关陇地区还存在以下几条驿道：一是由开城、平凉通往庆阳的驿道，其间设有镇原站；二是瓦亭站向北的驿道，其间设有开城站；三是连接巩昌和定西的驿道，其间设有通安站；四是连接邠州与泾州的驿道，其间设有宜禄站；五是兰州向北的驿道，其间设有平滩站，《中国历史地图集》将其标注在靖远县西南的平堡镇；五是褒城通往兴元路的驿道，其间设有汉川站，位于兴元路治所南郑县（今汉中市南郑区）。

小　结

经过夏、商、西周三代先民的开发，至春秋战国时期关陇地区的道路网已初具规模。由秦都咸阳向东北至临晋关，向东至函谷关，向东南至关东的道路，是连接关中与中原、江淮地区的重要通道。由咸阳向北至陕北，沿泾渭两河向西至陇西，向南至汉中、巴蜀的道路也得到初步开发。秦代以咸阳为中心，在原有道路基础上修建了通往全国各地的驰道，并开辟向北直达九原郡的直道。西汉时期，关陇地区的道路体系在秦朝基础上又有了进一步的延伸和完善，主要体现在长安向西通往西域的丝绸之路，以及向南穿越秦岭至汉中、巴蜀的蜀道。魏晋南北朝时期，由于南北政权长期对立，蜀道屡兴屡废，成为重要的军事通道。

隋唐时期，关陇地区的道路体系得到进一步整合，驿传体系愈加完善。晚唐、五代、北宋时期，关陇地区西北部长期为吐蕃、西夏占据，传统的丝绸之路遭到阻遏。在此背景下，北面的灵州道和南面的青唐道地位上升，成为连接关陇地区和西域的重要通道。元代再次实现了大一统，关陇地区构建起以奉元城（今西安）为中心通往各地的驿道。其中连云栈道被开辟为川陕主驿道，一直为明清所沿用。

第二章　明代关陇地区的陆路交通

明朝建立后，在原有基础上对关陇地区的交通体系又做了进一步的调整和优化。洪武元年（1368 年）正月，朝廷下令，"置各处水马站及递运所、急递铺"①。而当时关陇地区尚未被攻克，直到第二年，大将徐达才率军攻入陕西。因此，关陇地区的驿传体系是伴随着军队的推进逐步建立起来的。经过数年建设，关陇地区最终形成以驿道为主干，以普通道路为分支的交通网。

第一节　西安府通往各地的驿道

历朝历代，驿道都是中央王朝联系各地的交通动脉，所谓"驿递天下之血脉也，血脉不容一日稍郁，邮传之设不可废也，明矣"②。驿道畅通与否，直接关联到中央与地方、地方与地方间信息传递的效率，进而影响到区域安定乃至政权稳定。因此，明朝军队在攻克关陇地区后，基于原有的驿传体系，迅速构建起以西安为中心的邮驿系统。《寰宇通衢》和《一统路程图记》是了解明代邮驿体系的重要参考资料。前者由朱元璋亲自下令编纂，成书于洪武二十七年（1394 年）；后者由商人黄汴根据生平经历和各类资料

---

① 《明太祖实录》卷 29，洪武元年正月庚子条，台北："中央研究院"历史语言研究所，1962 年，第 500 页。
② 《兵部呈为江西巡按范复粹题驿站工食之扣减宜酌事本》，方裕谨：《明崇祯年间驿递制度史料》，《历史档案》1983 年第 1 期。

汇编而成，成书于隆庆年间（1567—1572 年）。两书均详细记录了当时明朝境内的驿道和驿站。据此可复原出明代关陇地区的驿道体系。

一、西安府通往凤翔府、汉中府的驿道

西安府（府治所在今西安市）通往凤翔府（府治所在今宝鸡市凤翔区）、汉中府的驿道，是从西安府城出发向西经咸阳、兴平、武功、扶风、岐山到达凤翔府，再由凤翔府向南经宝鸡、凤县、褒城（今勉县境内）抵汉中府（府治今汉中市）城。从褒城县（今勉县褒城镇）向西经沔县（今勉县），再向南经宁羌州（今宁强县）可进入四川境内（图 2 - 1）。这条驿道即为连接陕西和四川的川陕大道。其具体驿程《寰宇通衢》记载如下：

> 京兆驿，五十里至渭水驿，五十里至白渠驿，六十里至长宁驿，四十里至邰城驿，五十五里至凤泉驿，六十里至岐周驿，五十里至陈仓驿，六十五里至东河桥驿，六十里至草凉楼驿，六十里至梁山驿，六十里至三岔驿，六十里至松林驿，六十里至安山驿，六十里至马道驿，六十里至开山驿，六十里至黄沙驿，六十里至顺政驿，六十里至青阳驿，六十里至金牛驿，六十里至柏林驿，六十里至黄坝驿。[①]

汉中府城设汉阳驿，"汉阳驿，府治西"[②]，北通开山驿，西连黄沙驿。洪武二十八年（1395 年），"锦衣卫指挥宋忠还自蜀，言：连云栈松林、马道驿各九十里，险远不便。诏增置武关、清桥二驿。"[③] 嘉靖《汉中府志》载，武关驿位于凤县南二百四十里，地处安山、马道二驿之间；青桥驿位于

---

① （明）官撰：《寰宇通衢》，杨正泰《明代驿站考（增订本）》附录，上海：上海古籍出版社，2006 年，第 177 页。

② 嘉靖《汉中府志》卷 2《建置志·邮驿》，《原国立北平图书馆甲库善本丛书》第 354 册，北京：国家图书馆出版社，2013 年，第 158 页。

③ 《明太祖实录》卷 238，洪武二十八年五月戊午条，台北："中央研究院"历史语言研究所，1962 年，第 3474 页。

褒城县北五十里，地处马道、开山二驿之间①。柏林驿位于宁羌州北十里，旧名"五丁驿"，洪武三十年（1397 年）改为柏林驿。②

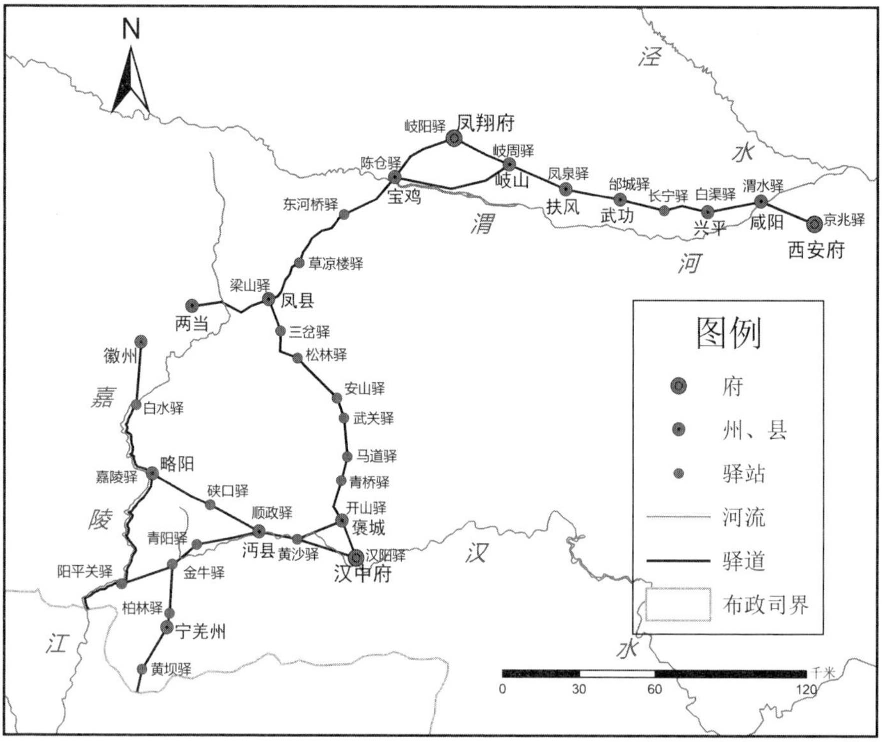

图 2 - 1　明代西安府—汉中府驿道路线图

注：本书所附交通路线图，是在利用方志、行记等传世文献进行考证的基础上，借助复旦大学 CHGIS 数据和 Google earth、Arcgis 等软件绘制而成。

自西安府京兆驿至宝鸡县陈仓驿，道路均在关中平原行进。而自陈仓驿至褒城县开山驿，俱在连云栈道中行进，道路两侧山势险峻，或架木为栈道，或需翻山越岭。从图 2 - 2 "西安府—汉中府驿道海拔变化图"上看，中间有四处海拔升降明显的地方：一是宝鸡县向南至草凉驿一段，宝鸡县西

---

① 嘉靖《汉中府志》卷 2《建置志·邮驿》，《原国立北平图书馆甲库善本丛书》第 354 册，北京：国家图书馆出版社，2013 年，第 158 - 159 页。

② 《明万历〈宁羌州志〉校注》卷 2《建置》，宋文富校注，《宁羌州志校注集》第 1 册，北京：华夏出版社，2006 年，第 26 页。

南四十五里有二里关，此处"高岭嶒峃，盘折而上，至为险阨，连云栈必由之路"①。二是凤县至三岔驿一段，此间需翻越凤岭，海拔陡升，"山势甚高，踰上下凡五十里"②。三是松林驿至安山驿一段，中间相隔柴关岭，"迤逦而登，上下十五里，亦栈道中一险"③。四是褒城县北的七盘岭一带，此处"盘回七转，方至山顶，最为险峻，由此入连云栈"④。因位置险要，故置有鸡头关。

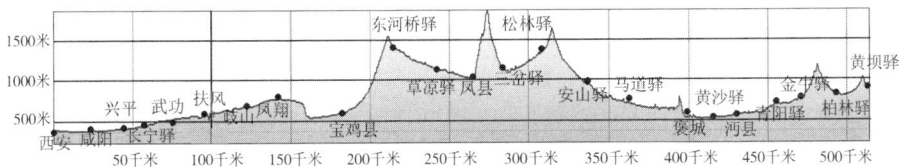

图 2-2　西安府—汉中府驿道海拔变化图

注：本书所附道路海拔变化图，是在利用方志、行记等传世文献进行考证的基础上，借助 Google earth 软件生成。

出连云栈，自褒城县开山驿至宁羌州以北的金牛驿，主要沿汉水上游河谷行进，路虽狭窄但并不险峻。金牛驿至宁羌州以北的柏林驿，则需穿越金牛峡，此处"连峰迭嶂，两崖峙立，壁立数百仞，幽邃逼窄，仅容一人一骑。乱石嵯峨，涧水湍激，为蜀道之最险"⑤。宁羌州向南入四川尚需过七盘关，其"后倚峻岭，前临深涧，为川陕交界第一要隘"⑥。

汉中府境内，除纵贯南北的川陕大道外，尚有沔县与略阳县间的东西向驿道，其间设有硖口驿。嘉靖《略阳县志》载："硖口废驿，东九十里，俱

---

① （明）赵廷瑞修，马理、吕楠纂：《嘉靖陕西通志（上）》卷3《土地·山川》，董健桥点校，西安：三秦出版社，2006年，第91页。

② （明）张瀚：《松窗梦语》卷2《西游记》，盛冬铃点校，北京：中华书局，1985年，第41页。

③ （清）严如熤修：《嘉庆汉中府志校勘（上）》卷4《山川·留坝厅》，郭鹏校勘，西安：三秦出版社，2012年，第115页。

④ 嘉靖《汉中府志》卷1《舆地志·山川》，《原国立北平图书馆甲库善本丛书》第354册，第137页。

⑤ 清道光《续修宁羌州志》卷1《山川》，宋文富校注，《宁羌州志校注集》第2册，北京：华夏出版社，2006年，第28页。

⑥ 《清道光〈续修宁羌州志〉》卷1《关隘》，宋文富校注，《宁羌州志校注集》第2册，北京：华夏出版社，2006年，第23页。

茶站官地，居民纳租佃住，副使吕公和立扁曰棠菱，以便往来驻节。"① 此驿早在成化二十一年（1485 年）便被裁革："革略阳县峡口驿。"② 另外，明朝时还曾在汉中府境内嘉陵江上游设置白水驿、嘉陵驿和阳平关驿三处水驿。其中，白水驿"在（略阳）县西一百二十里白水江，洪武八年建"。嘉陵驿，"在（略阳）县西隅，洪武八年建"③。阳平关水驿，"（宁羌）州西九十八里，洪武八年建"④。阳平关水驿，除溯流而上至略阳县，顺流而下入四川外，还可转陆路向东汇入川陕驿道。道光《续修宁羌州志》记载了这条道路，宁羌州"正西七十五里至烈金坝，进山四十五里至老戴坝，又四十里至阳平关"⑤。明代阳平关水驿由宁羌州管辖，此段道路明代便已存在，正因为阳平关四通八达的重要交通地位，后来特于此处设巡检司驻守⑥。

二、西安府通往平凉府、庆阳府、宁夏卫的驿道

（一）西安府通往平凉府的驿道

西安府通往平凉府（府治所在今平凉市）的驿道，是由西安府城出发，向西北行经咸阳、醴泉（今礼泉）、乾州（今乾县）、永寿、邠州（今彬州）、泾州（今泾川）等州县到达平凉府城（图 2 – 3）。其具体驿程《寰宇通衢》记载如下：

---

① 嘉靖《略阳县志》卷 1《古迹》，《天一阁藏明代方志选刊》，第 68 册，上海：上海古籍书店，1981 年。

② 《明宪宗实录》卷 270，成化二十一年九月辛未条，台北："中央研究院"历史语言研究所，1962 年，第 4568 页。

③ 嘉靖《略阳县志》卷 2《邮驿》，《天一阁藏明代方志选刊》，第 68 册，上海：上海古籍书店，1981 年。

④ 万历《重修宁羌州志》卷 3《建置》，《北京大学图书馆藏稀见方志丛刊》第 76 册，北京：国家图书馆出版社，2013 年，第 46 页。

⑤ 清道光《续修宁羌州志》校注卷 1《幅员道路》，宋文富校注，《宁羌州志校注集》第 2 册，北京：华夏出版社，2006 年，第 20 页。

⑥ 《明万历〈宁羌州志〉校注》卷 2《建置》，宋文富校注，《宁羌州志校注集》第 1 册，北京：华夏出版社，2006 年，第 26 页。

京兆驿至本府高平驿，十驿七百一十里。京兆驿五十里至渭水驿，五十里至白渠驿，九十里至威胜驿，九十里至永安驿，七十里至新平驿，九十里至宜禄驿，六十里至瓦云驿，六十里至安定驿，八十里至白水驿，七十里至高平驿。①

明初，连接咸阳渭水驿和乾州威胜驿的驿道，尚需经由南面的兴平县（今兴平市）白渠驿，路线较为迂回，因此正统九年（1444 年），"设陕西兴平县底张马驿"②。渭水驿、底张驿、威胜驿三点一线，路程明显缩短。

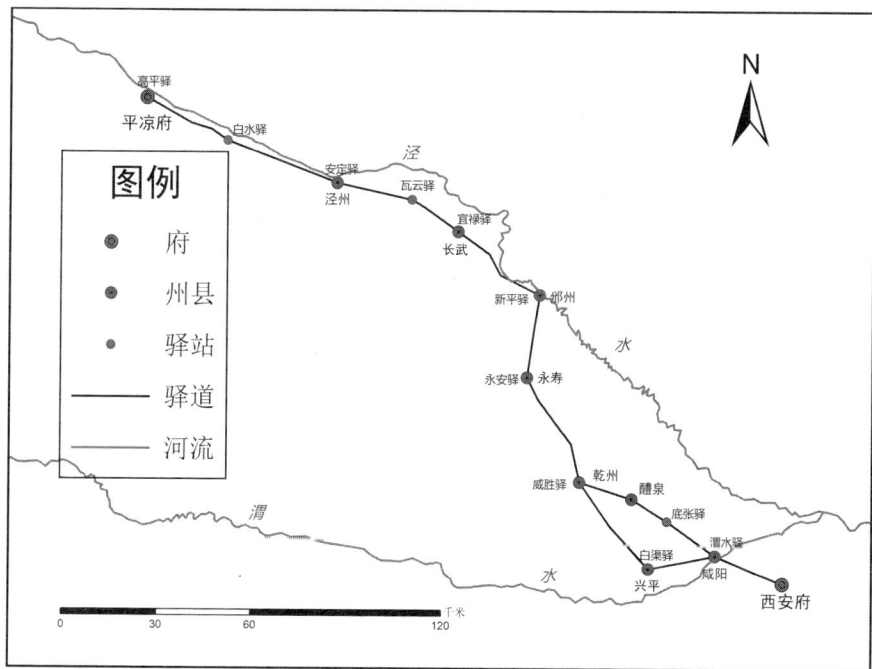

图 2-3　西安府—平凉府驿道路线图

从空间上看，西安至乾州段驿道在关中平原穿行，沿途地势开阔，道路平坦通畅。自乾州向西北的驿道进入黄土高原，海拔明显提升，道路多沿坂

---

① （明）官撰：《寰宇通衢》，上海：上海古籍出版社，2006 年，第 149 页。
② 《明英宗实录》卷 115，正统九年四月戊戌条，台北："中央研究院" 历史语言研究所，1962 年，第 2327 页。

坡、沟谷行进，"入山行，土峡仅容辙，渐行渐高"①。永寿县地处山间塬地之上，"南北二壑，峻坂重环。山川险固，地势崔嵬"②。县城北行十里为分水岭，此处也是这段驿道的海拔最高点。翻越分水岭后地势迅速降低，道路沿山坡迂回而下，特别是徐家车圈一带，驿道"回环曲折，有似车轮"，底窖沟则"峻阪斜下，长三四里，沟中水石参半，车甚颠播"③。这两段是整条驿道最为难行之处。邠州坐落于泾河河谷中，地形相对平坦开阔，"泾水绕其北，邠崖峙其南，依山为城，地势雄壮"④。邠州西行二十里至大佛寺，"迤西道险，曰打儿嘴。又西渐高曰石板坡，左峭壁，右泾水，巉石凝轮"⑤。续行二十里地势陡升，由此登上长武原，"长武原宽广平坦，南北相距一百二十里，界连两省"⑥。唯上下坡时道路蜿蜒，不易通行，如下坡时的凤翔口一带，"坡益陡，多磊石，马蹄易蹶"⑦。下长武原后再次进入泾河河谷，由此抵达泾州。之后泾州至平凉段驿道循泾河西行，海拔又逐渐上升。（图2-4）

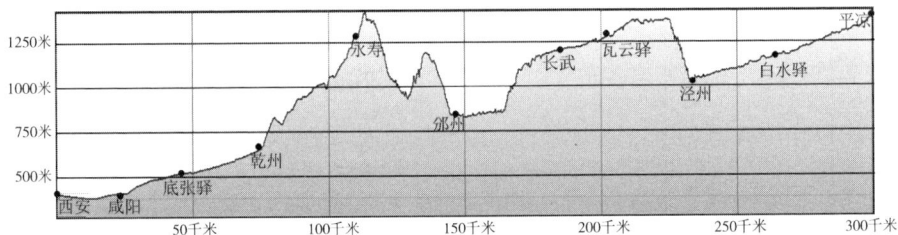

图2-4 西安府—平凉府驿道海拔变化图

（二）西安府至庆阳府、宁夏卫的驿道

西安府经庆阳府（府治所在今庆阳市）有通往宁夏卫（今银川）的驿道。其具体走向是，西安府城出发西北行，经咸阳、醴泉、乾州、永寿等地

---

① （清）陶保廉：《辛卯侍行记》卷3，刘满点校，兰州：甘肃人民出版社，2000年，第182页。

② （清）郑德枢修：《清光绪〈永寿县新志〉》卷1《地舆类·形胜》，西安：三秦出版社，2010年，第12页。

③ （清）陶保廉：《辛卯侍行记》卷3，刘满点校，兰州：甘肃人民出版社，2000年，第184页。

④ 《明一统志》卷32《西安府·形胜》，台北：台联国风山版社，1977年，第2267页。

⑤ （清）陶保廉：《辛卯侍行记》卷3，刘满点校，兰州：甘肃人民出版社，2000年，第188页。

⑥ （清）叶昌炽：《缘督庐日记》第6册，南京：江苏古籍出版社，2002年，第3664页。

⑦ （清）陶保廉：《辛卯侍行记》卷3，刘满点校，兰州：甘肃人民出版社，2000年，第190页。

至邠州，由邠州向北经宁州（今宁县）到达庆阳府城。再由庆阳向西北经环县、灵州（今灵武），过黄河后即达宁夏卫城（图 2 - 5）。其具体驿程《寰宇通衢》记载如下：

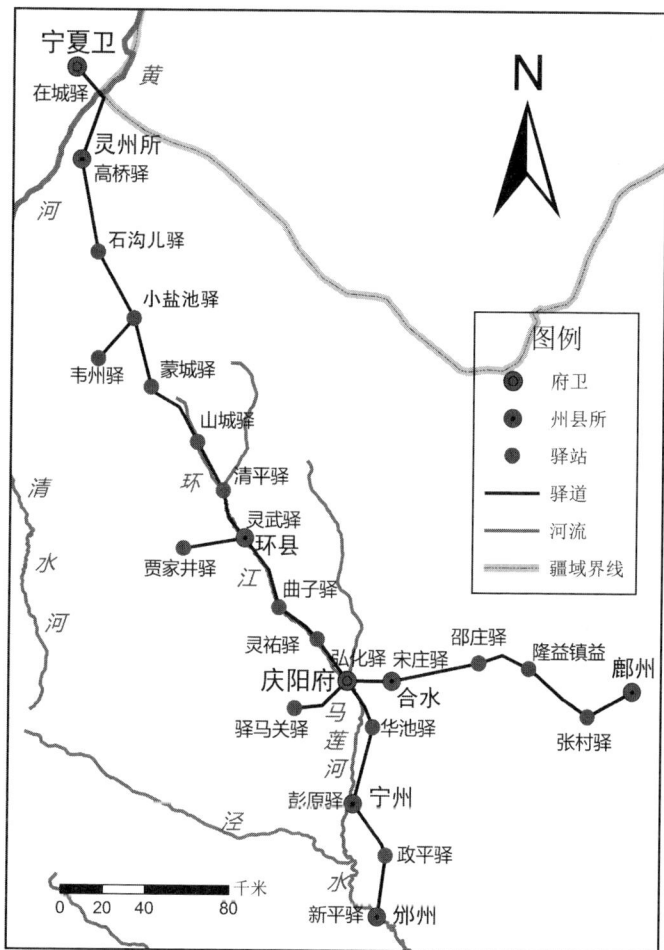

图 2 - 5　邠州—庆阳府—宁夏卫驿道路线图

京兆驿至本府弘化驿，九驿六百五十里。京兆驿五十里至渭水驿，五十里至白渠驿，九十里至威胜驿，九十里至永安驿，七十里至新平驿，七十里至政平驿，七十里至彭原驿，九十里至华池驿，七十里至弘化驿。[①]

---

① （明）官撰：《寰宇通衢》，上海：上海古籍出版社，2006 年，第 151 页。

　　弘化驿一百一十里至曲子驿，九十里至灵武驿，九十里至清平驿，七十里至山城驿，七十里至蒙城驿，九十里至小盐池驿，九十里至石沟儿驿，九十里至高桥驿，一百十里至本卫在城驿。①

　　永乐元年（1403年）二月，宁夏总兵官何福因"庆阳至曲子驿一百余里，道路遥外马力艰辛"②，奏请于庆阳弘化驿与曲子驿之间增设一驿，即为"灵祐驿"。

　　西安府至邠州新平驿的驿道前已述及，邠州西北经政平驿、彭原驿、华池驿至庆阳府的驿道仍沿黄土塬顶部行进。塬顶地势平坦，颇易通行，然上下坡时地势落差较大，无法直上直下，因此需盘旋迂回而行，"驿道回前岭，泾流下别溪"③ 便是对这段驿道的真实写照。庆阳以北的驿道基本循着马莲河及其支流环河行进，地势总体缓慢上升，此间驿道相对平坦，无明显起伏。但是山城驿向北地势迅速抬升，河谷既窄又深，无法取道其中，只能在两侧山坡上行进，而地面亦有明显起伏。自蒙城驿向北，地势总体呈下降态势。此后逐渐走出山间谷地，进入开阔平坦地带，然沿途多有戈壁，较为荒凉，"环县之北，无居民，亦无树木，惟荒烟野草，至灵州始有树木"④。由石沟儿驿北行，开始进入宁夏平原，驿道愈加平坦，沿途地貌环境亦明显改善。（图2-6）

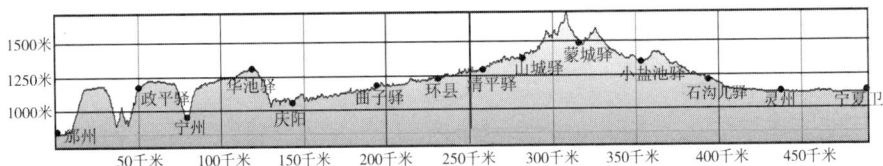

图2-6　邠州—庆阳—宁夏卫驿道海拔变化图

---

① （明）官撰：《寰宇通衢》，上海：上海古籍出版社，2006年，第151页。
② 《明太宗实录》卷17，永乐元年二月乙亥条，台北："中央研究院"历史语言研究所，1962年，第315页。
③ （明）齐之鸾：《入夏录》卷上《午发政平二首》，《四库全书存目丛书·集类》第67册，济南：齐鲁书社，1996年，第690页。
④ （明）黄汴纂：《一统路程图记》，杨正泰点校，《明代驿站考（增订本）》，上海：上海古籍出版社，2006年，第251页。

庆阳府至环县间的驿道，既是连接陇东与宁夏的重要通道，也是蒙古骑兵侵扰内地的主要路线，"环庆迤北重山复岭，深沟陡壑，……虏每入寇必循大川而行，西则黑城沟，东则铁鞭川"。这里的黑城沟，应当是指今天环河上游的支流东川，此处仍有地名黑城岔村者。蒙古骑兵沿黑城沟行进，再循环河而下便可直抵庆阳府城，因此这段道路实为要冲。基于此，成化七年（1471 年）陕西左副都御史马文升奏请在环县附近"筑垣墙、敌台，并修本钵古城。虏入以神铳、火炮御之，可以断其咽喉"①。希图修建堡寨，阻止蒙古人南下虏掠。

庆阳府城与西南方向的驿马关也有驿道相连，《庆阳府志》载："驿马关驿，在（弘化）驿西九十里。"② 成化十六年（1480 年）右副都御史、陕西巡抚阮勤奏称："庆阳府安化县至平凉府镇原县，相距二百余里，而驿马关地介其中，路通固原、开城、环县诸处，皆虏寇出没、警报往来之所。宜就关设驿，附属巡司，以便转报。且添筑城堡，冬月令庆阳卫调兵防御，则边警易闻。"③ 由是设立驿马关驿，并筑堡城"周一百四十步，高一丈五尺许"④。

另外，由庆阳府城出发，东北行经宋庄、邵庄、隆益镇、张村等四驿，可直达鄜州（今富县）。据《明英宗实录》的记载，正统三年（1438 年），设"鄜州张村、隆益镇二驿。合水县邵庄、宋庄二驿"⑤。"宋庄驿旧在县东一十里，今改置西关，邵庄驿在县东一百里。"⑥ "张村驿，在城西七十里。隆益镇驿，在城西一百二十里。"⑦ 另外，据嘉靖《庆阳府志》载，环县以西还曾设置贾家井驿，"新立贾家井驿，在卫城北三百里"。此驿设立于嘉

① 《明宪宗实录》卷90，成化七年四月癸亥条，台北："中央研究院"历史语言研究所，1962 年，第 1753 页。

② （明）傅学礼：《嘉靖庆阳府志》卷 4《公署·合水县》，兰州：甘肃人民出版社，2001 年，第 69 页。

③ （明）徐日久：《五边典则》卷 13，呼和浩特：内蒙古大学出版社，第 445 页。

④ （明）傅学礼：《嘉靖庆阳府志》卷 8《兵房·关隘》，兰州：甘肃人民出版社，2001 年，第 139 页。

⑤ 《明英宗实录》卷 38，正统三年正月己丑条，台北："中央研究院"历史语言研究所，1962 年，第 732 页。

⑥ （明）傅学礼：《嘉靖庆阳府志》卷 4《公署·合水县》，兰州：甘肃人民出版社，2001 年，第 70 页。

⑦ （明）李延寿修，（明）杨怀纂，《明弘治本〈延安府志〉》卷 5《鄜州·驿铺》，樊高林、曹树蓬校点，西安：陕西人民出版社，2012 年，第 153 页。

靖年间（1522—1566 年），与清平、山城二驿均为军站。所谓军站即指驿夫不由百姓应役，而由士兵充当，"各该百户一员，军一百名，以应接递运"①。由庆阳卫管辖。成化十四年（1478 年）又"增设陕西宁夏韦州城马驿"②。

三、西安府通往巩昌府、临洮府等地的驿道

（一）西安府至巩昌府的驿道

明代关陇地区东西向的道路有两条，经由陇州（今陇县）、清水、秦州（今天水）、伏羌（今甘谷）等地的是为南道，经由邠州、泾州、平凉、隆德等地的是为北道。南道相较于北道更加迂回路远，且需翻越关山，"长宁陇汧等处，始因关山林稠，虎盗丛生，公差皆由北路高平等驿经行"③。因此，往来行旅多去北道。然而正统年间（1436—1449 年），"因关山路阻，始改从咸宜，凿山开道，径通秦凤"④。在这之后，南道的使用率越来越高。以至于到成化年间（1465—1487 年）出现"无事之时多由北路，一遇声息俱由南路"⑤ 的情况。明代，蒙古骑兵常常于宁夏花马池一带冲破长城，侵扰固原、平凉一带，因此北道时常遇阻。到万历初年，甚至出现"一应公差不往北路，多由南路"⑥ 的情况。可见，到明代晚期南道的地位几乎超越了北道。

然而问题在于，南道途经的清水、秦州、伏羌、宁远（今武山）等地并未设驿站，为承接往来公差使者，不得不临时调拨附近各府县的驿马、驿驴。例如，临洮府便曾调拨下马四匹、驴五头给秦州、清水、宁远、伏羌及

① （明）傅学礼：《嘉靖庆阳府志》6《卫伍》，兰州：甘肃人民出版社，2001 年，第 117 页。

② 《明宪宗实录》卷178，成化十四年五月壬戌条，台北："中央研究院"历史语言研究所，1962 年，第 3203 页。

③ （明）李尧德：《查议驿传以苏贫困疏》，《皇明嘉隆疏钞》卷22，《续修四库全书》第 467 册，上海：上海古籍出版社，2002 年，第 173 - 174 页。

④ 乾隆《陇州续志》卷2《建置志·关梁》，《中国地方志集成·陕西府县志辑》第 37 册，南京：凤凰出版社，2007 年，第 140 页。

⑤ 《明宪宗实录》卷113，成化九年二月庚午条，台北："中央研究院"历史语言研究所，1962 年，第 2189 页。

⑥ （明）李尧德：《查议驿传以苏贫困疏》，《皇明嘉隆疏钞》卷22，《续修四库全书》第 467 册，上海：上海古籍出版社，2002 年，第 175 页。

陇西县通远驿①。直到成化九年（1473 年），右副都御史、陕西巡抚马文升奏言："凤翔迤西别无驿站，自陇州至清水县二百五十里，公使人等多在石嘴权宿。其地多盗，乞以西安府长宁驿及咸义巡检司，移置石嘴为便。"②由此将原本位于扶风县以东的长宁驿，迁移到陇州与清水间的石觜一地，从而使得南道更加通畅便利。

南道中的西安府至凤翔府段驿程前已述及，而凤翔府向西至巩昌府段的驿程《一统路程图记》记载如下（图 2 - 7）：

> （凤翔府）西七十里汧阳县。九十里陇州。四十里寒衣关。石嘴关。共八十里。盘龙铺九十里清水县。九十里涉水屏。五十里秦州。伏羲画卦台在本州。三十里至三十里店。八十里伏羌县。一百里宁远县。一百里巩昌府通远驿。③

> 注：引文中的寒衣关应为咸宜关的谐音。

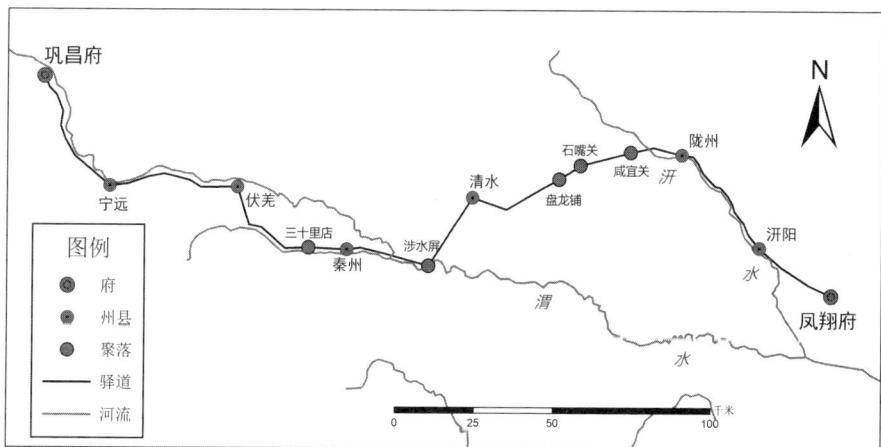

图 2 - 7   凤翔府—巩昌府驿道路线图

---

① （明）李尧德：《查议驿传以苏贫困疏》，《皇明嘉隆疏钞》卷 22，《续修四库全书》第 467 册，上海：上海古籍出版社，2002 年，第 175 页。

② 《明宪宗实录》卷 113，成化九年二月庚午条，台北："中央研究院"历史语言研究所，1962 年，第 2189 页。

③ （明）黄汴：《一统路程图记》，杨正泰点校，《明代驿站考（增订本）》附录，上海：上海古籍出版社，2006 年，第 225 页。

从空间上看，西安至陇州段驿道在关中平原中穿行，地势平坦开阔。唯凤翔、汧阳（今千阳）间有一五里坡，但海拔亦不高，较易通行。由陇州西行即到咸宜关，这里山势依然较高，"正统间凿山开道以通秦凤，视他关最不易踰"①。过咸宜关后陇山在望，陇山（又名关山）"山长百余里，嶙峋高险，不通车辙，舆人累息而上，跬步为艰，宜若登天然"②。陇山段驿道险峻难行，特别是咸宜关至石嘴关的上坡路段，"山壁立万仞，崇岩潜壑"③。由石嘴关至清水县尚需越盘龙山，"其山即大陇山之支，形若盘龙故名"④。过盘龙山后南行，循牛头河便可到达清水县，此间地势渐趋平缓。而自清水县南行，地势又逐渐抬升，道路或沿山谷行进或是沿山坡而行，由此进入渭河谷地，抵达秦州。自秦州西行，需翻越伏羌县南部的天门等山，但已远较陇山易行。此后便可沿渭河谷地抵达巩昌府，道路颇为平坦。（图2-8）

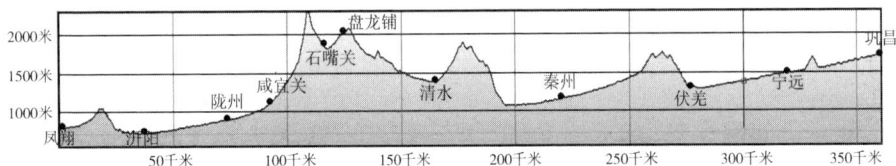

图2-8　凤翔府—巩昌府驿道海拔变化图

北道西安府至平凉府前已述及，自平凉府至巩昌府（今陇西县）《寰宇通衢》记载如下（图2-9）：

高平驿至本府通远驿，九驿六百九十五里。高平驿九十里至瓦亭驿，五十里至隆城驿，九十里至泾阳驿，九十里至青家驿，七十里至保宁驿，六十里至西巩驿，六十里至延寿驿，九十里至通安驿，九十里至通远驿。⑤

① 康熙《陇州志》卷2《建置志·关梁》，《中国地方志集成·陕西府县志辑》第37册，南京：凤凰出版社，2007年，第35页。
② （明）毕自严：《石隐园藏稿》卷3《西征纪略》，上海：上海古籍出版社，1993年，第439页。
③ （明）康海撰：《康对山先生集》卷27《关山石嘴镇新建察院行署记》，贾三强、余春柯点校，西安：三秦出版社，2015年，第489页。
④ 康熙《清水县志》卷2《地理志·山》，《中国地方志集成·甘肃府县志辑》第33册，南京：凤凰出版社，2008年，第7页。
⑤ （明）官撰：《寰宇通衢》，上海：上海古籍出版社，2006年，第149页。

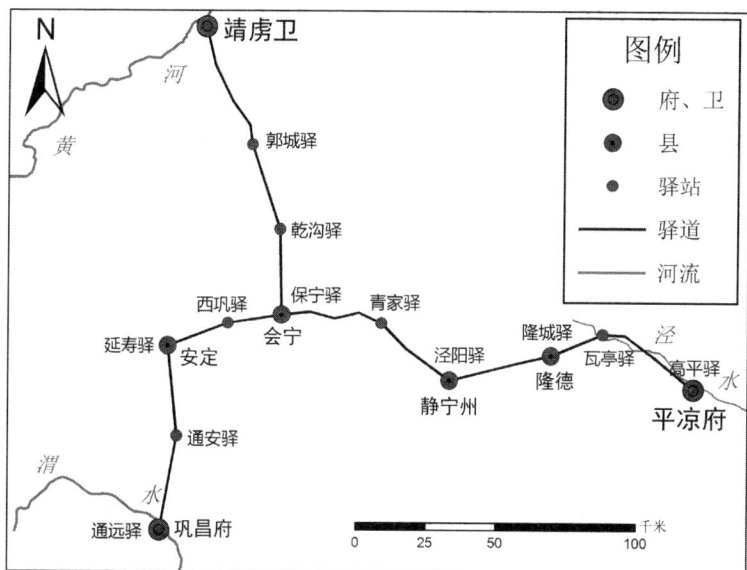

图 2-9 平凉府—巩昌府驿道路线图

自平凉府向西沿泾河上游河谷行进，六十余里至瓦亭峡，"群山怒起，路随峰转，绕行涧底，车颠甚"①。再向西二十五里至瓦亭驿。瓦亭驿"在华亭固原界上。乱山纷错，至不可列骑。其道西北通固原以走宁夏，西南过六盘山走甘肃，亦要地也"②。瓦亭驿至隆德县隆城驿需翻越六盘山，其山势高耸，"冬夏有雪，古谓之络盘道，山上有路，盘旋六折上下"③。由隆德县向西，入靖宁界后，"两面皆山，循右麓行，一面三峰鼎峙，中开一门如隘巷，迤逦而西山势益高益陡，峻嶒怪丑，啮缺如墙；一面半列如屏障，皆土山也，然山麓时露石根，深黑如炭"④。静宁州向西先翻越一座低矮丘陵，之后沿山谷行进。道路"皆右附高山，左临深谷，间有土坡，尚不甚陡。惟峰回路转处，辄有缺口，当依壁曲折缓行"⑤。青家驿位于峡谷中，"即古

---

① （清）陶保廉：《辛卯侍行记》卷3，刘满点校，兰州：甘肃人民出版社，2000年，第199页。

② （清）顾炎武：《天下郡国利病书·陕西备录上》，黄坤等点校，上海：上海古籍出版社，2012年，第1970页。

③ （明）何景明：《〈雍大记〉校注》卷9《考记》，吴敏霞、刘思怡等校注，西安：三秦出版社，2010年，第125页。

④ （清）叶昌炽：《缘督庐日记》第6册，南京：江苏古籍出版社，2002年，第3676页。

⑤ （清）陶保廉：《辛卯侍行记》卷3，刘满点校，兰州：甘肃人民出版社，2000年，第206页。

塞陵关，东自界守铺入峡，两面高山屹立，蜿蜒三十里，有关隘形势"①。青家驿向西至会宁县的道路，越过一处山坡后沿祖厉河支流祖河行进，此处"浅水平沙，纵横错杂，俗名七十二道脚不干。地当深壑，雨水多时，山洪奔注，无从趋避。夏秋间不可行，山腰别有路"②。西巩驿向西为青岚山，"由此升坡，迂回而上，高出群山之表。……右沿陡壁，左顾群岚，层叠无复，峰崿如通长之甬道，如方罫之田畴"③。凡上下山路四十余里。安定县至巩昌府主要山间谷地行进，其中通安驿北面一段道路需经由山脊，地面虽有起伏但无险处。（图2-10）

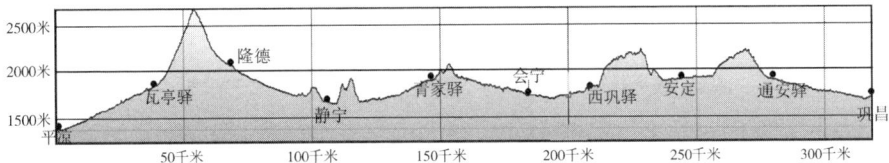

图2-10 平凉府—巩昌府驿道海拔变化图

此外，会宁县亦有驿道通往靖虏卫（今靖远）。正统二年（1437年），宁夏卫指挥房贵于靖虏卫城设会州驿④。该驿道的走向为"靖虏卫，七十里至郭城驿，九十里至乾沟驿，一百二十里至会宁县"⑤。亦是当时军队行旅往来的重要通道。

（二）巩昌府通往周边地区的道路

1. 巩昌府至临洮府、河州卫的道路

由巩昌府城出发，西北经渭源县到达临洮府城，继续西北行可到达河州（今临夏）。（图2-11）

① 道光《会宁县志》卷3《建置志·城池》，《中国地方志集成·甘肃府县志辑》第8册，南京：凤凰出版社，2008年，第72页。
② （清）陶保廉：《辛卯侍行记》卷3，刘满点校，兰州：甘肃人民出版社，2000年，第207页。
③ （清）叶昌炽：《缘督庐日记抄》第6册，南京：江苏古籍出版社，2002年，第3681-3682页。
④ 康熙《重修靖远卫志》卷1《古迹》，《中国地方志集成·甘肃府县志辑》第15册，南京：凤凰出版社，2008年，第99页。
⑤ （明）魏焕：《皇明九边考》，《皇明九边考·皇明四夷考（合订本）》卷8，台北：华文书局，1968年，第322页。

通远驿至本府洮阳驿，二驿二百里。通远驿九十里至庆平驿，一百一十里至洮阳驿。①

洮阳驿至本卫二驿一百八十里。洮阳驿一百二十里至和平驿，六十里至本卫凤林驿。②

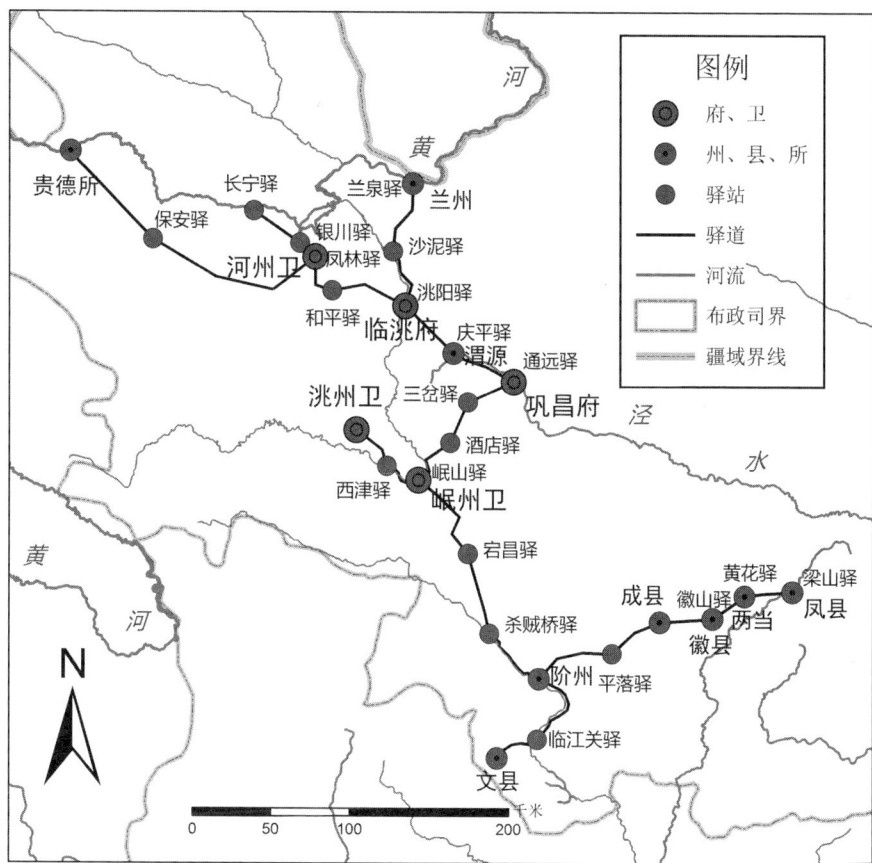

图 2-11　巩昌府通往周边地区驿道路线图

和平驿又称"和政驿"。和平驿与洮阳驿之间还设有定羌驿，"定羌驿，在州（河州——笔者注）东一百二十里"③。

① （明）官撰：《寰宇通衢》，上海：上海古籍出版社，2006年，第150页。
② （明）官撰：《寰宇通衢》，上海：上海古籍出版社，2006年，第151页。
③ 万历《临洮府志》卷6《建置·驿》，明万历三十三年刻本。

这条古代驿道从巩昌府通远驿开始，沿着渭河谷地一路向西，到达渭源县庆平驿，此间路况较为平坦。渭源县至临洮府的驿道，前半段穿越低矮丘陵，地面略有起伏，后半段则沿着洮河支流东峪河行进，最终到达临洮府。之后的驿道由临洮府向西北沿着胭脂河行进，翻越两道土梁后进入广通河河谷，最终到达和平驿。和平驿至河州凤林驿的路段，驿道沿着山间谷地行进，地面起伏不大，但部分路段因需爬坡而略显曲折。（图 2－12）

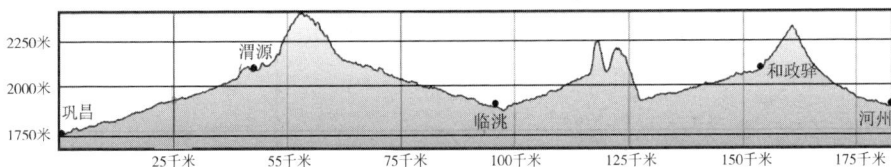

图 2－12　巩昌府—临洮府—河州段驿道海拔变化图

另据万历《临洮府志》，"沙泥驿，在（临洮府）城北九十里，洪武十三年建"①。可知临洮府洮阳驿与兰州兰泉驿之间亦有驿道相连，居中设置沙泥驿。

此外，明代由河州西行有去往积石关的驿道。明代于河州西六十里设银川驿，州西一百二十里旧积石州基堡内设长宁驿（图 2－13）。② 这条道路为宋元以来的旧道。河州与贵德千户所之间也有驿道相通，明初于沿途设六处番站，"曰三岔鸾沟讨来保安红土边多清水，每站设番官一员，如腹里驿丞例，各给印信、站马，应付往来公使"，万历二十年（1592 年），陕西总兵尤继先统兵西征，以诸番站转运军需，番族人马因疲于应付而废其驿，道路为之不通。其后，临巩兵备荆州俊恢复诸站，"查照原设驿递，如三岔等站仍旧复立。每站各选番官一员，各军五名，各马八匹，番人亦无梗化者"③。

上述六处番站，嘉靖《河州志》只记载五处：三岔、讨来、边多、保安、清水，可知诸站的名称亦有不同④。至于具体位置至清代时已不可考，但这条

---

① 万历《临洮府志》卷 6《建置·驿》，明万历三十三年刻本。
② 《河州志校刊》卷 2《官政志·公署》，马志勇校，兰州：甘肃文化出版社，2004 年，第 39 页。
③ 万历《临洮府志》卷 2《总纪》，明万历三十三年刻本。
④ 《河州志校刊》卷 1《地理志·七站》，马志勇校，兰州：甘肃文化出版社，2004 年，第 13 页。

驿道的具体走向如下：从河州城出发，先向南六十里至土门关，七十里至巴咱滩，八十里至班只他寺，八十里阿巴喇寺，八十里至双朋，再向西到达保安堡。从保安堡向西六十里至水竜河，六十里至巴撒川，七十里至贵德城。①

图 2 – 13　明代河州、归德周边形势图

图片来源：（明）张雨：《边政考》卷 1《边图》局部；《续修四库全书》第 738 册《史部·地理类》，第 9 页。

---

①　道光《循化厅志》卷 1《疆域》，台北：成文出版社，1968 年，第 28 – 29 页。

2. 巩昌府至岷州卫、洮州卫的驿道

从巩昌府城出发，西南经岷州卫（今岷县），再向西北可到达洮州卫（今临潭县新城镇）（图2-11）。其路线《寰宇通衢》记载如下：

> 通远驿至本卫岷山驿，三驿二百五十里。通远驿九十里至三岔驿，七十里至酒店子驿，九十里至本卫岷山驿。
>
> 岷山驿至本卫洮州驿，二驿一百三十五里，岷山驿四十五里至西津驿，九十里至本卫洮州驿。①

从巩昌府出发，向西沿渭河支流菜子河谷地行进，再向西南入山中峡谷，出山即为三岔驿。由三岔驿向南，先沿漳河河谷行进，后进入山中峡谷。地势略有起伏，出峡谷进入洮河河谷，继续向南到达岷州卫岷山驿。据康熙《岷州志》载："酒店子驿，元以前酒店无路，初明始僻为通衢，筑城置驿。"②"漳县以西达于岷州则巨山联接二百余里，峰峦崒崔，中道线路，流泉潺潺出其间。"③岷州至西津驿沿洮河河谷行进，河谷开阔道路平坦易行，西津驿至洮州卫洮州驿尚需翻越一处山岭。（图2-14）

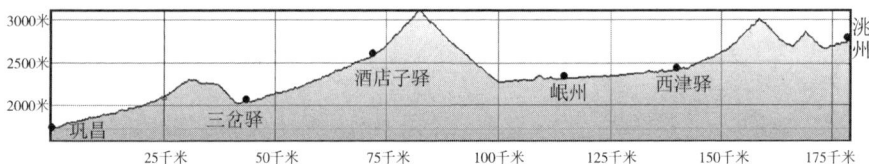

图2-14 巩昌府—岷州—洮州段驿道海拔变化图

3. 巩昌府至阶州、徽州、两当县的驿道

巩昌府向南至岷州卫后，继续向东南经宕昌驿、杀贼桥驿可到达阶州（今武都）。再由阶州向东北经平落驿、成县，可先后到达徽州（今徽县）徽山驿和两当县黄花驿。由徽州向南经白水江路可通往汉中府略阳县，由两当

---

① （明）官撰：《寰宇通衢》，上海：上海古籍出版社，2006年，第152页。

② 康熙《岷州志》卷4《建置·驿所》，《岷州志校注》，岷县印刷厂，1988年，第106页。

③ （明）毕自严：《石隐园藏稿》卷3《岷洮考略》，上海：上海古籍出版社，1993年，第440页。

县向东可通往汉中府凤县。而阶州向南经临江关驿可通往文县。（图2-11）

《明一统志》载"宕昌驿，在（岷州—笔者注）卫城南一百一十五里"①。《万历会典》载，阶州设杀贼桥驿、平落驿，文县设临江关驿，徽州设徽山驿，两当县设黄花驿。② 据《明实录》，平落驿设于成化七年（1471年）③。

由杀贼桥驿至阶州，此段道路因地界西番十分荒僻，常有盗贼出没，因此在石关、两水沟、石门桥、石门沟、角弓峪、白鹤桥、杀贼桥等处，都设有墩台驻守。④

岷州卫至阶州，先循洮河支流迭藏河行进，之后翻越分水岭沿白龙江支流岷江行进，再沿白龙江河谷至阶州。岷江河谷狭窄，两岸高山耸峙，所经之处多为栈道，"上有万丈之危崖，下临不测之深涧。人则轻移跬步，马则解鞍而行。一经践踏，摇摇欲动，其险也若此"⑤。阶州至徽县、两当县的驿道或沿山间峡谷行进，或沿山坡而行，地面起伏不断，较为难行。（图2-15）

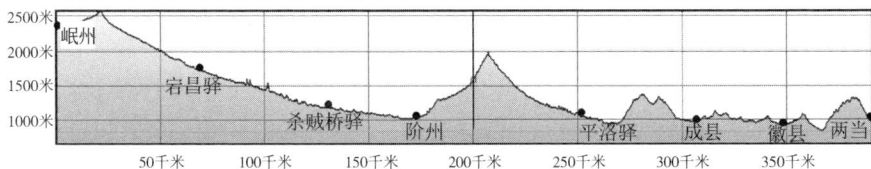

图2-15 岷州—阶州—两当段驿道海拔变化图

另外，由阶州向南经临江关驿可到达文县。杨正泰《明代驿站考》"陕西驿路分布图"中，阶州至平落驿需绕行临江关驿。而平落驿、临江关驿二驿之间，相隔崇山峻岭，并无直达道路，如此绕行毫无道理。而事实上，平落驿至阶州有道路直达，据万历《阶州志》载，沿途置有兰景、花楼、

---

① 《明一统志》卷37《岷州卫·古迹》，台北：台联国风出版社，1977年，第2636-2637页。
② （明）申时行等修：《万历会典》卷146《兵部·驿传二》，北京：中华书局，1989年，第746页。
③ 《明宪宗实录》卷95，成化七年九月辛巳条，台北："中央研究院"历史语言研究所，1962年，第1819页。
④ （清）顾炎武：《天下郡国利病书·陕西备录下》，黄坤等点校，上海：上海古籍出版社，2012年，第2105页。
⑤ （清）陈斐然：《西行日记》，《西域行程（外三种）》，兰州：甘肃文化出版社，2016年，第204页。

安化、米仓山等急递铺①。因此，由平落驿至阶州并不需绕行临江关驿。而临江关驿的设置是为了连接阶州与文县。文县地处川陕交界，且置有千户所，必常有军情奏报。

阶州至文县的驿道先沿白龙江河谷行进，之后需翻越八盘山。白龙江流至阶州东约四十五里的险崖坝时河谷骤缩，只能于两侧崖壁间开凿栈道以通往来，"上有千寻峭壁，下有急湍奔流。就山石凿阶三百许，人迹马蹄步步必中绳尺，不然危矣"②。而文县北四十里处的八盘山则因道路曲折而得名，此处"峻岭摩天，羊肠曲折斗峭，山阴雪积冰滑"③。

四、西安府通往陕西行都司的驿道

（一）西安府至庄浪卫、碾伯所、西宁卫的驿道

西安府向西至陕西行都司的道路，是陕甘大道的重要组成部分。其中，西安府经平凉府至巩昌府安定县延寿驿的驿道前已述及。自安定县至庄浪卫（今庄浪县）在城驿的驿程如图 2 - 16 所示。

延寿驿六十里至秤钩驿，六十里至清水驿，七十里至定远驿，五十里至兰泉驿，五十里至沙井儿驿，六十里至本卫苦水湾驿。

苦水湾驿六十里至红城子驿，四十里至大通山口驿，四十里至本卫在城驿。④

由安定县至秤钩驿，"驿路仍在两山间，甚平坦"⑤。至清水驿之间需翻

① 万历《阶州志》卷4《建置·铺舍》，《阶州志集校笺注》，曾礼校注，兰州：甘肃人民出版社，2013年，第16页。
② （清）陈斐然：《西行日记》，《西域行程（外三种）》，兰州：甘肃文化出版社，2016年，第212页。
③ （清）陈斐然：《西行日记》，《西域行程（外三种）》，兰州：甘肃文化出版社，2016年，第214页。
④ （明）官撰：《寰宇通衢》，上海：上海古籍出版社，2006年，第152 - 153页。
⑤ （清）陶保廉：《辛卯侍行记》卷3，刘满点校，兰州：甘肃人民出版社，2000年，第211页。

越车道岭，海拔变化较大。车道岭"岭不高而长"①，东西绵延五十里，上下坡道路较陡，"峭壁千仞，竭蹶而升"②。清水驿与定远驿间的道路亦有明显起伏，"地颇崎岖，俗称九沟十八坡"③。定远驿向西出峡谷为兰州盆地，视野豁然开朗。兰州至庄浪卫沿黄河和庄浪河谷行进，"山远路平"④，海拔整体呈平稳上升态势。（图 2－17）

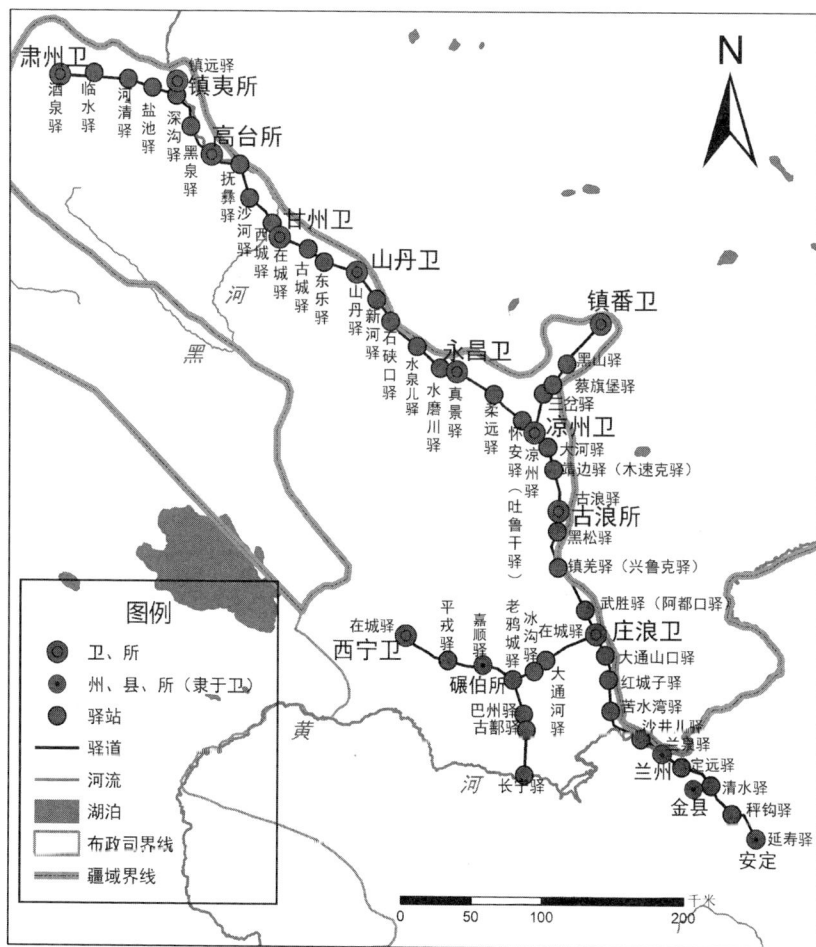

图 2－16　安定县通往陕西行都司驿道路线图

---

① （清）温世霖：《昆仑旅行日记》，天津：天津古籍出版社，2005 年，第 68 页。
② （清）叶昌炽：《缘督庐日记》第 6 册，南京：江苏古籍出版社，2002 年，第 3684 页。
③ （清）陶保廉：《辛卯侍行记》卷 3，刘满点校，兰州：甘肃人民出版社，2000 年，第 212 页。
④ （清）陶保廉：《辛卯侍行记》卷 4，刘满点校，兰州：甘肃人民出版社，2000 年，第 251 页。

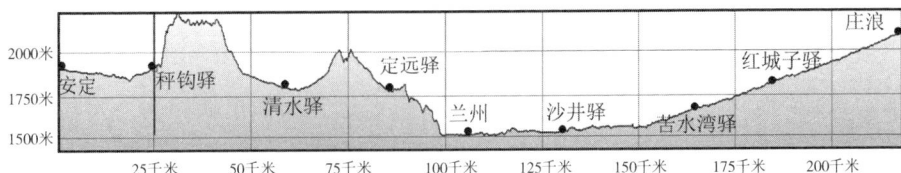

图 2 - 17 安定县—庄浪卫段驿道海拔变化图

自庄浪卫向西有驿道通往碾伯千户所（今乐都）和西宁卫。

> 一至西宁卫……庄浪在城驿至本卫在城驿，五驿四百一十里。庄浪
> 在城驿一百六十里至大通河驿，六十里至老鸦城驿，五十里至碾伯驿，
> 六十里至察罕送□□驿，八十里至西宁在城驿。①

这里的碾伯驿即"嘉顺驿"，察罕送□□驿即"平戎驿"。洪武九年
（1376）下令，"壬辰时，天下驿传之名多因俚俗所称，兵部具数以闻，命
翰林考古正之，于是改扬州府驿曰广陵驿，镇江府驿曰京口驿，如是者凡二
百三十二"②，此驿站当在此时更名。

另外，大通河驿与老鸦城驿之间另有冰沟驿。《天下郡国利病书》载，
嘉顺、古鄯、巴州、平戎、老鸦、冰沟诸驿俱为洪武十九年（1386 年）
设③。此段驿道，大通河驿至老鸦城驿段最为难行。自大通河驿渡过大通河
后，向西沿冰沟峡至冰沟驿，再向南翻越华里坡、大湾山进入羊肠沟，"沟
仅一线，土深红色，两边高崖插天，如行眢井中，曲折盘旋"④。而西宁东
三十里的峡口亦"地极险阻，为湟、鄯往来咽喉地"⑤。

由老鸦城驿向南经巴州驿、古鄯驿，有通往积石关的驿道。这段道路

---

① （明）官撰：《寰宇通衢》，上海：上海古籍出版社，2006 年，第 153 页。
② 《明太祖实录》卷 105，洪武九年四月壬辰条，台北："中央研究院"历史语言研究所，1962
  年，第 1757 页。
③ （清）顾炎武撰：《天下郡国利病书·陕西备录下》第 4 册，黄坤校点，上海：上海古籍出版
  社，2012 年，第 2159 页。
④ （清）叶昌炽：《缘督庐日记》第 7 册，南京：江苏古籍出版社，2002 年，第 4142 页。
⑤ （清）顾祖禹：《读史方舆纪要》卷 63《陕西十三》，北京：中华书局，2005 年，3018 页。

"路小而险,羊肠九折,人迹罕到,险极处魂为之飞"①。清代积石关设有长宁驿,由此向东南经银川驿,可通往河州凤林驿。

(二)庄浪卫至古浪所、凉州卫、镇番卫的驿道

自庄浪卫在城驿出发,西北经古浪千户所可通往凉州卫(今武威),再向北又可通往镇番卫(今民勤)(图2–16)。其具体路程《寰宇通衢》描述如下:

> 一至凉州卫……庄浪在城驿至本卫凉州驿,八驿三百七十里。庄浪在城驿四十里至阿都口驿,五十里至岔口驿(图2–18),五十里至兴鲁克驿,四十五里至黑松驿,四十五里至古浪驿,六十五里至木速克驿,四十里至大河驿,四十里至凉州驿。②

图2–18 天祝县华藏寺镇岔口驿遗址(贾强摄)

---

① (清)陈斐然:《西行日记》,《西域行程(外三种)》,兰州:甘肃文化出版社,2016年,第192页。

② (明)官撰:《寰宇通衢》,上海:上海古籍出版社,2006年,第153页。

《皇明九边考》则记载为：

> 庄浪卫四十里至武胜驿，五十里至岔口驿，五十里至镇羌驿，五十里至黑松驿，四十五里至古浪城驿，六十里至靖边驿，五十里至大河驿，四十里至凉州卫。①

可知，阿都口驿后改称"武胜驿"，兴鲁克驿后改称"镇羌驿"，木速克驿后改称"靖边驿"。

庄浪卫至镇羌驿仍沿庄浪河谷行进，地势平坦开阔。镇羌驿至黑松驿之间则需穿越乌鞘岭，乌鞘岭"路通甘肃，虽盛夏，风起飞雪弥漫，寒气砭骨"②。道路沿山间峡谷行进，"自兰州金城关以来，山皆在大路两旁，至此则乱山当路"③。越过乌鞘岭后海拔逐渐降低。黑松驿向北需穿越古浪峡，"南为松林山，北为铁柜山，峻坂一线，顽石塞途，形势比潼关、函谷"④。出古浪峡视野豁然开朗，进入武威绿洲。（图2-19）

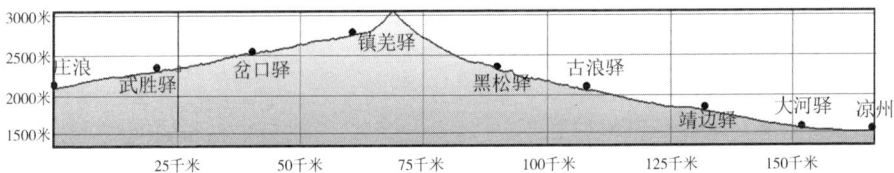

图 2-19　庄浪卫—凉州卫段驿道海拔变化图

凉州卫至镇番卫的驿道《一统路程图记》记载如下：

> 凉州卫。三十里三岔驿。四十里蔡旗堡。六十里黑山驿。六十里镇番卫。⑤

---

① （明）魏焕：《皇明九边考》卷9《甘肃镇》，《皇明九边考·皇明四夷考（合订本）》，台北：华文书局，1968年，第350—351页。

② （明）赵廷瑞修：《嘉靖陕西通志（上）》卷4《土地·山川下》，董健桥校点，西安：三秦出版社，2006年，第174页。

③ （清）陶保廉：《辛卯侍行记》卷4，刘满点校，兰州：甘肃人民出版社，2000年，第261页。

④ （清）陶保廉：《辛卯侍行记》卷4，刘满点校，兰州：甘肃人民出版社，2000年，第261页。

⑤ （明）黄汴纂：《一统路程图记》卷4《各边路》，杨正泰点校，上海：上海古籍出版社，2006年，第238页。

这条驿道最早设置于永乐年间（1403—1424年），永乐年间于镇番卫城设宁边驿，天顺年间（1457—1464年）又设黑山驿和三岔驿。①

（三）凉州卫至永昌卫、山丹卫和甘州卫的驿道

从凉州卫出发，向西经永昌卫（今永昌）、山丹卫（今山丹）可到达甘州卫（今张掖）（图2-16）。其具体路程如下：

> 凉州驿四十里至吐鲁干驿，四十里至□□驿，五十里至真景驿，五十里至水磨川驿，五十里至本卫水泉儿驿。
>
> 水泉驿七十里至石峡口驿（图2-20），五十里至新河驿，五十里至山丹驿。
>
> 山丹驿五十里至东乐驿，三十五里至古城驿，四十五里至甘州在城驿。②

图2-20 山丹县老军乡石峡口驿遗址远眺（贾强摄）

---

① 道光《重修镇番县志》卷2《建置考·驿铺》，《中国地方志集成·甘肃府县志辑》第43册，南京：凤凰出版社，2008年，第153页。
② （明）官撰：《寰宇通衢》，上海：上海古籍出版社，2006年，第154页。

《皇明九边考》则记载为：

> 凉州卫四十里至怀安驿，五十里沙河驿，五十里至真景驿，五十里至
> 水磨川驿，五十里至永昌卫，六十里至石峡口驿，五十里至新河驿，五十
> 里至山丹卫，五十里至东乐驿，四十里至古城驿，四十五里至甘州城。①

吐鲁干驿后改称"怀安驿"，□□驿应为"沙河驿"，甘州在城驿又称
甘泉驿。

《全陕政要》载，凉州卫西九十里有"柔远驿"而无沙河驿。甘州东四
十里有"仁寿驿"而无古城驿②，当为同一驿站的不同称谓。

此段路程从海拔上看先升后降，但因行进在河西走廊，较为平坦。峡口
驿以东，道路经由峡谷中，"万山围抱，顽石峥嵘"。③ 进入河西走廊后，不
仅地势开阔，道路平坦易行，且地理环境也大为改观。"自平凉至凉州，几
二千余里，绝不见草木花鸟，沿途亦不见水，……甘州则多林木，有甘泉稻
田，似别有一乾坤者。"④（图 2 - 21）

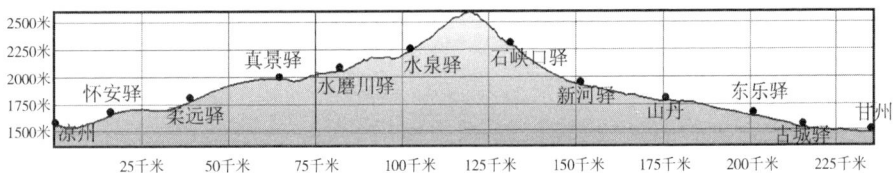

图 2 - 21　凉州卫—甘州卫段驿道海拔变化图

（四）甘州卫至高台所、镇夷所、肃州卫的驿道

由甘州卫在城驿向西北经高台千户所，有通往肃州（今酒泉）的驿道

---

① （明）魏焕：《皇明九边考》卷9《甘肃镇》，《皇明九边考·皇明四夷考（合订本）》，台北：
华文书局，1968 年，第 351 - 352 页。
② （明）龚辉：《全陕政要》卷 4，《四库全书存目丛书·史部》第 188 册，济南：齐鲁书社，
1996 年，第 639 - 642 页。
③ （清）陶保廉：《辛卯侍行记》卷 4，刘满点校，兰州：甘肃人民出版社，2000 年，第 273 页。
④ （明）艾穆：《艾熙亭先生终太山人文集》卷 4《记·恩谴记》，海口：海南出版社，2000 年，
第 352 页。

（图 2 - 16）。具体路程《一统路程图记》记载如下：

> （甘州）廿里西城驿。四十里沙河驿。四十里抚夷（彝）驿。四十里高台千户所。五十里黑泉驿。五十里深沟驿。五十里镇夷千户所（图 2 - 22）、盐池驿。五十里河清驿。四十里临水驿。四十里肃州卫。①

图 2 - 22　高台县罗城镇天成村镇夷城遗址（贾强摄）

《全陕政要》记载，甘州卫辖有十驿，其中"一小沙河，镇西三十里；一大沙河，镇西六十五里"②。又乾隆《甘州府志》载："《唐书》：'张掖有巩笔驿，其地未详。'今黑水西岸有古驿址，俗曰西城驿者，或云即巩笔驿。或云元西城驿，或云明小沙河驿。"③ 叮知，西城驿当为元代旧名，明代重建后改为小沙河驿。深沟驿原本位于深沟堡，万历三十一年（1603 年）

---

① （明）黄汴：《一统路程图记》卷 4《各边路》，杨正泰校注，《明代驿站考（增订本）》附录，上海：上海古籍出版社，2006 年，第 239 页。

② （明）龚辉：《全陕政要》卷 4《甘州镇·公署》，《四库全书存目丛书·史部》第 188 册，济南：齐鲁书社，1996 年，第 640 页。

③ （清）钟赓起：《〈甘州府志〉校注》卷 4《地理志·古迹》，张志纯等校注，兰州：甘肃文化出版社，2008 年，第 128 页。

肃州兵备道副使李楠奏请改移于深沟堡以东二十里处的河西堡。① 河清驿最初位于临水驿东四十五里处的下河清堡，后因此地"碱而不可耕，水遥而不可至"，遂移至南部六十里处的中河清堡，但如此一来道路过于迂回。万历二十九年（1601年），肃州兵备道副使李楠等奏请于下河清堡东十五里处添筑双井堡，"防护南北山险照壁、石板等山口及东西经行黄泥铺一带地方"，并将河清驿北移至此处。②

甘州向西北至黑泉驿的道路主要沿黑河行进，海拔呈下降趋势，沿途环境较为优越。黑泉驿向西至临水驿海拔较为平稳，但沿途多戈壁，特别是黑泉驿至深沟驿一段需过一片沙坡，"沙厚涩轮，升坡殊艰"③。临水驿向西海拔又逐渐上升，进入绿洲地带，环境再次好转。（图2－23）

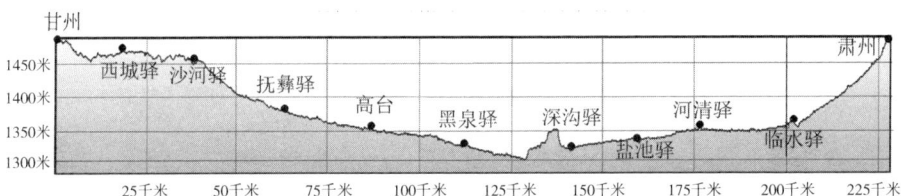

图2－23　甘州卫—肃州卫段驿道海拔变化图

深沟驿向北有通往镇夷所（今高台县西北）镇远驿的驿道，《肃镇华夷志》载："镇远驿，城东南隅，额设甲军三十五名，骡三十五头。"④

五、西安府通往潼关卫和陕北地区的驿道

（一）西安府通往潼关的驿道

西安府通往潼关的驿道由西安府京兆驿出发，向东七十里至临潼县

---

① 《〈肃镇华夷志〉校注》卷3《堡寨》，高启安、邰惠莉点校，兰州：甘肃人民出版社，2006年，第177－178页。
② 《〈肃镇华夷志〉校注》卷3《堡寨》，高启安、邰惠莉点校，兰州：甘肃人民出版社，2006年，第178页。
③ （清）陶保廉：《辛卯侍行记》卷5，刘满点校，兰州：甘肃人民出版社，2000年，第302页。
④ 《〈肃镇华夷志〉校注》卷2《驿传》，高启安、邰惠莉点校，兰州：甘肃人民出版社，2006年，第130页。

（今西安市临潼区）新丰驿，八十里至渭南县（今渭南市）丰原驿，五十里至华州（今渭南市华州区）华山驿，七十里至华阴县（今华阴市）潼津驿，四十里至潼关卫潼关驿（图2－24）。① 这条道路是连接陕西与东部地区的重要干道，且在关中平原行进，较为平坦开阔。

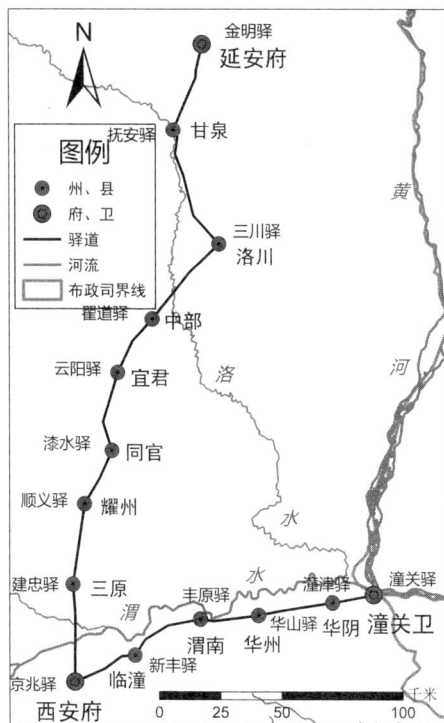

图2－24　西安府通往延安府、潼关卫驿道路线图

（二）西安府通往延安府的驿道

西安府通往延安府的驿道自京兆驿出发一路向北，经三原、耀州（今铜川）、同官、宜君、中部（今黄陵）、鄜州（今富县）、甘泉等地到达延安府（图2－24）。其具体驿程，《寰宇通衢》记载如下：

京兆驿，九十里至建忠驿，九十里至顺义驿，七十里至漆水驿，九

---

① （明）官撰：《寰宇通衢》，上海：上海古籍出版社，2006年，第149页。

十里至云阳驿，七十里至翟道驿，七十五里至三川驿，六十五里至鄜城
驿，九十五里至抚安驿，九十五里至金明驿。①

这条驿道是连接关中和延绥边镇的干道。耀州顺义驿以南在关中平原行
进，以北则进入黄土高原，主要沿塬顶或山间河谷行进。（图 2 - 25）

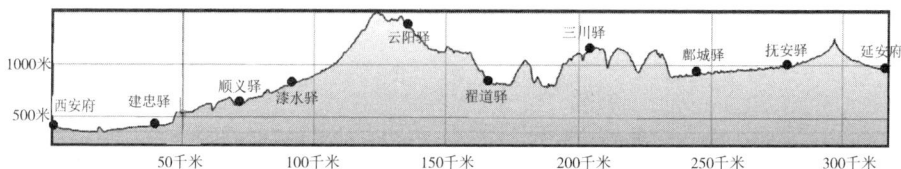

图 2 - 25　西安府—延安府段驿道海拔变化图

综上所述，这些驿道作为明代关陇地区的主干道，构筑起以西安为中心的
道路交通网，而西安又与全国政治中心北京连接，从而确保了政府重要信息的
有效流通。除此之外，还有一些道路虽非驿道，但其交通地位也值得关注。

第二节　其他重要道路

除驿道外，一些道路虽未设驿站，但在实际生活中交通地位并不亚于驿
道。为全面了解明代关陇地区的交通状况，需要对这些道路进行考述。

一、汉中府通往周边地区的道路

除川陕驿道外，以汉中府城南郑县（今汉中市南郑区）为中心尚有其
他几条重要道路。"数年来从西凤入汉中者，由连云栈、子午谷。从商郧入
汉中者，由洵阳、石泉。从临巩入汉中者，由置口、略阳"②。

---

① （明）官撰：《寰宇通衢》，上海：上海古籍出版社，2006 年，第 150 - 151 页。
② （清）戴笠撰：《怀陵流寇始终录》卷 10，陈协琹、刘益安点校，沈阳：辽沈书社，1993 年，
　　第 179 页。

（一）汉中府通往西安府的道路

1. 武关道

武关道是从西安出发，东南经蓝田，越秦岭，过商州、武关的道路，是连接关陇和河南、湖广地区的重要通道。武关道需翻越秦岭，道路险峻难行，但自明后期重新修辟后往来者众多。据隆庆《蓝田县志》载："近年山路开通，尊官过往及差遣人役络绎不绝，夫马俱出。见年里甲以致应役未终，逃亡过半。"[1]

《一统路程图记》记载了从南京出发，由水路转陆路，经武关道直达西安的路线：

> 淅川县。五十里幎围。四顾皆山。四十里湖村。有大店。陆路。九十里青山。九十里青油河。四十里武关。五十里桃花铺。八十里白羊店子。八十里麻涧。乙百里新店子。九十里蓝田县。九十里至西安府。

由淅川县西北的湖村弃船登岸，改行陆路，"路皆山中而去，至蓝田县始平无山。"[2] 其中又以七盘岭最为难行。

2. 黑水峪道

明末连云栈道阻断，由洋县向北出黑水峪至盩厔（今周至）的道路，成为汉中府与西安府间传报文书的重要通道。"连云栈从褒城至益门镇八百里中，惟弹丸一凤县耳，被流寇焚掠，多年不通，此时即一差一文俱从洋县捷山黑水峪赴投，攀崖附葛，每尝伤人误事。"[3] 但由于道路险峻，利用率并不是很高。由于来往人员较多，早在明朝后期便在这条道路上设置十八盘巡检司和柴家关巡检司。

---

① 隆庆《蓝田县志》卷上《治局篇·古迹》，明隆庆五年刻本。

② （明）黄汴纂：《一统路程图记》卷5《江北水路》，上海：上海古籍出版社，2006 年，第 248 页。

③ （明）杨嗣昌撰：《杨嗣昌集（二）》卷 34《复瑞王营兵鼓噪疏》，梁颂成辑校，长沙：岳麓书社，2008 年，第 814 页。

3. 子午道

"子午谷去城南百里,路自南通北,正对长安,故名,然止单人独骑可行。"[1] 子午道在明代使用率不高,"由子午谷入山越秦岭之南,皆荒僻深邃,凡士卒逋逃及贩卖私茶者往往于此潜匿,多为奸盗"[2]。

(二) 汉中府通往郧阳府的道路

由汉中府城出发,向东经城固县、洋县至石泉县的道路,是汉中通往江淮地区的重要通道。嘉靖《汉中府志》记载了沿途所置急递铺的情况,有助于我们了解此路的具体走向。由南郑县总铺出发,向东依次经过白鹤铺(今属汉中市南郑区)、长流铺[3]、鹤鸣铺、青石铺、城固县总铺(以上属城固县)、湑水铺、基公铺、马凫铺、药水铺(以上属洋县),最终到达洋县总铺。

而由洋县至石泉县的道路在万历年间(1573—1620 年)曾发生过变动。万历以前,洋县通往石泉县的道路基本沿汉水而行,从洋县总铺出发,依次经过贯溪铺、龙亭铺、万春铺、黄金铺、沙河铺、环珠铺、渭门铺、白沙铺、铁炉铺(以上属洋县)、子午铺(属西乡县)、上饶峰铺、下饶峰铺、双桑铺、高田铺(以上属石泉县),最终达到石泉县总铺。

万历年间(1573—1620 年),洋县知县李用中,因"石泉一路多渡口,风波常阻,山路险僻,马易疲毙,且人烟绝少,虎狼为害"。经过详细规划,决定废弃此路,"专由西乡一路。凡石泉往来邮筒,皆由西乡转达,故

---

① (明) 王士性:《广志绎》卷3,北京:中华书局,1981 年,第45 页。

② 《明太祖实录》卷168,洪武十七年十一月癸未条,台北:"中央研究院" 历史语言研究所,1962 年,第2571 页。

③ 嘉靖《城固县志》载:"嘉靖四十五年,知县杨守正因分程不均,此为多设,申道府行南郑县议同裁革贴,仰二县改立鹤鸣铺为界,迎送各三十五里,官民两便,劳逸适均,而经久可行矣。"鹤鸣铺既为二县中界,各去 35 里,则二县相距 70 里。又前文记"长流铺,西四十五里。"则长流铺去城固县 45 里,去南郑县 25 里。而嘉靖《汉中府志》记:"白鹤铺,东十八里。"则白鹤、长流二铺仅相去 7 里,嘉靖《城固县志》校注者认为二铺相隔较近,实为一处,当误(见《嘉靖城固县志校注》,西安:西北大学出版社,1995 年,第73 页)。结合上引文献,正因两铺相距较近,"分程不均,此为多设",故杨守正请求裁革。之后,以鹤鸣铺为二县分界点,不仅铺递之间路程均匀,且二县传递距离相等,故 "官民两便"。又嘉靖《汉中府志》同时记载有白鹤、长流二铺,亦说明两者实非一处。

总铺、马崖、基公、湑水、望江、仙浴、双河、红瓦八铺，设有铺司兵递送公文；其贯溪至枣园十一铺，已久裁，无径达石泉者，马递亦然"①。康熙《洋县志》载，李用中在任时间为万历十二年至万历十七年（1584—1589年)②，则至迟在万历十七年（1589年）道路便已发生变化。之后，洋县通往石泉县的道路改经西乡县。洋县至西乡县所经急递铺，嘉靖《汉中府志》中记有洋县总铺、红瓦铺、瓦房铺、古溪铺、桑园铺、西乡总铺，自西乡县至石泉县则不见记载。上引所列望江、仙浴、双河等铺，当为万历年间（1573—1620年）改道后增设。

（三）汉中府通往巩昌府秦州的道路

明代，由汉中府城出发，沿驿道经沔县（今陕西省勉县）至略阳县，再向北经徽州（今甘肃省徽县）抵秦州（今甘肃省天水）的道路，也是一条重要通道。略阳县与徽州间的道路，嘉靖《略阳县志》载，"总铺，北路，一百里至肖公铺，七十里至大石碑，徽州界"③。根据里程及县志中的《方舆图》，肖公铺约在今略阳县白水江镇麻柳塘村附近，大石碑即今徽县大河店乡大石碑，位于陕甘二省交界处。其具体走向为，自略阳县出发向北，沿八渡河至吴家营村，再沿今 G7011 高速公路向北至构林驿，之后沿山中峡谷经铁厂子村，西北至麻柳塘村，再向西经江镇老街渡过嘉陵江，沿洛河河谷（即开凿于北宋年间的白水路）最终到达徽州。再由徽州向北经高桥等地到达秦州。

这条道路早在明初便被用作运茶。至明末，农民起义爆发致使连云栈道受阻，"栈道屡经流寇奔突，人烟断绝"④。"至有昔称简僻，今较冲繁，如

① （清）严如熤修：《嘉庆汉中府志校勘》卷7《铺舍》，郭鹏校勘，西安：三秦出版社，2012 年，第198 页。
② 康熙《洋县志》卷4《人物志》，《中国地方志集成·陕西府县志辑》第45 册，南京：凤凰出版社，2007 年，第410 页。
③ 嘉靖《略阳县志》卷2《邮驿》，《天一阁藏明代方志选刊》，第68 册，上海：上海古籍书店，1981 年。
④ （明）孙传庭《白谷集》卷1《议蠲汉中钱粮疏》，《幔亭集 外四种》，上海：上海古籍出版社，1993 年，第233 页。

沔县、略阳、徽州、秦州、清水、陇州、汧阳等处，自栈道梗阻，汉、兴一带差使，俱改由此路。"① 连接关中与汉中的驿道被阻断，往来人员文书等不得不绕行徽州、秦州，此路一度成为关中、汉中间的重要干道。

二、关中地区的道路

（一）大庆关通往关中的道路

大庆关（在今陕西省大荔县朝邑镇）作为沟通山陕两地的重要渡口，有通往关中各地的道路。向北可通往郃阳（今合阳县）、澄城，向西可通往同州（今大荔县）、蒲城，向南则可通往华阴、华州等地。而大庆关以西的朝邑成为往来必经之地。"朝邑为两省要冲，与蒲、华埒而邑里独缺驿递，又迩时河以南应驿者，率避潼而之邑，遂为三省之汇，不任供送。"②

（二）同州通往榆林卫的道路

成化元年（1465 年），蒙古骑兵屡屡寇边，陕北边镇战事吃紧，而"军旅供亿仰给诸处，道里险难致"。经商议决定，"以陕西西路之运则由长安古道，以达延绥。而河南、山西、陕西东路之运则取道同州、郃阳、韩城、宜川、延长、延川、清涧、绥州、米脂，直抵榆林，地不迂远，飞挽易达"。可知，由关中通往陕北的道路有东西二道，西路即沿驿道往来，东路则沿黄河以西一线往来。为了使得这条道路更加通畅，对部分难行路段进行修整。其中重点修整了韩城县（今韩城市）境内的麻线岭一段，经过修整，"诘曲棱层变为坦夷，昔也辙迹不通，今则诸处输运之供，轮蹄驰逐，源源其来"③。

（三）临潼经高陵、泾阳至咸阳的道路

临潼至咸阳本以经由西安为正道，"各处设有驿所，募有夫马，道复直

---

① （明）孙传庭《白谷集》卷 2《剖明站银斟酌衰济疏》，《幔亭集 外四种》，上海：上海古籍出版社，1993 年，第 239 页。
② 万历《续朝邑县志》卷 8《纪事》，《中国地方志集成·陕西府县志辑》第 21 册，南京：凤凰出版社，2007 年，第 76 页。
③ （明）伍福《陕西东路饷道记》，乾隆《韩城县志》卷 7《艺文志》，台北：成文出版社，1986 年，第 585 页。

捷荡平，泾阳、高陵则全无驿所，又迁远五十余里。中隔泾渭两河"，但过往使客"因避省朝参挂号，便枉道走泾、高，使人不息肩，马不停蹄，各图一日之便"①。高陵县（今西安市高陵区）虽地处偏僻，但"凡出使三边及四川云贵卿大夫士，暨差使人役，率避远省城，辄自渭南或临潼径趋高陵，西来者亦然，当其烦扰不减渭水诸驿"②。泾阳、高陵二县一度成为东西往来要冲之地，不得不花费大量的人力、物力承接过往使臣客。

三、宁夏、平凉及庆阳地区的道路

（一）开城经迭烈逊至凉州卫的道路

明代宁夏中卫、凉州卫（今武威）和兰州之间的三角地带，因境内的大、小松山而被称作松山地区。这一地区广阔，"疆土界在甘、宁、固原三镇之间，水甘草茂，田美林丰。正嘉以前，悉为两河屯牧之区。即自镇番以至中卫，烽堠相望"③。既是"烽堠相望"，则从宁夏中卫至镇番卫（今民勤）间当有道路相通。

宣德七年（1432 年）五月，陕西参政杨善奏请恢复开城县迭烈逊路，"西安诸府州，岁运粮饷赴甘州、凉州、山丹、永昌诸卫，皆经平凉府隆德县六盘山……人力艰难。开城县旧有路经迭烈逊黄河，平坦，径直抵甘州诸卫，近五百里。洪武中官置渡船，平凉拨军操济，人以为便。其后罢之，今请如旧开通，以利民"④。开城县位于固原以南四十里处，今固原市开城乡。迭烈逊，又称迭烈孙，康熙《重修靖远卫志》载："在北七十里。明初设立巡检司防守，建置船只、索桥，通凉庄路。"⑤ 考其位置约在今白银市平川

---

① （明）路振飞：《请革泾阳驿累详文》，乾隆《泾阳县志》卷 9《艺文志》，《中国地方志集成·陕西府县志辑》第 7 册，南京：凤凰出版社，2007 年，第 169 – 170 页。

② 嘉靖《高陵县志》卷 1《建置志》，《中国地方志集成·陕西府县志辑》第 6 册，南京：凤凰出版社，2007 年，第 407 – 408 页。

③ （明）李汶：《计处松山疏》，万历《临洮府志》卷 23《艺文录上》，明万历三十三年刻本。

④ 《明宣宗实录》卷 90，宣德七年五月辛未条，台北："中央研究院"历史语言研究所，1962 年，第 2058 页。

⑤ 康熙《重纂靖远卫志》卷 1《舆地志·古迹》，《靖远旧志集校》，兰州：甘肃文化出版社，2004 年，第 28 页。

区水泉镇中村一带。据此可知，明朝初年已存在一条从开城向西，于迭烈逊渡黄河后再经松山地区直通甘凉的道路。且这条道路十分繁忙，迭烈逊设置有官渡和巡检司。

《一统路程图记》记载了明代固原与靖虏卫（今靖远）间的道路。由固原镇出发，"西四十里黑水苑。九十里海剌都堡。四十里西安州四十里干盐池堡。五十里打剌赤堡。七十里靖虏卫"①。上述杨善所指开城县至迭烈逊的道路，应即《一统路程图记》中途经干盐池、打剌赤堡的道路。明代正统以后，边防形势愈加严峻，朝廷又于迭烈逊南设靖虏卫，又修筑打剌赤、干盐池等堡城拨军防守，此路遂为要冲。

然自嘉靖三十八年（1559年），蒙古宾兔部长期占据松山地区，并以此为基地四处骚扰，黄河由此成为重要边界线，"丑酉或踏冰以渡河，或乘虚以入寇，数纵是地"。于是明朝在迭烈逊以南设靖虏卫，"遂置卫所，领千户所四，宿重兵以守之"②。面对严重的威胁，明朝沿黄河、庄浪河重新修筑了一道边墙，至此彻底放弃了松山地区，"从此，庄、凉始为一线逼径兰、靖、中卫，痈结内蚀"③。在这之后，由内地去河西必须绕行兰州，原本经松山直达甘凉的道路被阻塞，"甘凉运道弗通，而庄浪、兰、靖犯无宁日"④。至万历年间（1573—1620年），"由凉、庄径抵宁夏故道犹存"⑤。这条道路的旧迹还十分清晰。

这种局面一直持续到万历二十六年（1598年），这一年明朝军队开始反攻，最终收回了松山地区。为了巩固成果，还在松山以北修筑边墙一道，即"松山新边"。同时为了进一步巩固边防，又沿边墙修筑了泗水、土门、大靖、裴家营、阿坝岭、红水、三眼井、大芦塘、小芦塘、索桥等

① （明）黄汴：《一统路程图记》，杨正泰校注，《明代驿站考（增订本）》附录，上海：上海古籍出版社，2006年，第238页。
② （明）杨冕《城隍庙碑记》，康熙《重修靖远卫志》卷5《艺文志·碑记》，《靖远旧志集校》，兰州：甘肃文化出版社，2004年，第165页。
③ （明）李汶：《计处松山疏》，万历《临洮府志》卷23《艺文录上》，明万历三十三年刻本。
④ （明）刘兑《靖远实塞仓记》，康熙《重纂靖远卫志》卷5《艺文志·碑记》，《靖远旧志集校》，兰州：甘肃文化出版社，2004年，第162页。
⑤ 安肃张栋 副使《金城关楼记》，万历《临洮府志》卷24《艺文录中》，明万历三十三年刻本。

十座堡寨，也由此开辟了一条连接甘凉与固原的新道路。而索桥堡因为"转输民运，以便支给"① 的重要作用，也逐渐取代了迭烈逊成为重要的黄河渡口。

除这条东西向的道路外，还存在一条南北向的道路，系由红水诸堡向南直通兰州。万历三十三年（1605 年），三边总督顾其志奏称："松疆草创，红水诸堡极称孤悬，原议有警，以兰州参将兵马应援。但红水距兰州五百里而遥，原隰险阻，一路绝无人烟。"因此，他建议在沿途加筑堡城，"接传烽燧，使首尾相应，犄角相成，松疆可恃以无恐"②。经过详细的地形勘察，增筑了三处堡寨，"红水南一百四十里筑城一曰'永泰'；又南一百里筑堡一曰'镇虏'；又南一百八十里筑堡一曰'保定'；又七十里至兰州，中间筑墩院二、墩台四十四，补修红水、永泰墩台七十余，廨舍、仓廒具备"③。堡寨的修建让这条南北向道路更加顺畅。

（二）宁夏卫与宁夏后卫间的道路

宁夏河东地区南北向主要道路有三：一是南至环县、庆阳的道路，二是南至固原的道路，三是东南至宁夏后卫的道路。前两条道路为驿道前已述及，后一条道路《一统路程图记》记载如下：

> 花马池。宁夏设宁夏后卫，分守参将驻扎。西三十里安定堡。七十里兴武营。三十五里毛卜剌堡。三十五里清水营。四十里红山堡。自宁塞堡至红山堡，俱在二边墙之内。新安边营墙外，有旧安边营旧营。四十五里横城堡。三里黄河。渡。④

---

① （清）顾炎武：《天下郡国利病书·靖虏卫》，黄坤等点校，上海：上海古籍出版社，2012年，第2108页。
② 民国《创修红水县志》卷七《武备》，《靖远会宁红水县志集校》，兰州：甘肃文化出版社，2002年，第900页。
③ 民国《创修红水县志》卷七《武备》，《靖远会宁红水县志集校》，兰州：甘肃文化出版社，2002年，第901页。
④ （明）黄汴纂：《一统路程图记》，杨正泰校注，《明代驿站考（增订本）》附录，上海：上海古籍出版社，2006年，第238页。

这条道路沿边墙内侧行进，继续向西可到达宁夏卫北的镇远关，向东可一直到达延绥镇，是沿边各卫所间联动策应的重要通道。

（三）宁夏卫至宁夏中卫、靖虏卫、兰州的道路

从宁夏卫城（今银川）出发，向南经靖虏卫（今靖远）有通往兰州的道路。《皇明九边考》记载：

> 宁夏城七十里至邵纲堡，四十里至唐坝堡，五十里至广武营，四十里至枣园堡，七十里至石空寺堡，四十里至镇房堡，六十里至宁夏中卫，二十里至黄河，一十里南至常乐堡，十五里至黄沙坡，五十里至深井堡，九十里至水泉暗门，八十里至靖虏卫。①

而靖虏卫至兰州道路有二：一是绕行会宁县，经由驿道至兰州；二是沿黄河东岸，直达兰州。此段道路《一统路程图记》记载如下：

> 靖虏卫。守备一。一百里平滩堡九十一里条城堡。一百里买子堡。靖虏至此，河冻，添兵。西六十里至兰州。②

（四）宁夏卫至固原州的道路

由宁夏卫城向东南沿驿道而行，过黄河经灵州（今灵武）、盐池驿、韦州、下马关、豫旺城、葫芦峡城等，最终到达固原州（今固原市）。鉴于这条道路的重要性，成化七年（1471 年）于固原城内设永宁驿③。成化十二年（1476 年）于豫旺城设平房守御千户所，于葫芦峡城设镇戎千户所。④

---

① （明）魏焕：《皇明九边考》卷 8《宁夏镇》，《皇明九边考·皇明四夷考（合订本）》，台北：华文书局，1968 年，第 321 – 322。
② （明）黄汴纂：《一统路程图记》，杨正泰校注，《明代驿站考（增订本）》附录，上海：上海古籍出版社，2006 年，第 238 页。
③ 《嘉靖固原州志》卷 1《文武衙门》，银川：宁夏人民出版社，1985 年，第 19 页。
④ 《嘉靖固原州志》卷 1《文武衙门》，银川：宁夏人民出版社，第 22 页。

成化十八年（1482 年）又于韦州堡设马驿，[①]"经过纷沓，遂为四通大路"[②]。"此路正德以前大边未筑，实为冲要。自大边既筑之后，此路之警无闻，一劳永逸之效明矣。于今商贾通行，货赂贸易直抵西宁诸堡，渐成通衢，一路四民阴受其赐焉。"[③]

由西安府前往宁夏卫通常经由庆阳府，如正德八年（1513 年），礼部郎中都穆奉命至宁夏册封庆藩寿阳王妃，便走此道。[④] 但特殊情况下也会绕行平凉、固原一路。正德五年（1510 年）封藩于宁夏的安化王朱寘鐇反，朝廷命杨一清前往平叛。杨一清于五月初六自镇江起程，至二十一日过潼关入陕西境。其在陕西境内行经路线为：入潼关后经华阴县至华州，过渭南、临潼至西安。北过渭河，经咸阳、兴平至乾州（今乾县），再经永寿县至邠州（今彬州）。至此，杨一清一行本欲取庆阳道至宁夏，"是日将趋庆阳，至泾河，河涨，以木筏渡水，没靴，乃复舣岸回邠州，取平凉道以往"[⑤]。由于泾河水涨，难以过河，方改走平凉道。

（五）庆阳府通往固原州和平凉府的道路

成化十六年（1480 年），右副都御史、陕西巡抚阮勤曾奏称："庆阳府安化县至平凉府镇原县，相距二百余里，而驿马关地介其中，路通固原、开城、环县诸处，皆虏寇出没，警报往来之所，宜就关设驿，附属巡司，以便传报。且添筑城堡，冬月令庆阳卫调兵防御，则边警易闻。"[⑥] 可见，明代驿马关的交通地位极其重要。驿马关设驿后，由庆阳府西南经驿马关可直达固原州和平凉府。

---

① 《明宪宗实录》卷178，成化十四年五月壬戌条，台北："中央研究院" 历史语言研究所，1962 年，第 3203 页。

② 《嘉靖宁夏新志》卷3《韦州·公署》，银川：宁夏人民出版社，1982 年，第 214 页。

③ （明）傅传礼：《嘉靖庆阳府志》卷8《兵防·烽堠》，兰州：甘肃人民出版社，2001 年，第 144 – 146 页。

④ （明）都穆：《使西日记》，北京：中国书店，1559 年。

⑤ （明）杨一清：《西征日录》卷下，杨建新主编：《古西行记选注》，银川：宁夏人民出版社，1987 年，第 301 页。

⑥ 《明宪宗实录》卷206，成化十六年八月丁卯条，台北："中央研究院" 历史语言研究所，1962 年，第 3599 页。

（六）泾州通往凤翔府的道路

泾州（今泾川）至凤翔府间，元代曾辟有驿道，至明代不设驿道，但仍有旧道可循。"由泾东南行百余里至灵台，……又东南百里至麟游县，……又南八十里至凤翔。"① 可见这条道路在明代仍是一条往来的便道。

小　结

明代关陇地区属陕西布政司。西安作为关陇地区的重要政治中心，明朝很快构建起以此为中心通往各地的驿道体系。西安府向东的驿道通往河南、山西及京师各地，是连接中原和西北地区的主要干道。西安府向南的驿道通往汉中、巴蜀及云南各地，是连接中原和西南地区的主要干道。西安府向西的驿道经巩昌、临洮通往河西及青海等地，是连接中原和西域、青藏高原地区的主要干道。西安府向西北的驿道通往庆阳、宁夏各地，向北的驿道通往延安、延绥各地，是腹里通往北方长城边地，甚至蒙古地区的重要通道。

除官方驿道外，许多便道也具有重要的交通地位。自宁夏卫向西南通往靖房卫的道路，向东南通往宁夏后卫的道路，是长城内侧沿线地区往来的重要纽带。这条道路在河西地区与驿道相结合，直达嘉峪关，向东则一直延伸至山海关，实质上是明朝北方边境线上的重要往来通道。连云栈道以木架桥，缘崖凿路，极易遭受战乱及雨水破坏，一旦遇阻则南北消息不通，危害极大。因此，穿越秦岭的黑水峪道及略阳—徽州—秦州一线道路，很大程度上是对连云栈道的补充。汉中府城向东沿汉水而下，经城固、洋县、石泉、汉阴、兴安州等地的道路，将陕南地区东西向串联起来。蓝田向南翻越秦岭沿丹水而下商州的武关道，进一步密切了关中与陕南地区的联系。这两条道路还是沟通关中、陕南与荆襄地区的重要通道。而一度畅通的迭烈逊道，是关中通往河西地区最便捷的道路。

---

① （明）章潢：《图书编》卷38《关中风土》，上海：上海古籍出版社，1992年，第784-785页。

　　总体来看，明代关陇地区的交通格局是以西安为中心，呈放射状向周边地区辐射。驿道作为官方道路，是这一交通格局中的主要框架，而便道则是进一步的完善和补充，两者共同构建起相对严密和合理的交通路线网。

第三章　清代关陇地区的陆路交通

在明朝基础上，清代对关陇地区的交通又做了进一步的发展和完善，驿站数量进一步增加，驿道分布愈加严密，几乎遍及所有州县。清代添设的驿站分为三种：一是正站，即普通驿站。二是腰站，因位于两处驿之间得名，"将本驿原派之马均匀分拨"[①]，目的是减少路程过远带来的不便，但因腰站规模较小，故只承接紧急差使。三是"县递"，即"驿传在僻地者，仅供本州县所需，亦曰递马，额不过数匹"[②]。严格来说，"县递"并非正规的驿站，只是地方性的通信机构，但却促进了地方之间的联系，弥补了驿道干线的不足。其实明代地方州县也配有用于通信的马匹，但"县递"作为一种正式的组织和制度，是在清代发展和完善起来的。[③]

第一节　以西安为中心的驿道

康熙五年（1666 年）的陕甘分治，使原本处于同一政区下的关陇地区被一分为二，东部属陕西省，西部属甘肃省。在此背景下兰州地位迅速提升，成为关陇地区西部的政治和交通中心，与西安并驾齐驱。为此，以下将

---

① （清）黄六鸿：《设腰站议》，《清经世文编》中册，卷73《兵政四·马政》，北京：中华书局，1992 年，第1816 页。
② 《清史稿》第 14 册，卷 141《兵·马政》，北京：中华书局，1976 年，第 4167 页。
③ 刘广生、赵梅庄编著：《中国古代邮驿史（修订本）》，北京：人民邮电出版社，1999 年，第524 页。

分别以西安和兰州为中心，梳理清代关陇地区的驿道交通网。雍正《陕西通志》记录了以西安为中心通往周边地区的主要驿道，这对驿道复原具有重要意义。但雍正以后，随着政区的变化和驿站的增减，驿道也发生了相应的调整。为此，本节在以雍正《陕西通志》为主要资料的同时，也参考了其他府州县方志。

一、西安通往同州府的驿道

西安府与同州府间存在南北两条驿道。南道自西安府咸宁县京兆驿出发，向东五十里至临潼县新丰驿，八十里至渭南县丰原驿，五十里至华州华山驿，七十里至华阴县潼津驿，四十里至潼关县驿。[①] 北道自西安府城出发，东北七十里至高陵县，五十里至富平县，九十里至同州府蒲城县。从蒲城县向东南七十里至同州，再向东三十里至朝邑县。另外，从蒲城县向北五十里至白水县，再向西一百二十里可至同官县；从蒲城县向东北五十里至澄城县，四十里至郃阳县（今合阳县），九十里至韩城县。[②]（图3-1）

南道为陕甘大道的一部分，是关中与中原地区间的重要通道，驿站设置上完全沿袭明代。这条道路上往来人马络绎不绝，渡口或桥梁处尤为繁忙。例如，位于临潼县的零桥，"桥在零口镇东长安道上，水路必由交口，陆路必由零口。晓星初起，残月在天，车马交驰，肩摩毂击，争度恐后。市人于桥西设肆，饮村醪，啜麦饭，喧呼杂沓，声闻数里"[③]。

北道在明代不设驿站，若有公差往来，往往临时于民间租赁。例如，高陵县为应对过往使客，当地官员"即令里甲雇赁，岁无虚日，盖有竭县以作者矣"[④]。又如，澄城县虽非交通要冲，但"河南、山西及戍边军士入延

① 雍正《陕西通志》卷36《驿传》，《中国西北文献丛书·西北稀见方志文献》第2卷，兰州：兰州古籍书店，1990年，第339–440页。

② 雍正《陕西通志》卷36《驿传》，《中国西北文献丛书·西北稀见方志文献》第2卷，兰州：兰州古籍书店，1990年，第440页。

③ 乾隆《临潼县志》卷9《志余·名胜》，《中国地方志集成·陕西府县志辑》第15册，南京：凤凰出版社，2007年，第233页。

④ 嘉靖《高陵县志》卷1《建置志》，《中国地方志集成·陕西府县志辑》第6册，南京：凤凰出版社，2007年，第408页。

绥、榆林一带者，往往由之；自北而南者亦然。使者过越，县官卒无以办夫马，辄令里甲雇赁，民不胜其扰"①。再如，朝邑县"为山陕要冲，与蒲、华等，然朝邑独无驿所，又近时河南应驿者，率避潼关而之朝邑，遂为三省之汇，朝邑民不任供送"。不得不于郃阳、澄城两县马骡协济。至清初，北道沿途州县皆设置"县递"。

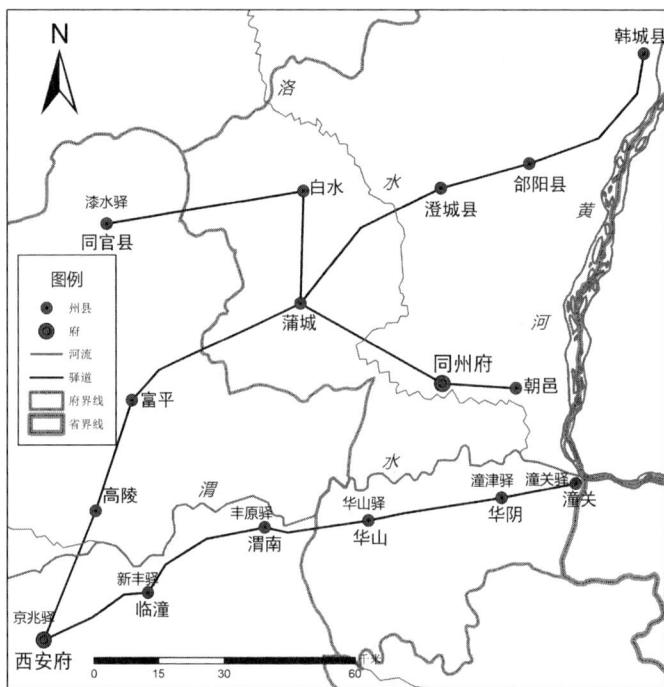

图 3-1　西安府—同州府段驿道路线图

朝邑县与山西蒲州隔黄河相望，中置大庆关，此处为"秦晋交通之咽喉，关陕兵事之隙道"②。而韩城县东之龙门（亦称禹门），亦是山、陕往来重要渡口。成化《山西通志》载："禹门渡，在河津县西北三十里，路通陕西韩城县，唐置龙门关，国朝洪武三年置巡检司。"③北道不仅连接西安、

----

① 顺治《澄城县志》卷1《地理志·古迹》，咸丰元年影印本。
② 民国《平民志》卷1《舆地志·形胜》，台北：成文出版社，1970年，第27页。
③ 成化《山西通志》卷3《津梁》，《四库全书存目丛书·史部》第174册，济南：齐鲁书社，1996年，第75页。

同州二府，更是山、陕间的重要通道。

二、西安通往延安府的驿道

自西安府城出发，向北九十里至三原县建忠驿，八十里至耀州（今铜川）顺义驿，七十里置同官县（今铜川市印台区）漆水驿，九十里至鄜州宜君县云阳驿，七十里至中部县（今黄陵县）翟道驿，七十里至洛川县三川驿，七十里至鄜州（今富县）鄜城驿，九十里志抚安驿，九十里至肤施县（今延安）金明驿①。这条驿道沿袭明代，驿站设置上并无变化。唯乾隆三十三年（1768 年），洛川县城移至西南方向的凤栖镇，但驿道仍不经由县城，而是由西南方向的三川驿而过。（图 3 - 2）

图 3 - 2　西安府—延安府段驿道路线图

① 雍正《陕西通志》卷36《驿传》，《中国西北文献丛书·西北稀见方志文献》第 2 卷，兰州：兰州古籍书店，1990 年，第 442 页。

三、西安通往乾州、邠州的驿道

从西安府京兆驿出发，西北行五十里至咸阳县渭水驿，四十里至兴平县（今兴平市）店张驿，三十里至醴泉县（今礼泉），四十里至乾州威胜驿，九十里至永寿县永安驿，向北七十里至邠州新平驿，再向西八十里至长武县宜禄驿，接平凉府瓦云驿①。（图 3 - 3）

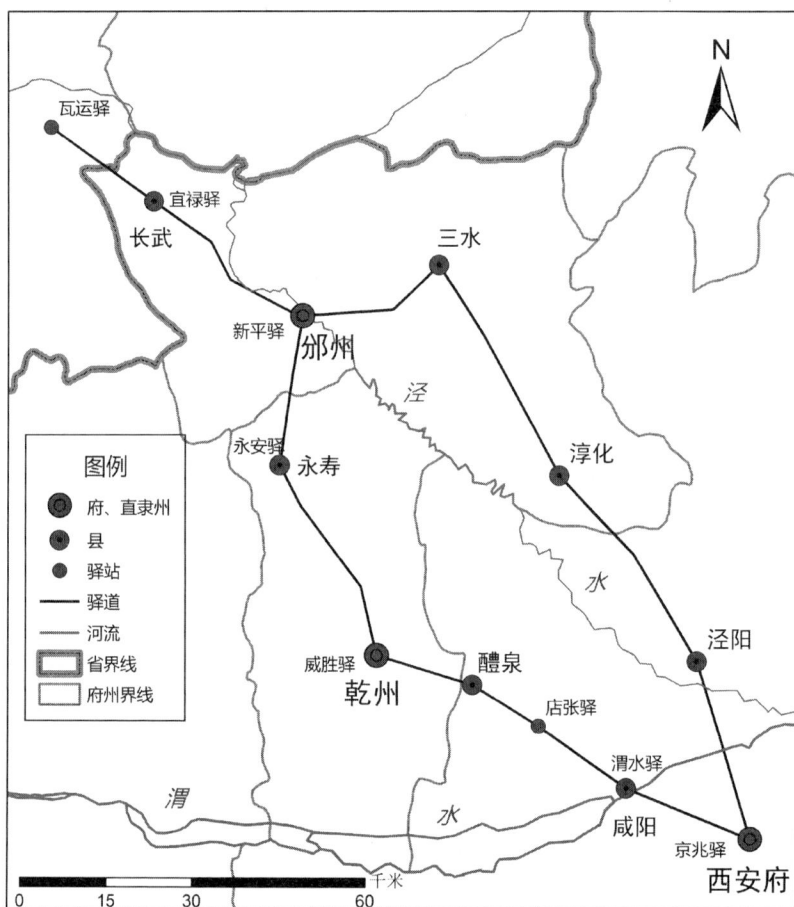

图 3 - 3 西安府至乾州、邠州驿道路线图

---

① 雍正《陕西通志》卷 36《驿传》，《中国西北文献丛书·西北稀见方志文献》第 2 卷，兰州：兰州古籍书店，1990 年，第 444 - 445 页。

这段驿道基本沿袭明代，无明显变动。此段驿道属陕甘大道一部分，行旅过往频繁，其中作为重要节点的咸阳渡口更是一派繁忙景象，"往来名利之客络绎不绝……远则晋豫滇蜀，近则省郡邻壤之人，往来利涉而商桴、渔艇、盐舟、桧楫络绎其间……他处渡口鲜或有之"①。此外，醴泉县西北行，有不经乾州，直达永寿县的便道，"入山，经陆陌镇、铁佛寺、冯市、新店子出境，至永寿之监军镇，合于驿路，较为便捷"。因此，往来行旅多取此道，"同治初，贼匪往来，官军进剿多由此路"②。可见动乱时期，此道亦有重要的军事地位。

此外，从西安府城出发西北行，七十里至泾阳县，九十里至淳化县，一百里可至三水县（今旬邑）③，亦有驿道通往邠州城。由泾阳县向北，道路进入黄土高原，沿山谷行四十里至淳化县，"入谷口盘陀石留四十里，剞巇环结，依麓成城"④。淳化至三水县段驿道主要沿黄土塬延伸，但上下坡时道路较为迂回。三水县地处沟壑之中，"山僻小邑，崖峻沟险，车载不通"⑤。由于道路难行，去往三原的道路不能通车，"必须骑行"⑥。三水县至邠州仍沿黄土台塬行进。

四、西安通往凤翔府的驿道

由西安府城出发至咸阳县，向西五十里至兴平县白渠驿，九十里至武功县郿城驿，六十里至凤翔府扶风县凤泉驿，六十里至岐山县岐周驿，五十里至凤翔府岐阳驿。再向西七十里至汧阳县，九十里至陇州，一百一十里至陇州长宁驿，西接秦州清水县⑦。此段道路为陕甘大道南道的组成部分，地处

---

① 乾隆《咸阳县志》卷5《景胜》，《中国地方志集成·陕西府县志辑》第4册，南京：凤凰出版社，2007年，第354页。
② 陶保廉：《辛卯侍行记》卷3，刘满点校，兰州：甘肃人民出版社，2000年，第180页。
③ 雍正《陕西通志》卷36《驿传》，《中国西北文献丛书·西北稀见方志文献》第2卷，兰州：兰州古籍书店，1990年，第441－442页。
④ （清）张如锦：《清康熙〈淳化县志〉》李序，西安：三秦出版社，2010年，第7页。
⑤ （清）林逢泰：《答询盐法利弊议》，《清乾隆〈三水县志〉》卷6《驿站》，西安：三秦出版社，2010年，第366页。
⑥ 陶保廉：《辛卯侍行记》卷3，刘满点校，兰州：甘肃人民出版社，2000年，第183页。
⑦ 雍正《陕西通志》卷36《驿传》，《中国西北文献丛书·西北稀见方志文献》第2卷，兰州：兰州古籍书店，1990年，第445－446页。

渭河北岸，与明代相比无较大变化。（图3-4）

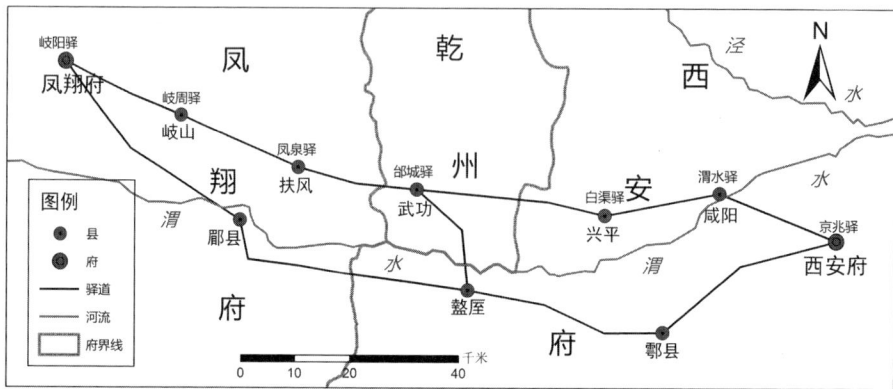

图3-4　西安府至凤翔府驿道路线图

此外，渭河以南还存在一条连接西安府和凤翔府的驿道。其具体走向是自西安府城西南行，七十里至鄠县，再向西行八十里至盩厔县。盩厔县西行一百里至凤翔府郿县，而盩厔县向西北五十里还可通往武功县①。由郿县西北行，过渭河后一百一十里便可到达凤翔府。此条驿道沿秦岭北麓行进，所经地方相对平坦。

五、西安通往汉中府的驿道

由西安府城出发通往凤翔府的驿道前已述及。由凤翔府城出发，西南九十里至宝鸡县陈仓驿，八十里至东河驿，九十里至汉中府凤县草凉驿，七十里至凤县梁山驿。自凤县向南五十里至三岔驿，六十里至松林驿，八十里至留坝驿，四十里至武关驿。武关驿向南五十里至褒城县马道驿，四十里至青桥驿，五十里至开山驿②（图3-5）。这条道路即明代的连云栈道，沿途所置驿站与明代同。《汉中府志》记载留坝驿即为"安山驿"。③

---

① 雍正《陕西通志》卷36《驿传》，《中国西北文献丛书·西北稀见方志文献》第2卷，兰州：兰州古籍书店，1990年，第442页。

② 雍正《陕西通志》卷36《驿传》，《中国西北文献丛书·西北稀见方志文献》第2卷，兰州：兰州古籍书店，1990年，第445-446页。

③ 嘉庆《汉中府志》卷7《驿传》，北京：国家图书馆出版社，2013年，第186页。

自开山驿起驿道分为两条，一条向南通经宁羌州通往四川，即川陕大道。具体驿程为开山驿向西五十里至沔县黄沙驿，四十里至沔县顺政驿，西南九十里至大安驿，九十里至宁羌州柏林驿，六十里至黄坝驿，南接四川省广元县（今广元市市中区）。这段驿道从驿站设置上看基本沿袭明代，唯金牛驿更名大安驿，"大安驿丞廨，在大安镇西，即旧金牛驿改设"①。另一条则向东通往兴安府。具体驿程为开山驿向南四十里至汉中府南郑县汉阳驿，向东七十里至城固县，五十里至洋县，东南一百二十里至西乡县，再向东一百二十里至兴安府石泉县。②

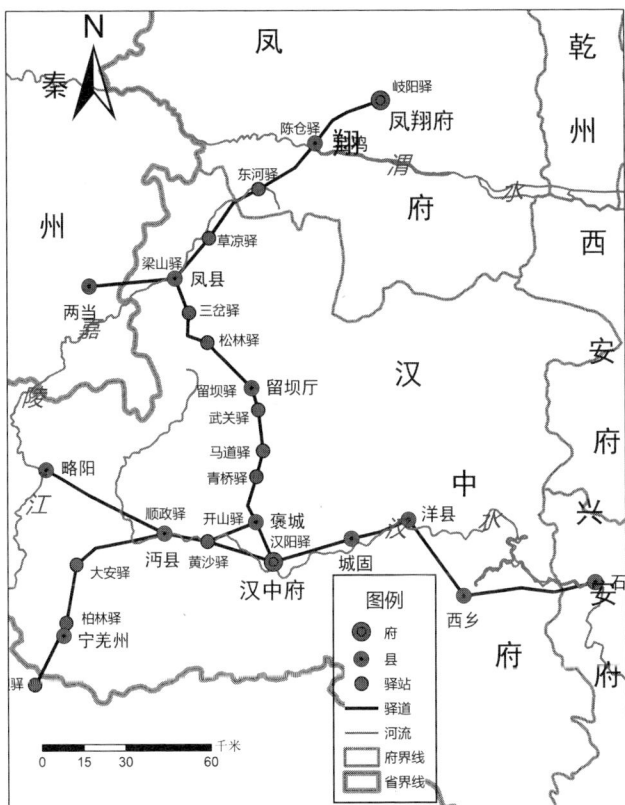

图 3-5　西安府至汉中府驿道路线图

---

① 雍正《陕西通志》卷15《公署》，《中国西北文献丛书·西北稀见方志文献》第 1 卷，兰州：兰州古籍书店，1990 年，第 436 页。
② 雍正《陕西通志》卷36《驿传》，《中国西北文献丛书·西北稀见方志文献》第 2 卷，兰州：兰州古籍书店，1990 年，第 446 – 447 页。

南郑县至洋县的道路沿汉水北岸行进，洋县至西乡经由山间峡谷，"漫坡山径，半属平坦"①。西乡至石泉则沿大巴山北麓行进，乃"山僻小路，为赴石泉捷径"②。其间，茶镇为必经之地，位置重要，其"濒临汉江，下通石泉，亦为要隘"③。洋县至石泉县的道路，自明万历年间（1573—1620年）改经南道后，原先的北道逐渐遭到废弃，甚是荒僻。石泉县北的饶峰一带，"岭东南相连百余里寂无人迹，山路崎岖险于栈道"④。至康熙年间（1662—1722年），虽然"渭门、还珠有盘峡，客货居民藉运脚资生。然地偏路险，到者寥寥，非南北通津可比。故汉流虽达湖襄，而洋人以操舟为业者，惟南坝有数家，从可知矣"⑤。

另外，由凤县向西可直达秦州两当县。这条道路沿途设有急递铺，凤县"正西三十里方石铺，十里草店子，五里马岭关，十五里单河铺。循故道河而下，路稍平夷，为达两当、徽县大道。按方石铺为县境四达之路。东来客商，西达两当、徽县，出白水江。北有由秦州入境，循小峪河而下至此。南进何家沟，出留凤关达汉中"⑥。

而自沔县顺政驿向西北一百九十里可达略阳县，此段道路"漫坡山径，为赴略阳、甘肃阶州、秦州、巩昌大道"⑦。由略阳县向西有大道通往甘肃阶州，其具体走向为自略阳县向西，"渡嘉陵江，二十里至横现河，又二十里至罝口，又八十里至窄峡子，又十里至邓子园，又二十里至

① 道光《西乡县志》卷1《幅员道路考》，《中国地方志集成·陕西府县志辑》第45册，南京：凤凰出版社，2007年，第572页。
② 道光《西乡县志》卷1《幅员道路考》，《中国地方志集成·陕西府县志辑》第45册，南京：凤凰出版社，2007年，第571页。
③ 道光《西乡县志》卷1《关隘》，《中国地方志集成·陕西府县志辑》第45册，南京：凤凰出版社，2007年，第573页。
④ 道光《西乡县志》卷1《山川》，《中国地方志集成·陕西府县志辑》第45册，南京：凤凰出版社，2007年，第575页。
⑤ 康熙《洋县志》卷8《艺文志·理洋略》，《中国地方志集成·陕西府县志辑》第45册，南京：凤凰出版社，2007年，第472页。
⑥ 光绪《凤县志》卷1《地理志·道路》，《中国地方志集成·陕西府县志辑》第36册，南京：凤凰出版社，2007年，第295页。
⑦ （清）严如熤修：《嘉庆汉中府志校勘》卷3《沔县·道路》，郭鹏校勘，西安：三秦出版社，2012年，第96页。

七盘碥，又十里至木瓜园，又十里至窑坪里，又二十里至大南峪，交甘肃阶州白马关界。为赴甘肃大道，半属平坦"①。而由略阳县向北，又有大道通往秦州徽县，其具体走向为自略阳县出发，"北十五里至吴家营，折西二十三里至红花寺，十里沟林驿，十里黑楼房，十二里铁厂子，二十五里大八渡山之大横渠，十里麻柳塘，十里小八渡山，五里渡白水江，十五里大石碑，交徽县打火店界，为赴徽大路，险峻难行，要害之区"②。由徽县至大石碑的具体走向为，"城西南十五里姚家坪，又五里马房坝，又二十里大河店，自此折东南行，五里王家河，又东南十五里至大石碑，距城七十里（自王家河经大石碑至江口，人马厉度，单身负贩者由石碥行）。交汉中府略阳县界"③。

六、西安通往商州的驿道

从西安府出发，东南九十里至蓝田县，二百一十里至商州（今商洛）。自商州起道路分三支；向东北九十里至洛南县，一百五十里至潼关驿；向南一百二十里至山阳县；④ 向东南经龙驹寨还可去往商南县。（图3-6）

西安东南至蓝田县沿灞河行进，"皆坦道，惟将至稍有崎岖，数里之遥皆有村舍。"蓝田县向南即登七盘岭，为秦岭一支，"崎岖百折，奚啻百盘""视六盘、泰石两山，其高险不啻倍蓰"。过七盘岭为蓝桥镇，"镇在万山中，一溪环之"。由此向东南，沿山间峡谷行进，"右沿溪，左傍厓，山径甚窄，乱石如杂俎满桦，残枰罢奕"。向南有牧护关，"居民数十家，市肆颇整齐"。向南过秦岭主脉，"上岭仅数十武，下岭一望悬崖初级陡落，透迤而下，共二里许，始达山麓"。此后沿丹江上游河谷至商州城。商州向

① （清）严如熤修：《嘉庆汉中府志校勘》卷3《略阳县·道路》，郭鹏校勘，西安：三秦出版社，2012年，第97页。
② 道光《重修略阳县志》卷1《舆地部·道路》，《中国地方志集成·陕西府县志辑》第52册，南京：凤凰出版社，2007年，第339页。
③ 嘉庆《徽县志》卷1《疆域志·里至》，《中国地方志集成·甘肃府县志辑》第36册，南京：凤凰出版社，2008年，第275页。
④ 雍正《陕西通志》卷36《驿传》，《中国西北文献丛书·西北稀见方志文献》第2卷，兰州：兰州古籍书店，1990年，第441页。

东南仍循丹江而行，夏秋时节河水泛涨，两岸滩涂俱被水淹，来往行人或缘两侧山坡，或行于泥浆中，尤以罗公扁一段为甚。此段道路平时往来俱由南岸小路，但河水上涨湮没河滩时则需缘北岸山崖行进。"登坡上罗工扁，绝壁上有栈阁石室，……山皆磐陁大石，石质粗涩……大者如楼屋，小亦如堵墙，周围共十五里，涉会峪河，沿壁盘旋，如经三里之城，七里之郭，宽者仅一尺稍强，狭者更弱，上为绝壁，下瞰深溪。两边隆起中沟，一凹一凸，形如天梯，横亘于地，转折之处无地可以回旋。"①

七、西安通往兴安府的驿道

由兴安府（今安康）通往西安府的驿道原本需绕行连云栈道，行程约一千八百余里。至清代则开通了穿越秦岭直通两地的大泥峪驿道，"东之大泥峪，亦系西安省城前往兴安州之驿路，其中虽极崎岖，而汛塘防兵沿途设立已久"②。乾隆年间（1736—1796年）"查山以东，自咸宁县之大义峪，由乐王堂旧县关南至兴安州北境约计七百里。而旧县关迆西地名孝义川，为扼要之地，应添驻西安府分防同知一员"③。乾隆四十七年（1782年）于孝义川设孝义厅。这条道路从兴安府出发向东至洵阳，"由洵阳之赵家湾两河关，经过镇安、孝义、出大峪口"，进入关中平原后向北直达西安府，全程仅七百余里。"然鸟道羊肠，中如九里关、琉璃沟（安康）、判官岭、仙人关（洵阳）梅花铺、鸡上架（镇安）、猴子石、大山礛、孝义。高峻崄巇，辟一径于树根石角之间，稍不戒则人马均堕。非如栈道，地虽险而路宽也。"④ 因此，虽然此道路程较近，但往来行旅多绕行武关道。即由兴安府向东经洵阳至白河，溯金钱河而上经上津至漫川关，再由陆路经山阳至商州，经武关道（蓝关道）至西安。"通计由甲河（即金钱河——笔者注）起至咸

---

① （清）叶昌炽：《缘督庐日记》第9册，南京：江苏古籍出版社，2002年，第5277－5290页。
② 《川陕总督岳钟琪奏陈开通南山道路安设汛防事宜并请确查地亩钱粮折》，雍正七年二月二十五日，《雍正朝汉文朱批奏折汇编》第14册，南京：江苏古籍出版社，1989年，第686页。
③ 《办理陕西巡抚事务毕沅奏为陕省兴汉二属及终南山一带地方险要请改设官属折》，乾隆四十七年正月二十九日，《宫中档乾隆朝奏折》第50辑，台北：国立故宫博物院印行，1982年，第713页。
④ （清）严如熤：《三省山内风土杂识》，北京：中华书局，1985年，第3－4页。

宁陕口水陆八百余里，行旅避孝义秦岭之险，多取道于此，兴安之东道也。"①

这条驿道由西安府城出发，向南入秦岭大泥峪，经孝义厅至镇安县。由镇安县向南二百八十里至洵阳县，再向西南一百三十五里至兴安府。由兴安府城向西一百八十里至汉阴厅，九十里至汉中府石泉县。石泉县西北至洋县二百三十里，西南至西乡县二百一十里。②（图3-6）

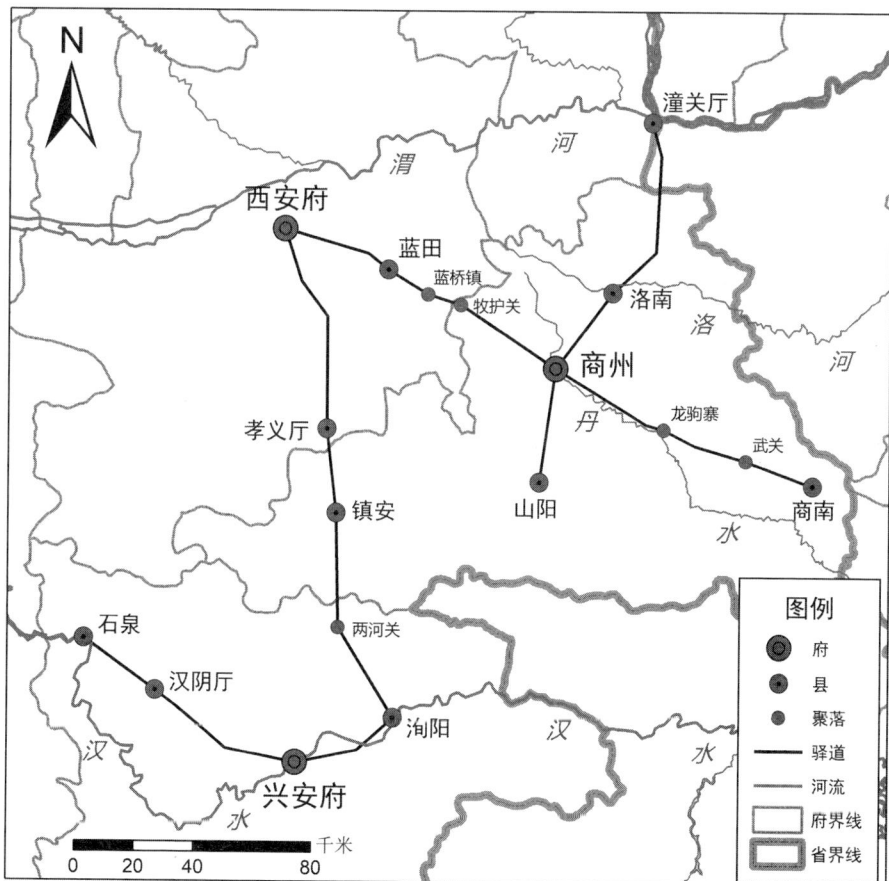

图3-6 西安府至商州、兴安府驿道路线图

---

① （清）严如熤：《三省边防备览》卷12《策略》，《陕西古代文献集成》第4辑，西安：陕西人民出版社，2017年，210页。

② 雍正《陕西通志》卷36《驿传》，《中国西北文献丛书·西北稀见方志文献》第2卷，兰州：兰州古籍书店，1990年，第441页。

第二节　以兰州为中心的驿道

乾隆《甘肃通志》记录了以兰州为中心通往周边地区的主要驿道，这对了解和复原清代甘肃驿道体系具有重要意义。但乾隆以后，随着政区的变化和驿站的增减，驿道也发生了相应的调整。因此，本节以乾隆《甘肃通志》为主，辅以各地府州县方志资料，对清代甘肃境内的主要交通路线进行复原。

一、兰州通往平凉府、庆阳府的驿道

兰州经平凉府有通往庆阳府的驿道，其具体走向是：自兰州兰泉驿出发，东行五十里至定远驿，六十里至清水驿，六十里至秤钩驿，六十里至安定县延寿驿，六十里至西巩驿，六十里至会宁县保宁驿，九十里青家驿，九十里至静宁州泾阳驿，九十里至隆德县隆城驿，五十里至瓦亭驿，九十里至平凉县高平驿。自高平驿东行七十里至白水驿，七十里至泾州安定驿，五十里至瓦云驿，五十里至陕西长武县宜禄驿。自宜禄驿北行八十里至政平驿，六十里至彭原驿，九十里至合水县华池驿，六十里至安化县宏化驿。[①]（图 3 - 7）

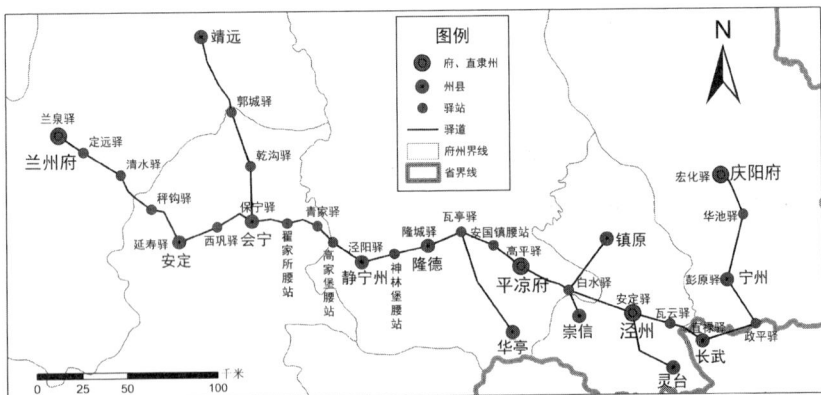

图 3 - 7　兰州府至平凉府、泾州、庆阳府驿道路线图

---

① 乾隆《甘肃通志》卷 16《驿递》，《中国边疆丛书》第 2 辑，台北：文海出版社，1966 年，第 1735 - 1744 页。

此驿道和沿途驿站基本沿袭明代，但添设了四处腰站。乾隆四十二年（1777 年）于保宁、青家二驿之间增设翟家所腰站①。于青家驿、泾阳驿间增设高家堡腰站，于泾阳、隆城二驿之间增设神林堡腰站，于瓦亭、高平二驿间增设安国镇腰站。

而庆阳府向北至宁夏的灵武、灵祐、曲子、清平、山城、贾家井等驿站被裁撤，西南方向的驿马关驿亦被裁革，向东通往鄜州的宋庄、邵庄二驿均被裁撤。"庆阳严边要地，旧属十驿，今止存四，未免有汲长绠短之忧。至于北抵宁夏，千里无接站，弘化犹为偏苦。"②需注意的是，由瓦云驿向北经太常镇、董志镇、西峰镇、驿马关等地可直达庆阳府。此道由瓦云驿向东十五里至窑店，折向北经上神盘、下神盘等地下长武原，"陡坡不能直下，盘旋诘屈，俨如辘轳，两面皆土墙卓立，凡数十折始豁然开朗"。下坡过泾河复又登坡，"高坡陡绝，上数十步两崖遽裂，中通甬道，如梁横亘，平直如砥。由梁而北复升陡坡，渐行渐高，七里始达高原之顶"③。

此外，据乾隆《甘肃通志》载，自会宁县保宁驿北行，九十里至乾沟驿，九十里郭城驿。④此驿道可通往靖远县。又据道光《会宁县志》载："乾沟驿额设马四匹，今垓拨皋兰；郭城驿额设马四匹，今改拨靖远。"⑤由此可知，最迟到道光年间（1821—1850 年），乾沟驿和郭城驿便已废除。

由泾州安定驿向南一百里至灵台县，有驿道相通⑥。灵台地处偏僻，清初以前与泾州并无大路相通。顺治元年（1644 年），社会经济尚未恢复，"因商贾乏人，引课缺额"，朝廷不得不向各州县摊派盐引。顺治三年

① 道光《会宁县志》卷3《建置志·驿递》，《中国地方志集成·甘肃府县志辑》第8册，南京：凤凰出版社，2008 年，第90 页。
② （清）杨藻凤撰：顺治《庆阳府志》卷3《驿传》，兰州：甘肃人民出版社，2001 年，第540 页。
③ （清）叶昌炽：《缘督庐日记》第6 册，南京：江苏古籍出版社，2002 年，第3882 - 3883 页。
④ 乾隆《甘肃通志》卷16《驿递》，《中国边疆丛书》第2 辑，台北：文海出版社，1966 年，第1746 页。
⑤ 道光《会宁县志》卷3《建置志·驿递》，《中国地方志集成·甘肃府县志辑》第8册，南京：凤凰出版社，2008 年，第90 页。
⑥ 乾隆《甘肃通志》卷16《驿递》，《中国边疆丛书》第2 辑，台北：文海出版社，1966 年，第1744 页。

（1646年）规定，灵台县额派盐引五千四百张。然灵台“以僻处一隅，山路陡险，车辆不通。无论阖县士民，不知所行，即若官若吏，竟不识奉行之何从也”。直到顺治九年（1652年），灵台新任知县黄居中“细询之道路，备云灵台去惠安堡盐池千有余里，将至泾、灵之处，山径悬陡复五十里，鸟道险窄”。于是其“捐赀开路，招商挈运至本县”①。并在泾、灵交界处，盘口河南岸修建永新堡城，“宿歇商旅，挈运官盐，贮卸发卖”②。至此，泾州至灵台间方有大路相通。

光绪以前，清水驿至兰州的驿道需经过三角镇、定远镇、东岗镇等地，但陕甘回民起义后此段驿道沿途人烟稀少，遂将定远驿移至金家崖，驿道改走北路。③

二、兰州通往宁夏府的驿道

兰州至宁夏府的驿道有二：一条是由兰州出发东行，沿陕甘大道至瓦亭驿。之后折向北，行八十里至固原州永宁驿，七十里三营驿，九十里至李旺驿，九十里至同心驿，九十里至沙泉驿，七十里至宁安驿，八十里至渠口驿，七十里至大坝驿，六十里至王鋐驿，六十里至宁夏府在城驿。④（图3－8）

瓦亭驿向北至固原州的驿道在山谷中穿行。其中牛营至青石嘴有大小两条路可选，大路长约二十里，小路仅十里，但小路“行万山中，一线羊肠，不通车辙，行旅往来颇攘攘，想系捷径，故群趋之”。三营驿至李旺驿“所行多沟道，两旁土壁之上皆高原也，厓隒切平，有如甬道”。李旺驿至同心驿“所行皆高原，其平如砥，一望无垠”⑤。沙泉驿俗名“陈麻子井”⑥，其

---

① （清）黄居中：《盘口路南永新堡碑记》，民国《重修灵台县志》卷2《艺文志》，《中国地方志集成·甘肃府县志辑》第19册，南京：凤凰出版社，2008年，第323－324页。

② 民国《重修灵台县志》卷1《堡寨》，《中国地方志集成·甘肃府县志辑》第19册，南京：凤凰出版社，2008年，第105页。

③ （清）陶保廉：《辛卯侍行记》卷3，刘满点校，兰州：甘肃人民出版社，2000年，第212页。

④ 乾隆《甘肃通志》卷16《驿递》，《中国边疆丛书》第2辑，台北：文海出版社，1966年，1777－1784页。

⑤ （清）叶昌炽：《缘督庐日记》第6册，南京：江苏古籍出版社，2002年，第3860－3865。

⑥ （清）叶昌炽：《缘督庐日记》第8册，南京：江苏古籍出版社，2002年，第4968页。

至宁安驿需穿过一段山峡，"渐入山峡，从群峦中曲折得平地，间有土阜当道，中开一峡以通车骑"。宁安驿向北需渡过黄河，"仅有渡船六七艘……鼓棹南渡，下水驶甚速，约六七里顷刻即达彼岸"。渠口驿至大坝驿间需翻越一座分水岭，"地势渐高，逶迤而升，登其脊曰'分水岭'，有守弁讯房，又有颓墙四围，旧为圣贤庙，今鞠为茂草矣。右为青铜峡，左临土阜。"大坝向北二十里至小坝，其间道路迂回，当地有"大坝奔小坝，越走越害怕"之语。①

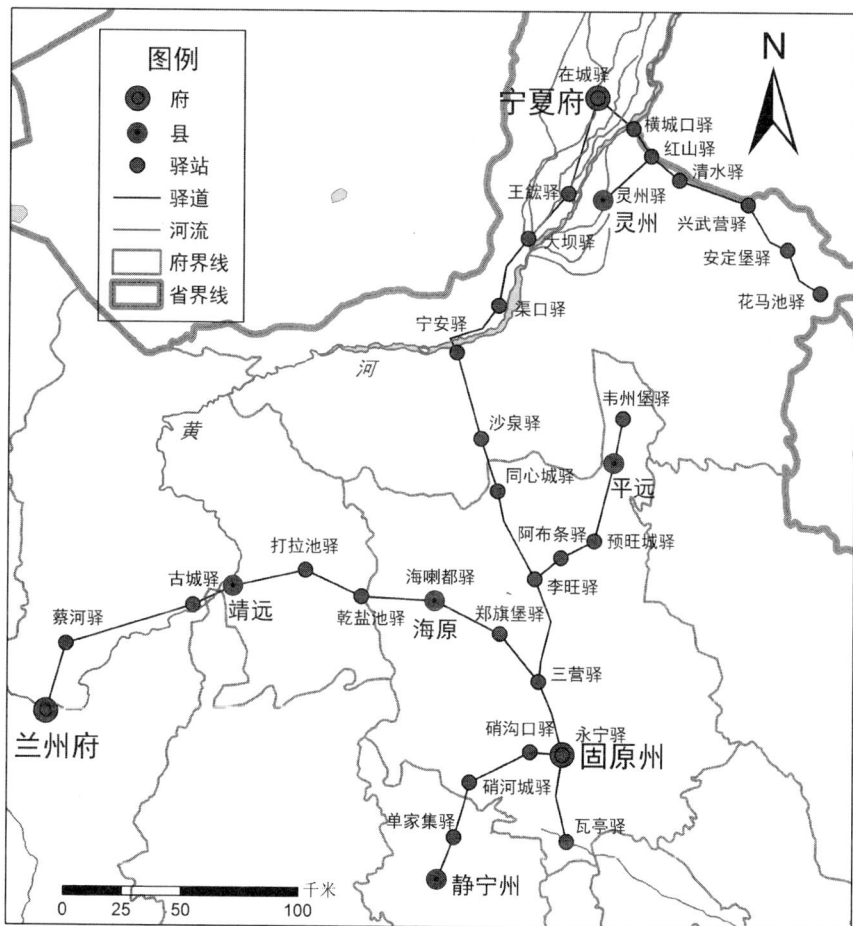

图 3 - 8 兰州府至固原州、宁夏府驿道路线图

---

① （清）叶昌炽：《缘督庐日记》第 6 册，南京：江苏古籍出版社，2002 年，第 3831 - 3857 页

兰州至宁夏府的另一条驿道的具体走向是，从兰州出发向北经蔡河驿至靖远县古城驿，再折向东经海喇都驿、郑旗堡驿，与固原—宁夏驿道合（图3-8）。《大清会典乾隆朝》和乾隆《甘肃通志》均未记载驿道，但《大清会典嘉庆朝》却有记载，可知其开辟于乾隆晚期至嘉庆初年。

明代固原通往宁夏的道路途经下马关、惠安堡、灵州等地，清代不选此道，而于此路西面另辟驿道，其原因当有两点：一是明代蒙古骑兵常于花马池一带犯边劫掠，驻守于固原镇的军队沿下马关、惠安堡一路可迅速前往阻击，至清代则形势大变，不再面临巨大的边防压力，该路的军事作用大大降低。二是惠安堡至灵州的道路十分荒僻，虽然直达宁夏府，"但地旷人稀，夙称瘠苦，兼之水咸草缺，牲畜动多倒毙"①，而西路可沿清水河行进，地理环境较为优越。但下马关、惠安堡一路，仍是一条重要通道，"下马关地方系惠安小池盐运经由之要路，商民往来不绝"②。

陕甘回民起义被平息后，为了加强对宁夏地区的控制，陕甘总督左宗棠于同治十二年（1873年）奏请升固原州为直隶州，以州判分驻硝河城；同时改盐茶厅为海原县，以县丞分驻打拉池堡；又于下马关增设平远县。政治区划的调整促使固原地区的驿道体系发生了变化。光绪九年（1883年），陕甘总督谭钟麟奏请于"新设之宁灵厅、平远县、硝河城州判、打拉池县丞等处，酌安马四匹"③。同时增设了平远县本城、预望城、阿布条、韦州堡、硝河城、单家集、硝沟口、打拉池、乾盐池等九处驿站④。

打剌赤堡，"三面沙河，一面天险，地系边境，横踞大路，东达固镇，

---

① （清）杨昌濬：《奏为甘肃东路并关外安西玉门等州县前设塘驿夫马不敷应用请复设酌添以重邮政恭折》，中国第一历史档案馆编：《光绪朝朱批奏折》，光绪十八年十月二十六日，第102辑，北京：中华书局，1996年，第679页。

② 《甘肃布政使诺穆图奏请将张掖地方添设新县并在固原州属下马关添驻州判折》，雍正八年十月二十一日，《雍正朝汉文朱批奏折汇编》第19册，南京：江苏古籍出版社，1989年，第330页。

③ （清）杨昌濬：《奏为甘肃东路并关外安西玉门等州县前设塘驿夫马不敷应用请复设酌添以重邮政恭折》，中国第一历史档案馆编：《光绪朝朱批奏折》第102辑，北京：中华书局，1996年，第679页。

④ 光绪《会典事例》卷657《兵部·邮政》，《续修四库全书》第808册，上海：上海古籍出版社，2002年，第225页。

西通靖远,冲烦苦累,疲敝为甚"。干盐池堡,"堡系边境,建在通衢,冲烦同打剌赤"①。打拉池、乾盐池二驿的添设,使得兰州、宁夏间的驿道变得更加便捷;而阿布条、预望城、平远县驿和韦州堡驿的设置则使固原州通往大、小盐池的驿路更加通畅;硝沟口驿、硝河城驿和单家集驿的设置则开通了静宁州直达固原州的驿道,而不需要翻越险峻的六盘山。

此外,清代开辟了由宁夏府城东南行直达花马池的驿道。其具体走向为:自宁夏府在城驿出发,东南行三十里至横城口驿,四十里至红山驿(向南六十里可通往灵州驿),六十里至清水驿,一百里至兴武营驿,六十里至安定堡驿,六十里至花马池驿②。

三、兰州通往凉州府、甘州府、肃州的驿道

自兰州兰泉驿出发,向西四十里至沙井驿,七十里至苦水驿,再向北五十里至红城驿,四十里至南大通驿,三十里至庄浪厅平番县在城驿,三十里至武胜驿,三十里至岔口驿,五十里至镇羌驿,三十里凉州府黑松驿,三十里至古浪县古浪驿,六十里至靖边驿,三十里至大河驿,三十里至凉州府武威县武威驿。自武威驿向西,五十里至怀安驿,四十里柔远驿,七十里至永昌县永昌驿,七十里至水泉驿,五十里至硖口驿,四十里至新河驿,四十里至山丹县山丹驿,四十里至东乐驿,四十里至仁寿驿,四十里至甘州府张掖县甘泉驿。由甘泉驿向西,四十里至沙井驿,四十里至沙河驿,四十里至抚彝厅抚彝驿,四十里至高台县高台驿,五十里至黑泉驿,五十里至深沟驿,三十里至盐池驿,四十里至双井驿(图3-9),六十里至临水驿,四十里至肃州酒泉驿。③(图3-10)这条驿道是清代陕甘大道的西段,驿站设置及驿路走向基本承袭明代。清代裁小沙河驿,设沙井驿。

---

① 康熙《重纂靖远卫志》卷3《武备志·营堡边隘》,《靖远旧志集校》,兰州:甘肃文化出版社,2004年,第72页。
② 乾隆《甘肃通志》卷16《驿传》,《中国边疆丛书》第2辑,台北:文海出版社,1966年,第1779—1781页。
③ 乾隆《甘肃通志》卷16《驿递》,《中国边疆丛书》第2辑,台北:文海出版社,1966年,第1747—1765。

图3-9 高台县盐池乡双井驿遗址（贾强摄）

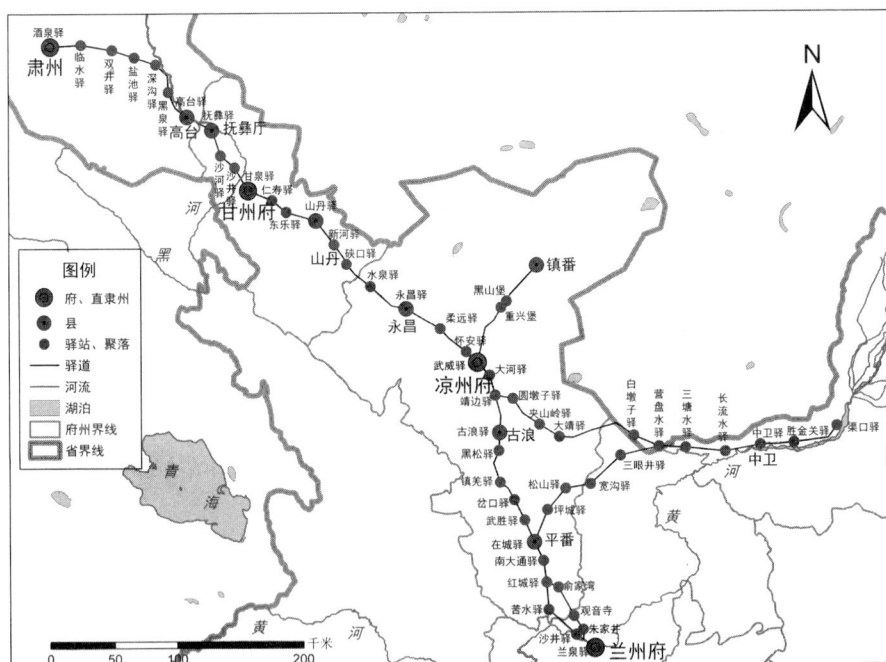

图3-10 兰州府至凉州府、甘州府、肃州驿道路线图

其中，兰州至红城驿段驿道，"其路较迂，官、商多由俞家湾"①。即由

---

① （清）陶保廉：《辛卯侍行记》卷4，刘满点校，兰州：甘肃人民出版社，2000年，第248页。

兰州向西二十里至石家湾，之后折向西北入山中沟谷，经朱家井、俞家湾、哈家寨、观音寺等地至红城驿，而不经由沙井、苦水二驿。"入古浪峡，南为松林，北为铁柜山，峻阪一线，顽石塞涂，形势如潼关、函谷。"①

与明代相比，这条驿道也存在一些变化。

一是凉州与镇番间的驿道一度被废除。明代凉州卫与镇番卫间有驿道相通，清初降为铺道，沿途不设驿站，只设急递铺，"裁驿留铺，……俱以铺司递送公文，往往迟误"。乾隆八年（1743 年），置先李如进奏请，"在武威县拨马四匹，夫二名。于蔡旗驿安设马二匹夫一名，黑山堡安设马二匹夫一名。再本县设马二匹夫一名"②。重新恢复了这条驿道。但与明代相比，这条驿道的重要性大大降低。明代镇番卫一带边墙呈凸字型，三面环敌，边防形势严峻。为确保军情的迅速传递和各卫所间的有效策应，必须有驿道相通。清代边防形势大改，镇番一地的军事地位大大降低。

二是开通平番县至宁夏府的驿道。这条驿道自平番县向东，七十里至平城驿，五十里至松山驿，五十里至宽沟驿，五十里至三眼井驿，一百二十里至营盘水驿，七十里至三塘水驿，七十里至长流水驿，七十里至中卫县（今中卫市沙坡头区）中卫驿，六十里至胜金关驿，再向东北一百一十里至渠口驿③，与固原州至宁夏府间的驿道相合。

营盘水至三塘水，道路沿南山麓行进，"南山蜿蜒东趋，盅曲如屏"。三塘水至长流水，中间经过一片沙地，为腾格里沙漠南缘，"一望皆平沙，其深逾尺，人马蹴踏无声。左为高山，四面沙阜围绕"。由长流水向东，过孟家湾后进入一条峡谷，"山势一束，群峰骤合，石壁峥嵘，如怒猊渴骥，蜿蜒奔赴"。出峡谷即为黄河。此处黄河向北蜿蜒成半圆形，北岸流沙堆积难以通行，因此需由船渡，"登渡船，河流虽急，风日澹沱，波平如镜，放

① （清）叶昌炽：《缘督庐日记》第 7 册，南京：江苏古籍出版社，2002 年，第 4531 页。
② 乾隆《镇番县志》卷 2《建置志·驿传》，《中国地方志集成·甘肃府县志辑》第 43 册，南京：凤凰出版社，2008 年，第 48 页。
③ 乾隆《甘肃通志》卷 16《驿传》，《中国边疆丛书》第 2 辑，台北：文海出版社，1966 年，第 1773 – 1777 页。

一苇于中流，沿高坡而东下，约行五六里，望见林木葱蔚，上有果园，即维舟登岸"①。之后便进入宁夏平原，道路较为平坦，唯胜金关一带，"山河相逼，一线之路以通往来，诚卫之吭也"②。

此驿道在康熙年间（1662—1722 年）便具雏形，康熙三十三年（1694年），川陕总督佛伦奏请于胜金关、中卫、大涝坝、沙圪堆（又称沙古堆）、芦塘、松山六处添设驿站，由宁夏可至达庄浪，相比绕行兰州的驿道近了一半的距离。③ 康熙三十六年（1697 年），因大涝坝、沙古堆和芦塘三驿之间各相去一百二十里过于遥远，遂将沙古堆一驿移至芦沟堡，而于永安堡增设一驿。至康熙四十六年（1707 年），"将中卫所属大涝坝、芦沟、永安、芦塘、永泰五驿挪去。中卫口外长流水、三塘水安设两驿，属中卫厅兼管。营盘水安设一驿，属三眼井守备兼管。余两驿俱裁去"④。自此，庄浪厅通往宁夏府的驿道基本定型，至清末未发生大的变化。

三是开通凉州府与宁夏府间的驿道。由平凉府靖边驿向东经圆墩子驿、夹山岭驿、大靖驿、白墩子驿至营盘水驿，合于上述庄浪厅至宁夏府的驿道。《光绪会典》载："军报所设为站，其常设者自京城北回龙观站起，迤逦而西分两道：一达张家口接阿尔泰军台，以达北路文报；一沿边城踰山西、陕西、甘肃出嘉峪关以达新疆驿传。"⑤ 分为南北二线，由陕西定边县进入甘肃境内，经花马池、宁夏府至凉州的这段驿道便是南线的一部分。

这条驿道的开辟与清前期的平准战事密切相关，随着康、雍、乾三朝不断用兵西北而逐渐完善。雍正七年（1729 年）川陕总督岳钟琪奏请："查上年安藏军机事宜经议政王大臣于雍正五年十一月内议以申报事件来往赍送文

---

① （清）叶昌炽：《缘督庐日记》第 6 册，南京：江苏古籍出版社，2002 年，第 3820 – 3822 页。
② （清）张金城修：《乾隆宁夏府志》卷 2《地理志·关隘》，杨浣雨纂；陈明猷点校，银川：宁夏人民出版社，1992 年，第 70 页。
③ 《清圣祖实录（二）》，康熙三十三年正月丙寅条，北京：中华书局，1985 年，第 772 页。
④ 康熙《重纂靖远卫志》卷 3《武备志·营堡边隘》，《靖远旧志集校》，兰州：甘肃文化出版社，2004 年，第 65 – 66 页。
⑤ （清）昆岗等撰：《光绪会典》卷 51，《续修四库全书》第 794 册，上海：上海古籍出版社，2002 年，第 848 页。

移不可不安设驿站,自京城起以至西宁沿边添设腰站……今西路大兵本年驻札巴里坤,来年进剿,所有驰送往来申报事件,应请照例于直隶、山西并陕西之神木、榆林、定边、宁夏以至肃州沿边一带,添设腰站。"①

乾隆十九年(1754年),协办陕甘总督刘统勋等奏请:"明岁进剿准夷,递送军报,安设台站事宜。一陕省神木县至甘省定边营安设正腰各站二十九处,每一正站马三十匹,腰站十七匹,其正站九处……一甘省口内,自宁夏至嘉峪关安设七十六塘,正站马二十五匹,腰站十六匹,协站十四。"②乾隆二十五年(1760年)甘肃巡抚吴达善奏称:"大靖堡向未设驿马,嗣因军兴差员往来较近,该处改为正站。"③此驿道自开辟以后,一直沿用至清末。

四、兰州通往西宁府的驿道

清代,兰州与西宁间的驿道基本沿袭明代。由兰州出发,西北行至平番县(今永登)。自平番县向西有两道,"一出大沙沟,迁道十里,地稍平坦,……一出小沙沟,一线羊肠,两厓崱屴,夏秋山水冲发,建瓴而下,人马皆至灭顶"④。小沙沟道约行二十里后合于大沙沟道。继续西行至通远驿,六十里至塘坊驿,二十里西大通驿,五十里至冰沟驿,之后向南,四十里至老鸦驿。自此进入湟水谷地,继续西行五十里至碾伯县(今海东市乐都区)嘉顺驿,六十里至平戎驿,七十里至西宁府西宁县在城驿。⑤与明代相比,此段驿道的驿站设置有所变化,平番县与西大通驿之间增加了通远驿和塘坊驿,在里程上更为合理。(图3-11)

① 《川陕总督岳钟琪奏请沿边口外应照例添设驿站并加添马匹折》,雍正七年五月二十二日,《宫中档雍正朝奏折》13辑,高雄:华欣综合印刷公司,1979年,第230-231页。
② 《清高宗实录(六)》,乾隆十九年十二月甲子条,北京:中华书局,1986年,第1183页。
③ 《清高宗实录(八)》,乾隆二十五年五月己酉条,北京:中华书局,1986年,第974页。
④ (清)叶昌炽:《缘督庐日记》第7册,南京:江苏古籍出版社,2002年,第4632页。
⑤ 乾隆《甘肃通志》卷16《驿传》,《中国边疆丛书》第2辑,台北:文海出版社,1966年,第1768-1772页。

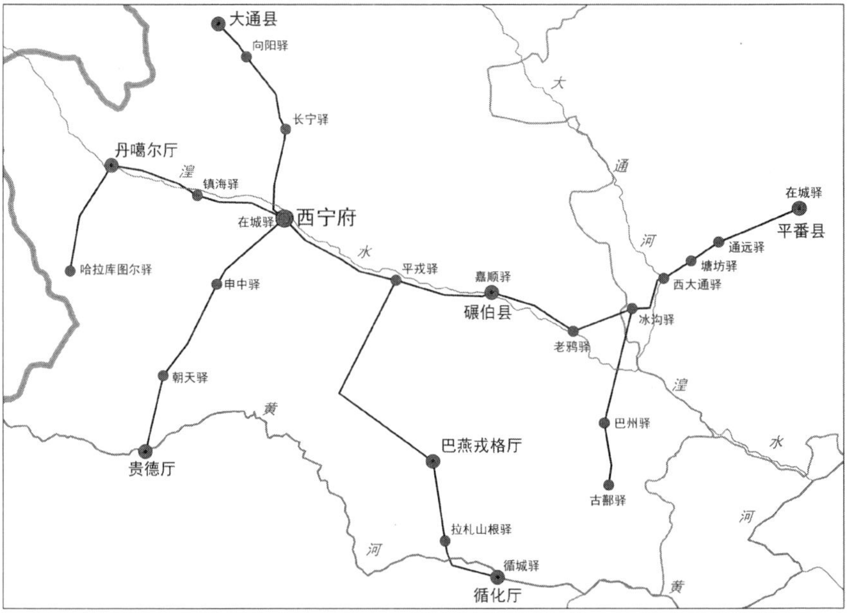

图 3 - 11　西宁府周边驿道路线图

纵观这条驿道，西大通驿至老鸦驿段最为难行。自西大通驿西行过大通河，后向南稍行即向西折入冰沟，"初入沟路尚不甚窄，寒气阴森，不见日色"，沟尽处为冰沟峡，"山势一束，陡高而窄，怪石槎枒，流泉交错，为一沟锁鑰"。之后翻越乏牛坡、大湾山后进入羊肠沟（图 3 - 12），"沟仅一线，土深红色，两边高崖插天，如行眢井中，曲折盘旋"。出羊肠沟后即可到达老鸦驿。①

此外，据《甘肃通志》的记载，自冰沟驿向南七十里可到达巴州驿，又六十里可到达古鄯驿②。但冰沟驿与巴州驿相距不止八十里。道光《循化厅志》则记载了碾伯县经老鸦驿、巴州驿、积石关至循化厅的道路，"厅治七十里积石关，七十里马营集，六十里巴州，八十里老鸦，五十里碾伯县城，凡三百三十里"③。古鄯驿在今马营集北，此道应当经过古鄯驿。

---

① （清）叶昌炽：《缘督庐日记》第 7 册，南京：江苏古籍出版社，2002 年，第 4141 - 4142 页。

② 乾隆《甘肃通志》卷 16《驿传》，《中国边疆丛书》第 2 辑，台北：文海出版社，1966 年，第 1772 页。

③ 道光《循化厅志》卷 1《疆域》，台北：成文出版社，1968 年，第 29 页。

图 3 – 12　海东市高庙镇老鸦村北羊肠沟入口（贾强摄）

循化厅亦有连接平戎驿的驿道，"循化西北行十五里沿河塘。渡河西行十五里甘都堂堡。折北六十里巴燕戎格厅。西北行六十里扎什巴堡。转东北六十里平戎驿"。西宁府向北经长宁驿、向阳驿，还可通往大通县。

五、兰州通往巩昌府、秦州的驿道

兰州通往巩昌府、秦州的驿道的具体走向是，由兰州兰泉驿出发，向南六十里至摩云驿，六十里至沙泥驿，九十里至狄道州洮阳驿，之后折向东南，五十里至窑店驿，七十里至渭源县庆平驿，九十里至巩昌府陇西县通远驿。自通远驿东南行九十里可至宁远县驿，再向东行一百里至伏羌县驿，一百二十里至秦州驿。由秦州驿向东北，行一百三十里至清水县驿，九十里至长宁驿，接陕西驿路。①（图 3 – 13）

此道路自兰州出发后不久便入南山中，沿山间谷道行四十里可到达阿干镇，沿途所经山谷"两崖之间，沟塍绮错，官路沿沟曲折崎嵚，流泉如织，两崖断处上横木梁以度行人，舆出梁下有如瓮门"。受制于山谷地形，这段

---

① 乾隆《甘肃通志》卷16《驿传》，《中国边疆丛书》第 2 辑，台北：文海出版社，1966 年，第 1784 – 1788 页。

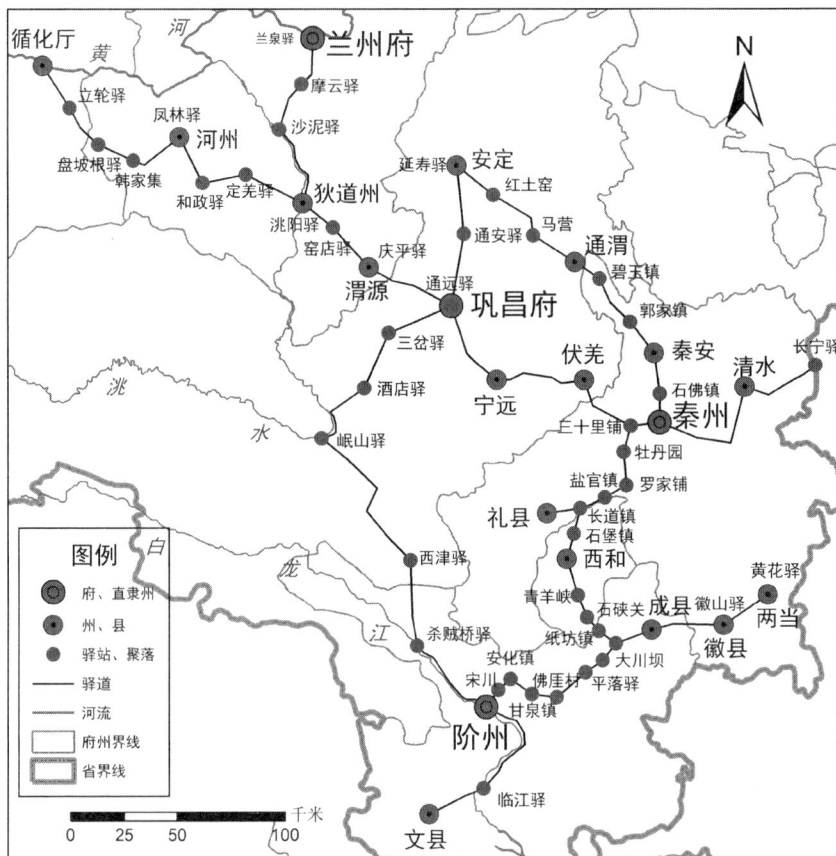

图 3-13 兰州府至巩昌府、秦州、阶州驿道路线图

驿道并不十分通畅。阿干镇至摩云驿的驿道渐趋变窄，沿途"重峦叠嶂，迤逦不断，山高径窄"，特别是关山岭，"偏仄厂乂，盘旋而上，将临岭脊，危梯绝陡"。摩云驿又名"白厓驿"，该驿南北地貌迥然不同，驿站以北"皆土山戴石"，驿站以南则"石壁森立，棱棱露骨"。摩云驿南行可至沙泥驿，途中需翻越白土坡，"升降十里始下坡"。狄道向东的驿道亦是在山谷中穿行，"南北两山，迤逦环拱，中间地势宽屏"。而自窑店驿南行，则循溪涧而行，"涧两旁一线羊肠，径极窄"。其间尚需翻越山岭一座，"山势广袤，上下四十里，螺旋百折，故自下望之极高峻，而升降不觉"。翻越山岭即可到达渭源县。巩昌府至宁远县间的驿道，要翻越光禄山，其"高插云际，……螺旋而上，……绝顶中开一隙，两畔土厓卓立，由此而下山势颇陡

112

曲折，沿山壁绕道，亦较登山路为迂回"。另外，伏羌县向南十五里也需翻山岭一座，"从东山登坡，梯级悬峻"，十五里至山顶，"下望陇坻层接，方罫参差，……自此下岭，山径益陡，与人疾趋而下，势若转丸"①。此段驿道多沿山间古道行进。（图3－14）

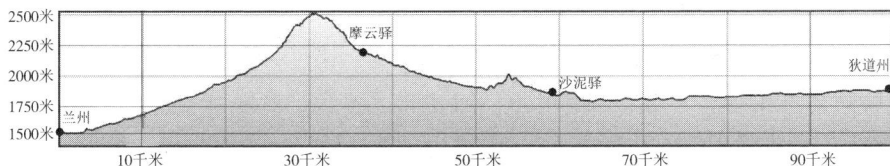

图3－14　兰州—狄道州驿道海拔变化图

　　清代还开通了秦州向南至成县的驿道。秦州驿一百六十里至礼县，七十里至西和县，再向东南一百五十里至小川驿。② 秦州至礼县的驿道，是向西至三十里铺再折向南，经牡丹园至罗家铺，再向西南经盐官镇、长道镇等地。秦州至西和县无须经由礼县，而是于长道镇折向南，经石堡城至县城。礼县、西和乃"甘川通衢""蜀陇孔道"③，是甘肃通往四川的重要通道，但两县俱"处万山之中"④，海拔变化较大，道路迂回曲折。

　　秦州向西至三十里铺，仍沿渭河河谷行进"两面高山环峙，山下田畴沃衍，中开广陌，绿阴夹道，麦浪翻畦，山麓树木深蔚之处，邨居栉比"⑤。由三十里铺向南入山中，"山高路窄，石壁奇峭"，继续向南需翻越华林山，"由东山升坡，拾级而上，其山东西横亘，橢长而狭，有似一线长隄，人行绝顶如登鼍背，……山路纡折，忽在山南，忽在山北，皆一面悬崖，一面猗壁，狭处不容旋马"⑥。下山至牡丹园，此后道路趋于平坦。

---

① （清）叶昌炽：《缘督庐日记》卷11，南京：江苏古籍出版社，2002年，3984－4030页。
② 乾隆《甘肃通志》卷16《驿传》，《中国边疆丛书》第2辑，台北：文海出版社，1966年，第1792－1793页。
③ 乾隆《礼县志》卷9《邮置》，《中国地方志集成·甘肃府县志辑》第22册，南京：凤凰出版社，2008年，第25页。
④ 乾隆《西和县志》卷1《山川考》，《中国地方志集成·甘肃府县志辑》第34册，南京：凤凰出版社，2008年，第1129页。
⑤ （清）叶昌炽：《缘督庐日记》卷11，南京：江苏古籍出版社，2002年，4086－4087
⑥ （清）叶昌炽：《缘督庐日记》卷11，南京：江苏古籍出版社，2002年，4032－4033页。

西和县至小川驿间，青羊峡、石硖关、纸坊镇均设有行馆。青羊、石硖二地间道路狭窄，"峻阪斩绝，山坡下羊肠一线，断处皆支木板或揵石填土以渡，俨然阁道"。石硖关向南又登山坡，扁头上一带道路十分险峻，"土人以沿山一线路，一面悬崖，一面绝壁，诘屈难行者呼之曰扁"。而纸坊镇地处山峡中，"民稠路窄，高下崎钦"。① 纸坊向南过发马坡至小川驿。

小川驿向西南经平洛驿至阶州。小川驿系由明代平落驿改置而来，光绪《阶州直隶州续志》载，"小川驿，旧在州之平落，……康熙六年，改移小川"②。《清实录》则载，康熙三年（1664 年）六月"移陕西阶州平落驿于小川铺，改为小川驿"③。《大清一统志》载："平乐故城，在州东北……明置平洛驿，皆即平乐也。"④ 平乐驿应即平落驿，由上可知，该驿于康熙初年改置小川铺。

小川驿向西南至大川坝，大川坝设有行馆，南临西汉水。大川坝向南过西汉水后需翻越泰石山，"泰石山羊肠一线，螺髻千盘，巨石塞途，大者如厦屋，小者亦如几案。逢转湾处，石嘴凸出，锐如锋锷，隥阪齾缺，梯栈钩连，……十里始登绝顶"。下山后向西沿河谷至平洛驿。

平洛驿向西南沿平洛河谷行进，"皆两面高山，中为潜水，沿右山之麓循涧行，悬崖路狭，视之仅白光一线，渐进始知有路，仅容一人行，往来几不能让。畔左临深渊，最陡处高数十丈，山势曲折如之字"⑤。佛厓村、甘泉镇、安化镇、宋川均设有行馆，甘泉、安化相隔米仓山，"此山两峰蜿蜒，中隔一沟，仅如隘巷，惟山顶有平地如修陌，约长一箭许。左右悬崖空阔，此外皆沿绝壁行"⑥。阶州以北一段山峡极为狭窄，道路开凿于崖壁之上，"此十里内，山沟渐窄，两山骤合如欲斗笋，扁路更崎岖，石

① （清）叶昌炽：《缘督庐日记》卷 11，南京：江苏古籍出版社，2002 年，4041 – 4043 页。
② 光绪《阶州直隶州续志》卷 18《驿铺》，《阶州志集校笺注》，兰州：甘肃人民出版社，2013 年，第 577 页。
③ 《清圣祖实录（一）》，康熙三年六月己亥条，北京：中华书局，1985 年，第 186 页。
④ 《大清一统志》卷 277《阶州直隶州·古迹》，第 585 页，《续修四库全书》第 618 册，上海·上海古籍出版社，2002 年。
⑤ （清）叶昌炽：《缘督庐日记》卷 11，南京：江苏古籍出版社，2002 年，第 4048 页。
⑥ （清）叶昌炽：《缘督庐日记》卷 11，南京：江苏古籍出版社，2002 年，第 4079 页。

壁上丰下偃，俯如覆檐，触之立糜碎，而向右则深崖万仞，直削而下"①。

小川驿向东四十里至成县，九十里至徽县，九十里至两当县②。由徽县向东可通往汉中地区，两当县向东经凤县可通往关中地区。

另外，秦州向北还有通往安定和会宁的道路。秦州向北八十里至秦安县，又一百四十里至通渭县。由通渭县分两道，一道向西北，一百六十五里至安定县；一道向北，一百五十里至会宁县。由秦州北行需翻越剑河岭，"岭不甚高，十步一折，土阜在左，坎窑在右，颓墙齾缺，裂为深沟，沿沟麓行，窄处只宽尺许，亦甚崎嵚"。山岭之下即为渭河，"渭水从西面山峡中滔滔东下，有三艘渡客"。渡过渭河北行需穿越一段峡谷，"右沿山壁，左沿渭水"，出峡口即为石佛镇，此处与秦安之间相隔大山一座"出镇即登山，下山即进城"。驻足山巅，"四顾峰峦纵横列峙如大海回风紫澜涌出"。自秦安县出发，循葫芦河向北行进，途经郭嘉镇后向西北沿山梁行进，"此山首尾七十里，左右两山如龙，蜿蜒夹之"。下坡即为碧玉镇。之后可沿山谷西北行至通渭县城。由通渭县西行，翻越四架山、何家坡后可到达马营，"马营为往来通道，人民稠密，街市殷赈，视通渭城殆过之"。马营向西北又分为南北两道：北路经梁家湾、上涧滩、傅家岔、韩家堡、高家堡、宁远庄等地至红土窑，此道为大车道；南路经油坊、牛营堡、李家河、康家铺、大高家等地至红土窑，此道为人行小道，不通车辆。南北两道在红土窑重新汇合后西北行至安定县，"所经官道皆在山麓深沟之上，远山四合，田畴宽广"③。综上所述，此条道路多在山岭间迂回行进。

此外，狄道县（今临洮县）与河州（今临夏）间亦有驿道相连。自狄道县洮阳驿西行七十里至定羌驿，又六十里至和政驿，又六十里便可到达河州凤林驿④。清代还进一步开通了河州向西至循化城的驿道。乾隆二十七

---

① （清）叶昌炽：《缘督庐日记》卷11，南京：江苏古籍出版社，2002年，第4058－4059页。
② 乾隆《甘肃通志》卷16《驿传》，《中国边疆丛书》第2辑，台北：文海出版社，1966年，第1793－1794页。
③ （清）叶昌炽：《缘督庐日记》卷11，南京：江苏古籍出版社，2002年，第4106－4119页。
④ 乾隆《甘肃通志》卷16《驿传》，《中国边疆丛书》第2辑，台北：文海出版社，1966年，第1788－1789页。

年（1762 年）以河州同知移驻循化城，设循化厅。二十九年（1764 年）陕甘总督杨应琚以"循化司理番民，一切事物关系綦重，兼之路崎岖，距州窎远，必得驿马驰递，方无贻误"为由，奏请从凤林、定羌二驿调拨驿马八匹，于循化、立轮、盘坡根、韩家集四处安设驿站①，但此驿路不通车。

明代开辟的由河州出发，西北经银川驿、长宁驿至积石关的驿道，清初曾沿用了一段时间，"其后驿废，而此路遂荒。今之入积石关者，皆赴河北之鸿化、灵藏二族。若赴河州，则皆由老鸦关，少由此路者，以关外六十里山陡难行也"②。此段驿道的兴废，当与明清不同的边防形势有关。

另外，巩昌府向北尚有通往安定县的驿道。具体走向为，巩昌府出发九十里至通安驿，九十里至安定县延寿驿。

六、兰州通往阶州的驿道

由兰州兰泉驿出发东南至陇西县通远驿，由此向西南一百二十里至三岔驿，六十里至酒店驿，九十里至岷州岷山驿。由岷山驿再向东南一百二十里至西津驿，一百二十里至杀贼桥驿，一百二十里至阶州。由阶州向向南一百五十里至临江驿，一百二十里至文县在城驿。③（图 3－13）

明代，岷山驿至杀贼桥驿间还设有宕昌驿，至清初裁革。"明时，宕昌一驿改设铺递。"而西津驿明代位于岷州卫西四十里处，是通往洮州卫的必经之路，清代则位于岷山驿东南一百二十里。据《岷州续志采访录》载，"西津驿，在宕昌境"④。显然，清初裁宕昌驿后，改设西津驿于此地。

---

① 道光《循化厅志》卷 3《驿站》，台北：成文出版社，1968 年，第 77－78 页。
② 道光《循化厅志》卷 1《疆域》，台北：成文出版社，1968 年，第 28 页。
③ 乾隆《甘肃通志》卷 16《驿传》，《中国边疆丛书》第 2 辑，台北：文海出版社，1966 年，第 1790－1792 页。
④ 光绪《岷州续志采访录·驿递》，《岷州志校注》，定西：岷县印刷厂，1988 年，第 433 页。

第三节　其他重要道路

随着人口的增加和商业贸易的发展，清代又开辟出一些新的道路。这些道路虽然并未被划为官方驿道，但在促进区域间的互动和交流方面也发挥着重要作用，是关陇交通体系中不可或缺的部分。

一、宁羌州经略阳通往甘肃的道路

"由蜀至甘，道路有二：一由略阳等处；一由宝鸡、秦州等处。"① 后者即陕甘大道，前者则是由宁羌州（今宁强）、略阳通往甘肃的道路。宁羌州通往略阳县的驿道需绕行沔县（今勉县），但宁羌州以北的大安驿与略阳县以东的接官亭间存在一条便道。嘉庆《汉中府志》载："（略阳）东南五十里至臭草沟，又十里至分水岭，又十里至铜矿营，又二十里至庙坝，交宁羌铁佛殿界。此路为赴宁羌捷径，止可人行。"② 道光《续修宁羌州志》亦载"离城北八十里至大安驿，进山四十里至铁佛殿，交略阳县界。为赴略阳捷径，止可人行"③。这条道路便是有名的"陈平道"。由宁羌州向北经陈平道至略阳县，再向西经置口至甘肃。这条道路的走向如下："（略阳县）正西：渡嘉陵江，二十里至横现河，又二十里至置口，又八十里至窄峡子，又十里至邓子园，又二十里至七盘碥，又十里至木瓜园，又十里至窑坪里，又二十里全大南峪，交甘肃阶州白马关界。为赴甘肃大道，半属平坦。"④ 由白马关继续西行，"二十里之尖山子坑，十里东堎干，二十里巩家集，二十里菜子幸，十里夫坝，二十里望贼关交武都县界"⑤。这条道路曾一度被辟为驿道。

---

① 《清高宗实录（七）》，乾隆二十一年十二月壬辰条，北京：中华书局，1986 年，第 670 页。

② 《嘉庆汉中府志校勘》卷 3《道路》，西安：三秦出版社，2012 年，第 97 页。

③ 《清道光〈续修宁羌州志〉校注》卷 1《幅员道路》，宋文富校注，《宁羌州志校注集》第 2 册，北京：华夏出版社，2006 年，第 21 页。

④ 《嘉庆汉中府志校勘》卷 3《道路·略阳县》，西安：三秦出版社，2012 年，第 97 页。

⑤ 民国《新纂康县县志》卷 13《道路》，台北：成文出版社，1976 年，第 171 页。

雍正四年（1726年），四川乌蒙（今昭通）土司禄鼎坤叛乱，时任川陕总督的岳钟琪奉旨前往成都指挥平叛，但陕甘两省公文仍需报送审阅。"自成都至兰州，若由驿路，必须先至西安，而后可以抵兰。今甘省现有各处城工事务，凡有紧要公文不便迟滞。"为此决定临时开辟一条自宁羌州大安驿至巩昌府的驿道。"由大安驿小路越略阳、西和、礼县、宁远等县前至巩昌府，不过八百五十里，因系僻路，皆无驿马。再由巩昌至兰州不过三百五十里，本系大路，现有驿递。若由此一路递送紧要公文，自成都至兰州通共不过二千四百里，较之由西安一路约近一千五百里。"经过斟酌，自大安驿至巩昌府沿途设驿站十二处，"每站暂设递马十匹，马夫五名，按陕甘两省所辖地界，各在就近驿递内抽拨安设"①。这条道路还多次用作行军路线，乾隆四十六年（1781年），平定苏四十三反清起义时，毕沅曾下令，"飞调官兵由略阳一路间道前赴甘省之秦、巩一带，以便堵截会剿"②。乾隆四十九年（1784年），为平定甘肃德田五、张文庆起义（亦称石峰堡事变），需从四川调兵，将军阿桂奏称："至川北赴甘兵丁若由白马关一路行走，可以直至巩昌，且道路亦较捷近。"③

二、秦岭诸道

清中期以前，秦岭山区人烟稀少，"崇山峻岭，俱系鸟道羊肠，路径阻绝，先时不过土著居民樵采为活"。乾、嘉以后，随着人地矛盾的加剧，湖广、四川等地居民大量涌入秦岭山区，开垦荒地，"久而益众，处处俱成村落"④。人口的大量增加促进了山区的土地开发和资源利用，也推动了道路交通的发展。除前述连云栈道、武关道、大泥峪道被辟为驿道外，以下诸道

---

① 《川陕总督岳钟琪奏请自大安至巩昌一路添设驿站递马折》雍正四年十一月十二日，《雍正朝汉文朱批奏折汇编》第8册，南京：江苏古籍出版社，1989年，第418－419页。
② （清）阿桂等：《钦定兰州纪略》卷1，杨怀中标点，银川：宁夏人民出版社，1988年，第31页。
③ （清）官修：《钦定石峰堡纪略》卷8，杨怀中标点，银川：宁夏人民出版社，1987年，第136页。
④ 《办理陕西巡抚事务毕沅奏为陕省兴汉二属及终南山一带地方险要请改设官属折》乾隆四十七年正月二十九日，《宫中档乾隆朝奏折》第50辑，台北：国立故宫博物院印行，1982年，第713页。

也渐次开通。

(一) 城固县至郿县的斜谷道

清代开通了从城固县向北直达郿县（今眉县）的道路，"计至长安较褒谷捷二百数十里，客商尚多取径于此"。其具体路线，嘉庆《汉中府志》记载如下：

> 城固三十里，平原，至许家庙，二十里半，险；鸡冠梁，三十里，险途；石堰坪，三十里半，险；双溪，三十里半，险；小河口，六十里，险；桅杆石梁，六十里，险；西江口，属留坝厅，三十里，险；柘栗园，三十里，平；王家垎，三十里半，险；苦竹街，二十里，平；寇家关，三十里，险；进口关，属凤县，三十里，平；上白云，四十里半，险；方柴关，属宝鸡县，十五里，平；虢川，十五里半，险；杜家庄，属岐山县，二十里，平；桃川，二十里半，险；鹦哥嘴，四十里，险，斜峪关。由关东北趋槐牙、枒柏，蓥屋，夷路二百四十里，至长安。共程八百八十里。①

这条道路从城固县向北沿湑水河谷行进，在小河口折向西北翻越桅杆石梁后到达武关驿，此后再沿古"褒斜道"向北行进。其中，虢川一带位置重要，"为斜峪迤西之总汇"，因此雍正七年（1729 年）川陕总督岳钟琪奏请"添设千总一员，兵一百名驻扎虢川，以专汛防之责。……虢川地面独宽，是以居民较多于他峪，应请设巡检司一员管束百姓"②。

(二) 宁陕厅通往西安府的子午道

雍正七年（1729 年），川陕总督岳钟琪奏请开通子午道，认为其"不甚险峻……若将此路修凿坦夷，由西安径抵汉江计程才五百余里。溯流而上，

---

① 《嘉庆汉中府志校勘》卷 1 《舆图》，西安：三秦出版社，2012 年，第 44 页。
② 《川陕总督岳钟琪奏陈开通南山道路安设汛防事宜并请确查地亩钱粮折》，雍正七年二月二十五日，《雍正朝汉文朱批奏折汇编》第 14 册，南京：江苏古籍出版社，1989 年，第 687 页。

则汉中各县皆在江湄，下接襄阳则一苇顺流，殊为便捷。庶几秦川楚汉气脉流通，不但行旅往来便于跋涉，即岁时之盈缩，得丰歉之相资，裨益地方，似非浅鲜"。并请在秦岭南之五郎关和岭北之关神里设营汛驻防，"则将子午谷开作通衢，其南北汛防均为周密矣"①。乾隆四十七年（1782 年），陕西巡抚毕沅鉴于"其五郎关为扼要之地"，奏请将西安水利通判移驻于此②。由于人口日渐增加，行旅往来络绎，嘉庆五年（1800 年）置宁陕厅，其向北经子午谷可直达西安。沿途设汛塘以确保道路安全，"北三十里梁家庄塘，六十里火地塘，九十里坪河塘，一百二十里三道桥塘，一百五十里七里沟塘，一百八十里桥家沟塘，二百一十里徐家梁塘，二百四十里江口塘，二百七十里菜芝岭塘，三百里高关塘，三百二十里夹岭塘，三百六十里鸡窝子塘，三百九十里关什塘，四百二十里砲子坪塘，四百六十里子午口塘"③。子午道成为"宁陕厅至西安捷径"④。

（三）洋县通往盩厔县的傥骆道

明代傥骆道"险不可行"⑤。清代，洋县通往盩厔县（今周至县）的傥骆道虽然"山幽谷暗，崎岖难行，非褒斜二谷比"⑥。但也被利用起来。清中期以后，傥骆道峡谷山间移民众多，"各省流民，结棚垦荒，秦岭、厚畛子、黄柏塬、神仙洞等处，大小木厢百数十处，匠作负运，多者一厢至一二千人，少亦数百计"⑦。人口的增加促进了彼此间的联系，促使傥骆道重新被开通。为便于管理，道光年间（1821—1850 年）设立佛坪厅。

---

① 《川陕总督岳钟琪奏陈开通南山道路安设汛防事宜并请确查地亩钱粮折》，雍正七年二月二十五日，《雍正朝汉文朱批奏折汇编》第 14 册，南京：江苏古籍出版社，1989 年，第 686 页。

② 《办理陕西巡抚事务毕沅奏为陕省兴汉二属及终南山一带地方险要请改设官属折》乾隆四十七年正月二十九日，《宫中档乾隆朝奏折》第 50 辑，台北：故宫博物院，1982 年，第 7113 页。

③ 道光《宁陕厅志》卷 2《建置志·汛塘》，《中国地方志集成·陕西府县志辑》第 56 册，南京：凤凰出版社，2007 年，第 74 页

④ 道光《西乡县志》卷 1《关隘》，《中国地方志集成·陕西府县志辑》第 45 册，南京：凤凰出版社，2007 年，第 573 页。

⑤ （明）顾炎武：《肇域志（四）》，上海：上海古籍出版社，2011 年，第 2797 页。

⑥ 《嘉庆汉中府志校勘》卷 2《建置志》，西安：三秦出版社，2012 年，第 45 页。

⑦ 《嘉庆汉中府志校勘》卷 2《建置志》，西安：三秦出版社，2012 年，第 51 页。

（四）黑水峪道

明末时被用来临时传递文书的黑水峪道，在清代被进一步开辟利用。其具体走向为，盩厔县"南至黑水峪三十里，又南至秦地一百五十里，又南至兴安州界柴家关六十里，又西南至县界蒲河五十里，又西南至三河口四十里，又西南至马家河二十里，又西南至泾水河三十里，又西南至槐树关三十里，又西南至杜村坝三十里，又西南至洋县三十里"①。康熙十三年（1674年），榆林同知谭吉璁奉命运饷入四川，行至宁羌州遇兵变，陕西巡抚杭爱率兵追回粮饷后退保西安，阻断栈道。谭吉璁"乃从黑水峪间道，七昼夜达盩厔"②。雍正七年（1729年）川陕总督岳钟琪奏请，"于黑水峪以内之柳业河为各小径要口，应请添设把总一员，添设兵五十名，驻扎防守。仍属盩厔营守备管辖，则黑水峪汛防亦密矣"③。

三、扁都口道

自西宁至甘州道路有二："一走平番，取道凉州以达张掖，道坦而程远，途约九百里。一则取道门源，经大通，逾大坂山，径捷而艰险，途约六百里。沿路雪山危崖，凌云摩霄。大坂山横亘其中，攒立如笋，祁连山交峙其北，六月飞霜，为北路有名之鸟径羊肠。"④ 后者即为扁都口道，又称大斗拔谷道。这条道路从西宁出发，"西北六十里至长宁驿。五十里大通县。九十里北大通营。一百二十里永安城。一百四十里至三角城"。三角城向北六十里至扁都口，逾山即为山丹县境。⑤ 扁都口一路虽山高路险，但却是连接西宁和甘州的捷径，多有往来通行者。例如，乾隆五十三年（1788年），时任甘肃提督的苏灵，按例需巡视西宁、宁夏地区营务，"于四月初八日呈

---

① （清）储大文：《存砚楼文集》卷7《杂著·三谷》，《清代诗文集汇编》，上海：上海古籍出版社，2010年，第7页。
② （清）朱彝尊：《曝书亭集》卷76《小谭大夫墓志铭》，上海：世界书局，1937年，第867页。
③ 《川陕总督岳钟琪奏陈开通南山道路安设汛防事宜并请确查地亩钱粮折》，雍正七年二月二十五日，《雍正朝汉文朱批奏折汇编》第14册，南京：江苏古籍出版社，1989年，第687页。
④ 林鹏侠：《西北行》，王福成点校，兰州：甘肃人民出版社，2002年，第132页。
⑤ （清）陶保廉：《辛卯侍行记》卷4，刘满点校，兰州：甘肃人民出版社，2000年，第253页。

明兵部,轻骑简从,自甘起程,由扁都口草地一路绕赴西宁各营"。之后又经由平番由松山、营盘水一路绕赴宁夏。①

四、兰州至西宁的道路

清代,兰州向西有一条直通西宁的便道。其具体走向是,自兰州出发,向西循黄河至达家川,之后再沿湟水至享堂。自享堂向西,路分南北两道。北道途径地势险要的老鸦峡,湟水自峡谷中流过,两岸壁立千仞,"内有大小石崖极峻折,俗谓之大小鹦哥嘴"②。南道需翻越南山,"山路崎岖陡峻,上下二十里,系赴皋兰县小径,商旅多由此,较大路近二日"③。南道路途较近,且可避老鸦峡之险,但仍需翻山越岭,十分不便。因此,乾隆十年(1745年)碾伯县令徐志丙又主持修辟大石崖一段道路,"较之南山俗名王家大山者,省二十里高下挥汗之劳矣"④。自此,连接兰州、西宁的这条便道愈加通畅。

无论翻越南山还是穿越老鸦峡,道路都较为险僻,但相比驿道路程大为缩短,因此这条驿道成为兰、宁两地民间往来的重要通道。

五、索桥道

明代的迭烈逊道至清初的时候已遭到废弃。康熙《重纂靖远卫志》载:"迭烈逊故城,在北七十里。明初设立巡检司防守,建置船只、索桥,通凉庄路。成化间,改移打喇赤,今废。傍置有空心楼一座,以资瞭望,今废。"⑤

---

① 《甘肃提督苏灵奏报查阅国西宁宁夏营伍情形及回署日期折》乾隆五十三年六月十八日,《宫中档乾隆朝奏折》第68辑,台北:国立故宫博物院印行,1982年,第583页。
② 乾隆《西宁府新志》卷5《地理志·山川》,《中国地方志集成·青海府县志辑》第1册,南京:凤凰出版社,2008年,第141。
③ 乾隆《西宁府新志》卷5《地理志·山川》,《中国地方志集成·青海府县志辑》第1册,南京:凤凰出版社,2008年,第141。
④ 乾隆《西宁府新志》卷5《地理志·山川》,《中国地方志集成·青海府县志辑》第1册,南京:凤凰出版社,2008年,第142页。
⑤ 康熙《重纂靖远卫志》卷1《舆地志·古迹》,《靖远旧志集校》,兰州:甘肃文化出版社,2004年,第28页。

此道废除以后，位于迭烈逊西北六十公里处的索桥就成为往来黄河两岸的重要渡口。"索桥，黄河之津处也，名桥而实无之。索桥夹岸杳无居人……庄、凉、甘、肃而往河东，自镇远、索桥外更无他途也。桥非大道，盖宁夏、固原往河西之捷径耳。然西安商旅亦有不由兰州往河西，而取道靖虏以渡索桥者，路捷三日也。"① 可见，清代的索桥道取代明代的迭烈逊道，成为连接陇东和河西地区的捷径。

小 结

清代关陇地区的交通干线与明代相差不大，主要驿道的走向和驿站的设置方面，未见有较大变化。其变动主要体现在新驿道的开辟和县驿的广泛设置。清朝实行联蒙政策，基本解除了来自北方的军事压力，但却长期与西域准噶尔对峙，因此东西向的交通愈加重要。清代前期，河湟与河西地区是平定罗卜藏丹津和噶尔丹叛乱的前沿阵地。为便于军事支援和军情传递，清朝开通了由宁夏向西直达凉州、庄浪的驿道和向东经花马池至榆林的驿道，实际上是明朝长城一线道路的沿用和发展。另外，由于庆阳—环县—宁夏一路军事地位的下降，且沿线环境恶劣，水草缺乏，清朝开通了由固原向北沿清水河、黄河至宁夏的驿道。而随着秦岭山区的土地开发和州县设置，穿越秦岭的大泥峪驿道也被开辟。

此外，清代广设县驿，依据各州县地理位置的冲僻，配置数量不等的马匹。原先的许多便道称为驿道，虽然交通地位无法与主驿道相匹敌，但无疑密切了各地区间的联系。在交通路线网进一步完善和严密的同时，关陇地区的交通重心也发生了变化。清代关陇地区分属陕、甘两省，西安和兰州作为区域内两个重要的政治中心，成为关陇地区交通体系中的重心所在。

---

① （清）梁份：《秦边纪略》卷4《靖远卫》，赵盛世等校注，西宁：青海人民出版社，1987年，第277 – 278页。

第四章　明清关陇地区的水运交通

在传统社会，陆路运输主要依靠人力和畜力来进行，加之高山峡谷等地形的阻碍，使其不仅效率低，而且成本高。相较之下，水运则因具有成本低廉、省力便捷和免受颠簸等优点，成为古人出行的首选。关陇地区深居内陆，受气候和地形等因素的影响，水系远不如江南发达。但西北作为众多河流的发源地，使得这一地区仍具备一定的水运潜力。

第一节　黄河水运

黄河源出青藏高原后一路直下，经甘肃中部进入宁夏、内蒙古境内，再向南流经山、陕之间，续又向东折入河南境内，是关陇地区一条天然的运输通道，"甘肃运道首数黄河，由兰州而宁夏，而后套以至包头，此天然之利也"①。黄河自贵德以下，便已具备水运价值，"贵德以下迤甘肃洮河口木排、牛羊皮筏可分段通行；洮河口以下，畅通皮筏。甘肃靖远以下，始间有木船；青铜峡以下至包头，木船最多。包头至河曲，亦通木船"②。

木排和皮筏，是西北甘宁青黄河上游地区特有的水运工具。木排又称木筏，"木筏则以黄河上游，盛产木材，居民编木为筏，附带少许货物，顺流

---

① 民国《重修镇原县志》卷9《交通志·河运》，《中国地方志集成·甘肃府县志辑》第27册，南京：凤凰出版社，2008年，第167页。
② 李书田：《潼关以上黄河水利之展望》，《行政院水利委员会月刊》1944年，第1卷第3期。

漂下，形式大小无定。前后套所需建筑木材，即多仰给于青、甘来此之毛木筏"①。皮筏俗称"浑脱"，即将牛羊皮整个脱落，结扎四肢和首尾处，充满气后连排捆缚在棍架之上（图4-1）。"皮筏即浑脱牛羊皮为囊，鼓以气，联四五具或六七具，浮水如筏，惟不能逆流而上。"② 这种皮筏具有吃水浅、"遇风不覆"③ 的优点，非常适合在水流湍急的峡谷河道运载货物。皮筏运输量大，且运行速度快，"小者曰筏子，运货千斤，或坐六七人；大者称大筏，亦曰皮筏，可运二三万斤，浮行甚速，日得二三百里"④。不过，皮筏也有缺点，即不能逆水而上。货物送达后，大筏需将皮囊泄气，驮载回上游，小筏则可人负肩扛。另外，皮囊内又可装入货物，多为羊皮驼毛等，这类皮筏被称为"毛筏"。"小毛筏多来自西宁，及抵兰州，河面渐宽，始合数筏，成一大筏。"⑤ 乾隆八年（1743年）曾任陕甘总督刘于义上奏朝廷："臣前在兰州，见兰州百姓于黄河中以牛皮混沌运米，最为便捷。"⑥

图4-1　兰州段黄河上的皮筏（美国人哈里森·福尔曼拍摄于1938年）

① （民国）陈赓雅：《西北视察记》，兰州：甘肃人民出版社，2002年，第92页。
② （清）陶保廉：《辛卯侍行记》，刘满点校，兰州：甘肃人民出版社，2000年，第248页。
③ （清）冯焌光：《西行日记》，兰州：甘肃人民出版社，2002年，第125页。
④ （民国）陈赓雅：《西北视察记》，兰州：甘肃人民出版社，2002年，第92页。
⑤ （民国）陈赓雅：《西北视察记》，兰州：甘肃人民出版社，2002年，第92页。
⑥ 《清高宗实录（三）》，乾隆八年十月己卯条，北京：中华书局，1986年，第622页。

洮河口以上的黄河多流经山间峡谷，河流落差大，水势汹涌且险滩暗礁众多，不宜行舟。"虽间亦有短程利用皮筏运输者，然经危险滩峡，乘客往往须登岸步行，以防倾覆。木料则单根下放，然损失仍大。河流至甘肃境内汇湟水流量加大始能畅通排筏。"① 所以，黄河在青海境内主要用作运输木料。据道光《循化厅志》载，位于循化厅城西八十里的宗务山林木茂盛，凡工程营建所需木料及居民日常所用柴薪悉取于此，只需"浮河作筏，顺流而下"，② 十分便捷。上游的木筏甚至可以运往宁夏、包头一带。而各处渡口使用一种独木舟叫作"木溎"的水上交通工具来载渡过往人员。"木溎，以整木大一围有余者为之，长可八尺，其上挖槽，人坐其中，深广约俱二尺。水流急处，滚转波浪中，颇危险。然头尾各有孔，以椽本贯之，或两或三联为一如栅，亦安稳也，行水以木锨划之，甚速。"③

自洮河口起，洮河、湟水及庄浪河等先后汇入黄河，使其水量大增。而黄河自青藏高原流出以后，河道亦渐趋平缓，因此木筏及皮筏运行更加通畅。尤其是黄河兰州段更加繁忙，上游及周边地区的木料、皮毛及农产品等货物悉集于此，再水运至宁夏、包头一带。美国人费兰控曾在兰州看到，"河面上经常飘过一大堆的草或麦秸，上面似乎可以平稳地坐上几个人。从几百里外运来的菜油卸在城下靠桥的岸边，那些油用巨大的牛皮或牦牛皮做的容器装着，……从西藏高原的山坡上砍下来的原木也在这里重新绑扎，然后再继续往下游漂去，一直到来年春天它们才会到达东部地区"。兰州盆地盛产瓜果，每当上市时节，上游地区的农户便用皮筏将农产品水运至兰州销售，"在八月份，有大量的皮筏子装载着西瓜顺流而下，运往兰州的市场"④。"近城农民每当夏季，载瓜皮筏，飘浮运输，每筏能容西瓜八十至百二十个，日可销三千余个。"⑤

① 李清堂：《青海水利视察报告》，《行政院水利委员会月刊》1945 年第 2 卷第 11/12 期。
② 道光《循化厅志》卷 2《山川》，台北：成文出版社，1968 年，第 33 页。
③ 道光《循化厅志》卷 2《羊津》，台北：成文出版社，1968 年，第 50 页。
④ 〔英〕台客满著，史红帅译：《领事官在中国西北的旅行》，上海：上海科学技术文献出版社，2010 年，第 156 页。
⑤ （民国）高良佐：《西北随轺记》，兰州：甘肃人民出版社，2003 年，第 187 页。

青铜峡一段黄河，河道又变得狭窄，"水势湍驶，穿崖触石，激射而下，惟木筏可顺流浮放，银郡材木取给焉"。而黄河出青铜峡后进入宁夏平原，河道宽阔水势较缓，因此从中卫到银川，"水道四百余里，舟楫可通，颇称安澜"①。明天启二年（1622年），时任按察使的张九德主持修建灵州河堤时，所用石料便是经由黄河水路前往峡口（今青铜峡镇）运载，"乃造船百艘，运峡口石往来不绝"，筑堤首时，"一日尽八百艘，三日基始定"，这项工程一直持续了两年之久，筑堤六千余丈，所用石料无数，由此可见当时运输规模之大②。又如，雍正九年（1731年），修浚唐来渠时，亦以船运峡口石料③。清代，这段黄河还曾被用作运粮。中卫县有广武营，其周边各堡所收粮食俱运至此储藏。其中"新、旧宁安、恩和三堡，距广武窎远，每岁纳粮五千九十余石，系由船载。计程七八十里"。④

包头到龙门段黄河，"仅可通木皮筏及载重数千斤之圆船，惟以坡峻流急，船筏只能下行"⑤。明代，该段黄河曾被用作运粮。嘉靖四十五年（1566年），陕西延安、绥德巡抚王遴因神木、府谷二县及大柏油、柏林、永兴、镇羌、孤山木瓜园、清水营、黄浦川、高家、建安诸堡地方，道路险远，粮食缺乏，奏请河运。经批准后，"量造船二三十只，每只约载五六十石，动支该镇兵饷银两，于山西兴、临、保德积粟地方籴买粮米，运赴该县收贮备用"⑥。清代，这段黄河也曾被用作运粮。乾隆八年（1743年），山西巡抚刘于义奏请从口外归化、托克托城一带经黄河水运粮米至晋省，以均衡米价昂贵。经过试验，保德州至永宁州顺云近仅需四日，成本大大降

---

① （清）黄恩锡编、郑元吉修：《标点注释〈中卫县志〉》卷1《地理考·山川》，宁夏中卫县县志编纂委员会点校，银川：宁夏人民出版社，1990年，第10–11页。

② （明）张九德：《灵州河堤记》，《乾隆宁夏府志》卷19《艺文·记》，银川：宁夏人民出版社，1992年，第741–743页。

③ （清）通智《修唐来渠碑记》，《乾隆宁夏府志》卷20《艺文·记》，银川：宁夏人民出版社，1992年，第756–759页。

④ （清）黄恩锡：《详建宁安仓书》，《乾隆宁夏府志》卷18《艺文·书》，银川：宁夏人民出版社，1992年，第685页。

⑤ 杨炳堃：《黄渭洛航运概况及希望》，《陕西水利月刊》1936年第1期。

⑥ 《万历会计录》卷26《河运》，上海：上海古籍出版社，2002年，第425页。

低①。同治《河曲县志》亦载："稻自甘肃宁夏舟运而来。"②

龙门至潼关一段黄河的用途更加广泛，粮食、煤炭、食盐等率经河道运出。天启《同州志》载："韩城龙门山，煤炭极多，供秦晋两省之需，自龙门而下舳舻衔尾不绝者，皆此物也。"③ 万历《韩城县志》亦载："龙门之炭，源源济济，陕以西咸须之，舸艓辐辏，利用弘远。"④ "上游包头，碛口的粮食，漂是而下，运到晋南的，年值数十万金，韩城、乡宁的煤，全数是利用黄河输出的年达十二万吨。关中区用的食盐，又河流在大庆关装船的，芝川的棉花多半是用船运出的。"⑤ 不过，由于此段河道宽衍，沙滩较多，船只时有搁浅之虞，故每年的十一月至次年二月之间不宜行船⑥。

第二节　渭河、泾河及洛河水运

渭河为黄河最大支流，源于甘肃省渭源县南鸟鼠山，向东流经陇右和关中地区，于渭南市潼关汇入黄河。渭河水量充沛，特别是位于关中平原的中下游地区，河道宽阔水势平缓，利于水运。

一、渭河水运

渭河下游横贯关中平原，民国《重修咸阳县志》载："航路，东至黄河，西至鳌屋，上下商船，往来如梭。"⑦ 在一些河流交汇及渡口处，形成一片繁忙景象。例如，临潼县的交口，"为清、沮、渭聚汇之所，上有市

---

① 《清高宗实录（三）》，乾隆八年十月己卯条，北京：中华书局，1986年，第622页。
② 同治《河曲县志》卷5《食货》，《中国地方志集成·山西府县志辑》第16册，南京：凤凰出版社，2005年，第169页。
③ 天启《同州志》卷5《食货志·方产》，明天启五年刻本。
④ 万历《韩城县志》卷2《土产》，明万历三十五年刊本。
⑤ 赵国宾、张嘉瑞：《龙门潼关间之黄河》，《陕西水利月刊》1933年第1卷第7期。
⑥ 杨炳堃：《黄渭洛航运概况及希望》，《陕西水利月刊》1936年第1期。
⑦ 冯光裕、吴廷锡：《民国〈重修咸阳县志〉》卷2《建置志·交通》，西安：三秦出版社，2010年，第112页。

集，舟楫往来恒泊于此。夜介灯火荧荧，渔歌互答、欸乃咿呀之声达旦不息，仿之汉川洛口不相上下"①。交口镇成为一处重要的水陆交通枢纽，"附近至蓝田、高陵及邻属之三水、淳化，皆由县境交口等镇起旱车"②。而咸阳渡口因处交通咽喉，"商桴渔艇，盐舟桦楫，络绎其间"③。

从运输的货物看，种类繁多，数量巨大。"上行者多系煤油茶炭盐等，下行者多系皮毛棉药材等"④。此外，渭河上游地区植被茂盛，盛产木材，当地民众多有以伐木为生者，将木材编排为筏，放入渭河可顺流而下直达关中腹地。例如，岷州、漳县一带的山中多粗大松木，"土人恣意取之，价亦甚廉，商人市作木筏，顺流而下，鬻于西安、蒲州、河南、京师等处，皆岷产也"⑤。宁远县"椛贾辐奏，民赖资生"⑥。因此，自明代起便在咸阳征收"筏税"，乾隆《咸阳县志》载："渭河运行筏木到县，抽收税银，按季额解银二百一十两零，每年税银八百四十两零。"⑦ 由此可见筏木数量之多。又如，兴平县的定周镇，"市肆繁盛，油为大宗，泛舟运晋，为数甚巨"。众多油料可沿渭河水运至山西，可惜自乾隆六十年（1795年）的洪灾过后，当地商业一蹶不振。⑧

船只由渭水转入黄河再转入汾河，便可进入山西腹内。"每岁秋冬陕船自渭河入黄，转汾以至绛，春初西返。"⑨ "锅、铧与炭皆以船运自山西，转

① 乾隆《临潼县志》卷9《志余·名胜》，《中国地方志集成·陕西府县志辑》第15册，南京：凤凰出版社，2007年，第233页。
② 乾隆《临潼县志》卷4《赋役·盐茶》，《中国地方志集成·陕西府县志辑》第15册，南京：凤凰出版社，2007年，第77页。
③ 乾隆《咸阳县志》卷5《景胜》，《中国地方志集成·陕西府县志辑》第15册，南京：凤凰出版社，2007年，第354页。
④ 张嘉瑞：《泾洛渭三水之鸟瞰》，《陕西水利月刊》1932年第1卷第1期。
⑤ （明）毕自严：《石隐园藏稿》卷3《岷洮考略》，上海：上海古籍出版社，1993年，第440页。
⑥ 李新贵：《〈巩昌分属图说〉初探》，《故宫博物馆院刊》2008年第2期。
⑦ 乾隆《咸阳县志》卷3《贡赋·课税》，《中国地方志集成·陕西府县志辑》第4册，南京：凤凰出版社，2007年，第339页。
⑧ 民国《重纂兴平县志》卷8《杂识志·祥异》，《中国地方志集成·陕西府县志辑》第6册，南京：凤凰出版社，2007年，第388页。
⑨ 民国《新绛县志·叙》，《中国地方志集成·山西府县志辑》卷59，南京：凤凰出版社，2005年，第379页。

售于鳌、鄂及凤翔各处,而锅、铧且达于甘省。"① 另外,陕西各地所用盐、茶也多藉由渭河运入。例如,乾隆《临潼县志》载:"临邑食山西河东解池盐,自运城发运至县,水陆程四百六十里。"② 而兴安府的洵阳,所用食盐亦是来自山西运城,"盐自运城载至临晋县黄龙镇入黄河,船装至咸宁县草滩地方,用骡脚驮载至县。水旱计程一千一百二十五里"③。而茶叶也往往经潼关,由渭河水运至关中各地,"茶商运茶斤自潼关来者,必由县属之安阳屯转入泾阳"④。

除上述商货外,明清时期渭河还是重要的运粮通道。成化年间(1465—1487年)因陕西饥荒,朝廷下令以江南漕米赈济,这些粮米辗转运至陕州后雇船溯黄河、渭河"直达西安、凤翔等处"⑤。进入清代,借助水运转输粮食更加普遍。早在康熙四十三年(1704年),康熙便下令勘察由河南通往山、陕两省的河道,"倘山陕需粮,即可修造船只由黄河挽运。若三门船不能上,亦可造船拨运,由汾、渭以抵山陕"⑥。陕西巡抚鄂海上奏:"咸阳以东,现有卖煤米往来客船,咸阳以西行船绝少,恐有淤垫。"经过实地勘察,发现"宝鸡至郿县一百四十余里,虽河面甚宽,水势不甚溜,但水落之时,重载难行。而郿县以东河深水平,行走重船并无阻塞。"⑦

在此基础上,康熙五十九年(1720年),漕运总督施世纶奏请由河南运米二十万石至陕西,自陕州太阳渡至西安府党家马头,由黄入渭,均为水

① 冯光裕、吴廷锡:《民国〈重修咸阳县志〉》卷1《地理志·职业》,西安:三秦出版社,2010年,第35页。

② 乾隆《临潼县志》卷4《赋役·盐茶》,《中国地方志集成·陕西府县志辑》第15册,南京:凤凰出版社,2007年,第77页。

③ 乾隆《洵阳县志》卷5《赋役志·食盐》,《中国地方志集成·陕西府县志辑》第55册,南京:凤凰出版社,2007年,第60页。

④ 乾隆《临潼县志》卷4《赋役·盐茶》,《中国地方志集成·陕西府县志辑》第15册,南京:凤凰出版社,2007年,第77页。

⑤ 万镗:《应诏陈言时政以裨修省疏》,《明经世文编》卷151《万太宰奏疏》,北京:中华书局,1962年,第1509–1516页。

⑥ 雍正《陕西通志》卷37《屯运·转运事例》,《中国西北文献丛书·西北稀见方志文献》第2卷,兰州:兰州古籍书店,1990年,第494–496页。

⑦ 鄂海:《查勘渭河并募江南船工水手疏》,雍正《陕西通志》卷86《艺文志·奏疏》,《中国西北文献丛书·西北稀见方志文献》第4卷,兰州:兰州古籍书店,1990年,第186–187页。

运。康熙六十年（1721 年），施世纶再次奏请拨运豫省粮十万石接济陕西。雍正十一年（1733 年），陕西巡抚史贻直亦曾奏请运米。①

二、泾河水运

泾河发源于宁夏六盘山东麓，经平凉、泾川、长武、邠州、泾阳等地汇入渭河。泾河上游流经山间峡谷，"流千余里，皆在高地"②。河道曲折且暗礁众多，汛期水势汹涌不宜水运。但其下游流入关中平原，河道相对宽阔顺直，略加疏挖便可通舟。

明天启年间（1621—1627 年），泾阳知县路振飞，以"渭水商贾，舳舻相望，而泾则任其安澜弗载舟楫，噫可惜也"。派人勘察河道，并由临潼试运石炭一船至泾阳，证明泾河可资水运。随即鼓励民间广造船只，自行运输货物。并保证"今后造船往来，任民自便，商货无税，私船不扰。河中偶有沙石处，官为设法疏瀹"③。此后，"渭川百货咸集于泾，所省辇负费什之八"④。经过此次疏浚，泾河下游河段得以行舟，密切了泾阳与渭河沿岸州县的商业交流。但好景不长，崇祯年间（1628—1644 年）战争迭起，百姓流离，路振飞所疏通的河道再次淤废。至乾隆十一年（1746 年），泾阳知县唐秉刚又亲自勘察泾河下游河道，认为"原无险阻，皆由北人不惯乘舟，水工少谙，偶有淤砂不能疏爬或逢涨溢，不知退避，畏难因循，谬为沮阻耳。即捐造两船，由泾抵渭，试运石炭往返，原属可通"⑤。自此之后，"咸

① 雍正《陕西通志》卷37《屯运·转运事例》，《中国西北文献丛书·西北稀见方志文献》第2卷，兰州：兰州古籍书店，1990 年，第 494 – 496 页。

② （清）顾炎武：《天下郡国利病书·陕西备录·泾水》，黄坤等点校，上海：上海古籍出版社，2012 年，第 1978 页。

③ （明）路振飞：《请泾河行船通商详文》，乾隆《泾阳县志》卷9《艺文志》，《中国地方志集成·陕西府县志辑》第 7 册，南京：凤凰出版社，2007 年，第 169 页。

④ （清）舒其绅、严长明等纂修：《西安府志》卷24《职官志》，何炳武点校，西安：三秦出版社，2011 年，第 433 页。

⑤ 乾隆《泾阳县志》卷2《津梁》，《中国地方志集成·陕西府县志辑》第 7 册，南京：凤凰出版社，2007 年，第 28 页。

阳、潼关之货，始有由泾至者"①。

三、北洛河水运

北洛河源于陕北黄土高原，东南流经关中平原，于三河口注入渭河。北洛河下游亦可水运。光绪《同州府续志》载："咸阳买粮，雇船由渭入洛，数日即可至同。即岁旱水涸，亦不过十余日至二十日，其便利不待言矣。"②据民国时期的调查，北洛河自大荔以下便可通航，航程约百里，丰水期可再上行二十里至羌白镇。由于径流量较小，洛河仅可运行载重数千斤的船只。"运来货以晋之盐煤及石油等为大宗，大荔之毛货，澄韩之麦棉等，均由洛河运出，以销于关外。"③

另外，渭河其他较小支流亦有一定的水运价值。例如，鄠县（今西安市鄠邑区）境内的涝水，亦被用来运输筏木，"南山之白骨松、油柏、椅、桐、梓、漆、檀、楸，由涝河运下，报数抽税于咸阳"④。

第三节 嘉陵江、汉江及丹江水运

关陇地区是长江重要支流嘉陵江、汉江等的发源地。虽然这些河流上游河段的运输条件远不如中下游，但也为关陇地区带来难能可贵的水运通道，同样成为关陇地区交通体系的重要一环。

一、嘉陵江水运

嘉陵江源于秦岭山区，向南流经今凤县、略阳县，入四川后经广元、南

---

① 道光《重修泾阳县志》卷19《名宦传》，《中国地方志集成·陕西府县志辑》第7册，南京：凤凰出版社，2007年，第312页。

② （清）饶应祺《同州荒赈筹运备考》，光绪《同州府续志》卷15《文徵续录》，《中国地方志集成·陕西府县志辑》第19册，第621－622页。

③ 傅健哉：《洛河下游概况：自白水至三河口一段》，《陕西水利月刊》1933年第1卷第4期。

④ 民国《鄠县志》卷1《物产》，《中国地方志集成·陕西府县志辑》第4册，第132页。

充等地，最终于重庆汇入长江。自古蜀道难于通行，文人皆叹，而嘉陵江作为连接川、陕的重要河道，其运输价值很早便得到关注。明清两代，随着商品经济的发展和货物流通的增加，嘉陵江的水运交通地位日益提升。嘉靖《略阳县志》载："嘉陵江，县西城下，源自大散关，至仙人关始通舟。"同书又载："仙人废关，西一百四十里，吴玠把守此关，碑俱存。"① 查仙人关在今虞关乡以西，可知虞关乡以下的嘉陵江河段已可资运输。但嘉庆《徽县志》载："国初输运军饷尚由永宁河之合河口上船。"② 不过由于多暗礁，"仅可载半重舟"③。

早在明初，嘉陵江便被用作军事通道。洪武三年（1370年）五月，"大将军徐达，与都督冯胜、参政傅友德、左丞李思齐，自徽州南出一百八，渡至略阳，擒元平章蔡琳，遂入沔州"④。即由徽州西南沿白水路，行至今白水江镇一带，借助嘉陵江水运至略阳县。不久明朝在略阳和宁羌州境内的嘉陵江沿岸，设置三处水驿，即白水、嘉陵和阳平驿⑤。明代《略阳迁建庙学记》便记载，正德间提督学校副使何景明"由徽州入峡，浮白水江下略阳"⑥ 的情形。嘉陵江既可运物，又可运人，成为重要的水运通道。

清初，嘉陵江一度成为军需运输的重要通道。"国初用兵巴蜀，军糈亦从此转输，由白水江南下百余里，至略阳县城。经宁羌阳平关入蜀境，过朝天关，至广元县，水程五百七十余里。"清代嘉陵江上游又称白水江，自白水江装运军粮，顺流而下可径达四川广元。⑦ 而当关陇地区缺粮

---

① 嘉靖《略阳县志》卷1《山川》，《天一阁明代方志选刊》第68册，上海：上海古籍书店，1981年。
② 嘉庆《徽县志》卷7《食货志·风俗》，《中国地方志集成·甘肃府县志辑》第36册，南京：凤凰出版社，2008年，第384页。
③ （清）杨三辰：《江河纪略》，嘉庆《徽县志》卷8《艺文志》，《中国地方志集成·甘肃府县志辑》第36册，南京：凤凰出版社，2008年，第411页。
④ 《明太祖实录》卷52，洪武三年五月辛亥条，台北："中央研究院"历史语言研究所，1962年，第1026－1027页。
⑤ 据嘉靖《略阳县志》和万历《重修宁羌州治》，此三处水驿均设置于洪武八年。
⑥ （明）何景明：《迁建庙学记》，道光《重修略阳县志》卷4《艺文部》，《中国地方志集成·陕西府县志辑》第52册，南京：凤凰出版社，2007年，第419页。
⑦ 道光《重修略阳县志》卷1《舆地部·山川》，《中国地方志集成·陕西府县志辑》第52册，南京：凤凰出版社，2007年，第349页。

时，四川粮米亦可经由嘉陵江运至此处。乾隆二十四年（1759 年）用兵西域，致使凉州米价昂贵，乾隆下令运川米协济，"其自川运至汉中略阳地方，皆由水运，自属径捷"①。同治三年（1864 年），宁羌州饥荒，当地官员派人前往四川顺庆府（府治所在今南充市）购买粮米，"由船运至阳平关，转运至州"②。

清代嘉陵江上虽不设水驿，但其交通地位却不亚于川陕驿道。道光《重修略阳县志》载："赴川大路二：一陆路，由南三十七里之白雀寺出境，经宁羌递广元；一水路，由嘉陵江直递广元。"③由嘉陵江顺流而下直达四川，无须翻越蜀道天险，运输成本低廉，成为往来商贩运输货物的首要选择。嘉陵江上"仕宦之梯航，商贾之辐辏，帆樯上下，咸获安恬"④。清代嘉陵江水运的繁忙程度，还可从时人的诗文中窥探一二："浮云飘我至，白水意悠悠。系缆一高歌，山榴亦点头。"⑤"派分西汉水，源发古秦州。络绎征帆聚，朝暮负贩稠。要知通蜀陇，沔漾不同流。"⑥嘉陵江凭借其得天独厚的区域位置和运输条件，成为当时四川和陕西间的重要通道。

另外，嘉陵江上游的一些支流亦可水运，如犀牛江，即今西汉水，"源发礼县，自西淮而下，舟楫可通，流至两河口，合嘉陵江"⑦。

二、汉江水运

汉江是长江最大的支流，源于陕西省宁强县嶓冢山。其自西向东流经今

---

① 《清高宗实录（八）》，乾隆二十四年正月甲辰条，北京：中华书局，1986 年，第 386 页。
② 光绪《宁羌州志》卷 5《艺文志·杂记》，《中国地方志集成·陕西府县志辑》第 52 册，南京：凤凰出版社，2007 年，第 210 页。
③ 道光《重修略阳县志》卷 1《舆地部·道路》，《中国地方志集成·陕西府县志辑》第 52 册，南京：凤凰出版社，2007 年，第 339 页。
④ （清）谭瑀：《重修江神庙碑记》，道光《重修略阳县志》卷 4《艺文部》，《中国地方志集成·陕西府县志辑》第 52 册，南京：凤凰出版社，2007 年，第 434 页。
⑤ （清）郝守业：《白水江泛舟》，道光《重修略阳县志》卷 4《艺文部》，《中国地方志集成·陕西府县志辑》第 52 册，南京：凤凰出版社，2007 年，第 444 页。
⑥ （清）周书：《游白水江》，道光《重修略阳县志》卷 4《艺文部》，《中国地方志集成·陕西府县志辑》第 52 册，南京：凤凰出版社，2007 年，第 446 页。
⑦ 《嘉庆汉中府志校勘》卷 5《山川·略阳县》，西安：三秦出版社，2012 年，第 157 页。

陕南地区，再折向南进入湖北境内，注入长江。早在先秦时期便有关于汉江水运的记载。战国之时，秦国曾威胁楚国道："汉中之甲，乘舟出于巴，乘夏水而下汉，四五日而至五渚。"① 这里的巴是指巴国，石泉认为，"春秋战国时期的巴国位于汉水上中游的今陕西东南安康一带"②。可见，当时位于汉中地区的汉水上游已被用作水运。明清时期，汉江是连接陕南与长江中下游地区的重要通道。

汉江自沮水口以下，"间有民船"③，成书于明代的《士商类要》记载了从沔县阳平关起，经汉中府、城固县、洋县、石泉县，再经紫阳县、洵阳县、郧阳府等地，直达襄阳府的汉江水路，"往四川货物，……春夏防川河水大难行，由樊城雇小船，至沔县起旱，雇骡脚，一百二十里驼至阳平关，下船，转装往各府去卖"④。借助这条天然的水道，陕西地区的货物不仅可以顺流而下，湖北地区的货物亦可逆流而上。洪武四年（1371 年），朱元璋命"湖广武昌等十府，发民夫三万人，舟八千艘，运粮十四万石，由襄阳转输汉中"⑤，便是经由汉江水运而完成的。襄阳运往四川的货物，秋冬时节经由荆州，走长江水路，"春夏防川河水大难行，由樊城雇小船，至沔县起旱，雇骡脚，一百二十里驼至阳平关，下船，转装往各府去卖"⑥。康熙《洋县志》载，洋县"陆界秦蜀，水通襄汉，舟车之往来咸集"⑦。光绪《襄阳府志》亦载："其道路，水则溯汉而上，达陕西；沿汉而下，达于江西。"⑧ 清代汉江是重要的茶运通道，湖广地区的茶叶，"从水路运至襄阳及

① （汉）司马迁：《史记》卷 69，北京：中华书局，1999 年，第 1792 页。

② 石泉：《古代荆楚地理新探·续集》，武汉：武汉大学出版社，2004 年，第 41 页。

③ 李仪祉：《汉江上游之概况及希望》，《陕西水利月刊》1933 年第 1 卷第 2 期。

④ （明）程春宇辑：《士商类要》卷 2《巩昌府由沔县至襄阳府路》，《明代驿站考（增订本）》附录，上海：上海古籍出版社，2006 年，第 350 页。

⑤ 《明太祖实录》卷 62，洪武四年三月乙巳条，台北："中央研究院"历史语言研究所，1962 年，第 1199 页。

⑥ （明）程春宇辑：《士商类要》卷 2《巩昌府由沔县至襄阳府路》，《明代驿站考（增订本）》附录，上海：上海古籍出版社，2006 年，第 350 页。

⑦ 康熙《洋县志·序》，《中国地方志集成·陕西府县志辑》第 45 册，南京：凤凰出版社，2007 年，第 348 页。

⑧ 光绪《襄阳府志》卷 1《舆地志》，《中国地方志集成·湖北府县志辑》第 62 册，南京：江苏古籍出版社，2001 年，第 11 页。

陕西兴安州白河、紫阳验引放行，至汉中茶法厅按引盘茶。由陆路驮至临巩等处"①。除茶外，汉江也用作木材运输。大巴山植被茂盛，木材资源丰富。清代西乡县以南的侯家坡一带，"尚有未开老林，山主自做枋栎猴柴，由杨泗庙入河，架机放出汉江，三地俱通"②。另外，上游的一些农畜产品也借助汉江水运出，如汉中、兴安地区山中民户多喂猪，"一户中喂猪十余口，卖之客贩或赶赴市集，……猪至市集盈千累万，船运至襄阳、汉口售之，亦山中大贸易"③。

汉江水运虽然便利，但其上游却多险滩，并非全程通畅无虞。其中尤以洋县境内的黄金峡为最，"凡九十四里，经二十四险滩，……峡内乱石巉岩，涌流溯湃"。据民国年间的调查，凡行经此处的船只，"上行需数十人牵挽而上，其下行也亦需数十人自上游牵挽，徐徐放下。稍一不慎，辄有覆舟之患"④。因此，来往船只多避开此处，改走陆路。"荆襄之舟，大者不能上峡，俱抵渭门停泊。陆路仅三十里即至环珠，渭之盘峡。"抵达环珠地方后，再由小船装运，直达汉中府。顺流而下者，亦多于环珠卸货，陆路运至渭门后，再装船南下。⑤ 虽然洋县至石泉的官道，早在明万历年间（1573—1620 年）便已改经西乡一路，但环珠至渭门一段仍为重要通道，"惟觅夫驴，倍加繁剧"⑥。由于汉江不同河段水量及地形差异明显，可通行船只的承载量也各有不同。据民国年间的调查，沔县至南郑县十八里铺间的汉江，"仅限两地交通，无远行者，通行小划，载重不过数千斤"。南郑十八里铺至安康县之间，丰水期可行载重一万斤至四万斤的船只。安康以下可行载重

① 康熙《城固县志》卷 3《食货·茶引》，《中国地方志集成·陕西府县志辑》第 51 册，南京：凤凰出版社，2007 年，第 522 页。
② 道光《西乡县志》卷 1《山川》，《中国地方志集成·陕西府县志辑》第 45 册，南京：凤凰出版社，2007 年，第 576 页。
③ 光绪《洋县志》卷 4《食货志》，《中国地方志集成·陕西府县志辑》第 45 册，南京：凤凰出版社，2007 年，第 533 页。
④ 李仪祉：《汉江上游之概况及希望》，《陕西水利月刊》1933 年第 1 卷第 2 期。
⑤ 康熙《洋县志》卷 2《建置志·口岸》，《中国地方志集成·陕西府县志辑》第 45 册，南京：凤凰出版社，2007 年，第 394 页。
⑥ 康熙《洋县志》卷 2《建置志·铺递》，《中国地方志集成·陕西府县志辑》第 45 册，南京：凤凰出版社，2007 年，第 393 页。

七万斤的船只。①

此外，汉江部分支流亦可水运。沔县的黑河，即今沮水，"盘折山内，计程四百数十里，至茶店子始通舟楫"②。茶店子即今勉县茶店镇，从此处算起，黑河的水运里程约有三十里。褒城县之褒水（今褒河），"夏秋涨时，可由将铺东小舟过石门，直至褒城东门"③。将军铺，即新定铺，在县城北十五里。④而褒河上游林木资源丰富，故常被用来运输木料，"汉中木材多取给于是"⑤。西乡县的上两河位于"县东北二百二十里，双溪会流，夏涨可行小舟"⑥。上两河即今石泉县两河镇，汶水河、堰坪河在此交汇为子午河。可知，夏季水量充沛时，子午河可用作水运。而流经西乡县城的牧马河，自河口起"通西乡百十余里"⑦。紫阳县的任河，据民国时期水利委员会的调察，自大竹河（今万源市大竹镇）至紫阳县间二百四十里的河道常年通航，丰水期可行载重五吨之船，枯水期可行载重两吨之船。⑧而任河支流渚河亦可水运，"载重千余斤，可由瓦房店至小石河会口处"⑨，共约有十里的航程。

另外，如安康县境内的越河（又称月河）和岚河俱可通行小舟。衡口一带的冬稻收割后可"载月河小舟运郡"。而岚河"自火石沟以下可通小舟"，故商贩常囤粮于火石沟，时机成熟后雇舟沿河东下，运至兴安府城。⑩

---

① 张光廷：《汉江航道之改良》，《陕西水利月刊》1935 年第 10 期。

② （清）严如熤：《黑河图说》，光绪《沔县志》卷 4《艺文志》，《中国地方志集成·陕西府县志辑》第 52 册，南京：凤凰出版社，2007 年，第 321 页。

③ 道光《褒城县志》卷 8《文物志》，《中国地方志集成·陕西府县志辑》卷 51，南京：凤凰山版社，2007 年，第 440 页。

④ 道光《褒城县志》卷 1《疆域图考·铺舍》，《中国地方志集成·陕西府县志辑》卷 51，第 373 页。

⑤ 李仪祉：《汉江上游之概况及希望》，《陕西水利月刊》1933 年第 1 卷第 2 期。

⑥ 道光《西乡县志》卷 1《关隘》，《中国地方志集成·陕西府县志辑》第 45 册，南京：凤凰出版社，2007 年，第 573 页。

⑦ 李仪祉：《汉江上游之概况及希望》，《陕西水利月刊》1933 年第 1 卷第 2 期。

⑧ 暴绳武、袁鸿志：《查勘陕西任河水道报告》，《行政院水利委员会季刊》1942 年，第 1 卷第 4 期。

⑨ 民国《重修紫阳县志》卷 1《地理志·水道》，《中国地方志集成·陕西府县志辑》第 56 册，南京：凤凰出版社，2007 年，第 341 页。

⑩ 嘉庆《安康县志》卷 10《建置考上》，《中国地方志集成·陕西府县志辑》第 53 册，南京：凤凰出版社，2007 年，第 324 – 325 页。

大道河、小道河、吉河等，"亦可供运竹木筏"①。此外，像安康境内的黄洋河，洵阳县境内的洵河、间河、坝河等，均有一定的水运价值。

三、丹江水运

丹江是汉江最长的支流，其源于今陕西省商洛市境内的秦岭南麓，东南流经丹凤县、商南县进入河南境内，续又折入湖北境内，在丹江口汇入汉江。

商州一地为交通要冲，"北接熊华，南临汉江，东连荆襄，西通关辅，固秦楚咽喉也"②。但明中期以前，关中通往商州的道路因山岭阻隔崎岖难行，长期得不到重视。明嘉靖年间（1522—1566 年），经抚治商洛道都元洪修整后，路况大有改观。至隆庆年间（1567—1572 年）已是"尊官过往及差遣人役络绎不绝，夫马俱出"③。道路的畅通也带动了对丹江水运的开发，自龙驹寨以下皆可行船，直达襄阳。商州境内河道，自"邑南界月儿潭，五里至梳洗楼，九十里徐家店，一百一十里竹林关，一百一十里龙驹寨"，全程共计三百一十五里。为了使河道更加顺畅，乾隆十三年（1748 年），商州知州许惟权历时三年，主持疏浚了龙驹寨至竹林关间的百里河道，排除险滩二十九处。④ 不过，丹江下游水量充沛，可行载重数十石的大船，而上游水量较少且河道蜿蜒，因此只能运行载重八九石的"扒河船"。⑤ 又加之险滩众多，其水运条件并不十分理想。"乱山夹峙，十里数滩，一滩数曲，寻丈之间，高下迥殊。巉石如剑，奔流若沸，舟以牵行，水浅易胶。"但相比陆路，水运既省力气且免受颠簸，"较便于车骡，故商艘乐行之"。⑥ 因此，丹江成为连接关陇和荆襄地区的重要通道。

---

① 李仪祉：《汉江上游之概况及希望》，《陕西水利月刊》1933 年第 1 卷第 2 期。
② 雍正《陕西通志》卷 7《疆域·形胜》，《中国西北文献丛书·西北稀见方志文献》第 2 卷，兰州：兰州古籍书店，1990 年，第 205 页。
③ 隆庆《蓝田县志》卷上《治局篇·古迹》，明隆庆五年刻本。
④ 乾隆《续商州志》卷 1《疆域志·水》，《中国地方志集成·陕西府县志辑》第 30 册，南京：凤凰出版社，2007 年，第 13 页。
⑤ （清）土如以编纂：《〈直隶商州总志〉点注》卷 7《食货志·转运》，商洛地区地方志办公室编注，西安：陕西人民教育出版社，1992 年，第 198 页。
⑥ （清）陶保廉：《辛卯侍行记》卷 3，刘满点校，兰州：甘肃人民出版社，2000 年，第 141 页。

康熙三十二年（1693年），因关中缺粮，朝廷下令从襄阳运米二十万石由丹江水运至商州，再转运西安。遂"造舟濬流，于二月六日自襄装发，三月杪达龙驹寨，即转递，四月初抵西安"①。其后，康熙五十九年（1720年）和雍正十年（1732年），均曾利用丹江水运转送鄂省粮米至关中。

除粮食外，清代陕西省每年造币所需铅矿，亦是从襄阳由丹江水运至龙驹寨，再雇骡驮至省城。以乾隆年间（1736—1796年）为例，每年陕西省需铅三十五万斤，需一百四十四艘船来运送。当时丹江水运十分繁忙，每月约有二百艘船自襄阳驶至商州。龙驹寨成为"水陆要冲，商贾辐辏"②。

第四节　湟水、洮河等河流水运

湟水发源于今青海湖北岸的包呼图山，东南流经西宁，在兰州市以西的达川乡汇入黄河。湟水谷地地势平坦，宜发展农业经济，是青海开发最早的地区。明清时期的西宁卫（府）城、碾伯所（县）城均位于湟水谷地。由于湟水下游的老鸦峡一带，地势险要难以通行，"仅可步行"，因此西宁至兰州间的驿道需绕行今永登县，不仅路程倍增，且需翻山越岭，往返费时。而由湟水转入黄河，可顺流而下直抵兰州城下，由此湟水自然成为西宁与兰州间的重要水运通道。

湟水水运可分三段：自通海镇至西宁为第一段，全长二十五公里，每年5月到9月间可通行木排、皮筏；西宁至享堂峡为第二段，全长一百二十三公里，通航时间为惊蛰至农历九月间，享堂峡至达家川河口为第三段，全长约六十七公里，除冰冻时期外均可通航。"计自西宁装排筏循湟水下放转黄河而至兰州，大水时期需时二日。"③"输出货物多集中于西宁，以羊毛为大

① （清）王如玖编纂：《〈直隶商州总志〉点注》卷7《食货志·转运》，商洛地区地方志办公室编注，西安：陕西人民教育出版社，1992年，第198页。
② 乾隆《续商州志》卷2《建置·镇寨》，《中国地方志集成·陕西府县志辑》第30册，南京：凤凰出版社，2007年，第62-67页。
③ 李清堂《青海水利视察报告》，《行政院水利委员会月刊》1945年第2卷第11/12期。

宗，皮类木材次之，青油药材又次之。以排筏由湟水下放入黄河而达兰州。"① 除此外，湟水还用作运米，"西宁人以此运米，至兰州则束筏乘车而返"②。1908 年，前往兰州考察的芬兰人马达汉亦写道："每年从土地肥沃的西宁盆地用木筏子顺黄河运送大量粮食，分发给兰州周边地区。"③ 另外，湟水支流大通河也可用来运输木材，"大通河上流多森林，贩木者入山伐木，乱投于水，至峡口始截流编筏，下之兰州一带"④。

洮河是黄河上游重要支流，年流量仅次于渭河，但其河道多在山间峡谷，且险滩众多，不宜通航。据民国年间水利委员会的调查，"沿河各县物产，以及军粮等之运输，全持乡间之木车或铁轮大车，素不知利用水运，仅有木料编排，自岷县下放"⑤。洮河，"清同治时，总兵傅宗先屯田狄道，由洮河运粮以养士兵"⑥。

此外，河西走廊地区的石羊河、黑河、疏勒河等河流，均由祁连山冰雪融水汇集而成，虽然径流量小，水运价值不高，却也常被用来运输木料。祁连山上林木茂盛，是重要的取材地。砍伐下的木料，因"山径崎岖，不能扛运，须乘水发时冲出"⑦。泛时可运巨木，木商赖之。⑧

小　结

关陇地区偏居西北内陆，年降水量有限，水运条件远远不如江南地区优

---

① 李清堂《青海水利视察报告》，《行政院水利委员会月刊》1945 年第 2 卷第 11/12 期。
② （清）陶保廉：《辛卯侍行记》，刘满点校，兰州：甘肃人民出版社，2000 年，第 248 页。
③ （芬兰）马达汉著，阿拉腾奥其尔、王家骥译：《马达汉中国西部考察调研报告合集》，乌鲁木齐：新疆人民出版社，2009 年，第 49 页。
④ （民国）周希武：《宁海纪行》，兰州：甘肃人民出版社，2002 年，第 8 页
⑤ 董继藩、盛石如：《洮河试航报告》，《行政院水利委员会季刊》1942 年，第 1 卷第 4 期。
⑥ 民国《重修镇原县志》卷 9《交通志·河运》，《中国地方志集成·甘肃府县志辑》第 27 册，南京：凤凰出版社，2008 年，第 168 页。
⑦ 陶保廉：《辛卯侍行记》，刘满点校，兰州：甘肃人民出版社，2000 年，第 290 页。
⑧ 宣统《甘肃新通志》，《中国西北文献丛书·西北稀见方志文献》第 23－26 卷，兰州：兰州古籍书店，第 490 页。

越。但这一地区却是我国众多河流的发源地和流经地。黄河自青藏高原流下，流经陇中高原、宁夏平原、黄土高原等地区，几乎将整个关陇地区围括在内，是天然的水运通道。渭河发源于陇中，向东流入关中平原。嘉陵江、汉水及其支流丹水发源于秦岭，经陕南地区后向南汇入长江。河西地区的石羊河、黑河、疏勒河等从祁连山北坡流下，纵贯河西走廊。

这些河流的不少河段均有水运价值。由于水运成本远较陆运低廉，且运输迅捷，因此民间各类资源产品诸如木材、煤炭、粮食、食盐、茶叶及其他日用器物等的转售，都尽可能借助水运来实现。不仅是民间商贸往来，官方物资采购及调运等亦常借助水运。但需要强调的是，关陇地区的水运能力是极为有限的，大部分河段由于水量小、险滩多，只能实现季节性通航，且无法承载大型船只。因此，就关陇地区来说，水运只能算是陆运的补充，两者共同构建起关陇地区区域交通网络。

第五章　明清关陇地区的交通枢纽

20 世纪中叶，美国学者施坚雅便提出了"中心地理论"，并以此来研究中国城市。他认为每个宏观区域都包含中心和边缘两部分，中心地区在交通、市场、资源等方面比边缘地区更具优势。单从交通层面讲，众多道路的交错构筑成区域内的交通网络，而网络必有节点，这些节点便是重要的交通枢纽。经过前几章的梳理，明清关陇地区的交通格局已基本明朗。本章将在此基础上，具体分析和辨别哪些城市是重要的交通枢纽，这将有助于深入了解明清时期关陇地区的交通状况。

第一节　西安交通地位的稳固

历史时期，西安曾长期作为统一政权的政治中心。五代以降，西安虽不再被用作建都之地，但其作为关陇地区政治中心的地位，始终无法被撼动。因此，明清时期的西安，仍旧是西北地区最重要交通枢纽城市。

一、明代西安交通地位

明代，以今陕西、宁夏全部，甘肃大部和青海东部划为陕西布政司，而以西安府为首府，为三司驻地。同时，西安还是重要的封藩地，洪武三年

（1370 年）朱元璋大封诸子，以实现"分茅胙土，以藩屏国家"①的目的，首先将第二子朱樉封为秦王就藩西安，可见其时西安的重要性。秦王府规模庞大，其匾曰"天下第一藩封"②，有明一代西安城内先后有九所郡王府及三十二所镇国、辅国将军府③。作为区域政治中心，西安府城无疑具有优越的交通优势。

洪武元年（1368 年）明朝的北伐军队攻陷元大都，正式结束了元朝的统治地位，但在西北和北方的广大地区，残元势力仍较为强大。西安作为西北重镇，成为明朝军队出征和荡平残余势力的重要基地。此后，明代广泛推行卫所制，"度要害地，系一郡者设所，连郡者设卫"④。而整个关中地区仅在西安城设有卫，包括西安右护卫、西安左卫、西安前卫和西安后卫，派有重兵驻守，终明一代西安府城具有重要的军事地位。

由于常住人口众多，作为巨大的消费市场，西安府城吸引了众多商贾前来贸易，成为关陇地区的重要经济中心。但明中期以后，却出现往来者避省城而绕道的局面，甚至很大程度上促进了西安以北三原、泾阳地区的商业繁盛。这是不是表明西安的交通枢纽地位丧失了呢？答案当然是否定的。从驿道分布来看，终明一代以西安为中心的格局始终未发生变化。而西安所承担的重要政治、军事职能也使得西安的交通地位不容发生动摇。"清代的泾阳与三原县只能作为西安商业中心的卫星城镇来看待，绝非真正意义上的商业中心。"⑤这是从经济层面来讲的，而从交通层面来看，两者也只能算是县级区域交通枢纽，与西安是无法相提并论的。

基于政治、军事和经济层面的优势，明代西安成为关陇地区最重要的交通枢纽。如本书第二章所述，明代西安通往周边的驿道有四条，向北的驿道

① 《明太祖实录》卷 51，洪武三年（1370 年）夏四月乙丑条，台北："中央研究院"历史语言研究所，1962 年，第 1000 页。
② （明）张瀚：《松窗梦语》卷 2《西游记》，盛冬铃点校，北京：中华书局，1985 年，第 42 页。
③ 张萍：《区域历史商业地理学的理论与实践——明清陕西的个案考察》，西安：三秦出版社，2014 年，第 172 页。
④ （清）张廷玉等：《明史》卷 90《兵二》，北京：中华书局，2000 年，第 1465 页。
⑤ 张萍：《区域历史商业地理学的理论与实践——明清陕西的个案考察》，西安：三秦出版社，2014 年，第 178 页。

通往延绥镇，向西北的驿道通往宁夏镇和甘肃镇，向西南的驿道通往汉中、四川，向东的驿道通往潼关、河南。这四条驿道正是关陇地区的主要交通线，可以说西安正处于巨大的十字路口。作为区域内最大也是最重要的交通枢纽，西安在驿传系统中起着承上启下的作用。一方面将区域内的重要情报汇总整理后送往京城，一方面又将中央下发的诏令传播到各地。基于这样的需求，关陇地区很快便构建起以西安为中心，连接各府、卫的驿传系统。

二、清代西安交通地位

清初，关陇地区仍处于同一政区的管辖范围内，但这一局面很快发生变化，随着西北战事的平定，陕甘分治的倾向越来越明显。至康熙五年（1666 年），陕甘分治完成，关陇地区从行政区划上被分割为两个实体。但行政区划上的分割却无法改变交通整体格局，关陇地区的交通仍是一个紧密相连的体系，而西安仍然保持着绝对的交通优势。

从政治层面看，清初陕甘分治前，西安仍是关陇地区最重要的政治中心。甘肃建省后，西安仍然是陕西省会城。晚清甲午战败后，仍有主张迁都西安者。及至庚子国变，两宫亦以西安为避难地，可见西安在当时国人心中的政治地位之重要。从军事层面看，顺治二年（1645 年）清军攻克西安后，便着手修建满城，成为八旗军重要驻防地。在清初的"三藩之乱"、中后期的"白莲教叛乱"及晚清"陕甘回民起义"中，西安都起到重要的军事作用，是战争中的重要军事基地。从经济层面看，"明代超省域商业中心在三原与泾阳，清代又转回会城西安。这一点也足以证明会城西安在整个西北地区具有商业发展的绝对优势"①。清代，西安城拥有各类会馆二十六所，从行业上看包括饮食业、银匠、畜商、布商、梨园会馆；从地域上看，除本省会馆外还包括甘肃、山西、山东、安会、湖广、浙江、两广、四川等地会馆，其商业辐射范围几乎涉及全国。②

---

① 张萍：《区域历史商业地理学的理论与实践——明清陕西的个案考察》，西安：三秦出版社，2014 年，第 177 页。

② 史红帅：《明清时期西安城市地理研究》，北京：中国社会科学出版社，2008 年，第 329 – 330 页。

清代以西安为中心的交通体系愈加完善，这是其政治、经济和军事层面的需求，而诸方面的发展又进一步稳定了西安作为关陇交通枢纽的地位。与明代相比，清代以西安为中心的驿道系统更加完善。除通往中原、陕北、甘肃、四川的驿道外，通往荆襄地区的武关道也被辟为驿道。清中期还开通了穿越秦岭通往镇安的驿道。驿马的数量上，西安府京兆驿仍然是首屈一指。

第二节　兰州交通地位的提升

明代的兰州是重要的边防阵地，也是内地通往河西地区的咽喉要地。但从宏观视角看，当时的兰州尚不能称为交通枢纽。清代随着国家疆域的变迁和边防形势的转变，兰州一跃成为国家的腹心地带，政治地位迅速提升，交通上亦成为关陇地区仅次于西安的交通枢纽。

一、明代兰州交通地位

明初国力强盛，蒙古势力远遁，兰州以北直到贺兰山后的广大地区均属明朝疆域，"河北广漠皆属耕稼之区，虏人不敢南下而牧马"。但"土木之变"后，明朝的边防策略由主动出击改为被动防守，瓦剌和鞑靼部相继侵蚀了河套和贺兰山等地方。"河套数千里悉为虏庭，贺兰山后亦窃盘踞，每一入寇动称数十万骑，是皆迫临兰州，朝发夕至。"兰州以北的松山一带也不例外，自正德年间（1506—1521年）起，蒙古骑兵不断出没于此。嘉靖三十八年（1559年）起，俺答汗侄子宾兔率部长期盘踞松山地区，时称"松山宾兔"。自此之后，兰州军民"不能逾河以耕，良田尽芜矣"。兰州"与虏止隔一河，而河北盐场堡、定火城二处，俱贼所从出没"①。兰州虽控河为险，但虏寇或于春夏渡过镇远浮桥濒临城下，或于冬季冰合之时进入内地劫掠，"兰州四时无不防虏，在昔本为内地，而今当要冲，

---

① 《明武宗实录》卷2，弘治十八年（1505年）六月辛酉条，台北："中央研究院"历史语言研究所，1962年，第56页。

与诸边等"①。

此后，兰州成为通往甘肃镇的必经之路，"甘肃孤悬河外，止有兰州河桥一路可通往来，若此路一阻，则转输不通"②。尽管万历二十六年（1598年）重新收复了松山地区，并开辟了兰州向北直达边墙的军事道路，但此时的大明王朝已处于内忧外患，风雨飘摇之中。缺少财力和政治上的支撑，作为边陲州县的兰州，其交通不可能获得进一步发展。

明代，兰州在行政级别上，只是一个普通的州县；在地理区位上又属边地，缺少政治和区位上的优势，兰州的交通地位始终无法获得进一步发展，因此兰州只能视作交通节点，而非交通枢纽。事实上，内地运往甘肃镇的粮食和茶叶及其他军用物资，常常以兰州作为中转站，在明人眼中兰州也只是作为咽喉重地而存在，"兰州古金城郡，介胡虏羌戎间，为甘肃咽喉"③。"皋兰处极西之隅，捍卫中外，称雄镇矣"④。（图5－1）

图5－1　兰州城墙遗址（贾强摄）

---

① （明）王邦瑞：《奉贺河南太守南台赵公陟陕西宪副序》，《明经世文编》卷228《王襄毅公文集》，北京：中华书局，1962年，第2392页。

② 《明孝宗实录》卷77，弘治六年（1493年）六月戊子条，台北："中央研究院"历史语言研究所，1962年，第1493页。

③ （明）暴孟奇：《临巩兵备道题名记》，万历《临洮府志》卷24，明万历三十三年（1400年）刻本。

④ （明）卫三省：《兰州新建济军仓记》，万历《临洮府志》卷24，明万历三十三年（1400年）刻本。

二、清代兰州交通地位

清代，兰州的交通枢纽地位是伴随着陕甘分治而逐步奠定起来的。陕甘分治历经顺治、康熙两朝前后二十余年的时间。顺治二年（1645年）设甘肃巡抚，驻甘州。康熙五年（1666年）移驻兰州。[①] 康熙二年（1663年）以陕西右布政使司移驻巩昌府，[②] 后改称甘肃布政司。康熙三年（1664年）设甘肃按察使司，亦驻巩昌[③]。康熙八年（1669年），"令甘肃藩臬二司，由巩昌移驻兰州"[④]。至此，甘肃巡抚及布政、按察二司均驻兰州，兰州始成为甘肃省会。清初设甘肃巡抚于甘州，既是沿袭明代也是当时军事形势的需要。而布政、提刑二司驻巩昌，也与巩昌自明代以来的重要的政治地位有关。从当时的政治背景看，甘州和巩昌府被选为甘肃省会的概率应当更高一些，但最终兰州被选，背后必然有着深刻的政治、军事和交通等方面的考量。

从政治层面讲，省城一定要处于一省的中心位置，以便于管辖各地，正如清人所言，需"酌全陇适中之地，壮区夏控制之形"[⑤]；从军事层面讲，省城既要控驭陇东南地区，又要扼守河西走廊，并能及时应对当时西域地区可能出现的任何波动，同时自身也要有形胜优势；从交通层面讲，省城一定要处于交通要道，能够顺畅地联络京师和周边地区。此外当然还有经济和地理环境方面的考量，既要有优越的地理条件，又要具备一定的人口基数和经济基础。而满足这三个条件的只有兰州，兰州处于甘肃中心位置，西北通往河西走廊，便于经营河西走廊和及时应对西域问题，而向西通往西宁，东北

---

① 乾隆《甘肃通志》卷3《建置志》，《中国边疆丛书》第2辑，台北：文海出版社，1966年，第181页。

② 乾隆《甘肃通志》卷3《建置志》，《中国边疆丛书》第2辑，台北：文海出版社，1966年，第166页。

③ 《清圣祖实录（一）》，康熙三年（1664年）二月癸丑条，北京：中华书局，1985年，第173页。

④ 《清圣祖实录（一）》，康熙八年（1669年）十二月己巳条，北京：中华书局，1985年，第426页。

⑤ 光绪《重修皋兰县志》卷9《舆地志·形胜》，《中国地方志集成·甘肃府县志辑》第3册，南京：凤凰出版社，2008年，第529页。

直达宁夏，向东与西安有陕甘大道相连。而其自身又控河为险，万山环绕，地理形胜较为优越。再加上明肃王长期分封兰州，也一定程度上促进了当地的经济、文化积淀。

而康熙皇帝本人也十分看重兰州，王辅臣初叛时，他便命驻守西安之兵即刻前往兰州守卫，认为"兰州近边要地，应速遣兵驻守。……今据报逆贼已逼兰州，若不遣兵速援，贼将猖獗，临巩被陷，三边一摇，势难猝定"①。后来兰州收复之后，康熙仍强调"兰州要地，关系三边"②。

兰州成为省城后，逐渐形成以此为中心的驿传系统，加之黄河水运优势，因此成为关陇地区重要的交通枢纽。乾隆三年（1738 年）改临洮府为兰州府，这既是政治需求，也是兰州交通发展的必然结果。至乾隆二十四年（1759 年）收复新疆后，兰州的交通地位进一步提升。为了进一步控制西北地区，乾隆二十九年（1764 年）裁撤甘肃巡抚，将陕甘总督移驻兰州。在时人眼中，兰州的交通地位已不亚于西安，其"地据南北之中，为东西咽喉扼塞之处，宜乎万里新疆遥归控制，而与西安天府并为省会名区也"③。兰州城北的镇远浮桥，"凡文报络绎，车马往来，商贾行旅，无不由此，实为河东河西咽喉要地"④。著名将军杨遇春认为："兰州为居中一大省会。"⑤

经过明清数百年的发展，关陇地区逐渐形成西安和兰州两大交通枢纽，它们分别位居关陇地区的东西两部，至此关陇地区的交通网络趋于完善，并直接影响到今天关陇地区的交通格局。

---

① 《清圣祖实录（一）》，康熙十四年（1675 年）正月丁丑条，北京：中华书局，1985 年，第680 页。
② 《清圣祖实录（一）》，康熙十四年（1675 年）八月己未条，北京：中华书局，1985 年，第734 页。
③ 乾隆《皋兰县志》卷 5《疆域志·形胜》，《中国西北文献丛书续编·稀见方志文献卷》第 3卷，兰州：甘肃文化出版社，1999 年，第 62 页。
④ （清）刘於义：《请修复浮桥疏》，《皇清奏议》卷 33，《续修四库全书》第 473 册，上海：上海古籍出版社，2002 年，第 276 页。
⑤ （清）杨遇春：《新修兰州府志序》，道光《兰州府志》，南京：凤凰出版社，2008 年，第 445 - 446 页。

第三节　巩昌府交通地位的变迁

有明一代，西安是关陇地区最重要的交通枢纽。但从空间范围看，西安位于关中地区，而陇右地区则略显遥远。在这样的背景下，陇西地区势必会涌现出一个次级交通枢纽，以均衡整个关陇地区的交通格局，而这个枢纽便是巩昌城。

一、明代巩昌府交通地位

明代巩昌府辖境广阔，其"东迄关陇，西奄岷洮，南通蜀汉，北控沙漠，三州十四县，棋布星罗，五卫四千户所，牙错离置，幅员辽阔，绵亘千里，盖西秦之雄郡，而三秦之屏翰也"[1]，几乎占据了关陇地区的西南大部分区域，这使得巩昌城在政治上具有更多的优势。巩昌城虽偏居巩昌府西北部，但却处于陇右地区的中心位置，其"左挟大陇，右掉名皋，岷、嶓障前，兰、雪殿后。江分番境，阶、文、洮、固为之篱。河限房冲，安、会、兰、靖张其掖。云栈扼三巴之喉，金城拊五凉之背"[2]，具有鲜明的区位优势。

正是得益于政治和地理区位上的优势，巩昌城逐渐成为关陇地区仅次于西安的重要交通枢纽。在明代，以巩昌城为中心，存在四条驿道，东北接陕甘大道北道，东南接陕甘大道南道，西北接临洮府、甘肃行都司，西南接岷、洮诸卫。由于巩昌府通往甘肃地区的驿站相隔较远，洪武二十五年（1392年）"自巩昌、凉州达于甘、肃，增置延来等二十九驿，驿置马三十匹"[3]。巩昌府成为重要的交通枢纽，四川和汉中地区的茶叶，往往以此为

---

[1] 李新贵：《〈巩昌分属图说〉初探》，《故宫博物院院刊》2008年第2期。

[2] （明）顾炎武：《肇域志（四）》，上海：上海古籍出版社，2011年，第2873页。

[3] 《明太祖实录》卷221，洪武二十五年（1392年）九月壬午条，台北："中央研究院"历史语言研究所，1962年，第3231页。

中转站，转运至河州、洮州、岷州三茶马司。

二、清代巩昌府交通地位

清初，鉴于陕西行省辖区过大，开始筹划陕甘分治，大体上以陇山为界，以西为甘肃省，以东为陕西省。从布政司和按察司初置巩昌来看，曾试图以巩昌城为甘肃省城，但斟酌后却选择了兰州，这与巩昌城地理区位优势的丧失有重要关系。甘肃行省呈东南—西北狭长状，而巩昌府显然偏居东南，无法有效经营河西，控御西域，而当时西北战事是清廷的首要大事。

随着政治和区位优势的丧失，巩昌府的辖境范围也日渐局促。鉴于巩昌城偏居巩昌府境西北一隅，雍正六年（1728 年）岳钟琪奏请"升陕西巩昌府属之秦、阶二州为直隶州"[①]。乾隆三年（1738 年），"巩昌府属之靖远县改隶移驻兰城之知府管辖"[②]。至此，巩昌府在政治方面不再具有明显的优势，但仍然是兰州通往天水、阶州乃至汉中、四川的重要通道。

第四节　其他重要的交通枢纽

除了作为一级交通枢纽的西安、兰州和巩昌城外，明清时期的关陇地区尚有数个次一级的交通枢纽，也是交通体系中的重要节点。

一、固原

明初，平凉府西北经固原，于迭烈逊过黄河直达甘凉的道路，是运输军粮物资的重要通道。因此，洪武初年便在固原设巡检司，稽查过往行旅。"土木之变"后，游牧民族时常寇边，沿固原一路南下平凉等地进行劫掠，

---

① 《清世宗实录（一）》，雍正六年（1728 年）十二月己丑条，北京：中华书局，1985 年，第 1128 页。
② 《清高宗实录（二）》，乾隆三年（1738 年）十一月庚午条，北京：中华书局，1986 年，第 273 页。

固原战略地位迅速提升。故景泰元年（1450 年）设修筑固原城，三年（1452 年）设固原千户所，成化四年（1468 年）又置固原卫。① 成化十年（1474 年），因"固原、平凉乃三边总会之所，虏寇侵犯累由此入，宜置立总府"，故命左都御史王越驻扎固原，总督诸路军马，② 开三边总制设置之先河。弘治十五年（1502 年），三边总制秦纮奏请升开原县为固原州，属平凉府。固原州"四面相距各五百里，土旷人稀，四通八达，难以拒守"③。明代，固原州南接陕甘大道北道，东北经豫旺城、下马关接庆阳—宁夏间的驿道，西北经海喇都、乾盐池、打拉池等堡至靖虏卫。

清代，固原仍具有重要的交通地位，以陕西提督镇守此处，其"据八郡之肩背，绾三镇之要臂"④。由固原向北经同心城至宁夏府的道路和向西北至靖远县的道路均被辟为驿道。同治十二年（1873 年）固原升为直隶州后，又将东北经豫旺城至平远县的道路辟为驿道，并另开西南通往硝河城的驿道。

二、庄浪

庄浪地区战略极为重要，"河西之地，庄浪首，（南）接金城，东应宁夏，西援西宁，北套凉甘。……平邑当四路之冲，遥断东西，联络南北，乃拊背搤吭之要区也"⑤。其东西南北均有要道通往各地，正处于十字路口处。

鉴于庄浪地位的重要性，明洪武初年便置庄浪卫。在明人眼中，庄浪"为河西喉襟之地"⑥。明代以庄浪为中心存在三条驿道，向西通往西宁，向

① 嘉靖《固原州志》卷1《创建州治》，银川：宁夏人民出版社，1995 年，第 8 页。
② 《明宪宗实录》卷 124，成化十年（1474 年）正月癸卯条，台北："中央研究院"历史语言研究所，1962 年，第 2375 页。
③ 嘉靖《固原州志》卷1《疆界》，银川：宁夏人民出版社，1995 年，第 11 页。
④ 乾隆《甘肃通志》卷 4《疆域》，《中国边疆丛书》第 2 辑，台北：文海出版社，1966 年，第 399 页。
⑤ 乾隆《平番县志·地理志·疆域图说》，《中国历史地图集·青海府县志辑》第 5 册，南京：凤凰出版社，2008 年，第 516 页。
⑥ （明）张雨：《边政考》卷4《庄浪图》，《续修四库全书》第 738 册，上海：上海古籍出版社，2002 年，第 78 页。

北通往凉州，向南通往兰州。除此之外，从庄浪向东还可直达宁夏地区。清初仍置庄浪卫，康熙二年（1663 年）改卫为所。雍正三年（1725 年），河西卫所皆改府县，庄浪所改为平番县。但鉴于庄浪"系通西宁、肃州之要路"，雍正九年（1731 年）便商议"将西安驻防之江宁、河南满洲兵内调拨一千名，直隶河南之绿旗兵内调拨一千名遣往庄浪驻扎"①。至雍正十三年（1735 年）最终确定，于西安城满蒙汉军旗内挑选一千四百名驻扎庄浪②。乾隆二年（1737 年）规定，于庄浪设副都统一员，满洲蒙古汉军协领各一员，并修筑满城一座，是甘肃省仅有的三座满城之一③（图 5 - 2）。清代，以庄浪为中心存在四条驿道，清前期频繁用兵西北，从宁夏向西直达庄浪的道路变得更加重要。

图 5 - 2　庄浪满城遗址（贾强摄）

三、汉中

汉中地界秦岭、大巴山之间，"汉中形势险固，四塞若纳诸匮中"④。虽

---

① 《清世宗实录（二）》，雍正九年（1731 年）七月庚午条，北京：中华书局，1985 年，第 427 页。
② 《清世宗实录（二）》，雍正十三年（1735 年）五月乙巳条，北京：中华书局，1985 年，第 906 页。
③ 其他两处为宁夏满城和凉州满城。
④ （明）何景明纂修：《雍大记校注》卷 7《考易》，吴敏霞、刘思怡等校注，西安：三秦出版社，2010 年，第 84 页。

然地理格局较为封闭，但其"左控三秦，右跨西蜀，中躔襄楚，为关陇一大都会"①。汉中城是汉中地区最大的城市，也是重要的交通枢纽。从南北方向看，其位于川陕大道之上，向北经连云栈入关中，向南越七盘岭入四川；从东西方向看，从汉中城向西北经凤县，或向西经略阳县可通往陇右地区，而从汉中城向东又可通往兴安，乃至荆襄地区。明代，由汉中城向东的道路虽非驿道，但却并不妨碍其作为东西往来的重要通道，加之汉江水运的便利，更加密切了东西部地区间的联系。清代，汉中向东的道路被辟为驿道，又进一步提升了汉中城的交通地位。

雍正六年（1728 年）下令于汉中派驻军队，西安将军常色礼覆奏称："汉中一府东接荆襄，南通巴蜀，路途四达，往来络绎，实属楚蜀之咽喉，更为全秦之门户，设兵防守，甚属紧要。臣等细加酌议，查汉中所属一州八县，土田肥饶，粮草颇多，可以设立驻防兵一千五百名。"② 由此可见汉中交通地位的重要性。

四、平凉

平凉"北连朔方，南襟陇蜀，东抵邠岐，西距安会，……四通交驰，亦西陲都会也"③。明清两代，平凉城始终占据重要的交通地位。从东西方向看，平凉地处陕甘大道北道，西达兰州、河西地区，东至关中，是东西交通干道上的重要节点。而从南北方向看，平凉向东北经镇原县可通往庆阳府；向西北经瓦亭驿可通往固原、宁夏地区。特别是清代以来，平凉、固原一路成为关中通往宁夏的主驿道。另外，自平凉城向南经华亭县（今华亭市），还可去往凤翔府陇州。崇祯七年（1634 年）九月，明朝参将贺人龙被李自成部围困于陇州，"洪承畴自平凉遣副总兵左光先等率兵间出华亭，明

---

① 《嘉庆汉中府志校勘》卷 3《形胜》，西安：三秦出版社，2012 年，第 98 页。
② 《川陕总督岳钟琪奏覆筹画汉中设立驻防八旗官兵情形请旨遵行折》雍正七年（1729 年）三月初九日《雍正朝汉文朱批奏折汇编》第 14 册，南京：江苏古籍出版社，1989 年，第 806 页。
③ 嘉靖《平凉府志》卷 1《建革》，《中国地方志集成·甘肃府县志辑》第 13 册，南京：凤凰出版社，2008 年，第 14 页。

日抵陇州,贺人龙围始解"[1]。明代蒙古游牧民族亦常沿此道,由平凉侵略陇州一带。"以陕西计之,平凉、固原四冲入达,实为襟喉"[2]。

五、凤翔

凤翔位于川陕大道和陕甘大道南道的交汇处。其形胜"岐及梁山奠其东北,岍与吴山亘其西南,襟带环合,居然一大都会,虽其雄伟广博差谢长安,而声名礼乐殆逾他郡"[3],"地壮西都,终南郁抱,汧渭萦纡,伊凉陇蜀,四达通衢"[4]。作为关中平原西部的重要都会,由凤翔府城向东通往西安府,向西过关山可通往秦州,"乃秦陇襟喉之地"[5],而向南过连云栈道可通往汉中,向西北还可通往平凉。

六、秦州

秦州形胜"左倚凤原之险,右挹徽山之难,秦岭横前,陵江带后,盖陇秦之捍蔽,巴蜀之襟喉也"[6]。秦州地处陕甘大道南道,介于巩昌府和凤翔府之间。南道自古便是关陇地区东西往来的重要通道,而巩昌、凤翔二府相隔约五百里,且中间有关山阻隔路途险远,因此位置适中的秦州成为重要节点,"系南路扼要"[7]。秦州交通地位的重要性还在于"东南为通秦蜀要路"[8]。因

---

① 《崇祯实录》卷7,崇祯七年(1634年)九月辛巳条,台北:"中央研究院"历史语言研究所,1967年,第220页。

② (明)王越:《抵寇方略疏》,《明经世文编》卷69《王威宁文集》,北京:中华书局,1962年,第588页。

③ (明)章潢:《图书编》卷38《关中风土》,上海:上海古籍出版社,1992年,第784-785页。

④ 乾隆《凤翔县志》卷1《舆地》,《中国地方志集成·陕西府县志辑》第29册,南京:凤凰出版社,2007年,第364页。

⑤ 《明太祖实录》卷58,洪武三年(1370年)十一月丙申条,台北:"中央研究院"历史语言研究所,1962年,第1135页。

⑥ 乾隆《直隶秦州新志》卷1《形胜》,《中国地方志集成·甘肃府县志辑》第29册,南京:凤凰出版社,2008年,第41页。

⑦ 《清高宗实录(一六)》,乾隆四十九年(1784年)十月辛卯条,北京:中华书局,1986年,第312页。

⑧ 《清高宗实录(一六)》,乾隆四十九年(1784年)六月乙未条,北京:中华书局,1986年,第195页。

此秦州城庞大、繁华，"为甘南富庶之区，士女昌丰，肩摩毂击，其城内外五重"①。从秦州向南经徽县、两当可进入汉中地区，继续向南入四川境内。秦州实际成为陇右、关中和汉中地区间的中转站。另外，从秦州向北经秦安，尚有通往平凉地区的便道，"山原细路，经行如栈，其路径静宁、固原以达于宁夏"②。明代，蒙古骑兵数次经由平凉南下，进入秦州一带劫掠。

小 结

明清时期，西安凭借重要的政治地位、优越的地理位置和经济基础，始终保持着重要交通枢纽的地位。明代巩昌府作为陇西首郡，位置适中，成为重要的区域性交通枢纽。至清代，兰州因其政治地位的提升，逐渐取代了巩昌府城的交通地位，成为与西安相匹敌的交通中心。除此之外，诸如庄浪、汉中、平凉、固原、凤翔、秦州等，缘于地理和政治、经济等方面的优势，亦成为地区性的交通枢纽城市。但需要注意的是，以上所列交通枢纽是基于宏观视角，在整体把握关陇地区交通体系基础上而言的。而具体来说，在每一处人类生存的空间范围内都存在一个或数个或大或小的交通枢纽。

---

① （清）叶昌炽：《缘督庐日记》第7册，南京：江苏古籍出版社，2002年，第4088页。
② （明）赵廷瑞修：《嘉靖陕西通志（上）》卷4《土地·山川下》，董健桥校点，西安：三秦出版社，2006年，第134页。

第六章　明清关陇地区道路交通的政治功用

古今中外，道路并没有严格的功用划分。就驿道来说，除政府传送诏令文书，往来官员使臣外，也是民间重要的商贸路线，及至战事爆发，又是重要的军事路线。所谓"驿铺之设，虽便于官实所以便民。驿马铺递，杂差公文，通达消息；或盗贼饿馑，可以事先预防；或直使过境，或大员有所施设，可以朝夕得达，而下情不致壅滞"①。但是，因不同社会活动的目的不同，其在道路的选择上各有侧重，如政令传递讲求效率，倾向于距离短的路线；商贸行为注重成本，水运是较佳的选择；行军队伍关注供给，粮草充足的路段是最理想的。因此，接下来的三章将从政治、军事和经济三方面来探讨明清时期关陇地区的道路功用。

第一节　道路交通的政治功用

对一个国家来讲，确保政令有效传递，维系中央和地方的密切联系是最初便要解决的问题。为此，历代王朝建立之初便着手建立驿传制度，之后还要不断进行调整和完善。在这样的背景下，将驿站串联起来的驿道最初也是最重要的功用便是服务于政治。但凡政令文书的传递及官员因公前往各地

---

① 光绪《富平县志稿》卷4《经政志·驿铺》，《中国地方志集成·陕西府县志辑》第14册，南京：凤凰出版社，2007年，第383页。

等，均是依靠驿站和驿道来完成的。

驿站是古代国家最基本的交通传输机构。洪武元年（1368年），刚登基的朱元璋便下令设置水马驿站，"专在递送使客，飞报军务"①。洪武二十六年（1393年）颁布《应合给驿条例》共六条，对驿站的职责范围做出了明确规定，大体可总结为以下几条："一是前往各处宣达圣谕及奉旨出行者，二是传报重要军务者，三是赍送各地亲王奏本者。"② 只有符合以上条件者，才有权利使用驿传。嘉靖三十七年（1558年）又颁布了新的《应给勘合例》共五十一条，对驿站的职责进行了细化和增加。清代在明朝基础上进一步完善了驿站制度，传递任务与明朝的规定基本相同，"各省驿站原为驰递紧急公文而设，并不许地方官擅行轻动"。

无论明清两代，驿站都是主要负责传递军情和承接往来使臣的。将驿站串联起来的驿道是重要的传输通道。政治功用是驿道最主要的社会功用，但具体到内部却又存在主次之分。就关陇地区来说，明清两代驿道四通八达，都是传递重要文书和官员往来的通道，但其通行量却有着较大差异。一些主要路段来往人员较多，政治功能较强；而一些次要路段来往人员较少，则政治功能较弱。区分主次，方能对当时的交通状况有更为深刻的理解。为此，我们需选取一个变量，通过对比来达到这种效果。

在没有现代化机械动力的古代，牲畜在运输过程中起关键作用。为了确保驿传系统的高效运转，达到"羽檄交驰，往来迅驶"③ 的效果，陆上驿站通常都配有马匹。《康熙会典》载：各处驿站"需用马、驴、车、船、人夫什物等项，因地冲僻，酌量设置各有额定"④。由此可知，处于交通要道的驿站，因承担的驿传任务重，所配置的车、马、船、夫等必然多于他处。以

---

① 《明太祖实录》卷29，洪武元年（1368年）正月庚子条，台北："中央研究院"历史语言研究所，1962年，第500页。

② （明）申时行等修：《万历会典》卷148《驿传·应付通例》，北京：中华书局，1989年，第760页。

③ 雍正《陕西通志》卷36《驿传》，《中国西北文献丛书·西北稀见方志文献》第2卷，兰州：兰州古籍书店，1990年，第438页。

④ 《康熙会典》卷100《驿传》，南京：凤凰出版社，2016年，第1355页。

"驿马"数量作为切入点进行符号等级化分析，不仅可以更直观地了解各驿站的马匹配置情况，对于主要驿道与次要道路的分布亦可一目了然。

但需要注意的是，驿马的配置依据不同时期的政令多寡或有增减，并非一成不变。例如清初，耀州通往中部县的驿道受阻，"凡调兵督饷，皆经白水，有一日而供马至数十匹者，……自承平后，以路非冲要，将邑驴马牛站分给他驿，止设走递马四匹"。后又协济榆林府马二匹，至剩下驿马一匹。[1] 平定大小金川之战时，"司驿各员难于支应"，陕西巡抚陈宏谋奏请"将汉中府属之宁羌、黄（坝）、大安、沔县、黄沙、褒城、青桥、马道、武关、留坝、松林、三岔、凤县、草凉等十四州县驿，每站暂添马二十四，马夫十名"[2]。乾隆年间（1736—1796 年）用兵西北时，"军及大臣会同兵部议覆，大学士伯管陕甘总督黄廷桂奏称，甘肃跕马应添补。查甘省现办军务，需马既多，应于内地驿务简少处，斟酌衰益。除直隶、山西、陕西等省，现有递送文报等事，及浙省驿马只一百匹，均无庸议裁外。计各省额马……应令各督抚，酌量驿务繁简，道路冲僻，分别抽拨"[3]。

第二节　明代驿道的政治功用

明代的驿站依据其交通地位的重要性，配备数量不等的驿马（驴），"如冲要处或设马八十匹、六十匹、三十匹。其余非冲要亦系经行道路，或设马二十匹、十匹、五匹，驴亦如之，马有上中下三等"[4]。《明会典》及《陕西通志》中对各处驿站的马（驴）匹数均没有明确的记载，可供使用者

---

[1] 乾隆《白水县志》卷 2《建置志·递铺》，《中国地方志集成·陕西府县志辑》第 26 册，南京：凤凰出版社，2007 年，第 467 页。

[2] 《清高宗实录（五）》，乾隆十三年（1748 年）十一月壬子条，北京：中华书局，1986 年，第 420 页。

[3] 《清高宗实录（八）》，乾隆二十三年（1758 年）十二月戊辰条，北京：中华书局，1986 年，第 351 页。

[4] 《明太祖实录》卷 29，洪武元年（1368 年）正月庚子条，台北："中央研究院"历史语言研究所，1962 年，第 500 页。

笔者所见仅有《全陕政要》一书。

由图 6-1 可见，连接潼关、西安、平凉、兰州的陕甘大道北道，是当时关陇地区最重要的驿道，沿途驿站的驿马（驴）数量远远多于其他驿道。其次为西安向西北经庆阳前往宁夏的驿道；再次为西安通往陕北和汉中、四川的驿道，以及巩昌府通往洮州卫、岷州卫和河州卫的驿道。这种驿马（驴）的配置与当时明王朝西北地区的形势有密切联系。

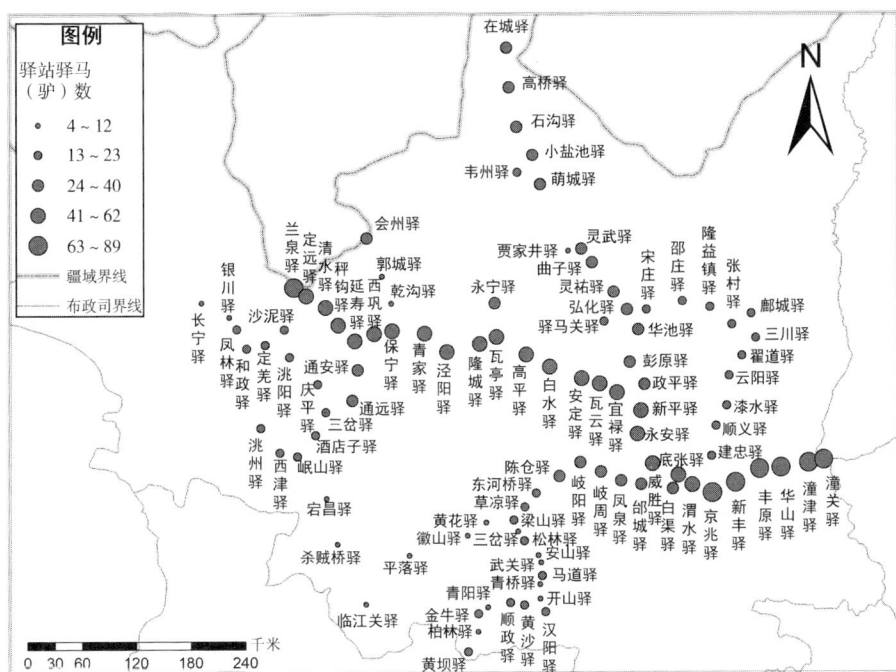

图 6-1　明嘉靖二十年（1541 年）关陇地区驿站驿马（驴）数量等级图

明代陕西布政司辖境广阔，三司驻西安，对于"孤悬一地"的河西地区有鞭长莫及之感，因此于河西地区分设陕西行都指挥使司。陕西行都指挥使司只设卫所而不设州县，实行军政一体化的管理方式，集军政、民政大权于一身，驻守甘州。另外，明代九边重镇之一的甘肃镇也位于河西，总兵亦坐镇甘州，因此甘州成为河西地区的政治和军事中心。在此背景下，加强西安府与甘州间的联系显得尤为关键和必要。陕甘大道北道作为一条重要纽带，沿途必须设置众多驿站，配置众多数量的马（驴）数，才能满足众多官吏使臣的往来通行及文书诏令的迅速传递。

宁夏地区同甘肃，设实土卫所管理地方军政、民政。正统以后，宁夏地区成为蒙古部族的重要入侵地，也是明王朝边防的重点所在。当时蒙古骑兵常由贺兰山诸山口或花马池一带冲破边墙进入庆阳、平凉等地劫掠。为此，明王朝亦采取相应的防御措施，修建边墙、烽燧、堡寨，构筑起九边重镇之一的宁夏镇。宁夏卫、前卫、左右中屯卫均设于宁夏城，宁夏镇总兵官亦驻守宁夏城。另外，明代庆王亦封藩于此。因此，宁夏城具有重要的政治和军事地位，而庆阳"鄙处西北，密接塞圉，檄文往来，使节旬宣，殆无虚日"①。其与西安府城的联系尤为密切，沿途驿站驿马（驴）数量亦较多。

此外，位于陕北的延绥镇也是明代九边重镇之一，其"远际龙沙，四无襟带，屹为雄镇"②。正统以后，鞑靼部屡犯延绥，此处成为军事重地。河、洮、岷三卫是防御周边番族的重要阵地。而川陕大道是连接关中、汉中与四川的重要通道。通往这些地区的驿道因居次要地位，往来使臣及文书传递远较甘、宁为简，因此只需满足日常行政需求即可，无须设置较多的驿马（驴），徒增成本。

表6-1　明嘉靖二十年（1541年）关陇地区驿站驿马（驴）数量表

单位：匹、头

驿站	马（驴）数	驿站	马（驴）数
京兆驿	89	渭水驿	62
新丰驿	71	白渠驿	25
底张驿	56	建忠驿	18
华山驿	70	潼津驿	71
丰原驿	71	威胜驿	55
永安驿	55	邠城驿	25
顺义驿	18	漆水驿	18
新平驿	55	宜禄驿	55
潼关驿	71	弘化驿	39

---

① （明）傅学礼：《嘉靖庆阳府志》卷4《铺舍》，兰州：甘肃人民出版社，2001年，第88页。
② （明）张雨：《边政考》卷2《形胜》，《续修四库全书》第738册，上海：上海古籍出版社，2002年，第11页。

驿站	马（驴）数	驿站	马（驴）数
驿马关驿	16	宋庄驿	14
邵庄驿	14	华池驿	36
贾家井驿	12	灵武驿	36
曲子驿	36	灵祐驿	36
彭原驿	36	政平驿	36
高平驿	57	瓦亭驿	53
永宁驿	40	白水驿	50
泾阳驿	50	隆城驿	50
安定驿	50	瓦云驿	50
会州驿	36	岐阳驿	32
岐周驿	25	凤泉驿	27
陈仓驿	25	东河桥驿	16
汉阳驿	16	开山驿	7
青桥驿	8	马道驿	16
梁山驿	16	草凉驿	16
松林驿	16	三岔驿（凤县）	7
安山驿	7	武关驿	8
顺政驿	16	金牛驿	16
黄沙驿	16	青阳驿	7
通远驿	36	三岔驿（漳县）	20
延寿驿	57	秤钩湾驿	62
西巩驿	51	通安驿	26
保宁驿	51	青家驿	51
乾沟驿	8	郭城驿	8
徽山驿	10	黄花驿	10
平落驿	8	杀贼桥驿	8
临江关驿	8	岷山驿	20
酒店子驿	20	宕昌驿	4
西津驿	18	洮阳驿	22
沙泥驿	14	庆平驿	20
兰泉驿	66	清水驿	51
定远驿	54	凤林驿	15
和政驿	13	定羌驿	13
长宁驿	5	银川驿	5
洮州驿	18	宁夏在城驿	28
高桥儿驿	28	石沟驿	28

驿站	马（驴）数	驿站	马（驴）数
小盐池驿	28	萌城驿	28
韦州驿	16	鄜城驿	23
三川驿	22	隆益镇驿	14
张村驿	14	云阳驿	18
翟道驿	18	柏林驿	7
黄坝驿	16		

资料来源：（明）龚辉，《全陕政要》，第 539 - 641 页。

注：另有白水、嘉陵两处水驿，各站船 2 只，阳平水驿，站船 4 只；甘州卫所属 10 驿，肃州卫所属 3 驿，庄浪卫所属 10 驿，镇番卫所属 3 驿，永昌卫所属 3 驿，凉州卫所属 5 驿，西宁卫所属 7 驿，高台所所属 2 驿，镇夷所所属 3 驿，古浪所所属 2 驿及陇州所属永宁驿，仅录驿名而未载驿马（驴）数量。再者，萌城驿和灵武驿之间还有清平、山城二驿，本书漏载。

第三节　清代驿道的政治功用

清代驿道在沿袭明代基础上又进一步完善。清代康熙《陕西通志》、雍正《陕西通志》、乾隆《甘肃通志》及《光绪大清会典事例》中对各驿站驿马（驴）数量均有详细记载，从而可以对关陇地区不同时期驿道的政治功用进行分析。

一、清朝初年

从康熙三年（1664 年）关陇地区驿站驿马（驴）的配置数量看，与明嘉靖年间（1522—1566 年）相比有了较大变化。在陕甘大道北道继续保持重要地位的同时，陕甘大道南道和川陕大道沿途驿站驿马（驴）数量有了较大增加，这显然与清初关陇地区的政治形势有密切关联。

顺治元年（1644 年）清廷命英亲王阿济格和豫亲王多铎，兵分两路入陕夹击农民起义军。李自成迫于形势，于顺治二年（1645 年）二月率部众离开西安转战商洛一带，不久覆亡。清军克定关陇地区后，各方势力仍蠢蠢欲动，各类反清斗争此起彼伏，形势不容乐观。顺治五年（1648 年）爆发了由米喇印、丁国栋领导的回民起义，起义军先后攻克甘州、凉州、兰州、岷州、临洮等地，并围攻巩昌，"号召土寇众十万，号百万，关辅大震"①。起义持续一年多方被镇压。在此背景下，加强关中与陇右地区的联系显得极为重要，因此连接西安、凤翔、天水、巩昌的陕甘南道成为当时的重要往来通道。

与此同时，顺治元年（1644年），张献忠又在四川建立大西政权，势力波及汉中。顺治二年（1645年）十一月和顺治三年（1646年）正月，清军先后两次出兵，方击败汉中地区的农民起义军，进而入四川。张献忠被杀后，由孙可望、李定国领导的大西军余部与南明政权联合，长期盘踞云贵地区，并出兵湖北、四川等地。因此，由关中向南经汉中至四川等西南地区的川陕大道，其重要性日益凸显。至康熙末年，清廷平定西藏的战争中，川陕大道亦是往来文书的重要传递通道，"近年川省备兵奏折，往来什倍昔时"②。（图6-2）

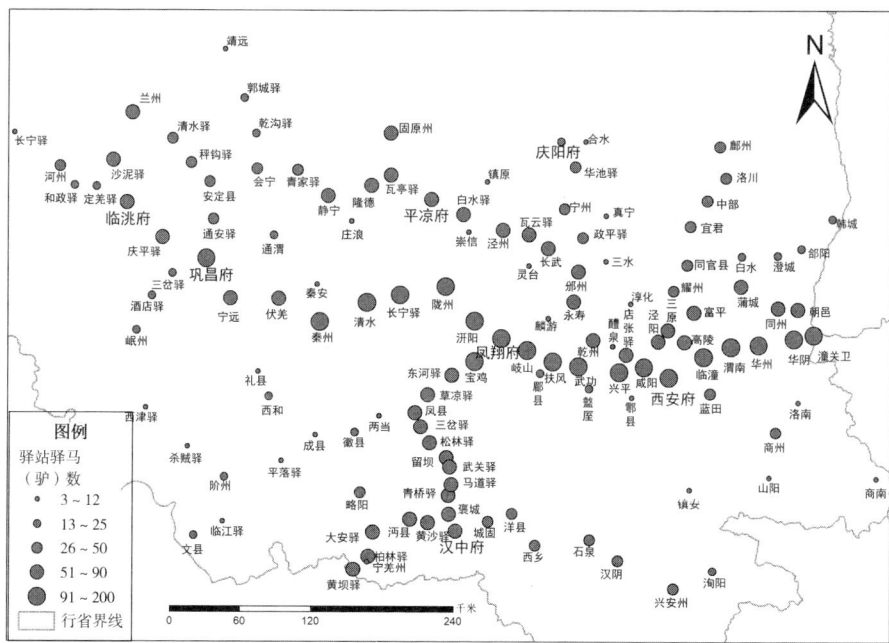

图6-2 清康熙三年（1664年）关陇地区各驿站驿马（驴）数量等级图

---

① （清）魏源：《圣武记》卷7《国朝甘肃再征判回记》，北京：中华书局，1984年，第309页。
② 《清圣祖实录（三）》，康熙五十七年（1718年）十月庚午条，北京：中华书局，1985年，第752页。

二、清朝中叶

进入清中期，关陇地区各驿站驿马数量又发生了明显变化。由图 6-3 可见，雍、乾之交，川陕大道、陕甘大道北道和宁夏经庄浪至西宁的驿道，所承担的传输任务较多。

川陕大道是北京通往西南地区的重要通道，日常文书传递、使臣往来众多。雍正年间（1723—1735 年），对川、滇、黔等西南地区实行改土归流，并由此引发地方性少数民族的叛乱。一时间往来战报文书纷来沓至，兼至军队调遣频繁，使得川陕大道沿途驿站所承担的传输任务倍于常时。

随着关陇地区统治的日渐稳固，清朝统治者逐渐将目光放到更遥远的西域，自康熙年间（1662—1722 年）起，清朝与准噶尔之间便冲突不断。河西地区作为控御西域的前线阵地，需要与内地建立密切的联系，以迅速传达军事情报和政令文书。西安经秦州、巩昌府至兰州府的陕甘大道南道较为迂回，且需翻越陇山，而经泾州、平凉府的北道则相对顺直，因此北道成为沟通河西与关中地区的主要驿道。清代规定，各省每年准报马匹倒毙数或三成或四成，但陕甘二省"向因地僻差少，不在准报之中"。雍正年间用兵西北，鉴于"西路军兴，羽书络绎"，雍正下令，"除偏僻州县仍照旧例外，其自潼关至西安一路，自西安由秦巩南路、平凉北路至兰州；又自兰州由凉甘一带至肃州嘉峪关，由庄浪一带至西宁；又自榆林延绥宁夏沿边一带至凉州，各归驿递马匹俱照直隶河南等省之例，十分之内准报倒毙三分，领银买补作正项开销。……其准报三分之数，俟军务告竣，仍照旧例停止"。[①]

由宁夏府向西南经庄浪通往西宁的驿道，沿途所配置驿马数量亦较多，所承担的政治功用亦较他处为重。这与清前期对准作战及雍正年间平定罗卜藏丹津叛乱有重要联系。经由北面长城一线前往北京，较绕行兰州、西安一线更为迅捷，有利于军情诏令的迅速传递。（图 6-3）

---

① 《清世宗实录（二）》，雍正十年（1732 年）十月辛未条，北京：中华书局，1985 年，第 636-637 页。

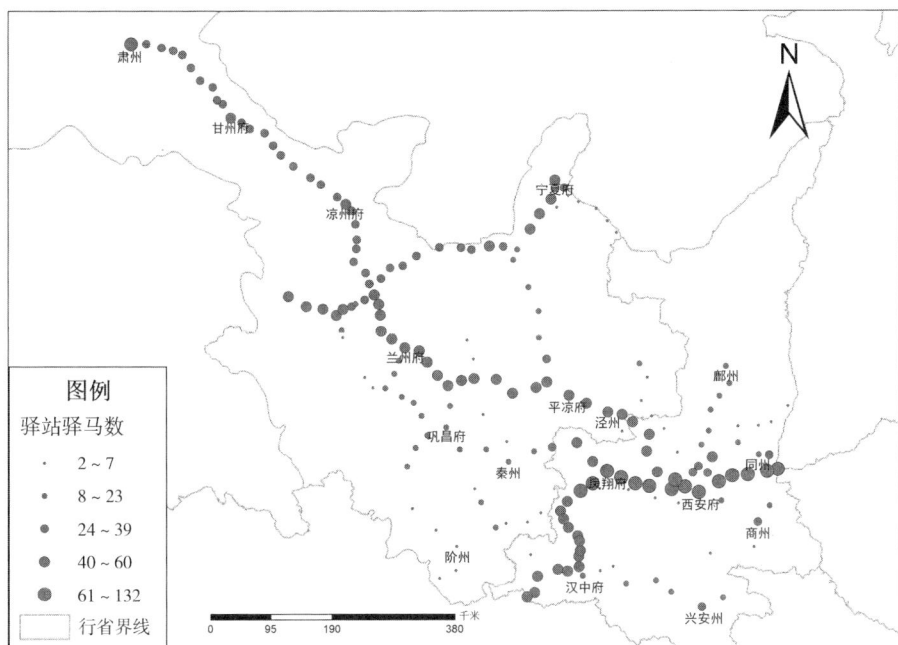

图6-3　清雍、乾之交关陇地区驿站驿马数量等级图

三、晚清时期

同治年间（1862—1875年），西北地区爆发了陕甘回民起义，起义持续了十五年之久，涉及关陇地区大部。经过这场旷日持久的纷乱，关陇地区的驿传系统遭到极大破坏，许多驿站名存实亡，已无法承担日常的传输任务。直到光绪九年（1883年）方才重新厘定驿站，额定各处马匹人夫数量。经过此次裁定，与清中期相比，不少驿站驿马数量都有所缩减，特别是甘肃境内的驿站。这固然与当时清政府捉襟见肘的财政状况有关，也一定程度上反映了关陇地区各驿站所承担的政治任务量的变化。

从图6-4上看，川陕大道和陕甘大道北道所配置的驿马数量依然明显多于他处，表明这两条道路所承担的传递任务仍然较重。宁夏府至庄浪厅间的驿道，驿马数量明显减少，表明此路所承担的传递任务可能有所减少。

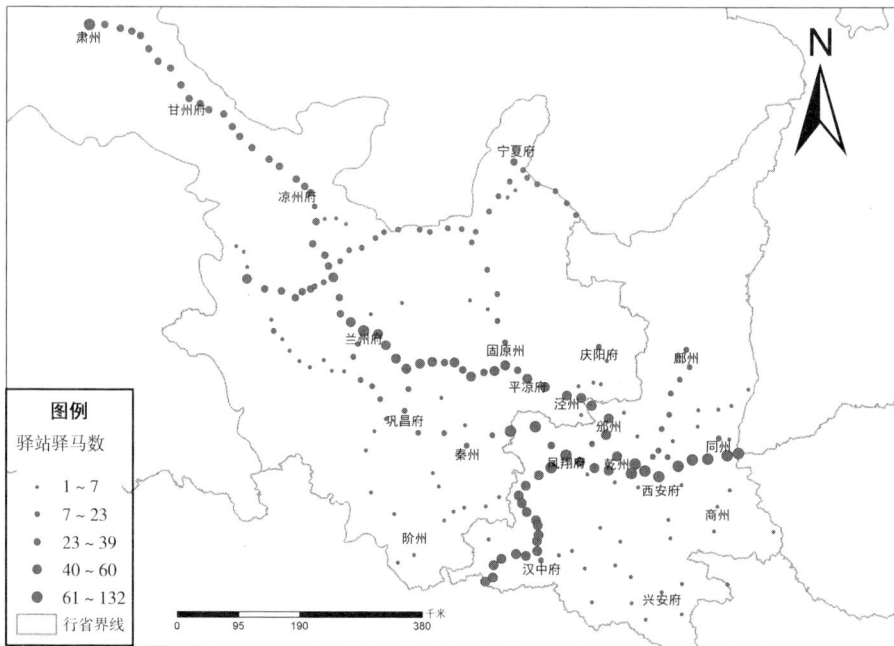

图6-4　清光绪九年（1883年）关陇地区驿站驿马数量等级图

小　结

　　驿道作为官方道路，首要功用是服务于政治，包括使臣往来、文书传递和物资转运等。但具体来说，不同路段的驿道所承担的政治任务又有所差异。明清两代，连接潼关、西安、平凉、兰州、甘州、嘉峪关的陕甘大道北道，和连接西安、汉中的川陕大道，始终是关陇地区最重要的驿道，沿途驿站的驿马数量较多，所承担的政治传递任务也较重。另外，还有一些驿道因形势的变化，所承担的政治任务也有所变化。明代宁夏镇为九边重镇之一，为加强其与会城西安的政治联系，西安经庆阳至宁夏的驿道地位十分重要，沿途驿站驿马（驴）数量较多。清代边防形势大变，西域准噶尔部和青海和硕特部成为清朝主要防御对象，因此，宁夏向西至庄浪和凉州的驿道地位凸显，沿途驿站驿马（驴）数量较多，所承担的政治任务较重。

第七章　明清关陇地区道路交通的军事功用

道路交通对于战争的发起、执行和后勤保障具有至关重要的作用。首先，道路交通为军队的快速机动提供了必要的条件。在战争中，军事行动的速度和灵活性非常重要。道路交通网络连接了各个战略要点和战区，便于军队快速集结、调动和撤退。其次，道路交通对军事后勤支援至关重要。战争需要大量的物资、装备和人员输送，这离不开完善的道路交通系统。良好的道路网络能够实现军队补给、医疗救护、通讯传递等重要后勤保障任务。最后，道路交通也为军队建设营地、修建防御工事和运输作业提供了便利条件。

第一节　明代关陇地区的军事部署

明代推行卫所制度，"令天下要害之地，有系一郡者设所，系连郡者设卫，势众则卫多"①。从明万历十年（1582 年）陕西卫所的分布上看（图7-1），呈明显的外重内轻格局，大部分卫所设置于沿边地带，这自然与明代的边防形势密切相关。其中，北部和西北诸卫所主要防御蒙古游牧民族，西南诸卫所主要防御周边的番族。

由于这些边地卫所具有防御外敌、护卫边疆的重要军事使命，因此通往

---

① （清）张廷玉等：《明史》卷90《兵二》，北京：中华书局，2000 年，第1465 页。

这些地区的交通道路所承担的军事功用更加突出。但需要注意的是，这里所讲的道路不仅包括内地通往边地卫所的部分，还包括边地卫所通往国家疆域之外的部分。

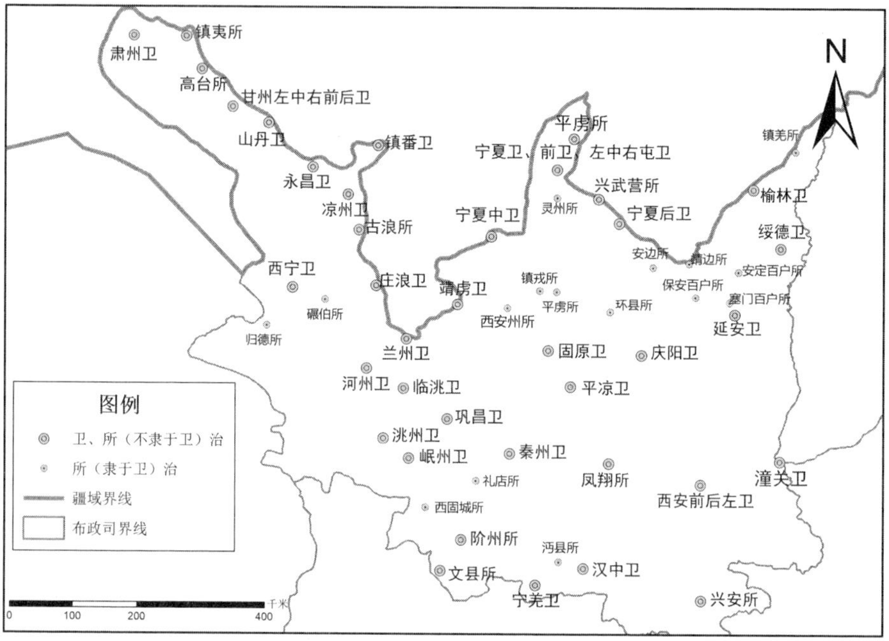

图 7 - 1　明万历十年（1582 年）陕西卫所分布图

一、由内地通往边地卫所的道路

这些道路是运输军需和调兵遣将的重要通道。明代以重兵实边，这些驻边部队及其家属每年需消耗众多的粮食、棉布、盐茶及各类军事器械和日用器物等，其中大部分物资均由内地州县转运。另外，当战事发生时，这些道路还是重要的行军路线，如现存明代《平番得胜图卷》便详细记录了万历三年（1575 年），由固原发兵经隆德、静宁、会宁、安定、巩昌、渭源、岷州至洮州卫平定番部叛乱的过程。

二、由边地卫所通往域外的道路

这些道路往往是游牧民族入侵和明朝军队迎战阻击的路线，众多战事便发生在这些区域。例如，"花马池极边要地，成化前敌患在河西，敌据套而河东为敌冲，花马池居其中。……花马池西至兴武营一百二十里，又西至横城堡一百四十里，一漫沙漠寇路拆墙颇易入灵韦、掠环庆，犯平、固，则清水营、铁柱泉、小盐池一带为捷径，又自大广武而下渡河至灵韦亦易"①。

第二节　明代递运所的设置

洪武元年（1368 年）正月，刚登基的朱元璋便下令："置各处水马站及递运所、急递铺……专在递送使客，飞报军务，转运军需等物。"② 作为与驿站相辅的递运所，有明一代，其在空间物资转运方面起到了重要作用。明代陕西地区"内通三边四镇，传报赍奏，转输军饷；外达诸夷川贵，进贡朝贺，解运钱粮，往来公使，络绎不绝，较比别省极为冲繁"③。是以陕西地区递运所的设置当尤为严密。

陕西地区的递运所，是伴随着明朝军队的西进而逐步建立起来的。洪武二年（1369 年），大将徐达攻克陕西，随即设立陕西行省④。关中地区的递运所，多设立于洪武三、四年间（1370—1371 年），此后逐渐向西延伸至宁夏、西宁、甘肃等边地。对明代递运所的记录最系统、最权威的典籍当属《明会典》。《正德会典》录入陕西地区递运所七十二处⑤，《万历会典》则录入三十五处⑥。但经过对史料的检索，发现明朝在陕西地区先后设置过递

---

① （明）章潢：《图书编》卷 38《议防御》，上海：上海古籍出版社，1992 年，第 1462 页。

② 《明太祖实录》卷 29，洪武元年（1368 年）正月庚子条，台北："中央研究院"历史语言研究所，1962 年，第 500 页。

③ （明）张卤辑：《嘉隆疏钞》卷 22《查议驿传以苏疲困事》，《续修四库全书》第 467 册，上海：上海古籍出版社，2002 年，第 174 页。

④ 《明太祖实录》卷 41，洪武二年（1369 年）四月戊辰条，台北："中央研究院"历史语言研究所，1962 年，第 816 页。

⑤ （明）李东阳：《正德会典》卷 121《驿传·递运所》，《景印文渊阁四库全书》第 618 册，台北：台湾商务印书馆，1986 年，第 223 – 226 页。

⑥ （明）申时行等修：《万历会典》卷 147《驿传·递运所》，北京：中华书局，1989 年，第 756 页。

运所一百三十七处。

而这些递运所，大部分可给予精确的定位，在此基础上可绘制出一幅明代陕西递运所的空间分布图①（图7-2）。需要注意的是，有明一代递运所废置不定，以上所列诸所不可能出现在同一时空内。但由于大部分递运所设置于明朝前期，而裁并则主要集中在明后期，因此本图基本可以反映明中期陕西递运所的空间分布情况。

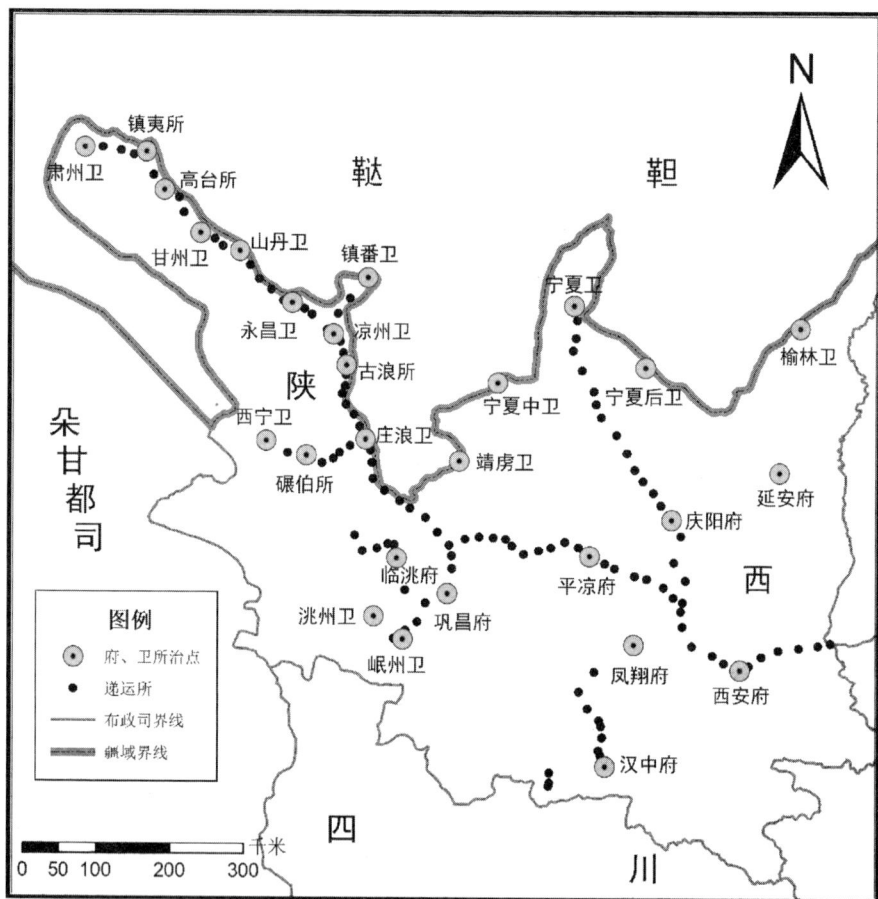

图7-2　明代陕西递运所空间分布图

---

① 递运所的定位，是以史料所记各递运所的方位和互相间的里程为主要依据，在此基础上通过对比古今地名，并参考《明代驿站考》及《中国历史地图集》等相关成果最终确定，对于无法考证具体方位者，图中暂不予绘出。

从递运所的空间分布看，其呈现出"单轴多支"的分布状态，以西安府—临洮府为中轴线，同时有数条支线通往汉中、宁夏、甘肃、西宁及洮州、岷州等地。整体上看，其主要是将腹内与边地卫所紧密连接起来。其供应边地军需的目的一目了然。

如前所引，洪武元年（1368 年）朱元璋设置驿递的目的在于"递送使客，飞报军务，转运军需等物"。驿站的主要职能在于迎接过往公差人员及传递重要诏令文书等，而递运所则以转运军需物资为主。有研究者认为，粮食是递运所运输的大宗①。明初规定："递运所如大车一辆载米十石者，夫三人，牛三头，布袋十条；小车一辆载米三石者，夫一人，牛一头。"② 从车辆及布袋的配置上看，递运所设立之初似乎的确是以运输粮食为主要职责，陕西地区递运所的空间分布状态似乎也印证了这一点。

但事实却并非如此，有明一代陕西地区的递运所，始终不以运输粮食为主要职责。要想弄清这一点，先要对明代边地卫所的粮饷来源进行分析。《万历会典》载："今边方所在，屯兵转饷尤急。其粮料本折，有民运，有屯种，有盐引，有京发年例。"③ 其中，边地屯粮自产自用，开中盐粮由商人转运，统一不经由递运所，在此不做赘述，而着重讨论京运年例和民运粮。

正统年间（1436—1449 年），随着边地战争兴起，粮饷供应不足，朝廷不得不拨给太仓银（又称京运银、京运年例等）④，"专以接济岁用不敷，及紧急兵马支用"⑤。隆庆四年（1570 年）陕西按臣暴孟奇奏言："太仓年例则发甘肃，应进赃罚解太仓。往来交易，不惟道路罹跋涉之苦，亦且驿递滋供应之烦。乞将臣应解赃罚银二千四百两解抵甘肃，年例太仓照数扣除。一纸

---

① 郑宁：《明代递运所考论》，《中国历史地理论丛》2017 年第 1 期。

② 《明太祖实录》卷 29，洪武元年（1368 年）正月庚子条，台北："中央研究院"历史语言研究所，1962 年，第 501 页。

③ （明）申时行等修：《万历会典》卷 28《会计·边粮》，北京：中华书局，1989 年，第 208 页。

④ 相关研究可参见范传南《明代九边京运年例银及其经营研究》，东北师范大学 2011 年博士学位论文；黄阿明《明代年例银制度形成探讨》，《安徽史学》2015 年第 2 期。

⑤ （明）范钦等编：《嘉靖事例》，《北京图书馆古籍珍本丛刊》第 51 册，北京：书目文献出版社，1997 年，第 15 页。

之驰达，代数千里之转输。"① 由此可见，太仓银是经由驿递运输的，其所需车辆当由沿途递运所拨给。

相较之下，民运粮的运输方式更为复杂，且历经多次变化。早在洪武四年（1371年），朝廷便"议准兰州、凉州、河州、岷州、洮州、宁夏、庄浪、西宁、临洮、甘肃、山丹、永昌等卫军粮，每岁令西安等府送纳大路官仓，转运边卫"。洪武二十四年（1391年）又"令兰州、岷州、临洮、宁夏四卫官军以平凉、巩昌等府民纳米麦对拨供给；其洮州、凉州、西宁、庄浪、甘肃、山丹、永昌八卫，以各府见在仓粮，陆续攒运供给"②。最初，民运粮由民众自发运往指定地点进行交纳，但由于边地所需军粮众多，民间转输繁重，政府不得不采取一些缓解措施。洪武二十九年（1396年），监察御史蔡民玉进言："（陕西）诸府州县民，以转输边郡道远苦之。宜于驿道有军民处置仓，令各处民夫就近地计程接递，运至边卫给军为便。"③ 即于沿途重要地点设置官仓，将原本直接由百姓运往边地的粮食改为逐程递送。至永乐十年（1412年）又规定，将巩昌、临洮等地的税粮"储于本处仓，遇农隙令旁近州县民运输兰县仓。自兰县抵甘州，每五十里设一站，或役刑徒，或令官军转输，庶少苏民力"④。至此，凡内地民运粮只需送到兰州，以西地区则由因犯或军士转运。正统元年（1436年）再次强调："自今各府税粮运至兰县，然后起发军夫自兰县运至凉州，自凉州运至各卫，则民免凋敝而军食足矣。"⑤ 尽管运输方式多次变化，但递运所从未承担民运粮的运输任务。事实上，边地粮食所需众多，递运所是难以承担的，以下试举一例。

---

① 《明神宗实录》卷4，隆庆六年（1572年）八月丙寅，台北："中央研究院"历史语言研究所，1962年，第8-9页。

② （明）申时行等修：《万历会典》卷28《会计·边粮》，北京：中华书局，1989年，第208页。

③ 《明太祖实录》卷246，洪武二十九年（1396年）七月癸亥条，台北："中央研究院"历史语言研究所，1962年，第3573-3574页。

④ 《明太宗实录》卷128，永乐十年（1412年）五月丙申条，台北："中央研究院"历史语言研究所，1962年，第1594页。

⑤ 《明英宗实录》卷21，正统元年（1436年）八月戊辰条，台北："中央研究院"历史语言研究所，1962年，第406页。

嘉靖七年（1528 年），关中诸府县照例需运送军粮三十一万六千六百石至甘肃①。关中运粮至甘肃必然经过兰州，而此时兰州递运所配置有人夫、牛、车各一百八十②，既是一牛、一夫配一车，可知为载米三石的小车③，统共可运粮五百四十石。若按一日一运计算，则运完所有粮食需要近六百天的时间，这显然是不可能的事。

但这一局面在明后期发生改变。首先，嘉靖八年（1529）开始，各地民运粮改为折收银、布。其次，运送方式也发生了变化，由原本的大户运送，改由官方运输，即"于大户名下，每解粮一石追收脚价银一钱，免其到边"。而由政府"选委军民职官各一员，各带军余民快四名，给与盘缠银两"。其运送方式则"照京运事例，沿途递运所起车，军卫有司逐程多拨军兵防送，运至兰州。照依旧例每银二千两、布一百六十斤，运至甘州广盈仓者各脚价银三两八钱，运至凉州广储仓者各脚价银一两二钱，亦於前脚价银内支给，解官雇觅骡头驮运"④。从这段资料中，可以获得两条重要信息：一是民运粮改为折收银、布后，兰州以东地区，改由递运所转送；二是这些银、布的运送方式既是参照京运年例，亦可佐证京运年例（太仓银）的确由递运所负责运送。

综上所述，明代递运所并不以运输粮食为主要任务⑤。明后期，民运粮折为银、布征收后，连同此前兴起的太仓银均由递运所运送。此后，递运所

---

① （明）范钦等编：《嘉靖事例》，《北京图书馆古籍珍本丛刊》第 51 册，北京：书目文献出版社，1997 年，第 110 页。
② （明）龚辉：《全陕政要》卷 3《兰州·公署》，《四库全书存目丛书·史部》第 188 册，济南：齐鲁书社，1996 年，第 630 页。
③ 明初规定："递运所如大车一辆载米十石者，夫三人，牛三头，布袋十条；小车一辆载米三石者，夫一人，牛一头。"见《明太祖实录》卷 29，洪武元年（1368 年）正月庚子条，台北："中央研究院"历史语言研究所，1962 年，第 501 页。
④ （明）范钦等编：《嘉靖事例》，《北京图书馆古籍珍本丛刊》第 51 册，北京：书目文献出版社，1997 年，第 110 - 111 页。
⑤ 需说明的是，明代递运所体系是伴随着军队的推进而逐步建立起来的。军队作战粮食供应是第一要务，这也正是递运所设置的最初目的。可以想见，在明初的统一战争中，递运所的确曾承担转运粮食的任务，但随着战事的平息和边地军粮来源的多样化，递运所的职能逐渐发生了变化，不再以送送粮食为主要任务。但从现存的明代辽东档案中看，仍有递运所运送米粮的零星记载，如"……应付米车一十五辆"（《中国明朝档案总汇》第 101 册，第 249 页），可见递运所并非完全排斥运粮，在某些情况下也会参与运输。

方承担起输送边地军饷的重要任务。因此递运所不以运输粮食为任，而其主要职责当是运输军器物料。洪武初年"置军器局，专典应用军器"①，负责各类兵器的制造和管理。洪武二十年（1387年），"令天下都司卫所各置局，军士不堪征差者，习弓箭、穿甲等匠，免致劳民"②。至此，各地卫所均可制造各类军器③。"天下卫所岁造军器，在边镇者留本处给军，在腹里者解戊字库专备京营官军领用。"④陕西各边地卫所所造兵器无须外解，可留作自用。但由于"卫所军器，各自成铸，星散无统，监工不设"⑤，从而产生了诸多弊端。因此嘉靖三年（1524年），"命陕西四镇，各设总局团造军器。八府四十七卫所，各以附近分隶之"⑥。军器局的设立使边地卫所的军器制造制度化和完善化。但边地卫所的军器虽自造自用，其制造军器的物料却由内地府县供应。例如，宁夏卫所需军器物料由陕西布政司拨给，宁夏中卫由延安府拨给⑦，肃州卫、镇夷所则由西安府拨给⑧，而这些物料主要由递运所负责转运。又如，"甘州十五卫所，岁造军器所用枪杆、箭杆等料，俱本卫官军往巩昌等处山场采取，所在官司给与车辆运送，系是旧例"⑨。这里官司所拨给的很可能便是递运所的车辆。另外，残存的明代档案中亦有递运所运送箭杆等物料的记载，如"倒接高平递运等所，车户陈英等装运箭杆车柒……""……递运、安插二所，车户陈英等，装运枪

① 《明太祖实录》卷129，洪武十三年（1380年）正月丁未条，台北："中央研究院"历史语言研究所，1962年，第2055页。
② （明）申时行等修：《万历会典》卷192《军器军装·军器》，北京：中华书局，1989年，第972页。
③ 这里的军器指冷兵器，火器铸造权仍然由中央掌控。具体可参见王珂：《明代的火器制造及管理制度》，《河南大学学报（社会科学版）》1998年第5期。
④ （明）申时行等修：《万历会典》卷193《军器军装·火器》，北京：中华书局，1989年，第978页。
⑤ 侯养民、穆渭生：《明嘉靖陕西〈创建军器局记〉碑简释》，《文物》2013年第10期。
⑥ 《明世宗实录》卷45，嘉靖三年（1524年）十一月己巳条，台北："中央研究院"历史语言研究所，1962年，第1161-1162页。
⑦ 《增补万历朔方新志校注》卷2《内治·仓库》，范宗兴校注，银川：宁夏人民出版社，2015年，第185-186页。
⑧ 《肃镇华夷志》卷2《戎器》，高启安、邰惠莉点校，兰州：甘肃人民出版社，2006年，第124-125页。
⑨ 《明宪宗实录》卷78，成化六年（1470年）四月甲寅条，台北："中央研究院"历史语言研究所，1962年，第1512页。

箭杆车四辆"等①。

此外，当边地卫所军器不敷使用时，还可向朝廷奏讨②，而这类军器通常由工部派出专员解送，沿途递运所起车转运。"各部差官运送军器钱粮，前往各边交割，支廪给，陆路中马一匹，水路站船。军器钱粮量拨车辆往回应付，回日车辆住起。"③军器运输既经由递运所，自不免有借机勒索的情况，因此嘉靖二十七年（1548年），"各边奏求军器毋得滥差军职解送，骚扰驿递"④。除各类冷兵器外，各边地卫所还需定期前往京城领取各类火器及军装等。对此朝廷规定："辽东、甘肃、大同、宣府差人赴京关领神器、胖袄、火药等件，官支廪给，舍人支口粮，应付驿驴一头，物件验实拨车。"⑤火器及军装的运输亦需沿途递运所拨车转送。从递运所的设置看，由关中地区通往边地卫所的道路是重要的军事通道，军事功用较为突出。

第三节　清代关陇地区的军事部署

与明代相比，清朝疆域大幅扩展，从国家版图看，关陇地区已不再处于西北边陲。特别是清中叶收复新疆以后，关陇地区实际更接近于帝国疆域的中心地带。清代各地驻兵，有绿营兵，有八旗驻防兵，"绿营之制，有马兵、守兵、战兵"⑥。绿营兵驻守于冲要都会及重要关隘，"凡营制相都邑之冲会，山川之险要，设戍置兵，立之将帅，授之节制"⑦。

除绿营兵外，各直省重要地区又有八旗驻防兵。就关陇地区来说，有西

---

① 中国第一历史档案馆、辽宁省档案馆编：《中国明朝档案总汇》第101册，桂林：广西师范大学出版社，2001年，第269、281页。
② （明）申时行等修：《万历会典》卷193《军器军装·火器》，北京：中华书局，1989年，第978页。
③ （明）申时行等修：《万历会典》卷148《驿传·应付通例》，北京：中华书局，1989年，第760页。
④ 《明世宗实录》卷340，嘉靖二十七年（1548年）九月己亥条，台北："中央研究院"历史语言研究所，1962年，第6198页。
⑤ （明）申时行等修：《万历会典》卷148《驿传·应付通例》，北京：中华书局，1989年，第760页。
⑥ 《清史稿》第14册，卷131《兵·绿营》，北京：中华书局，1976年，第3891页。
⑦ 《乾隆会典》卷63《兵部·营制》，乾隆二十九年（1764年）刻本。

安、宁夏、庄浪、凉州四处驻防点。康熙十三年（1674年），"增西安右翼四旗满、蒙马甲千，弓、铁匠十四，汉军马甲等，江宁马甲千。"康熙十五年（1676），"设陕西宁夏八旗满、蒙领催，马甲，步甲，弓、铁匠"。雍正十三年（1735年），"设甘肃凉州八旗满、蒙、汉兵凡二千人。设驻防庄浪八旗满、蒙、汉兵凡千人"①。

从嘉庆年间关陇地区的驻兵情况看（图7-3、表7-1），呈现出以下两个特点：一是各府城驻兵数明显多于他处。府城往往是区域内最重要的城市，是重要的政治、经济和文化中心，具有重要的交通和军事地位，驻兵于此可起到控驭、弹压四方的作用。二是驻防点主要沿交通干道分布，如西安府通往陕北的道路，西安府经平凉府、兰州府、凉州府、甘州府至肃州的陕甘大道，兰州府通往西宁府的道路，以及凉州府向东经宁夏府至榆林府的道路。这些道路显然具有重要的军事作用。

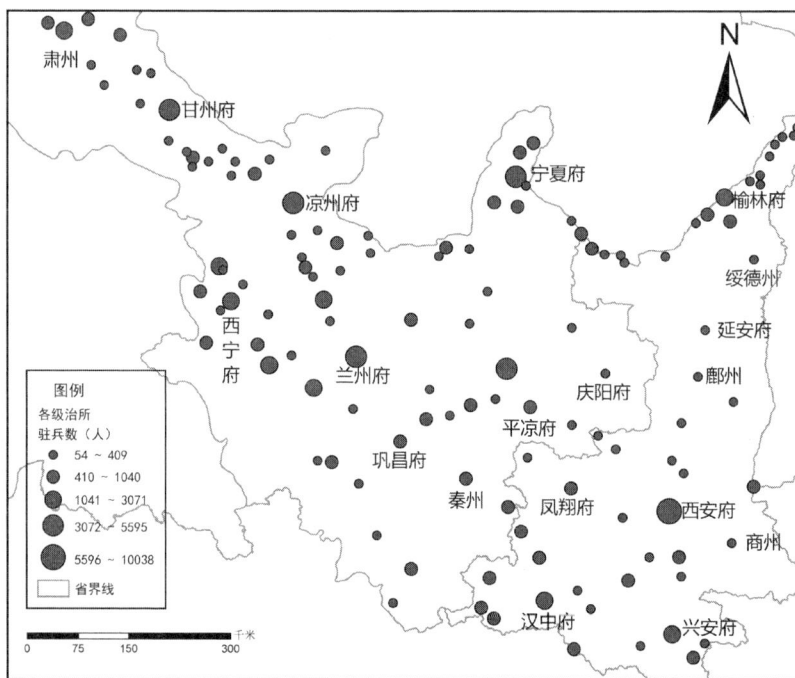

图7-3　清嘉庆年间关陇地区军事部署情况图

① 《清史稿》第14册，卷131《兵·绿营》，北京：中华书局，1976年，第3969页。

表7-1 清嘉庆年间关陇地区军事部署情况表

地区	驻防官兵（员）	地区	驻防官兵（员）
西安	10038	潼关厅	589
固原	4286	韩城县神道岭	135
凤翔	874	陇州咸宜关	140
富平	207	耀州	169
盩厔	207	宜君县	382
商州	277	凤县	511
庆阳	336	泾州	296
环县	134	平凉	721
盐茶厅	295	邠州	187
长武	202	肤施县	337
榆林	2048	神木县	392
府谷县黄甫川	161	榆林县建安堡	64
靖远	833	神木县高家堡	97
府谷县孤山堡	66	府谷县镇羌堡	57
榆林县鱼河堡	469	神木县栢林堡	113
绥德州	175	神木县永兴堡	60
怀远县	134	府谷县木瓜园堡	127
怀远县波罗堡	503	定边县	497
定边县砖井堡	111	靖边县镇靖堡	175
定边县柳树涧堡	79	定边县安边堡	85
鄜州	152	兴安府	2113
洵阳县七里关	197	镇安县	409
兴安府旧城	396	平利县	1040
孝义厅	516	紫阳县	376
平利县白土关	657	安康县	250
兰州	3768	秦州	609
秦州利桥堡	450	会宁县	298
静宁州	595	隆德县	296
通渭县马营监	416	通渭县石峰堡	373
河州	2616	洮州厅	728
阶州	506	西固州	271
文县	317	岷州	173

地区	驻防官兵（员）	地区	驻防官兵（员）
洮州厅旧城	225	陇西县	662
循化厅	1623	狄道州	335
汉中府	2044	宁陕厅东江口	400
宁陕厅新城	600	阳平关	521
宁羌州	521	略阳县	531
留坝厅	600	定远厅瓦石坪	765
西乡县	309	洋县	400
甘州	4573	永固城	749
张掖县洪水堡	330	东乐县南古城	156
山丹县	270	山丹县大马堡	331
抚彝厅梨园堡	156	山丹县马营墩	102
山丹县硖口堡	155	西宁	3027
大通县	1450	西宁府丹噶尔	840
贵德厅	716	巴燕戎格厅	600
古鄯城	165	西宁县北川堡	164
西宁县南川堡	305	西宁县威远堡	210
碾伯县	277	宁夏府	5595
中卫	1039	石空寺堡	110
古水井堡	86	灵州花马池	538
安定堡	54	灵州	824
同心城	114	平罗县	531
平罗县洪广口	502	宁朔县玉泉口	578
灵州横城口	243	凉州府	4483
永昌县	515	镇番县	364
古浪县大靖堡	537	古浪县土门堡	170
古浪县安远堡	210	武威县张义堡	159
永昌县新城堡	307	永昌县宁远堡	130
永昌县水泉堡	125	平番县	1488
平番县俄卜岭堡	255	平番县松山堡	114
平番县镇羌堡	443	平番县岔口堡	205
皋兰县红水堡	101	皋兰县三眼井	101
平番县红城堡	312	肃州	3071

地区	驻防官兵（员）	地区	驻防官兵（员）
肃州金塔寺	711	高台县镇夷堡	503
高台县	300	高台县平川堡	76
高台县红崖堡	114	肃州清水堡	97
安西州	1767	敦煌	626
嘉峪关	540	玉门县	838

资料来源：《嘉庆大清会典事例》卷 474《兵部·绿旗营制》，民国《续修陕西通志稿》卷 44《兵防》第 287 页，宣统《甘肃新通志》卷 41《兵防志·兵制》。

第四节　清代台站的设置

清代用兵西北及西南地区时，常常在重要路段设置临时台站。这里的台站有别于驿传系统中的"台、站"。清代驿传机构多样，除广设驿、铺外，部分地区还设有台、站、塘及递运所。驿和铺设于各行省内地，是主要的驿传机构，"各省腹地所设为驿，盛京所设亦为驿，各省之驿隶于厅州县，间有专设驿丞以司驿务者。""各省腹地厅州县皆设铺司，由京至各省者亦曰京塘，各以铺夫铺兵走递公文。"①

站，主要用来传递军报。从京城出发通往西北地区的两条道路，沿途均设站，"一达张家口接阿尔泰军台，以达北路文报；一沿边城逾山西、陕西、甘肃出嘉峪关以达新疆驿传"。另外，吉林、黑龙江及蒙古地区也设站。塘，"甘肃之安西州，新疆之哈密厅、镇西厅三属，除安西、镇西各本属公文差务仍设驿外，三属旧特设军塘以达出入文报"。新疆建省后，裁撤哈密、镇西二厅境内的塘。台，"西北两路所设为台"，北路自张家口外向西直达乌利雅苏台，西路则指新疆境内的驿传，新疆建省后"概改为驿"。递运所主要承袭明代，只在甘肃部分地区存在。②

---

① （清）昆岗等撰：《光绪会典》卷 51，上海：上海古籍出版社，2002 年，第 484 页。
② （清）昆岗等撰：《光绪会典》卷 51，上海：上海古籍出版社，2002 年，第 484 页。

驿传系统中的台和站主要用作传递重要军报，而这里的"台站"则主要用来运兵和运粮，二者名称虽同，职能却有较大差异。不过在一些特殊情况下，为确保运输通畅，两种台站间亦有互借马匹的情况出现。例如，康熙五十四年（1715年），康熙曾下旨："推河一路台站俱系归化城之土默特三处，吴喇忒毛明安四子部落之台站，伊等去年遭雪，牲畜损伤，军需事务恐致贻误。既现有运米大臣所设台站，遇有紧急事务，著将运米台站马匹通用。"[1] 即将运米台站马匹调拨给驿传系统中的台站使用。

相关学者指出："台站的增设与新驿路的开辟，除便利军行外，主要以运输军粮为大宗，此对战争中军粮的转运与源源接济，起着至关重要的作用。"[2] 但具体来说，不同时期的台站，其职能又有所不同。康熙、雍正年间的台站为运粮台站，主要用来运送军粮，而乾隆年间又设运兵台站，主要用来运送士兵。

一、运粮台站

运粮台站的设置始于康熙末年。康熙五十四年（1715年）清廷决定分西、北二路进剿策妄阿拉布坦。"北出蒙古，至科布多、乌利雅苏台者为北路，西出嘉峪关至哈密、巴里坤者为西路。"[3] 为便于军粮输送，北路和西路嘉峪关以西地区均设台站。北路方面，负责管理运米事务的都统图思海奏请"自湖滩河朔至推河地方，须设七十台，每台应派兵三十名"[4]。西路方面，尚书富宁安奏请于嘉峪关至哈密之间安设十二处台站，"用山西、陕西小车三千辆，每辆用车夫三名，自嘉峪关至哈密安设十二台，每台各分车二

---

① 《清圣祖实录（三）》，康熙五十四年（1715年）七月己亥条，北京：中华书局，1985年，第601页。
② 陈锋：《清代军费研究》第2版，武汉：武汉大学出版社，2013年，第174页。
③ （清）袁大化、王树枏等纂修：《新疆图志》卷29《实业二》，朱玉麒等整理，上海：上海古籍出版社，2015年，第577页。
④ 《清圣祖实录（三）》，康熙五十四年（1715年）六月庚辰条，北京：中华书局，1985年，第599页。

百五十辆，令其陆续转运"①。不久又于哈密至巴里坤之间添设六台，"令哈密驻扎之二百兵丁牵驼运送。"②。存储于肃州的军粮，经台站可直接转输巴里坤军营。对比之下，康熙年间西路嘉峪关以内地方不设台站。主要原因有二：一是北路及西路嘉峪关以西地方沿途几无州县，环境也较差，沿途需置台站以供马驼民夫等落宿休憩，而西路嘉峪关以内地方州县众多，道路通畅，沿途驿站建置完备；二是康熙年间的军粮大多派官兵从陕、甘内地长运至肃州，沿途车马并不更换，因此沿途无须台站转输③。

至雍正年间，嘉峪关以西军粮的运输方式，由单纯的长运改为长运、递运兼用。雍正九年（1731 年）三月，岳钟琪等人便曾奏请设立台站，以递运军粮，认为"若俱行长运则民力牲畜不无中途疲乏，且往运数千余里，道路既遥，时日亦久，原得一钱五分之运价不敷费用，致有帮贴。……惟接递转运之法，既于民力不劳，而于粮运更速，且按站接替，计程甚近，或驴骡驮送，或车辆装载，各随其地方所便，于粮运民情，均有裨益"，因此请求将西安、凤翔两府所拨米麦，分南北两路递运军粮，"北路由平凉、静宁、安定以至兰州；南路由秦州、巩昌、临洮一路递运，可以先后抵兰州，分起运送西宁、肃州"，沿途均设置台站，"在于州县驿站并人烟聚集之村堡处所，总以四五十里惟率，安设台站一处，沿途绵延相接，令地方官传示民间，将自有之车辆骡驴赴站领运"，并且"每一台站凡收发粮石散给脚价，俱须委员专司其事"④。尽管此次建议没有被雍正帝采用，但却为之后的军粮递运做好了铺垫。雍正九年（1731）十二月，朝廷议定陕西西安、

① 《清圣祖实录（三）》，康熙五十五年（1716 年）正月辛酉条，北京：中华书局，1985 年，第620 页。
② 《清圣祖实录（三）》，康熙五十五年（1716 年）三月辛巳条，北京：中华书局，1985 年，第629 页。
③ 清代军粮运输有长运和递运，"长运由本地起程，运至该处交卸，长途数千里，车骡损伤，人役批发在所不免，而递运即在一二百里内，络绎转输稍觉便宜。"《雍正朝汉文朱批奏折汇编》，第 30 册，南京：江苏古籍出版社，1989 年，第 650 页。
④ 《宁远大将军岳钟琪等奏覆加增军粮脚价各情并请将已起运军粮加增脚价作正报销折》，雍正九年（1731 年）三月初六日，《雍正汉文朱批奏折汇编》第 20 册，南京：江苏古籍出版社，1989 年，第 85 - 89 页。

凤翔二府各拨贮粮三万石，分南北二路运至甘肃泾州、秦州交接。陕西地方官因西安府距泾州路远，奏请改从邠、乾二州拨运，并认为"此番运粮道路近便，应请安站递运，实为省易。如此北路之粮，即令乾州运交永寿，永寿运交邠州，邠州运交长武，长武直运泾州；南路之粮即令扶风交岐山，岐山、郿县俱运交凤翔，凤翔运交汧阳，汧阳运交陇州，陇州运交咸宜关，咸宜关运交长宁驿，长宁驿运交清水县，清水县运交社树坪，社树坪运至秦州。以上各站或委员安站协同地方官经理，或令该州县自差亲信人役督押运送，毋庸另行安员"①。雍正十一年（1733年）十月，朝廷命陕西省运米六万五千石至肃州，陕西巡抚史贻直奏称"查雍正九年陕省之民长运至肃，人夫牲畜十有余万，跋涉长途甚为苦累，臣等目击情形，以为长运艰难，不若仍为递运"②。此申请得到雍正帝的批准。综上所述，雍正年间，关陇地区的运粮台站多为临时设置，主要设置在陕甘大道南北两道。

二、运兵台站

运兵台站主要设于乾隆年间。乾隆年间平定大小金川及准噶尔时，沿途均设有运兵台站。台站配置马匹车辆，"有视事征调，步队每营雇车二十五乘，马队每营车十三乘，以载帐幕、械仗、糗粮、衣装、炊具，方可启行"③。

乾隆十三年（1748年）十月，乾隆下达谕令："大金川所调满洲兵五千名，自京起程前赴军营，经王大臣等定议，请于所过省份预备车辆、马匹，按照分定程站逐程料理前进。"他要求沿途各省地方官员"务须躬亲料理，前往分站处所，督率属员详慎筹办，俾其迅速遄行，始为妥协"。军机大臣商议后认为："从前遣往北路军营，满洲官兵皆给马。今大金川路远险狭，牧放不变。臣等酌量，由京至西安二千六百余里，请设台站八处，每台备马

---

① 张伟仁主编：《明清档案》第53册，台北："中央研究院"历史语言研究所，1986年，A53 - 82页。
② 《署陕西巡抚史贻直等奏覆将陕省米石递运肃州军营情由折》雍正十一年（1733年）十一月初二日，《雍正汉文朱批奏折汇编》第25册，南京：江苏古籍出版社，1989年，第321页。
③ 陶保廉：《辛卯侍行记》卷3，刘满点校，兰州：甘肃人民出版社，2000年，第181页。

八百匹，车三百辆。由西安至军营，多系山路，应交该督抚，酌量平险远近，应设几站。如遇不能行车处，核照车三百辆之数，预备马骡。如驿马不敷，即将绿营马拨用，如尚不敷，则雇骡应用。马有倒毙，即动项买补，车辆皆令雇用。现在云梯兵三百名，业已起程，其余京兵及东三省兵，共计司金七百名，应分十六起。每起三百名，隔五日一次起程。沿途宿处，或屋不敷，应预备账房或凉棚，俱交该督抚备办。"① 据此可知，乾隆以前，自京城去往前线的满洲兵均配有马匹，故沿途无须车马供应。而此次出征士兵不再配给马匹，而改由沿途台站运送。

不久后，陕西巡抚陈宏谋即将本省台站的设置情况进行奏报，"于西安之京兆驿、武功县、宝鸡县、凤县、留坝驿、褒城县、沔县安台七处，每台备马八百匹。……每台需车三百辆，自京兆驿至宝鸡县尚可行车，自宝鸡至四川神宣驿，不可行车，酌议以骡三头代车一辆"②。据此可知，由北京至陕西沔县（今陕西省汉中市勉县），沿途共设置台站十五处，陕西境内的台站完全沿川陕大道而设。

乾隆十九年（1754 年），清廷决定发兵五万分西、北两路进剿达瓦齐。所征之兵来源广泛，包括西安、宁夏、固原、甘州、凉州、肃州等地绿营兵和八旗兵丁，及蒙古八旗兵，又有索伦兵一千名。

很快，甘肃巡抚吴达善便就关陇地区的行军路线状况进行汇报："由陕至甘原有两路，一由陕西沿边一带自安边、靖远入宁夏之花马池，由宁夏之凉、甘、肃；一路由陕西之邠州长武至甘肃之泾州，由泾州至兰州前往甘凉肃，但泾州一路必经由巩昌府属之会宁、安定二县，地处山隈并无井口，乡民俱食窖水，偶值天旱，即水无所资，难以行走。查西安之西南有大路一条，由陕省之陇州进甘省之清水县界，由秦州伏羌抵兰州一路，水皆充裕，程途虽远百余里，路极平坦，惟中间隔一官山，然不甚险峻，上下颇便，是

① 《清高宗实录（五）》，乾隆十三年（1748 年）十月戊辰条，北京：中华书局，1986 年，第384 页。
② 《清高宗实录（五）》，乾隆十三年（1748 年）十一月壬子条，北京：中华书局，1986 年，第420 页。

以从前官兵亦由此路行走。"① 不久,陕西巡抚陈宏谋亦奏请:"明年进剿兵,由陕入甘,应设台站。陕省自华阴庙起,至甘肃清水县,共设十台,需用军马,照例预备。桥梁道路,乘农隙时,赶紧修治。务期平坦完固。得旨,诸凡俱妥。"② 可见,由于陕甘大道北道沿途缺水,甘肃、陕西二地巡抚共同奏请行走南道。

但不久又发生变化,陕甘总督永常和陕西巡抚陈宏谋经过商议后决定改走陕甘大道北道。"陕境台站,自应从北路泾川一带,另为安设,通计自华阴庙起由长武而至甘省交界之泾川,计程七百六十五里,安设八台,除华阴庙、渭南、临潼至省城京兆驿安设三台,仍照原议外,第四台自京兆驿至店张驿,第五台自店张驿至监军镇,第六台自监军镇至邠州,第七台自邠州至长武县,第八台自长武县送至甘省至泾川交卸,内华阴庙、渭南县、临潼县、京兆驿、店张驿五台道途平坦,皆可行车。监军镇、邠州、长武三台,山竣难于行车,均用马骡,已行令司道就所用车辆数目,于附近州县均匀雇用,仍将某台雇某县车马数目通行晓谕,俾小民各知应雇车马数目。"③ 为解决沿途水草不足的问题,陕甘总督永常等进一步奏称:"会议索伦、巴尔虎、哲哩木等兵,入陕后,前赴肃州道路。查由泾州、静宁、会宁等境为北路。由陇州、秦州等境为南路。南路山多崎岖,且大河拦阻,计程三十五站,较北路多四站。北路惟会宁、安定两县缺水。今勘得自静宁州稍南,取道易岗川、马营监,由巩昌府渭源县、狄道州而达兰州,一路水足途平。"④ 经过多次商议,终于确定了行军的重要路线。

乾隆二十一年(1756年),清廷决定再次发兵,有了前次的经验,此次发兵时进一步调整沿途台站的设置,"陕甘两省台站,多寡悬殊。计陕

① 《清高宗实录(六)》,乾隆十九年(1754年)六月丁丑条,北京:中华书局,1986年,第1055页。
② 《清高宗实录(六)》,乾隆十九年(1754年)八月丙子条,北京:中华书局,1986年,第1100页。
③ 《陕西巡抚陈宏谋奏报陕省改由北路安台站数折》,故宫博物院编辑:《宫中档乾隆朝奏折》第9辑,台北:故宫博物院,1982年,第1099页。
④ 《清高宗实录(六)》,乾隆十九年(1754年)十月乙亥条,北京:中华书局,1986年,第1145页。

省自潼关至长武仅八站。而甘省自泾至肃州，供二十八站。又陇西、红城、镇羌三处，因道路过长，添设三腰站。臣拟略为变通，令陕西将送兵马骡，再递送泾州至瓦亭驿三站，即将此三站应备马骡，帮协前站，庶劳逸均而办理裕如"①。

无论运粮台站还是运兵台站，均属战时所设临时机构。乾隆年间平定大小金川时，乾隆帝下令沿途台站"不可行车之处，照车数备马，倘驿马不敷即于各该省绿旗马内通融，如仍不敷即雇骡，应用马有倒毙，动项买补，车辆均令雇觅"②。由此可知，台站所需车马有不少雇自民间，"大学士管陕甘总督黄廷桂奏，甘省自泾而肃，道路绵远，台站较多。所用人夫牲畜，按日发价，在途有牵领之值，在台有守候之资，民情踊跃争先。自本年正月初一起，至二月初六日止，征兵加站巡行，节次到肃，今已先后全数出关。时届春融，所雇牲畜车辆，俟尾起官兵一过，即彻令归农"③。乾隆二十年（1755 年）三月，前往西北平叛的军队通过以后，"其台站所雇民间车马，河东各站已尽归，河西亦陆续遣散"④。这些战时所设运输机构，往往设置于重要军事通道。无论是军队的行进还是粮饷的转运，路线相对单一且固定。当战事发生在西南方面时，川陕大道无疑是重要的军事通道。当战事发生在西北方面时，则形成以陕甘大道北道为主，以陕甘大道南道为辅的格局。

宁夏沿边一带亦是重要往来通道，但因沿途荒僻，只用来传递重要军事文书，沿途并不设置运粮或运兵台站。协办陕甘总督尚书刘统勋奏称："陕甘台站，设在南路，沿边北路，未经筹办。指日凯旋，必由沿边近道赴京。请站设马六十，俟南路各驿兵过，彻调北路。下军机大臣议，寻议北路如

---

① 《清高宗实录（七）》，乾隆二十一年（1756 年）十二月丁丑条，北京：中华书局，1986 年，第654 页。
② 《清高宗实录（五）》，乾隆十三年（1748 年）九月己卯条，北京：中华书局，1986 年，第374 页。
③ 《清高宗实录（七）》，乾隆二十二年（1757 年）二月辛卯条，北京：中华书局，1986 年，第729 页。
④ 《清高宗实录（七）》，乾隆二十年（1755 年）三月甲午条条，北京：中华书局，1986 年，第72 页。

议，南路凯旋需马应另筹。"① 可见，北路沿边一带，并不设台站。

另外，由瓦亭驿向北经固原，再向西直达凉州的道路，清代亦是重要的军粮运输通道。"窃照拨运西凤两府粟米十五万石，运送甘凉西肃。伏查西凤来甘，南路自秦州属之清水县入甘肃，因中隔关山，俱系高脚驮运。北路自平凉属之泾州入甘肃至瓦亭驿，走固原直接达甘肃，向系行车大道，驴骡车辆兼用；其由瓦亭走六盘山，经兰州过河者，多系高脚。……当即非饬两路道府大员，严督所属州县，将沿途桥梁道路修理坚固宽平"②，"查甘属粮运大将军臣岳钟琪定期三月出口，其河西各府车辆驼骡无黄河阻隔，易于解送。惟平凉所造粮车二千三百辆，及平、庆所喂骡头，必从靖远厅志红嘴子渡船过河。临巩所喂骡头必从兰州城外浮桥过河。两处地方冬间河冻坚凝，行旅俱从冰上往来。迨惊蛰前后，冰冻将融未融，行人不敢冒险，即天暖融化亦必须四五日后方得开通，而上流冰凌顺水而下，浮桥既难搭造，渡船亦未便行走。"③ 雍正年间的军粮运输，自固原经靖远厅直达甘肃的道路是重要通道。

小　结

道路的军事功用与不同时期的军事部署和边防形势密切相关。明代陕西地据"三边四镇"，北面的鞑靼、西面的吐鲁番和西南面的番羌诸部所造成的军事压力较大。因而内地通往这些边地卫所的通道，所承担的军事功用较为突出。这从递运所的设置上便可看出。清代西域的准噶尔和青海地方的和硕特部所造成的军事压力较大，因而陕甘大道北道的军事作用较为重要。而

---

① 《清高宗实录（七）》，乾隆二十年（1755 年）二月丁卯条，北京：中华书局，1986 年，第50 页。

② 《兰州巡抚许容奏报运西凤两府军粮赴甘凉西肃等事及甘省雨水调匀折》，《雍正朝汉文朱批奏折汇编》第 20 册，南京：江苏古籍出版社，1989 年，第 513 页。

③ 《甘肃巡抚许容奏报河神显应冰凌忽融粮运畅行折》，雍正八年（1730 年）正月二十六日，《雍正朝汉文朱批奏折汇编》第 17 册，南京：江苏古籍出版社，1989 年，第 780 页。

雍正、乾隆年间，为平定西南地区因改土归流所引发的地方性叛乱，川陕大道亦成为重要的军事通道，军事作用突出。因此，军兴之时，常在道路沿线设置军事台站以运粮运兵。

第八章　明清关陇地区道路交通的商贸功用

道路是贸易往来的重要载体。明代关陇地区内通三边四镇，外达诸夷川贵；清代关陇地区地处国家腹心地带，凭借重要的区域位置，无论明代还是清代，关陇地区的商贸活动都在全国占据重要地位。关陇地区内部和通往周边地区的干道，承载着重要的商贸功用。

第一节　明代关陇地区的主要商贸路线

经过明初数十年的休养生息，关陇地区的社会经济逐渐从元末明初的战火中恢复，并获得进一步发展。从空间上看，由潼关、大庆关、龙驹寨进入关中的道路，由关中通往三边的道路，以及汉中与四川间的道路，是明代关陇地区的重要商道。

一、明代关陇地区的商业发展状况

在明初的统一战争中，关陇地区的社会经济受到较大冲击。洪武二年（1369 年）设立陕西行省，后改为陕西行都司。随着战事的平息和政权的稳固，休养生息以恢复民力和促进生产发展成为当务之急。

朱元璋对关陇地区社会经济的恢复十分重视，当发生雨雹、蝗、旱等灾害时常常蠲免当年租税，并时常御赐钱钞给承担转输边地粮饷的百姓。朱元璋对于民力更是十分爱惜。洪武十一年（1378 年），朱元璋赐书就藩西安的秦王朱楧："关内之民自元氏失政以来不胜其弊，及吾平定天下又有转输之劳，西至于凉州，北至于宁夏，南至于河州，民未休息，予甚悯焉。今尔之国，若宫室已完，其余不急之役宜悉缓之，勿重劳民也。"① 洪武十七年（1384年）秦州卫奏请起用民夫修理城隍庙，朱元璋以妨碍农时不予批准②。永乐时继续施行与民休息、轻徭薄赋的政策，如永乐九年（1411年）下令"免陕西所属郡县永乐八年以前逋租"③，永乐十六年（1418年）降敕切责陕西布政司、按察司，"比闻陕西所属郡县岁屡不登，民食弗给，致其流莩，尔等受任方牧，坐视不恤，又不以闻罪，将何逃？速发所在仓储赈之，稽违者必诛不宥"④。

在此背景下，关陇地区的社会生产逐步恢复，大量土地得到开垦，人口迅速增长，商业贸易也日渐活跃，尤以关中地区为甚。从嘉靖年间关陇地区各州县的商税税额看（图8-1、表8-1），关中各州县商税额明显高于他处。这与关中优越的地理条件和深厚的历史积淀密切相关，其"山河四塞，昔称天府，西安为会城。地多驴马牛羊旄裘筋骨。自昔多贾，西入陇、蜀，东走齐、鲁，往来交易，莫不得其所欲。至今西北贾多秦人。然皆聚于沂、雍以东，至河、华沃野千里间，而三原为最。……关中之地，当九州三分之一，而人众不过十一，量其富厚，什居其二。闾阎贫窭，甚于他省，而生理殷繁，则贾人所聚也"⑤。

与之相比，汉中与河陇地区的商业发展则相对逊色，整体上无法与关中相比，但个别州县凭借特殊的区位优势，商业地位亦不容小觑。例如，庆阳府治所安化县、兰州及徽州，均位于重要交通干道之上，是商客往来的重要节点。西宁、河州、阶州则因毗邻番族，茶马及牛羊毛皮等贸易兴盛，商税数量亦多于他处。

① 《明太祖实录》卷118，洪武十一年（1378）五月乙亥条，台北："中央研究院"历史语言研究所，1962年，第1927页。
② 《明太祖实录》卷159，洪武十七年（1384年）正月癸卯条，台北："中央研究院"历史语言研究所，1962年，第2453-2454页。
③ 《明太宗实录》卷121，永乐九年（1411年）十一月戊午条，台北："中央研究院"历史语言研究所，1962年，第1523页。
④ 《明太宗实录》卷202，永乐十六年（1418年）七月己巳条，台北："中央研究院"历史语言研究所，1962年，第2094页。
⑤ （明）张瀚：《松窗梦语》卷4《商贾纪》，盛冬铃点校，北京：中华书局，1985年，第82页。

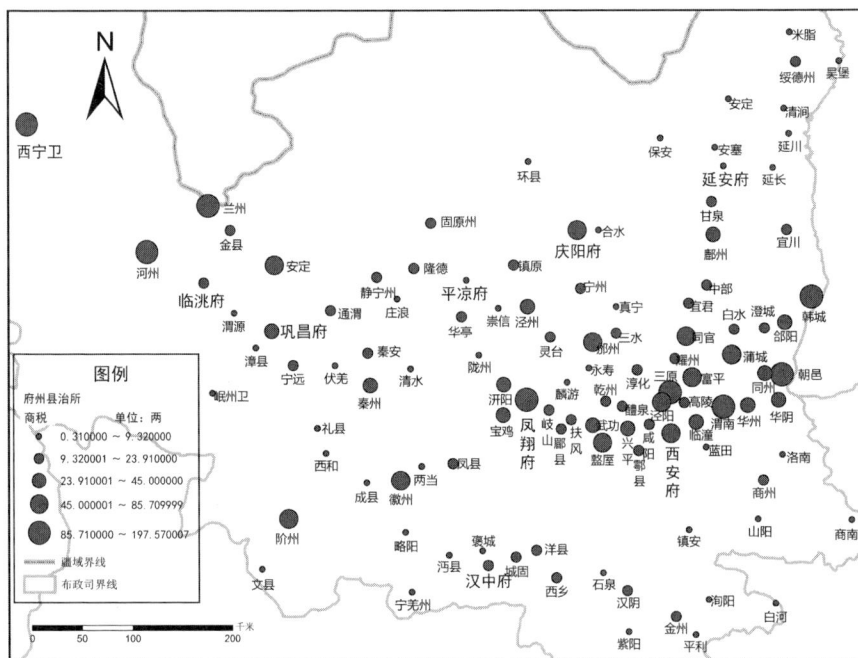

图 8 - 1　明嘉靖年间关陇地区各州县商税数额等级图

表 8 - 1　明嘉靖年间陕西布政司商税状况表　　　　单位：两

	朝邑县	197.57	澄城县	23.91
	三原县	116.72	商州	22.3
	韩城县	112.94	咸阳县	21.4
	渭南县	96.16	高陵县	20.28
	同官县	85.71	乾州	16.69
	泾阳县	68.9	三水县	16.3
	蒲城县	59.21	淳化县	16.01
	邠州	59.21	鄠县	15.27
西安府	盩厔县	57.79	白水县	12.72
	富平县	50.12	长安县	11.94
	华阴县	45	醴泉县	11.32
	华州	43.65	耀州	10.91
	同州	40.87	蓝田县	7.91
	临潼县	37.88	永寿县	5.47
	咸宁县	37.49	洛南县	4.44
	兴平县	34.3	镇安县	0.75
	郃阳县	32.1	山阳县	0.74
	武功县	31.39	商南县	0.31

西安府共计 2324.32 两

凤翔府	凤翔县	98.01	岐山县	20.15
	汧阳县	27.88	郿县	12.75
	宝鸡县	27.78	陇州	6.72
	扶风县	20.3	麟游县	6.14

凤翔府共计219.73两

汉中府	西乡县	23.39	洵阳县	7.52
	凤县	21.32	宁羌州	5.5
	洋县	15	略阳县	6.73
	汉阴县	14.33	沔县	6.28
	金州	13.97	平利县	4.35
	南郑县	13.39	紫阳县	4.25
	城固县	13.09	褒城县	4.21
	石泉县	8.55	白河县	3.79

汉中府共计215.4两

平凉府	泾州	37.24	华亭县	14.33
	灵台县	16.59	隆德县	12.07
	静宁州	16.33	平凉县	7.76
	镇原县	16.15	崇信县	6.06
	固原州	15.31	庄浪县	4.13

平凉府共计145.97两

巩昌府	徽州	74.4	礼县	7.56
	安定县	57.17	清水县	6.25
	阶州	56.09	岷州卫	5.93
	秦州	40.6	西和县	5.78
	陇西县	31.65	文县	5.28
	通渭县	15.51	成县	4.2
	秦安县	12.15	漳县	3.3
	宁远县	10.88	两当县	3.27
	伏羌县	9.32		

巩昌府共计856.54两

续表

临洮府	兰州	140.56	金县	11.66
	河州	124.41	渭源县	5.32
	狄道县	16.66		

临洮府共计 298.66 两

庆阳府	安化县	50.34	环县	3.36
	宁州	18.99	合水县	3.3
	真宁县	8.46		

庆阳府共计 84.45 两

延安府	鄜州	29.86	米脂县	5.31
	绥德州	18.2	保安县	5.1
	宜川县	17.86	安定县	3.77
	宜君县	14.28	清涧县	4.6
	葭州	13.79	安塞县	4.45
	甘泉县	12.99	肤施县	3.74
	中部县	10.64	神木县	1.8
	延川县	6.83	吴堡县	1.32
	延长县	5.81	府谷县	1.19

延安府共计 183.87 两

西宁卫	西宁卫共计 101.77 两

资料来源：嘉靖《陕西通志》卷 34《民物·田赋》，第 1849 – 1879 页。

西北地区的皮毛、药材、林木等货物经由关中转运至中原、江南各地，"西北之利莫大于羢褐毡裘，而关中为最。……以珠玑金碧材木之利，或当五、或当十、或至倍蓰无算也"①。而山西地区的煤铁，江南的棉布、丝绸等则销往关中，并转运至西北边地。明代以重兵实边，陕西据有"四镇三边"，众多戍卒及其家属形成巨大的消费群体，吸引众多内地商贾前赴边地贸易。

此外，汉中地区是重要的产茶区，河州、岷州、洮州等地则是重要的茶马贸易地，灵州池盐亦广泛行销于关陇各地。"然茶盐之利尤巨，非巨商贾不能任。"② 丰厚的盐茶之利吸引了不少全国各地的富商大贾。另外，西域

---

① （明）张瀚：《松窗梦语》卷 4《商贾纪》，盛冬铃点校，北京：中华书局，1985 年，第 85 页。
② （明）张瀚：《松窗梦语》卷 4《商贾纪》，盛冬铃点校，北京：中华书局，1985 年，第 85 页。

诸国及藏区番僧入贡亦经由关陇地区，其往来途中趁机销售购买各类货物，也构成商贸活动的重要一环。

二、由潼关、大庆关、龙驹寨进入关中的商路

历史时期关中被称为"四塞之地"，南面的秦岭、东面的黄河、北面的黄土高原和西面的陇山将其构筑成相对独立的地理空间。这样的地貌环境使出入关中的大道被限定在几个固定的节点。就商业活动来说，有明一代关中与东部、东南地区的贸易往来主要经由潼关、大庆关和龙驹寨。

潼关一路自古便是连接关中与关东地区的重要通道。明代潼关为东西主驿道的重要节点，因地位重要故设潼关卫镇守。东来西去的使臣商客，均把潼关视作正路，"潼关开镇往来者必道于彼，乃正路也"①。由潼关进入关中后，沿主驿道经华阴、华州、渭南、临潼等地可到达西安。西安"形胜物力甲天下"②，"系秦省要枢，向称饶裕"③，作为关陇地区最大的都会，其毫无疑问地成为最重要的商品货物集散地和巨大的消费市场。

大庆关位于朝邑县以东的黄河沿岸④，是沟通晋陕两省的重要渡口，"（大庆）关中民居稠密，倍于县邑。盖秦晋商贾之所市也"⑤，如山西蒲州"凡蒲人贾于外者，西则秦陇甘凉瓜鄯诸郡"⑥。由蒲州至秦陇，大庆关一路最为便捷。由于地处交通要道，至明嘉靖初年大庆关城"居民至三千七百余家，大都殷富，商贾辐辏。"⑦ 南门外还设有巡检司和税课局，每年征收

---

① （明）许维新《平阳兵事略》，《明经世文编》卷 457《许光禄集》，北京：中华书局，1962 年，第 5007 页。
② 《度支奏议·新饷司》卷 22《覆秦省议留新饷疏》，《续修四库全书》第 485 册，上海：上海古籍出版社，2002 年，第 625 页。
③ 《度支奏议·陕西司》卷 3《覆陕西抚按题请蠲停西安钱粮疏》，《续修四库全书》第 490 册，上海：上海古籍出版社，2002 年，第 673 页。
④ 由于黄河河道变迁，明代大庆关位置时有变动。可参见王元林《明代黄河小北干流河道变迁》（《中国历史地理论丛》1999 年第 3 期。）
⑤ （明）张瀚：《松窗梦语》卷 2《西游记》，盛冬铃点校，北京：中华书局，1985 年，第 44 页。
⑥ （明）张四维撰：《条麓堂集》卷 21《海峯王公七十荣归序》，《明别集丛刊》第 3 辑，第 41 册，合肥：黄山书社，2016 年。
⑦ 万历《续朝邑县志》卷 1《地形志·古迹》，《中国地方志集成·陕西府县志辑》第 21 册，南京：凤凰出版社，2007 年，第 29 页。

商税二百二十两①。由大庆关过黄河，向西可通往朝邑、同州、蒲城、耀州等地，如同州所需日用器物"惟稗贩以通存无，朝韩颇有挟赀远贾者"②。而向南过洛、渭两河再向西可通往西安。由大庆关南下，需在朝邑县南的赵渡镇渡过洛河，故赵渡一带十分繁忙，为朝邑县最大的一处市集，"商贾辐辏里中，一浩穰也，盖称日市焉"③。

鉴于潼关、大庆关两处关口过往客商较多，自嘉靖十二年（1533 年）起，朝廷委派官员于两处"验税商货，以补王府拖欠禄米，并赈济边仓等用"④，"大庆关商税银二百二十两，征之关市"⑤。但大庆关地近黄河，屡遭水害，如隆庆四年（1570 年）的一次水患，"自大庆关抵县治三十里，不见水端"⑥。在此背景下，大庆关址曾多次迁移，但仍然具有重要的交通地位。

自明中后期开始，由于道路的疏通，西安经蓝田通往商州的道路也变得繁忙起来。由于这条道路连接了陕西、河南和湖广三地，政府官员和民间贸易者多取此路。至嘉靖末年，"凡陕西彼此宦游，及他省过往使客，或自陕西而适南或自南而适陕者，往往不由潼关旧行驿马大路，却从陕西省城取道蓝田、商州、商南转入河南内乡等处，名约取捷"⑦。而龙驹寨作为此道路上的重要节点，逐渐发展成贸易巨镇，"潼关一路卫秦晋要途，龙车一寨当秦楚要害，商贾辐辏，货物鳞集"⑧，"其实商之捆载来

① 万历《续朝邑县志》卷 4《食货志》，《中国地方志集成·陕西府县志辑》第 21 册，南京：凤凰出版社，2007 年，第 42 页。
② 天启《同州志》卷 2《舆地·风俗》，明天启五年（1625 年）刻本。
③ 万历《续朝邑县志》卷 2《建置志·市集》，《中国地方志集成·陕西府县志辑》第 21 册，南京：凤凰出版社，2007 年，第 34 页。
④ （明）申时行等修：《万历会典》卷 35《户部·课程·商税》，北京：中华书局，1989 年，第 257 页。
⑤ 天启《同州志》卷 5《食货·赋役》，明天启五年（1625 年）刻本。
⑥ 万历《续朝邑县志》卷 8《纪事志》，《中国地方志集成·陕西府县志辑》第 21 册，南京：凤凰出版社，2007 年，第 76 页。
⑦ （明）吴桂芳：《条陈民瘼疏》，《明经世文编》卷 342《吴司马奏议》，北京：中华书局，1962 年，第 3664 页。
⑧ 《度支奏议·新饷司》卷 1《题覆御史姜兆张条议疏》，《续修四库全书》第 484 册，上海：上海古籍出版社，2002 年，第 311 页。

秦，取道有二：从潼关者贾伊洛燕晋，从龙驹寨者，贾梁楚江南"①。《徐霞客游记》载：龙驹寨"东去武关九十里，西向商州，即陕省间道。马骡商货，不让潼关道中。"② 由此可见，至晚明时期，龙驹寨的交通地位已堪与潼关相匹敌。

三、关中通往三边的商路

由关中地区通往延绥镇、宁夏镇、甘肃镇等三边地区的道路是重要的贸易路线。明代以重兵实边，这些戍卒及其家属形成巨大的消费市场。首先，驻兵需要大量的粮饷，其来源主要有四：屯田、民运粮、开中盐粮和京运年例（又称京运银）。所谓"开中"即由商人运粮至指定地点，以换取部分食盐的营销权。这种方式，有力促进了边镇粮食贸易的发展。正德八年（1513 年），朝廷规定"其路远米贵处所，无人报中本色者，收价转发各城堡，命商籴买或折放，听军士自买"③。嘉靖以后，民运粮亦改为征收银两，由士兵自行购买粮食。士兵有钱而边地缺粮，这必然吸引众多商人从内地买粮运至边地售卖。其次，边镇士兵及民众日常所需的棉布、糖、茶及其他日用百货等，也需要从内地贩运，从而进一步促进了内地和边地间的贸易往来。

另外，明蒙互市也是边地贸易的重要组成部分。"隆庆和议"后，明蒙关系趋于稳定，明朝先后在西北开设七处互市市场（表 8-2）。"往市者烟、茶、梭布、草缎、盐，所禁者军器、米、麦，夷所至者，马、骡、驴、羊各皮毛。"④ 明朝以布匹、日用杂物等来交换蒙古游牧民族的马、羊等。由于互市获利甚多，内地商人自然乐于前往贸易。

---

① （明）张缙彦：《刘公建言减税裁局碑记》，乾隆《三原县志》卷14《艺文志》，《中国地方志集成·陕西府县志辑》第 8 册，南京：凤凰出版社，2007 年，第 448 页。
② （明）徐弘祖：《徐霞客游记》卷 1《游太华山日记》，上海：上海古籍出版社，2010 年，第 17 页。
③ 《明武宗实录》卷96，正德八年（1513 年）正月己丑条，台北："中央研究院"历史语言研究所，1962 年，第 2029 页。
④ （清）梁份：《秦边纪略》卷 5《延绥卫》，赵盛世等校注，西宁：青海人民出版社，1987 年，第 356-357 页。

表8－2　明代延绥、宁夏、甘肃三镇明蒙互市市场基本资料统计表

镇	市场	交易地点	初设时间	市场类型	贸易对象	备注
延绥	红山墩市	榆林城北红山边墙暗门之外	隆庆五年（1571）	大市	吉能等部	延绥市、榆林市、宁夏红山寺市等均为此处
宁夏	清水营马市	灵州所横山堡沿边墙附近	隆庆五年（1571）	大市	白马台吉等	
	中卫马市	宁夏中卫	万历二年（1574）	大市	抄胡儿等	
	平虏马市	平虏城守御千户所	万历十年（1582）	大市	吉能等部	位于黄河畔沿边墙附近
甘肃	洪水堡扁都口马市	洪水堡洪水河畔扁都山口间	万历三年（1575）	大市	吉能等部	洪水河畔，交通要冲扁都口附近
	庄浪铧尖墩市场	庄浪卫岔口堡	万历三年（1575）	小市	松山宾兔吉等	与高沟寨市场轮流开市，三年一轮
	高沟寨市场	凉州卫东	万历六年（1578）	小市	松山宾兔吉等	与庄浪铧尖墩市场轮流开市，三年一轮

资料来源：范熙晅《明长城军事防御体系规划布局机制研究》，天津大学2015年博士学位论文，第183页。

明代，由关中通往三边地区的主要商道有以下几条。

一是由西安府城出发，向北经三原、耀州、同官等地，通往延安府、延绥镇的驿道，是连接关中与陕北地区的重要商道。陕北粮食往往"通宜、洛、甘泉、中部等州县一路籴贩，自泾阳、三原等处，转输而北，以耀州道、郬州道主之。"① 位于这条道路上的三原发展成为重要的商业中心，"四方之商贾辐辏，凡货自四方转至及产于陕西者，皆萃于此以交易。其民利此，率治商贾业鲜务于农"②。而三原商人的贸易范围远不止于关陇一带，

① （明）吴甡：《柴庵疏集》卷7《安插流移广开籴贩疏》，秦晖点校，杭州：浙江古籍出版社，1989年，第136页。
② 刘健：《三原县龙阳宫籼建玉皇阁记》，嘉靖《重修三原县志》卷13《词翰》，《中国地方志集成·陕西府县志辑》第8册，南京：凤凰出版社，2007年，第180页。

"三原多大商，鬻贩淮扬间，赀累数万"①。

二是由西安府城出发，向西北经庆阳府或固原州的驿道，是连接关中与宁夏地区的重要商道。乾州作为关中平原西北部的重要都会，"当西北之冲，号为三边孔道，邮人使客往来经过者，日无宁晷"②，而庆阳和固原是内地通往宁夏边地的重要节点，因此这两处的商业较其他地方为盛。庆阳府城的商贸交易主要集中在南关一带，"南关，乃货财积聚，商贾贸易之场。前此市廛稠密，有无相通。士民晨起趋市，行止声哗，喧杂四闻，退诚有各得其所之义矣"③。庆阳府西南 120 里的董志镇（今庆阳市区南董志镇）"乃四达通逵、贸易辐辏之地"④。不过至嘉靖年间，庆阳先遭受蒙古部侵掠，后遭地震、大水，加之嘉靖十年（1531 年）又加筑定远营至兴武营边墙一道，此后"塞上无警，财货竞移于边，商贾视此地为逆旅，店市、财货日减，而生理微矣"⑤，庆阳的商业地位日渐衰弱。

而固原一地最初升为固原州时，"城市荒芜"，其后设盐引批验所于此，"由是商贾流通，殷阜巨镇"⑥。特别是正德元年（1506 年）重新加固"固原内边"之后，宁夏向南经固原至平凉的道路，"此路之警无闻，一劳永逸之效明矣。于今商贾通行，货赂贸易直抵西宁诸堡，渐成通衢，一路四民阴受其赐焉"⑦。

三是由西安府城出发，向西北经平凉府、临洮府的驿道，是连接关中与甘肃地区的重要商道。其中兰州为这条路上的重要节点，"陕西路通甘凉，止有兰州浮桥一道"⑧。来自内地的货物多集中于兰州，再转销河西各地，

① （明）过庭训撰：《本朝分省人物考》卷 85《李景繁》，明天启刻本。
② 崇祯《乾州志》卷上《建置志·驿传》，明崇祯六年（1633 年）刻本。
③ （明）傅学礼：《嘉靖庆阳志》卷 17《景致》，兰州：甘肃人民出版社，2001 年，第 408 页。
④ （明）傅学礼：《嘉靖庆阳府志》卷 3《里甲》，兰州：甘肃人民出版社，2001 年，第 42 页。
⑤ （明）傅学礼：《嘉靖庆阳府志》卷 4《坊市》，兰州：甘肃人民出版社，2001 年，第 82 页。
⑥ （明）陆应阳撰，（清）蔡方炳增辑：《广舆记》卷 23《九边·固原》，《四库全书存目丛书·史部》第 173 册，济南：齐鲁书社，1996 年，第 490 页。
⑦ （明）傅传礼：《嘉靖庆阳府志》卷 8《兵防·烽堠》，兰州：甘肃人民出版社，2001 年，第 144 – 146 页。
⑧ （明）马文升《为预防房患以保重地事疏》，《明经世文编》卷 63《马端肃公奏疏》，北京：中华书局，1962 年，第 526 页。

"兰州系甘肃襟喉之地，腹里一应边饷解至彼处，转发各仓"①。因此兰州的商业也较为繁盛，"买卖辐辏"②。"本州内有宗室，外多商贩，人烟辏集，畜产蕃盛，比他处不同"③。万历《临洮府志》载，兰州城内有市场三处，其中西市最大，"百货咸集，市无虚日"④。

此外，西域诸国及边地番族进贡亦需经由陕甘大道。这些人常趁此时机于往返途中贩卖货物。如肃州"东关厢寄住各夷，……凡遇进贡之年，各夷买京师茶斤段匹，运至肃州，与南北番夷交易，相换马匹牛羊以为利"⑤。作为东入嘉峪关的第一站，常常有西域各国回回久住于此，"货卖为生"⑥。

四、汉中与四川间的商路

汉中与四川间存在两条重要商道，一是川陕驿道，二是嘉陵江水路。川陕驿道是沟通四川和陕西的主干道，官员往来及诏令文书传递等率由此道。但此路沿途往往翻山越岭不易通行，且货物需雇佣骡马托运，运输成本较高，因此往来商贾多取嘉陵江水路。

嘉陵江水路南连巴蜀，北连汉中、陇南一带。来自巩昌府境内的货物多集中于徽州，再由此向东南经白水江路，转入嘉陵江水路。"白水江在汉中西北，通秦徽要路，茶商发运，舍次更无别途。"⑦ 徽州凭借优越的地理位置，成为重要的商贸集散地。嘉靖《徽郡志》载："徽辐辏之地，水陆之衢

---

① 《万历会计录》卷28《本镇饷额·民运》，《续修四库全书》第832册，上海：上海古籍出版社，2002年，第468页。
② （明）李承勋《会议事件》，《明经世文编》卷100《李康惠公奏疏》，北京：中华书局，1962年，第886页。
③ （明）杨一清：《存留守城官军防虏疏》，道光《兰州府志》卷1《地理志·形胜》，《中国地方志集成·甘肃府县志辑》第1册，南京：凤凰出版社，2008年，第466页。
④ 万历《临洮府志》卷6《建置考·市井》，明万历三十二年（1605年）刻本。
⑤ （明）李应魁：《肃镇华夷志》卷4《种属》，高启安、台惠莉校注，兰州：甘肃人民出版社，2006年，第293页。
⑥ （明）李应魁：《肃镇华夷志》卷4《种属》，高启安、台惠莉校注，兰州：甘肃人民出版社，2006年，第282页。
⑦ （明）杨嗣昌撰：《杨嗣昌集（二）》卷34《复瑞王营兵鼓噪疏》，梁颂成辑校，长沙：岳麓书社，2008年，第814页。

也，往昔颇称繁华。"① 汉中府的货物除经陆路运往四川外，亦可于宁羌州北的大安一带折向西，在阳平关入嘉陵江水路。"阳平关在汉中西南，通四川水路，商贾往来咽喉。"② 巴蜀地区的货物亦可溯流而上至汉中，"自保宁府上船，十日可至阳平关，乃宁羌州所辖。由陆路二日可到沔县，再一日到汉中。……各商贩卖川盐，俱由水路"③。

第二节　清代关陇地区商路的新发展

经过清初数十年的休养生息，关陇地区的社会经济逐渐恢复。统一新疆后，连接新疆和内地的陕甘大道成为重要的商贸通道，地位愈加重要。而因边防形势的变化，庆阳府的商业地位明显下降。另外，随着人口的增加，陇南和陕南地区涌现出一批新的重要商道。

一、清代关陇地区的商业发展状况

经过明末清初长达数十年的战乱，关陇地区的社会经济再次遭受重创，人口流失，田地荒芜，城市凋敝，商贾绝迹。明中期以来一度繁忙的蓝田—商州道，在明末便已荒废不通。崇祯十年（1637 年）十二月，孙传庭自关中至商州围剿农民起义军，"自蓝田入山，从七盘坡攀援而上，侧身一望万山如簇，行旅久绝。草木蓊翳，并所谓羊肠鸟道，不可辨识。……所过村落庐舍，无一存者"④。蒲城县"时经寇乱，自孝同集市劫，各会场以贼缓急

① 嘉靖《徽郡志》卷 4《田赋志·课贡》，《中国地方志集成·甘肃府县志辑》卷 36，南京：凤凰出版社，2008 年，第 51 页。
② （明）杨嗣昌撰：《杨嗣昌集（二）》卷 34《复瑞王营兵鼓噪疏》，梁颂成辑校，长沙：岳麓书社，2008 年，第 814 页。
③ 《度支奏议·山东司》卷 7《题覆瑞藩赡盐河东折价买供川盐疏》，《续修四库全书》第 488 册，上海：上海古籍出版社，2002 年，第 126 页。
④ （明）孙传庭：《白谷集》卷 1《移镇商洛派防汛地方疏》，《幔亭集 外四种》，上海：上海古籍出版社，1993 年，第 230 页。

为举，止数年来货鬻之物不进城"①。同州"自明季寇乱，民雉鸟散者十室九空，地亩半就荒芜"②。安定县"自明季寇虐后，庐舍焚毁，流移未复，民多逋赋"③。对此，顺治二年（1645 年）克定陕西后即刻颁布一系列措施，安抚民众恢复生产，包括蠲免苛捐杂税、减免农业正税、重申律令豁免囚徒等。康熙三年（1664 年），下令"顺治十五年以前拖欠各项银米、药材、绸绢布匹等项钱粮概行豁免"。此年又下令将"顺治十六、十七、十八等年各项拖欠钱粮俱令蠲除"④。经过顺治、康熙、雍正三代的休养生息，至乾嘉时期，关陇地区的社会经济逐步恢复并获得了进一步的发展。

自咸丰年间（1851—1861 年）起，为增加税收弥补财政亏损，清政府在各省推行厘金制度，即在各省城设总局，在各州县及重要商道节点设局、卡，对过往商货进行征税。通过对局、卡的空间分布及厘金数量进行分析，有助于了解清代关陇地区商业的发展状况和主要商道的空间分布。(图 8 - 2、图 8 - 3)

清代关陇地区的主要商道格局，在继承明代基础上又有所变化。大庆关、潼关、武关三道仍然是连接关陇地区与东部地区的重要通道。

清康熙三十八年（1699 年），三原知县李瀛甫请求将本县所征商税并入潼关和龙驹寨，认为"二处乃水陆要津所入者，全省之通商舟车蚁聚，货物云屯"，最终朝廷议准，"嗣后凡属货物，皆由潼关及南路之龙驹寨，东路之大庆关出入"⑤。大庆关"自康熙三十七年后，河水连岁崩徙，船只漂没无存，官渡遂废"，自此之后改为民渡，"乃造渡船八只，小船二只，关人操舟东西过渡，岁以为常"⑥，仍然是晋陕间的重要渡口。武关道商贸地

---

① 康熙《蒲城县志》卷 1《镇市》，《中国地方志集成·陕西府县志辑》第 26 册，南京：凤凰出版社，2007 年，第 23 页。
② 乾隆《同官县志》卷 3《田赋志》，《中国地方志集成·陕西府县志辑》第 27 册，南京：凤凰出版社，2007 年，第 545 页。
③ 乾隆《甘肃通志》卷 31《名宦》，《中国边疆丛书》第 2 辑，台北：文海出版社，1966 年，第 3100 - 3101 页。
④ 雍正《陕西通志》卷 83《德音》，《中国西北文献丛书·西北稀见方志文献》第 4 卷，兰州：兰州古籍书店，1990 年，第 88 页。
⑤ 乾隆《三原志》卷 3《田赋志·榷税》，南京：凤凰出版社，2007 年，第 281 页。
⑥ 民国《平民县志》卷 1《舆地志·关津》，台北：成文出版社，1970 年，第 29 - 30 页。

位也进一步提升，龙驹寨"西商之贸易东南者，多于此买舟雇驴，人烟稠密，亦小都会焉"①，自设厘金局后，"每月比较万余金，为陕省之冠"②。

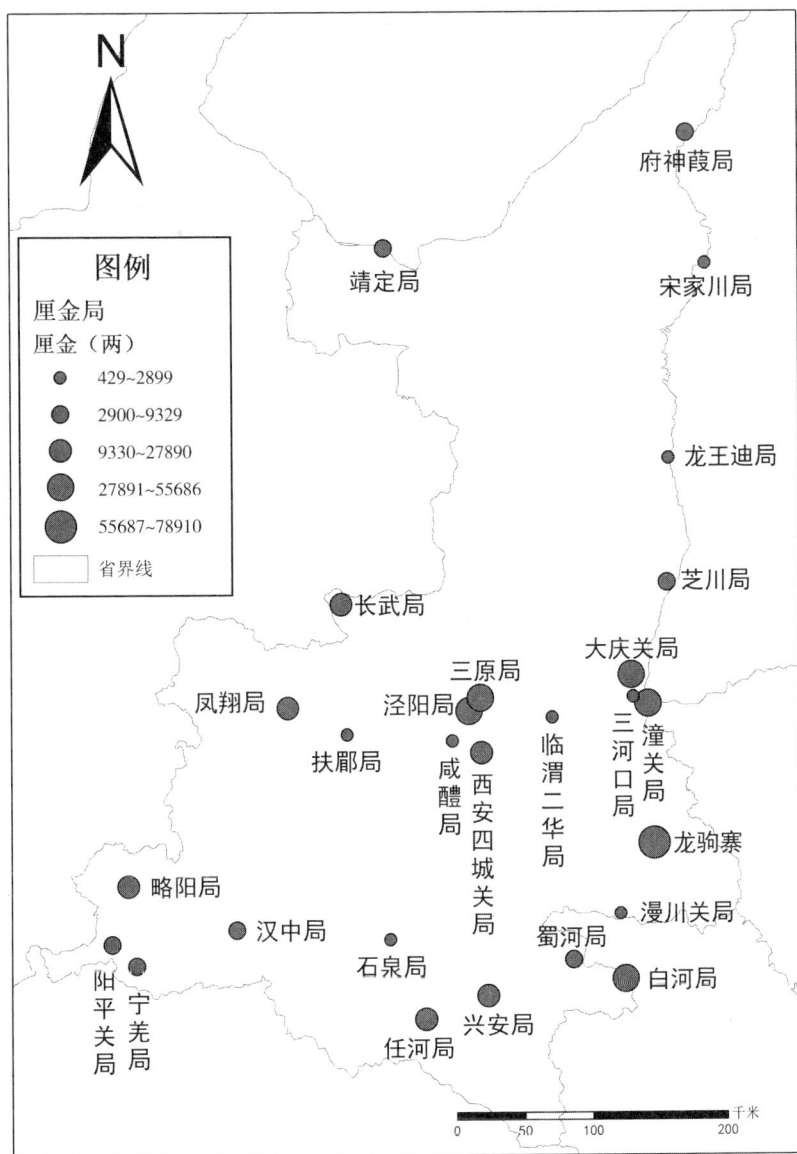

图8-2　清宣统元年（1909年）陕西各厘金局征收厘金数额等级图

---

① （清）严如熤：《三省山内风土杂识》，北京：中华书局，1985年，第10页。
② （清）叶昌炽：《缘督庐日记》第9册，南京：江苏古籍出版社，2002年，第5295页。

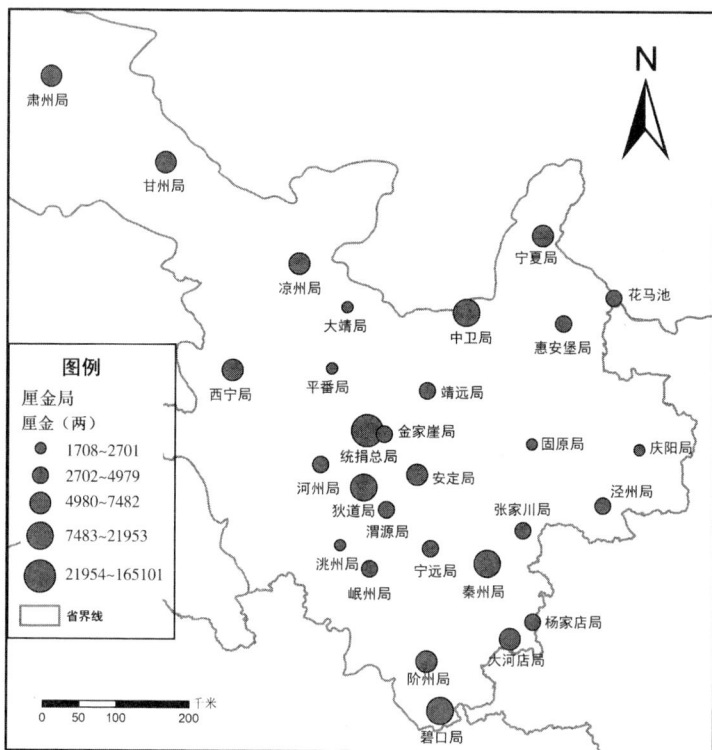

图 8 - 3 　清光绪三十二年（1906 年）甘肃统捐局征收厘金数额等级图

二、陕甘大道商业地位的提升

自新疆纳入国家版图后，清政府便积极开展内地与新疆的贸易，以内地的布匹、茶叶、瓷器等换取哈萨克等部族的牲畜和皮毛。早在乾隆二十三年（1758 年）九月清政府便与哈萨克进行了首次贸易，此后贸易量年年递增，乾隆二十五年（1760 年），江宁、苏州、杭州织造奉命备办各类绸缎八千五百匹①。同时，清政府鼓励内地商人前往新疆各地进行贸易，于是内地商人往新疆者趋之若鹜。

新疆收复以后，伊犁等地官铺内所售货物往往不能满足供应，需派遣官兵前往内地兰州、西宁等处采买。乾隆四十七年（1782 年），乾隆帝认为

---

① 林永匡、王熹：《乾隆时期内地与新疆哈萨克的商业贸易》，《西北民族研究》1986 年。

"从前伊犁向内地贩卖货物，原因初经创立，商贩稀少，藉此以利兵丁，今已年久商贾流通，似应就近购办"，故而下令废除此例。① 例如，当时的伊犁，"内地之民争趋之，村落连属，烟火相望，巷陌间羊马成群，皮角氆褐之所出，商贾辐辏。至如绍兴之酒，昆腔之戏，莫不坌至"②；阿克苏"地当孔道，以故内地商民，外番贸易，鳞集星萃，街市纷纭"；叶尔羌"中国商贾，山陕江浙之人，不辞险远，货贩其地"③。作为往来必经地的哈密，政府专门于此处征收商税，规定"岁征出关路过商民贩货铁辋车，每辆税银三两；木辋车税银二两；……岁征商民进关口票，每张税银四钱；遂征赴巴里坤、吐鲁番民人口票，每张税银七钱；岁征进关西路运贩玉块商民，论斤重取税给口票，税银无定额"④。

在此背景下，陕甘大道作为中原和新疆间的重要纽带，其商贸地位得到提升。肃州在明代属于国家边地，商业发展相对落后，但至清中叶由于其交通地位的提升，商业发展呈现出繁盛的面貌，"肃州之地，远避遐荒，舟楫少通，而番夷交集，宜若无所贸易。然各省商旅，咸居于此，西无所往，东无所阻，市之鬻贩不拘时，黎明交易，日暮咸休，市法平价，众庶群集"⑤。随着疆域的扩展和边疆局势的稳定，内地越来越多的商人前往西北进行贸易活动，如甘州地区，"布絮，其来自中州。帛，其来自荆扬，其值昂"⑥。位于平凉以东的白水镇"商业隆盛"，"花所镇、郿现镇、安国镇亦商旅辐集"。⑦ 永寿县东南的监军镇，地处陕甘大道之上，"百余年来，休养生息，物阜民殷，轩车辐辏，居然巨镇矣"⑧。

---

① 《清高宗实录（一五）》，乾隆四十七年（1782 年）正月戊午条，北京：中华书局，1986 年，第 399 页。
② （清）赵翼：《皇朝武功记盛》卷 2，北京：中华书局，1985 年，第 29 页。
③ （清）王全臣：《西域闻见录》卷 2《新疆纪略下·叶尔羌》，《中国西北文献丛书·西北民俗文献》第 1 卷，兰州：兰州古籍书店，1990 年，第 192 – 196 页。
④ 道光《哈密志》卷 21《食货志·杂课》，台北：成文出版社，1968 年，第 93 页。
⑤ 乾隆《重修肃州新志》2《景致》，《中国地方志集成·甘肃府县志辑》第 48 册，南京：凤凰出版社，2008 年，第 154 页。
⑥ （清）钟赓起著：《〈甘州府志〉校注》卷 6《食货·市易》，张志纯等校注，兰州：甘肃文化出版社，2008 年，第 193 页。
⑦ 光绪《平凉县志》卷 1《建置志》，手抄稿本。
⑧ （清）郑德枢修：《清光绪〈永寿县新志〉》卷 2《建置类·镇堡》，西安：三秦出版社，2010 年，第 40 页。

三、陇南和陕南地区商道的新发展

清代中期以后，随着社会的长期安定，一些偏远地区的社会经济也获得了一定的发展，区域间的贸易往来趋于频繁。（图8-3）杨家店局和碧口局分别设置于陕甘、川陕交界处，征收厘金数量较多，可见这两条商道的重要程度。而白河局、任河局则位于鄂陕、川陕间道路的重要节点上，其征收厘金数量也明显多于他处，可见其商贸地位的重要性。

清代陇南地区的一些州县，商业发展一度呈现出繁荣的状态。巩昌府洮州厅为汉藏回杂处地带，当地居民多蓄养羊马牲畜，吸引了"陕甘各属客商来洮贩卖"，而洮州所产羊毛"虽非大宗，亦时有外来收买之客"①。洮州城西六十里的旧洮堡，"为洮州旧地，较新城为繁富，其俗重农善贾。汉回杂处，番夷往来，五方人民贸易者，络绎不绝"②。而成县"成地杂军民，道通蜀汉，故日中为市与贸迁有无者，每道路以相属"③。西和县虽地处偏僻，"处万山之中"④ 但"居民日用所需亦多借资他处"⑤，一些细软布帛"皆来自商贩，非本地所织"，所用铜铁锡等矿物质均购买于他处，至于日用碗盂器物，"黑者来自兰州，青者于汉中贩买"⑥。岷州地区日用陶器亦来自别处，"往来贸迁者，络绎不绝"⑦。而岷洮一带林木茂盛，因而木材成为当地贸易大宗。"远近商贾有入山购买者，自洮岷、临洮直达宝鸡、咸阳者；有自岷短贩至新寺镇者；有自新寺收买转贩至临洮、宝鸡、咸阳者。"

---

① 光绪《洮州厅志》卷9《兵防》，《中国地方志集成·甘肃府县志辑》第41册，南京：凤凰出版社，2008年，第495页。

② 光绪《洮州厅志》卷2《舆地志·风俗》，《中国地方志集成·甘肃府县志辑》第41册，南京：凤凰出版社，2008年，第176-177页。

③ 乾隆《成县新志》卷2《村堡》，《中国地方志集成·甘肃府县志辑》第38册，南京：凤凰出版社，2008年，第272页。

④ 乾隆《西和县志》1《山川》，《中国地方志集成·甘肃府县志辑》第34册，南京：凤凰出版社，2008年，第129页。

⑤ 乾隆《西和县志》卷2《物产》，《中国地方志集成·甘肃府县志辑》第34册，南京：凤凰出版社，2008年，第275页。

⑥ 乾隆《西和县志》卷2《风俗》，《中国地方志集成·甘肃府县志辑》第34册，南京：凤凰出版社，2008年，第288页。

⑦ 康熙《岷州志》卷11《器用》，《岷州志校注》，定西：岷县印刷厂，1988年，第187页。

此外，当地的木炭、油料也多销往临洮、巩昌等府。至于当归等药材，"近发东陕，远且及于各省"①。

在一些州县商业获得发展的同时，也有一些地方因商路重心的变迁而呈现出衰落迹象。例如，自明后期开始秦州徽县的商贸交通地位便开始下降，嘉靖《徽郡志》载："近来川蜀之货，欲东者皆自阳平关出凤翔，欲西者皆自置口出临巩，登白水江而来徽者才十之二三耳。"②至清乾隆年间已是"蜀道久塞，富商大贾之所不至，因陋就简"③。另外，由于罗汉洞一带落石阻塞河道，嘉陵江水运也受到影响。原本可到达永宁河口的船只，现在最远只能到达白水江，"邑中舟楫竟不复通"④。由此徽县的商业商贸地位逐渐衰落。而阶州城向东经望贼关、白马关，经置口入嘉陵江去往四川的道路变得重要起来。望贼关和七防关是这条路上的重要节点，"斩贼关，旧名望贼，在州东北一百五十里，路通沔、略，宜防"；"七防关，州东北三百余里，距略阳甚近，川湖要路，商贾络绎"⑤。另外还有一些州县，因地理位置偏僻，商业一直未获得较大发展。例如平凉府灵台，"灵邑偏僻，道路梗塞，向来商务均见萧条"⑥。

而陕南地区自清中叶以来便接纳了来自湖广等地移民，人口增加，一些山地也得到开垦，如兴安州"管辖平利、洵阳、白河、紫阳、石泉、汉阴六县，通计地方四千余里。从前俱系荒山僻壤，土著无多。自乾隆三十七八年以后，因川楚间有歉收处所穷民就食前来，旋即栖谷依岩，开垦度日。而河南、江西、安徽等省贫民，亦多移带家室来此认地开荒，络绎不绝。是以

---

① 康熙《岷州志》卷11《贸易》，《岷州志校注》，定西：岷县印刷厂，1988年，第189－190页。
② 嘉靖《徽郡志》卷4《田赋志·课贡》，《中国地方志集成·甘肃府县志辑》卷36，南京：凤凰出版社，2008年，第52页。
③ 乾隆《直隶秦州新志》卷6《风俗》，《中国地方志集成·甘肃府县志辑》第29册，南京：凤凰出版社，2008年第133页。
④ 嘉庆《徽县志》卷7《食货志·风俗》，《中国地方志集成·甘肃府县志辑》第29册，南京：凤凰出版社，2008年，第384页。
⑤ （清）顾炎武：《天下郡国利病书·陕西备略·阶州志》，黄坤等点校，上海：上海古籍出版社，2012年，第2104页。
⑥ 民国《重修灵台县志》卷3《风土志·商业》，《中国地方志集成·甘肃府县志辑》第19册，南京：凤凰出版社，2008年第469页。

近年户口骤增至数十余倍"①。又如连云栈道内，原本"古木丛篁，遮蔽天日"，至清中后期，"为川楚棚民开垦，路虽崎岖，而树木已稀"②。地区开发促进了商贸发展。这些定居山间的移民，虽然食物可自给自足，但"盐布零星杂用，不能不借资商贾，负粮贸易，道路辽远，故喂畜猪只，多者至数十头，或生驱出山，或腌作醢，转卖以资日用"③。

另外，山中设有木厂、铁厂、炭厂、纸厂等，"一厂多者恒数百人，少者亦数十人"④，这些都促进了山内与山外各地的贸易往来，也使得区域内的商业道路得到开辟和完善。长此以往，形成了固定的贸易时间和场所，"山民贸易，定期赴场，场有在市旁者，亦有开于无人烟之处，曰荒场"⑤。

四、庆阳府商贸地位的变迁

清代，庆阳至宁夏的道路不再作为驿道。随着庆阳交通地位的下降，其商业贸易亦受到影响。明代嘉靖年间，庆阳府"颇通商贾"，府城内有集市八处⑥，税收远远高于周边地区。而清代，城内市集减为五处⑦，征收厘金数亦远逊于周边地区。乾隆《庆阳府志》载："庆郡地瘠民贫，生殖无几，间阎不事商贾，惟知力穑。"⑧由于庆阳位置偏僻，所产粮食虽有结余亦无法向外销售，"庆郡僻远，轮蹄艰阻，移粟出境，运价倍于粮价，商贩裹足。他邑谷贵，莫来购取"。而贫苦农民为偿还债务，不得不贱价卖出粮食，但即便如此也很难售出，"或辇至城市，求售不得，辇还苦无赀，竟向

① 《办理陕西巡抚事务毕沅奏为陕省兴汉二属及终南山一带地方险要请改设官属折》乾隆四十七年（1782年）正月二十九日，《宫中档乾隆朝奏折》第50辑，台北：故宫博物院，1982年，第712页。
② （清）严如熤：《三省山内风土杂识》，北京：中华书局，1985年，第2页。
③ （清）严如熤：《三省山内风土杂识》，北京：中华书局，1985年，第22页。
④ （清）严如熤：《三省山内风土杂识》，北京：中华书局，1985年，第22页。
⑤ （清）严如熤：《三省山内风土杂识》，北京：中华书局，1985年，第24页。
⑥ （明）傅学礼：《嘉靖庆阳府志》卷4《坊市》，兰州：甘肃人民出版社，2001年，第84页。
⑦ 乾隆《庆阳府志》卷5《城池·市集》，《中国地方志集成·甘肃府县志辑》第22册，南京：凤凰出版社，2008年，第227页。
⑧ 乾隆《庆阳府志》卷13《物产》，《中国地方志集成·甘肃府县志辑》第22册，南京：凤凰出版社，2008年，第271页。

坊肆易一饭而归"①。作为府城，庆阳城内的繁华程度，甚至比不上秦州的关子镇，"关子镇市井骈阗，视庆阳郡城殆过之"②。（表8-3、表8-4）

表8-3 清宣统元年（1909年）陕西省厘金局设置情况及征收百货厘金数额表

厘金局	位置	厘金数额（两）	厘金局	位置	厘金数额（两）
东关局	省城东关	8822	汉中局	府城内	9329
南关局	省城南关	2192	宁羌局	州城北关	5691
西关局	省城西关	2100	阳平关局	宁羌州阳平关	6205
北关局	省城北关	447	略阳局	县城内	13971
泾阳局	县城西关外	48704	龙驹寨局	商州龙驹寨	78910
三原局	县城南门外	41152	漫川关局	山阳县漫川关	746
咸醴局	咸阳城内	429	兴安局	府城内	13534
临渭二华局	渭南县西关	2644	白河局	县城内	55686
潼关局	东城门内	41152	蜀河局	洵阳县蜀河镇	6333
大庆关局	朝邑县东南	32475	任河局	紫阳县城南	15138
芝川局	韩城县芝川镇	4167	石泉局	县城内	2899
三河口局	华阴县河口	2865	靖定局	定边县安边堡	5344
凤翔局	府城东关	27890	宋家川	吴堡镇宋家川	1941
长武局	县城西关	25238	龙王迪局	宜川县龙王迪	2043
扶郿局	扶风县城内	1265	府神葭局	葭州万户峪	5770

表8-4 清光绪三十二年（1906年）甘肃省厘金局设置情况及征收百货厘金数额表

厘金局	厘金数额（两）	厘金局	厘金数额（两）
甘肃统捐总局	165101	固原局	2001
金县金家崖局	3647	泾州局	3261
狄道局	13319	安定局	6789
渭源局	4839	宁远局	3734
靖远局	4979	岷州局	3289
河州局	3121	洮州局	2701
秦州局	21953	清水县张家川局	3607
徽县大河店局	6164	两当县杨家店局	3432
阶州局	5668	文县碧口局	13189
庆阳局	2495	宁夏局	6478

---

① （清）陶保廉：《辛卯侍行记》卷3，刘满点校，兰州：甘肃人民出版社，2000年，第203页。

② （清）叶昌炽：《缘督庐日记》第7册，南京：江苏古籍出版社，2002年，第4030页。

厘金局	厘金数额（两）	厘金局	厘金数额（两）
惠安堡局	4157	花马池	4083
中卫局	11146	西宁局	7194
凉州局	6017	凉州大靖局	1965
平番局	1708	甘州局	6440
肃州局	7482	驻陕西安局	34001
驻陕三原局	219652	驻陕凤翔局	2916
驻陕略阳局	21513	驻陕靖边宁条梁局	2931
驻陕安边局	10077		

第三节　食盐行销路线

明清时期，关陇地区所用食盐主要来自两处，一是灵州花马池，二是山西运城解池。对食盐的行销路线进行研究和复原，有助于更深入地了解关陇地区的交通体系。

一、花马池盐的行销区域和路线

花马池产盐区分大、小盐池。嘉靖《庆阳府志》载："在府城北五百里，有池二，大盐池周围八十里，小盐池周围二十七里，俱产盐，不假卤滴，其味甘而不苦。"[①] 大盐池即位于今陕西定边县的花马池，小盐池即位于今宁夏回族自治区吴忠市惠安堡镇的盐池。

洪武三年（1370 年），户部请于花马盐池设盐课提举司，"行盐之地，东至庆阳，南至凤翔、汉中，西至平凉，北至灵州"[②]。不久，汉中、凤翔二府改食河东解盐。弘治二年（1489 年），朝廷规定："令灵州盐课司行盐地方，仍旧于平凉、静宁、隆德、政平、庆阳、环县等处。"由此，花马池

---

① （明）傅传礼：《嘉靖庆阳府志》卷 2《山川》，兰州：甘肃人民出版社，2001 年，第 33 页。
② 《明太祖实录》卷 59，洪武三年（1370 年）十二月庚申条，台北："中央研究院"历史语言研究所，1962 年，第 1149 页。

盐长期被限定在平凉、庆阳二府和宁夏诸卫等地方行销①。直到万历三十八年（1610 年），因凤翔府"去解池千有余里，山险难行，以致民给灵池之盐，私贩拒捕，无日不闻"，巡盐御史陈于庭奏请改食灵盐②。至此，凤翔府再次成为花马池盐的行销区域。

清初经济凋敝，为获得足够的税收，强行向各州县摊派盐引。所谓"销引行盐，上裕国课，下资民用，关系匪细。但办课性赖摊销，而买盐则凭户口"③。政府规定汉中府食花马大池盐。④平凉府、庆阳府及宁夏河东地区食花马小池盐。康熙五十三年（1714 年）议准凤翔府改食花马小池盐。⑤嘉庆十二年（1807 年），邠州改食花马小池盐。至嘉庆十六年（1811 年）又规定，"陕西兴安府一属，照凤翔府例改食灵州花马池盐，听民运销"⑥。至此，花马小池盐的行销区域包括了平凉、庆阳、凤翔、兴安、邠州等四府一州及宁夏府的河东地区。

明清时期花马池盐的行销路线如下：

一是向北通往灵州及中卫一带，主要供应宁夏河东地区的食盐。二是向西南经下马关、固原可通往平凉府各州县。下马关城的修建就是为了运盐，"盐车起花马池，至固原五六百里，道远乏绝，虏易要掠，故城韦州下马关，以顿舍转输，寇至有备"⑦。明代于固原设批验盐引所⑧，凡是销往平凉

---

① 有明一代，花马池盐行销区域多有变动，具体可参见展龙、耿勇《明代灵州盐业管理与运营机制研究》，《明史研究》第 13 辑。

② 《明神宗实录》卷 477，万历三十八年（1610 年）十一月辛未条，台北："中央研究院"历史语言研究所，1962 年，第 9015 页。

③ （清）邹熔：《请均盐引》，康熙《洋县志》卷 8《艺文志》，《中国地方志集成·陕西府县志辑》第 45 册，南京：凤凰出版社，2007 年，第 463 页。

④ 雍正三年（1725 年）曾规定改食花马小池盐，至雍正十二年（1734 年）仍令食花马大池之盐。（《光绪会典事例》卷 224《盐法》）。

⑤ 《光绪会典事例》卷 224《盐法》，《续修四库全书》第 802 册，上海：上海古籍出版社，2002 年，第 633 页。

⑥ （清）刘锦藻：《清续文献通考》卷 34《征榷考六·盐法》，北京：商务印书馆，1955 年，第 7867 页。

⑦ （清）顾炎武：《天下郡国利病书·陕西备录上·平凉府志》，黄坤等点校，上海：上海古籍出版社，2012 年，第 2055 页。

⑧ 明初于静宁州（今甘肃省静宁县）设批验盐引所，成化年间迁往固原城。嘉靖十年（1531 年）又改移下马房，嘉靖十五年（1536 年）仍迁回固原城。

地区的食盐，均需再次掣验。三是向东沿边墙可通往陕北地区。四是向东南经萌城、环县通往庆阳府各地。明代亦于萌城设批验盐引所①，以掣查该路行盐。

另外，花马池盐经平凉或庆阳继续向东南进入关中地区，再向南越秦岭可进入汉中地区。"盐池距汉几三千里，隔以栈道，不通舟车，掣运盐斤，惟永驴驮人负。"② 可见，花马池盐是经由连云栈道运往汉中地区的。

二、解池盐的行销区域和路线

解池即今山西运城盐湖。成化《山西通志》载："河东之盐出于解池，池在中条山之北麓，西距解州，东接安邑县，绵亘逾百里。"③ 明代西安府、汉中府、凤翔府均食河东解池盐④。解池盐运往凤翔、汉中两府，需经由水陆连运，"其行盐地方惟陕西凤翔、汉中等府道兼水陆，商贩颇利"⑤。往汉中地方则需经由连运栈道，"自宝鸡而南，路经云栈，山高石险，路窄硖曲，悬崖绝壁，危桥潦水，跋涉艰难"。由于路途遥远，汉中百姓往往私购川盐，"汉人虽纳晋课，实食川盐"，"汉中私食川盐，已几难反复"⑥。

清初规定，西安府、凤翔府、邠州、乾州、商州、同州和兴安府，均食河东解盐。其后，凤翔府和兴安府先后改食花马池盐。成书于康熙年间的《河东盐政汇纂》⑦ 详细记录了解池盐的行销路线。（图8-4）

---

① 明初于萌城设批验盐引所，成化二十三年（1487年）迁至红德堡。弘治十六年（1503年）迁往庆阳府城，嘉靖二年（1523年）再次迁回萌城堡，嘉靖十年（1531年）又迁至萌城南八里处的甜水堡。
② （清）邹熔：《请均盐引》，康熙《洋县志》卷8《艺文志》，《中国地方志集成·陕西府县志辑》第45册，南京：凤凰出版社，2007年，第463页。
③ （明）吕原：《重修盐池神庙记》，成化《山西通志》卷14《坛庙类》，《四库全书存目丛书·史部》第174册，济南：齐鲁书社，1996年，第520页。
④ 如前所述，万历三十八年（1610年）后，凤翔府改食花马池盐。
⑤ 《明世宗实录》卷57，嘉靖四年（1525年）十一月己未条，台北："中央研究院"历史语言研究所，1962年，第1376页。
⑥ 《度支奏议·山东司》卷7《题覆瑞藩赡盐河东折价买供川盐疏》，《续修四库全书》第488册，上海：上海古籍出版社，2002年，第125-127页。
⑦ （清）苏昌臣辑：《河东盐政汇纂》卷6《运发道里》，《续修四库全书》第839册，上海：上海古籍出版社，2002年，第674-680页。

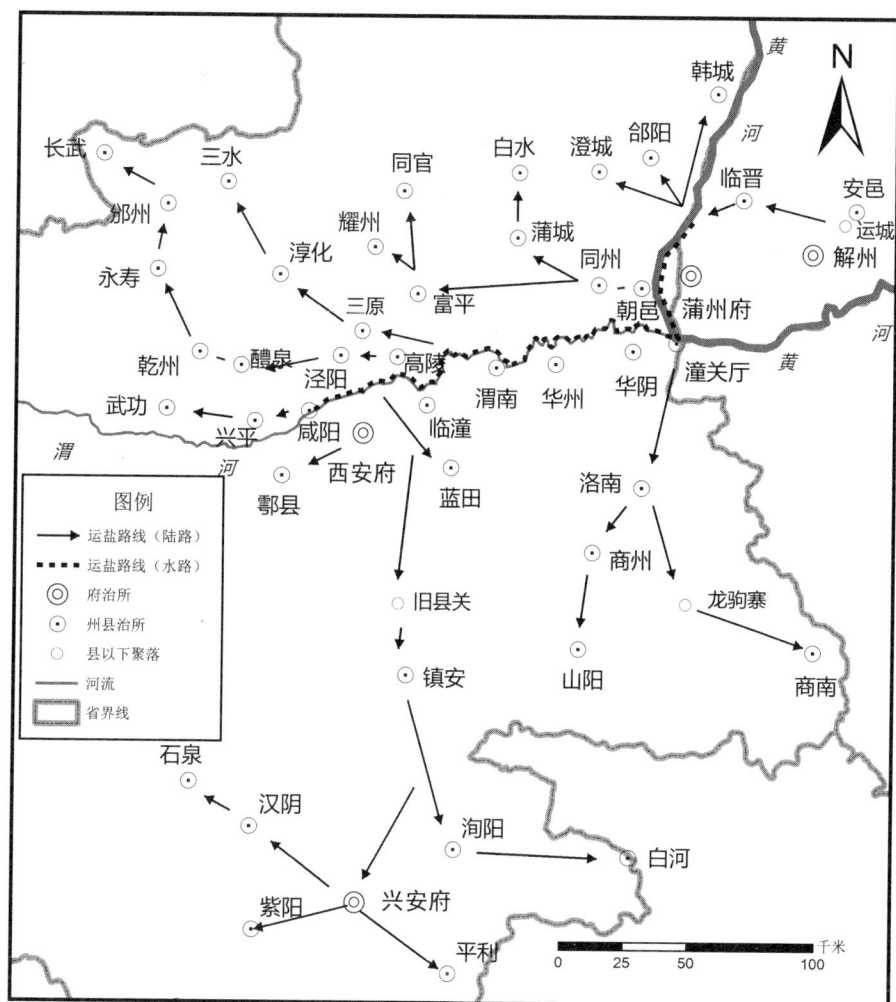

图 8 - 4　清康熙年间关陇地区解池盐行销路线图

　　所有运往关陇地区的解盐均由运城出发,向西陆运至黄河渡口,之后经陆路或水路运往各地。由黄河渡口过河后,向西北可运往韩城、郃阳、澄城,向西经朝邑、同州可运往蒲城、白水、富平、铜官、耀州等地。由黄河口经水路向南可运往潼关,继续向南经陆路可通往洛南、商州、山阳、商南。由黄河转入渭河,逆流而上可通往华州、华阴、渭南、临潼、高陵、西安府、咸阳等渭河沿岸州县。

　　另外,由李家嘴起旱,向南可运往蓝田、镇安等地。由镇安继续向南可通往兴安州及所属洵阳、平利、白河、汉阴、紫阳、石泉等县。而由西安府向西南可通往鄠县，由咸阳向西可通往兴平、武功，由高陵向西北可通往醴泉、乾州、永寿、邠州、长武等地，由交口起旱向西北可通往三原、淳化、三水等地。

三、漳县、西和井盐的行盐区域和路线

漳县盐井，"在县西南五里，水澄清，熬之成盐"。西和县盐井，"在县东北六十里，煮水成盐，民资其利"[①]。明代两处井盐，"递年止是临、巩所属州县户口食盐内支用"[②]。

清代漳县盐行销区域包括陇西县、宁远县、伏羌县、会宁县、通渭县、靖远县、漳县、岷州、洮州卫、西固厅、清水县。西和县盐行销区域包括徽县、礼县、两当县、阶州、文县、成县、西和县。[③]

其行盐路线应以驿道为主，就近运送。（表8-5）

表8-5 清雍、乾之交关陇地区食盐行销状况表

产地		行销地
花马小池	平凉府	平凉县、崇信县、华亭县、镇原县、固原州、泾州、灵台县、静宁州、庄浪县、隆德县、盐茶厅［乾隆十四年（1749）置］
	庆阳府	安化县、合水县、环县、真宁县、宁州
	宁夏府	灵州、中卫
	凤翔府	凤翔县、岐山县、扶风县、郿县、宝鸡县、汧阳县、麟游县、陇州
花马大池	汉中府	南郑县、襃城县、城固县、洋县、西乡县、凤县、宁羌州、沔县、略阳县
漳县		陇西县、宁远县、伏羌县、安定县、会宁县、通渭县、靖远县、漳县、岷州、洮州卫［乾隆十三年（1748年）改厅］、西固厅、秦州、清水县、秦安县
西和		徽县、礼县、两当县、阶州、文县、成县、西和县

---

① 乾隆《甘肃通志》卷5《山川》，《中国边疆丛书》第2辑，台北：文海出版社，1966年，第554、574页。
② 《万历会计录》卷29《盐课》，上海：上海古籍出版社，2002年，第493页。
③ 乾隆《甘肃通志》卷18《盐法》，《中国边疆丛书》第2辑，台北：文海出版社，1966年，第1870-1877页。

续表

产地		行销地
解池	西安府	长安县、咸宁县、咸阳县、兴平县、临潼县、高陵县、鄠县、蓝田县、泾阳县、三原县、盩厔县、渭南县、富平县、礼泉县、耀州、同官县
	兴安州	兴安州、平利县、洵阳县、白河县、紫阳县、石泉县、汉阴县
	商州	商州、镇安县、洛南县、山阳县、商南县
	同州	大荔县、朝邑县、郃阳县、澄城县、白水县、韩城县、华州、华阴县、蒲城县、潼关县
	邠州	邠州、三水县、淳化县、长武县
	乾州	乾州、武功县、永寿县

资料来源：乾隆《甘肃通志》卷18《盐法》，第1865－1877页；雍正《陕西通志》卷41《盐法》；《中国西北文献丛书·西北稀见方志文献》第3卷，第28－29页。

第四节　茶马贸易路线

茶马贸易是历史时期的一项重要贸易活动，连接了中国西南地区、西藏和印度、东南亚等地。明清时期，四川和汉中的茶叶，往往经由陆路转运至陇右番地。

一、明代茶马贸易

明代推行"以茶驭番"政策，将内地所产茶叶运至边地，与各番族交换回马匹。主管茶马贸易的机构为茶马司，明代关陇地区先后设有河州、洮州、西宁、甘州四处茶马司（表8－6）。

表8－6　明代关陇地区茶马司设置状况表

名称	地点	设置时间
河州茶马司	河州卫	洪武七年（1374年）
洮州茶马司	洮州卫	永乐九年（1411年）
西宁茶马司	西宁卫	洪武三十年自秦州改建（1397年）
甘州茶马司	甘州卫	初建无考，正统八年（1443年）裁，嘉靖四十二年（1563年）复建

资料来源：《万历会典》卷37《户部·茶课》，北京：中华书局，1989年，第265－268页。

以上四处茶马司易马所需茶叶主要运自汉中和四川地区。明代茶马贸易始于洪武四年（1371年），该年户部奏请定例收购汉中府金州、石泉、汉阴、平利、西乡诸处民茶，用以与西番易马。[①] 次年，又定例收四川所产巴茶用于茶马交易。[②] 四川之茶起初直接运至秦州茶马司，后由于"道远难致，人力多困，若令就汉中收贮，渐次运至秦州尤便"[③]。此后，四川之茶往往运至褒城县茶厂储存[④]，与汉中府所产之茶共同运至诸茶马司。至万历初年，四川运往陕西的茶叶已改为折色征收，称"易马银"，运往陕西巡茶衙门。

茶叶的运输方式，有官运，有商运[⑤]。官运即由官府出面收购茶农茶叶，再转运至各茶马司。其运输路线可分为三段：第一段是汉中府至巩昌府徽州。从汉中府南郑县（今属陕西省汉中市）出发，向西经沔县至略阳县，再以嘉陵江水运至白水江，之后再由陆路运至徽州。这段道路多依托沿途递运所运送。第二段是徽州至巩昌府陇西县段。此段道路向来不设递运所，为便于运输于骆驼巷、火钻峪、伏羌、宁远等地设四处茶运所，分作十一站，每站置茶夫一百名。第三段是巩昌府陇西县至西宁、河州和洮州三茶马司，仍依托于沿途递运所，共分作三十站，每站设茶夫三十名。[⑥] 嘉靖十四年（1535年）一度改由大户自行将茶至各茶马司，政府给予运费。因弊过多，至嘉靖十九年（1540）又改由官运，自汉中府至巩昌府通常不经由递运所，而巩昌府至各茶马司仍由沿途递运所转送。[⑦] 甘州茶马司因路途遥远，隆庆

---

① 《明太祖实录》卷70，洪武四年（1371年）十二月庚寅条，台北："中央研究院"历史语言研究所，1962年，第1300-1301页。

② 《明太祖实录》卷72，洪武五年（1372年）二月乙巳条，台北："中央研究院"历史语言研究所，1962年，第1331-1332页。

③ 《明太祖实录》卷84，洪武六年（1373年）八月辛巳条，台北："中央研究院"历史语言研究所，1962年，第1499页。

④ （明）申时行等修：《万历会典》卷37《课程·茶课》，北京：中华书局，1989年，第267页。

⑤ 此外还有民运，《万历会典》卷37《茶课》载："嘉靖十三年奏准陕西金西等五州县课茶，责令大户径解茶司交纳。"后因弊端较多自嘉靖十九年（1540年）起，仍改由官运。

⑥ （明）梁材：《议处茶运疏》，《明经世文编》卷106《梁端肃公奏议五》，北京：中华书局，1962年，第960-963页。

⑦ （明）陈子龙等编：《明经世文编》卷106《议处茶运》，北京：中华书局，1962年，第960-963页。

三年（1569）提准"于兰州招商中茶，运赴甘州茶马司"①。（图8-5）

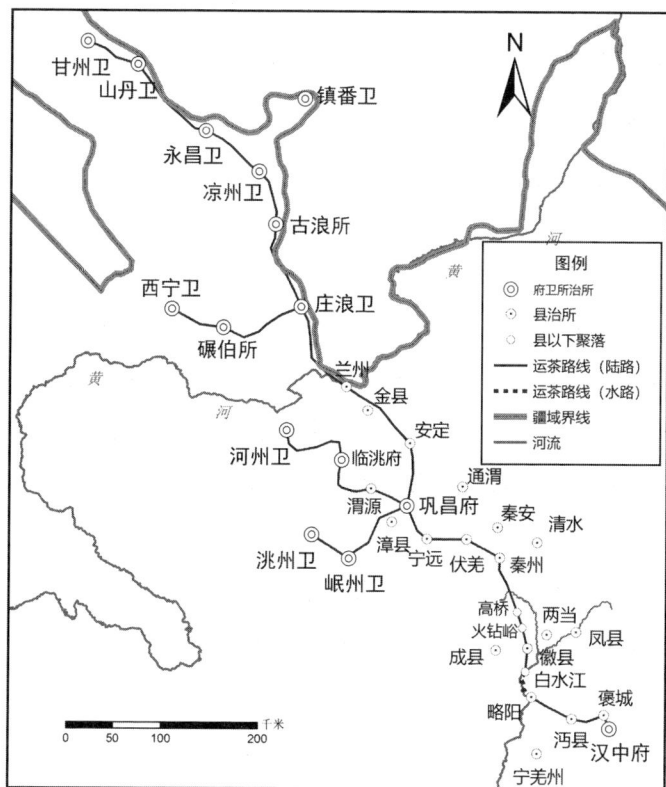

图8-5　明代关陇地区茶马贸易路线图

　　徽州为运茶路线的重要节点，为此，永乐六年（1408年）于徽州火钻峪设批验茶引所，"火钻峪系运茶要路，旧制设有茶引所衙门在焉，其汉中府所属五州县课茶，俱由此地运送秦州三十五里店交割"②。明代规定，运茶客商必须经由批验所"须要依例批验，将引由截角，别无夹带，方许放行"③。其后，茶引所移于州治西街，嘉靖三十七年（1558年）又迁于白水江④。

① （明）申时行等修：《万历会典》卷153《马政·收买》，北京：中华书局，1989年，第784页。
② 嘉靖《徽郡志》卷4《田赋志·奉两院批允查明茶夫地粮树目》，《中国地方志集成·甘肃府县志辑》卷36，南京：凤凰出版社，2008年，第59页。
③ （明）申时行等修：《万历会典》卷37《课程·茶课》，北京：中华书局，1989年，第267页。
④ 嘉靖《徽郡志》卷2《建置志·公署》，《中国地方志集成·甘肃府县志辑》卷36，南京：凤凰出版社，2008年，第31页。

商运即中茶法，明初规定"招商中茶，上引五千斤，中引四千斤，下引三千斤，每七斤蒸晒一篦，运至茶司，官商对分，官茶易马，商茶给卖"①，即由商人负责运茶。其路线虽没有明确记载，但必须经由徽州批验所，可见应与官运路线一致。

二、清代茶马贸易路线

清初，为尽快平定各地反清势力，急需大量战马。为此，顺治二年（1645 年）四月颁布诏令："旧例应于洮河、西宁等处各茶马司通贸易者，准照旧贸易。"② 清廷显然继承了明代的茶马贸易政策，设立洮州（驻岷州）、河州、西宁、庄浪、甘州（驻兰州）五茶马司负责茶马交易。相比明代，清代茶马贸易在运输方式和产茶区域上都有所变化。从运输方式看，清代行茶只有商运而无官运，所有易马茶叶均为商人代运，"商领部引，输价买茶交茶马司，一半入官易马，一半给商发卖"③。从产茶区域看，因四川地区遭受战争破坏严重，产茶无多，故清代初易马茶叶主要来自汉中和湖广地区。

湖广地区的茶叶往往汇集于襄阳，再由汉江水运至陕西境内，于"陕西兴安州白河、紫阳验引放行，至汉中茶法厅按引盘茶，由陆路驼至临巩等处。查西边有河州、岷州、庄浪、西宁四厅，如綦商奉院，发在何司，则运至彼"④。由此可见，清代关陇地区的行茶路线与明代基本相同，都是从汉中出发运至巩昌府，再按照具体规定分发至各茶马司。由于采用商人代运的方式，沿途不再设置茶运所。

随着清朝政权的稳定和战事的平息，国家对马匹的需求逐渐减少，加之贸易过程中弊端丛生，积重难返，故茶马贸易逐渐衰落。康熙四十四年

---

① （明）申时行等修：《万历会典》卷37《课程·茶课》，北京：中华书局，1989 年，第267 页。
② 《清世祖实录》，顺治二年（1645 年）四月丁卯条，北京：中华书局，1985 年，第137 页。
③ 乾隆《甘肃通志》卷19《茶马》，《中国边疆丛书》第2 辑，台北：文海出版社，1966 年，第1904 页。
④ 康熙《城固县志》卷3《食货·茶引》，《中国地方志集成·陕西府县志辑》第51 册，南京：凤凰出版社，2007 年，第522 页。

（1705 年）下令："茶马事务停止。"① 雍正九年（1731 年）因平定准噶尔战事恢复茶马贸易，但于雍正十三年（1735 年）再次中止。乾隆以后，茶马司名存实亡，不再经营易马事务，仅作为收销茶叶的机构而存在。②

小 结

明代关中地区的商业贸易较他处为盛。由潼关、大庆关进入关中和关中各州县间的道路是重要的商贸路线。明中期以后，随着蓝田—商州道的畅通，由荆襄溯汉江、丹江而上至龙驹寨，再转陆路至关中的道路，商业地位也日益提升。明代以重兵实边，众多士卒及其家属客观上形成较大的消费市场。加之茶马贸易的兴盛，因此由关中通往三边卫所的主要道路，其商贸地位也较高。此外，嘉陵江及汉江上游地区，因水运便利，也成为重要的商贸通道。但这些地区无论地理条件还是经济基础，都无法与关中平原相较，故而只有个别位于节点上的州县，商贸较为繁荣。

清代，由大庆关、潼关、龙驹寨出入关中的道路仍是重要的商贸通道，且龙驹寨一路商贸重要性愈加凸显。渭河横贯关中平原，便利而成本低廉的水运成为商贩货运的最佳选择，尤以解池盐的行销为大宗。而随着新疆的收复，西安府向西经平凉、兰州、甘州、凉州、肃州的陕甘大道北道，商业地位不断抬升，沿途州县商业获得不同程度的发展。特别是河西诸州县，与新疆各地贸易活动频繁。另外，汉中、阶州等地方，随着人口的增多和交通的进一步开发，商业状况也大有改观。特别是在通往周边省份的道路节点上，涌现出一批繁荣的商业市镇。

---

① 《光绪会典事例》卷 246《户部·杂赋》，《续修四库全书》第 802 册，上海：上海古籍出版社，2002 年，第 3 页。

② 王晓燕：《论清代官营茶马贸易的延续及其废止》，《中国边疆史地研究》2007 年第 4 期。

第九章　明清关陇地区道路的管理和维护

道路畅通与否上系国家安危下关黎民生计，所以历代统治者都极为重视道路的管理和维护。在道路安全维系方面，明代于交通要冲之地广设巡检司以护卫往来行旅。清代巡检司职能不断泛化，导致其维系道路安全的能力被削弱，总体数量上也较明代有所减少。与此同时，汛塘制度日益发展完善，开始取代巡检司，在维系道路安全方面发挥重要作用。目前，已有不少学者就巡检司和汛塘进行过研究①，但对于二者在道路安全维系中的作用鲜有涉及。本章试对明清巡检司的职能演变和清代汛塘制度的建立完善进行探讨，力求把握两者在道路安全维系中的角色嬗替过程。同时对明清道路桥梁的维护制度进行探讨。

第一节　明清巡检司的职能与空间分布

"巡检"这一官称出现于中晚唐时期，最初主要设置在产盐地、交通要道及军队中。五代时期，巡检设置趋于普遍，凡京城及留都、州治、边境及

---

① 相关主要成果有：苗书梅《宋代巡检初探》（《中国史研究》1989 年第 3 期），刘琴丽《五代巡检研究》（《史学月刊》2003 年第 6 期），王伟凯《试论明代的巡检司》（《史学月刊》2006 年第 3 期），胡恒《清代巡检司时空分布特征初探》（《史学月刊》2009 年第 11 期），邹立波《清代前期康区塘汛的设置及其作用与影响》（《西藏研究》2009 年第 3 期），田海《明代顺天府地区巡检司的设置、演变与分布研究》（《历史地理研究》2019 年第 1 期），黄忠鑫《论明清时期海南巡检司的分布格局及其意义》（《中国边疆史地研究》2016 年第 1 期），易山明《清代安徽巡检司的空间分布与乡村基层控制》（《学习与实践》2017 年第 12 期），等等。

交通要道、军镇等处多设有巡检一职。① 宋代巡检类型和数量空前增加，在远离政治中心的交通要道、沿江沿海及新兴商业市镇等地方均普遍设置。其以缉捕盗贼、稽查走私、维系基层社会秩序为主要职责。② 元代仍置巡检司，按照区域和职能可分为三类：一是隶属于各地州县，以抓捕盗贼、维系治安为主要职责；二是位于少数民主聚居区，带有镇抚和羁縻性质；三是沿江沿海所设，主要负责维护地方安定和稽查走私。③

一、明代巡检司的职能与空间分布

明代承袭前制，广泛设置巡检。据学者考证，早在吴元年（1367 年）朱元璋便在一些地区设立巡检司④。至洪武二十六年（1393 年），正式下令"凡天下要卫去处，设立巡检司"⑤，将巡检司的设置制度化、规范化。巡检司设巡检一人，起初未入流，洪武二十七年（1394 年）定为从九品⑥。巡检领有弓兵，一般来说，"州、县所属巡检司，设弓兵三十名。沿江巡检司，设弓兵一百名"⑦。

（一）明代巡检司的职能

至于巡检司的主要职责，朱元璋表示"设巡检于关津扼要，道察奸伪"⑧。对此，《万历会典》有更为详细的记载："专一盘诘往来奸细及贩卖私盐、犯人、逃军、逃囚、无引面生可疑之人。"⑨ 事实上，除此之外，巡检司还有一项重要职能，即抓捕盗贼，"巡检之设，从以弓兵。本用盘诘奸

① 刘琴丽：《五代巡检研究》，《历史研究》2003 年第 6 期。
② 苗书梅·《宋代巡检再探》，《宋史研究论文集》，昆明：云南大学出版社，2009 年，第 70 - 91 页。
③ 李治安：《元代政治制度研究》，北京：人民出版社，2003 年，第 222 - 229 页。
④ 王伟凯：《试论明代的巡检司》，《史学月刊》2006 年第 3 期。
⑤ （明）申时行等修：《万历会典》卷 139《兵部·关津二》，北京：中华书局，1989 年，第 722 页。
⑥ 《明太祖实录》卷 166，洪武十七年十月庚午条，台北："中央研究院"历史语言研究所，1962 年，第 2550 页。
⑦ 《大明令·兵令》，《大明律》附录，北京：法律出版社，1998 年，第 261 页。
⑧ 《明太祖实录》卷 130，洪武十三年二月丁卯条，台北："中央研究院"历史语言研究所，1962 年，第 2059 页。
⑨ （明）申时行等修：《万历会典》卷 139《兵部·关津二》，北京：中华书局，1989 年，第 722 页。

细，缉捕盗贼"①。明王朝在重要交通节点设置巡检司，以盘查过往行人，缉拿违法人员，"期在士民乐业，商旅无艰"②。对此，明人吕坤有更为确切的表述，"巡检之设，原为盘诘奸细，查问逃亡，缉捕盗贼，关防诈伪。弓兵要选精壮，鎗刀要常演习，山川险隘到处巡逻，村落居民全无骚扰。使军民商贩得以自在通行，盗贼奸徒不敢公然来往"③。各类盗贼、匪徒是危害行旅的重要角色，巡检司以缉拿盗匪为主要职责，实为确保道路安全的重要机构，因此统治者对巡检司的废置和运作十分关注。

为使各地巡检司恪尽职守，明朝规定，以捕获囚犯及盗贼的数量来决定巡检官的升降。"自今巡查考满，捕获军囚、盗贼等项二百名之上，无私杖者升一级，有私杖者对品用；一百名之上，无私杖者对品用，有私杖者降杂职。"④ 而皇帝也不时对各地巡检进行奖惩，以起督促之效。例如，洪武二十五年（1392 年），朱元璋敕谕各地巡检，"古者设官分职，不以崇卑，一善之及，人人受其利……今特遣使分视各处，谕以巡防有道，讥察有方，有能坚守是职，镇静一方，秩满来朝，朕必嘉焉"⑤。洪武三十年（1397 年），驸马欧阳伦指使家人贩卖私茶，被兰县河桥巡检司吏员揭发。朱元璋大怒，将欧阳伦在内的相关人员尽皆赐死，对河桥吏则派使者赍敕嘉奖。⑥ 宣德四年（1429 年），吏部奏言漳州府濠门巡检司巡检朱颜，在任期间捕获逃军153 人，盗贼 70 人，按律当升。皇帝特别下令："巡检以诘奸匿为职，而能尽心如此，是亦可嘉。其升县丞，以励来者。"⑦ 由此可见，明代统治者十

---

① 《明宣宗实录》卷 6，洪熙元年闰七月癸丑条，台北："中央研究院"历史语言研究所，1962年，第 166 页。

② 《明太祖实录》卷 130，洪武十三年二月丁卯条，台北："中央研究院"历史语言研究所，1962年，第 2059 页。

③ （明）吕坤：《实政录》卷 1《巡检之职》，《续修四库全书》753 册，上海：上海古籍出版社，2002 年，第 207 页。

④ 《明太祖实录》卷 223，洪武二十五年十二月辛卯条，台北："中央研究院"历史语言研究所，1962 年，第 3267 - 3268 页。

⑤ 《明太祖实录》卷 130，洪武十三年二月丁卯条，台北："中央研究院"历史语言研究所，1962年，第 2059 页。

⑥ 《明太祖实录》卷 253，洪武三十年六月己酉条，台北："中央研究院"历史语言研究所，1962年，第 3659 页。

⑦ 《明宣宗实录》卷 53，宣德四年四月甲申条，台北："中央研究院"历史语言研究所，1962 年，第 1273 页。

分重视巡检司这一机构。这些奖惩行为无疑具有极大的鼓舞和震慑作用，相当程度上确保了巡检司的正常运转和对职责的认真履行。

（二）明代巡检司的空间分布

据《万历会典》的记载，至万历十三年（1585 年）陕西地区共设有巡检司 62 处。从空间分布看（图 9 - 1、表 9 - 1），这些巡检司多分布于重要关津，或交通要冲地带。这里大多远离府县治所，卫所驻军鞭长莫及，因此盗匪丛生，严重威胁过往行旅的安全。巡检司的设置恰好填补了这些地区的空白，均衡了区域内的治安力量，维系了道路的安全。

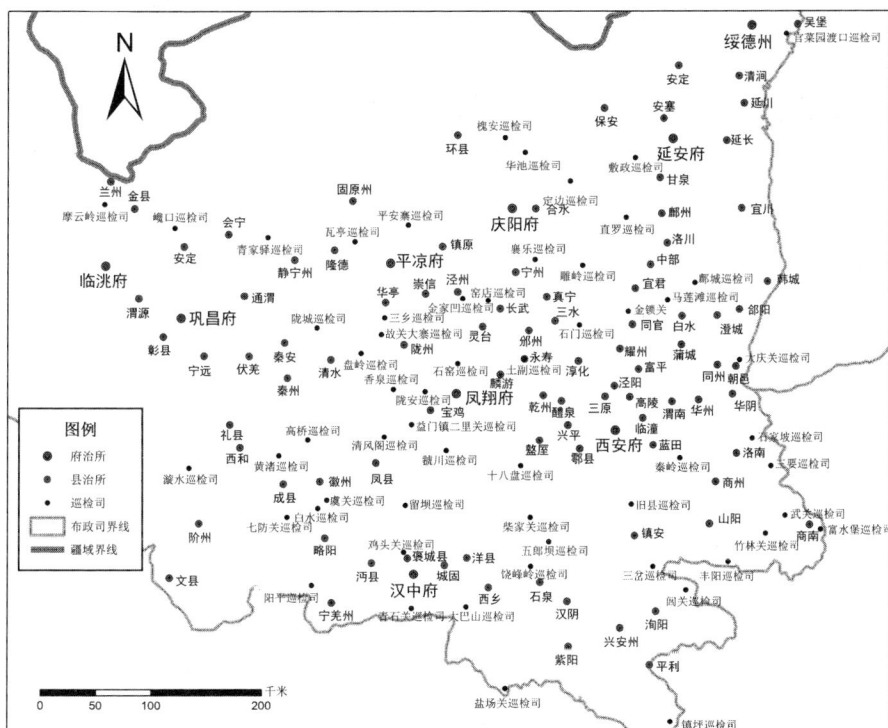

图 9 - 1 明万历十三年（1585 年）陕西地区巡检司空间分布图

如成县七防关，"东至略阳为秦、蜀要路。山路少人烟，鑛贼横行，"故设有七防关巡检司，"屡擒巨盗"①。"摩云岭，在临洮府城北一百六十里，

---

① 万历《阶州志·险隘》，《阶州志集校笺注》，兰州：甘肃人民出版社，2013 年，第 11 页。

往兰州路。今山顶设巡检司"①。西安府神水峡"地据冲要，旧有关，久废而基址尚存"。成化四年（1468 年）在此基础上"复设陕西同官县金锁关巡检司"②。而陕西洛南县三要一带"以其地有银冶，盗贼聚采也，"故设立三要巡检司抓捕盗贼，维系治安。③ 另外，"设陕西鰲屋县所属柴家关、十八盘二巡检司，各置巡检一员，以其地多盗故也"④。

有明一代，关陇地区巡检司废置不定，除上图所示外，还曾在不少重要地点设置过巡检司，如巩昌至岷、洮地区，"不下五百余里，山林深僻，俱无守禁官司"，贩卖私茶者常由此路，沿途又有盗贼劫掠，深为民害。因此，宣德三年（1428 年）于"中途三岔口设巡检司，巡捕盘诘，军民俱便"⑤。石泉县"东接汉阴，西接洋县，地多山沟。逋逃军民往往藏匿，钞掠行旅及采鬻私茶"，为此，宣德五年（1430 年），池河一带设立池河巡检司，"则逃亡之徒不为民害，亦免私茶之毙"⑥。驿马关位于庆阳府城西南80 里，处要冲之地，正统年间"置巡检一员，以其地多盗故也"⑦，同时又可断绝"下马汀沟、萧家沟、关泉头、龙泉铺各通私盐道路"⑧。成化七年（1471 年）徙固原巡检司于开城旧县，因其"地近六盘，居民行旅每遭寇掠"⑨，而"石泉县曲山旧关，乃茂州羌人出没之路，宜移置马坪口

① （明）何景明纂修：《雍大记校注》卷 10《考迹》，吴敏霞、刘思怡等校注，西安：三秦出版社，2010 年，第 133 页。

② 《明宪宗实录》卷 52，成化四年三月丁亥条，台北："中央研究院"历史语言研究所，1962 年，第 1063 页。

③ 《明宪宗实录》卷 85，成化六年十一月丁丑条，台北："中央研究院"历史语言研究所，1962 年，第 1645 页。

④ 《明世宗实录》卷 15，嘉靖元年六月丙申条，台北："中央研究院"历史语言研究所，1962 年，第 496 页。

⑤ 《明宣宗实录》卷 48，宣德三年十一月辛亥条，台北："中央研究院"历史语言研究所，1962 年，第 1161 页。

⑥ 《明宣宗实录》卷 72，宣德五年十一月己未条，台北："中央研究院"历史语言研究所，1962 年，第 1691－1692 页。

⑦ 《明英宗实录》卷 160，正统十二年十一月乙巳条，台北："中央研究院"历史语言研究所，1962 年，第 3117 页。

⑧ （明）傅传礼、（清）杨藻风：嘉靖《庆阳府志》卷 4《公署》，兰州：甘肃人民出版社，2001 年，第 69 页。

⑨ 《明宪宗实录》卷 93，成化七年七月丙子条，台北："中央研究院"历史语言研究所，1962 年，第 1788 页。

巡检司于其处。陕西平凉府所属平凉、华亭二县有地名塌庙儿暨马铺岭，乃四达要地，其间山林深阻，亡命窃据，宜置马铺岭巡检司"①。略阳县北九股树一带，"地接巩汉二府，山深壤僻，盗贼出没其中"，故移陕西白马关巡检司于此②。置口位于略阳县西30里，是汉中通往巩昌的重要节点，"宏治初设巡检，天启间设守备"③。众多巡检司犹如重要道路上的重重关卡，在抓捕盗匪、确保往来行旅人身财产安全及打击私贩盐茶等方面起到了重要作用，是维护社会安定的重要基层机构。

表9-1　明万历十三年（1585年）陕西地区巡检司设置情况表

所属府州卫	所属州县	巡检司名称	现今位置
西安府	盩厔县	十八盘巡检司	周至县南十八盘岭
		柴家关巡检司	安康市宁陕县柴家关村
	商州	武关巡检司	丹凤县武关镇
		秦岭巡检司	商洛市牧护关镇
	镇安县	旧县巡检司	柞水县城内
		五郎坝巡检司	宁陕县城内
	洛南县	石家坡巡检司	洛南县巡检镇
		三要巡检司	洛南县三要镇
	山阳县	竹林关巡检司	丹凤县竹林关
		丰阳巡检司	山阳县漫川关镇
	商南县	富水堡巡检司	商南县富水镇
	同州白水县	马莲滩巡检司	白水县收水乡西北
	耀州同官县	金锁关巡检司	铜川市金锁关镇
	乾州永寿县	土副巡检司	永寿县永平镇
	邠州三水县	石门巡检司	旬邑县清塬镇石门关村
	邠州长武县	窑店巡检司	泾川县窑店镇
潼关卫		大庆关巡检司	大荔县朝邑镇东
		风陵渡巡检司	山西芮城县风陵渡镇
		永乐镇巡检司	山西芮城县永乐镇

① 《明宪宗实录》卷283，成化二十二年十月己丑条，台北："中央研究院"历史语言研究所，1962年，第4790页。

② 《明世宗实录》卷243，嘉靖十九年十一月庚戌条，台北："中央研究院"历史语言研究所，1962年，第4900页。

③ 道光《重修略阳县志》卷1《舆地部·关隘》，《中国地方志集成·陕西府县志辑》第52册，南京：凤凰出版社，2007年，第340页。

续表

所属府州卫	所属州县	巡检司名称	现今位置
凤翔府	宝鸡县	益门镇二里散关巡检司	宝鸡市神农镇二里关村
		虢川巡检司	太白县城内
	麟游县	石窑巡检司	麟游县酒房镇麻夫村
	陇州	陇安巡检司	宝鸡市陈仓区县功镇
		故关大寨巡检司	陇县固关镇
		香泉巡检司	宝鸡市陈仓区香泉镇
汉中府	南郑县	青石关巡检司	汉中市小南海镇青石关村
	褒城县	鸡头关巡检司	勉县褒城镇北
	西乡县	大巴山巡检司	西乡县骆家坝镇大巴关
		盐场关巡检司	镇巴县盐场镇
		干沟巡检司	待考
	凤县	留坝巡检司	留坝县城内
		清风阁巡检司	凤县黄牛铺镇北星村
	石泉县	饶峰岭巡检司	石泉县饶峰镇西北
	宁羌州略阳县	阳平巡检司	宁强县阳平关镇
		白水巡检司	略阳县白水江镇
	兴安州平利县	镇坪巡检司	镇坪县城内
	兴安州洵阳县	三岔巡检司	旬阳市小河镇两河关村
		闾关巡检司	旬阳市蜀河镇闾关村
平凉府	华亭县	瓦亭巡检司	泾源县大湾乡瓦亭村
		三乡巡检司	华亭市上关镇
	镇原县	平安寨巡检司	彭阳县城阳乡杨坪村
	泾州	金家凹巡检司	泾川县太平乡太平关
巩昌府	安定县	巉口巡检司	定西市巉口镇
	会宁县	青家驿巡检司	会宁县青江驿乡
	成县	黄渚巡检司	成县黄渚镇
	秦州	高桥巡检司	徽县高桥镇
	秦安县	陇城巡检司	秦安县陇城镇
	清水县	盘岭巡检司	清水县秦亭镇盘龙村
	礼县	漩水巡检司	礼县铨水乡
		板桥山巡检司	待考
	阶州	七防关巡检司	康县云台镇山岔村
	徽州	虞关巡检司	徽县虞关乡

所属府州卫	所属州县	巡检司名称	现今位置
临洮府	狄道县	摩云岭巡检司	临洮县中铺镇摩云关村
庆阳府	安化县	定边巡检司	华池县城内
		槐安巡检司	华池县怀安乡
	合水县	华池巡检司	华池县林镇乡东华池村
	宁州	襄乐巡检司	宁县湘乐镇
	真宁县	雕岭巡检司	正宁县东子午岭
延安府	安塞县	敷政巡检司	甘泉县卜寺湾镇
	绥德州	官菜园渡口巡检司	吴堡县宋家川镇
	鄜州	直罗巡检司	富县直罗镇
	洛川县	鄜城巡检司	洛川县土基镇富城村

资料来源：《万历会典》卷139《兵部·关津·巡检司》。

二、清代巡检司的职能与空间分布

清承明制仍设巡检司，"巡检司巡检，从九品。掌捕盗贼，诘奸宄。凡州县关津险要则置"①。与明代相比，清代巡检司呈现出一些新的特点。

首先，巡检司开始有明确的辖区。这从一些材料中可以得到验证。例如，雍正十一年（1733年）直隶总督李卫奏请："易州之黄土台等十二村，改归涞水县黄庄司巡检兼管。"② 改归涞水县的12个村庄由黄庄巡检司兼管。雍正十三年（1735年）广东总督鄂弥达奏称："新宁县属广海寨地方，滨临大海，距县辽远，请移该县之望高司巡检、驻劄其地。所有附近之上川岛、烨峝一都，应令管辖。"③ 规定广海寨周边一带由望高巡检司负责管辖。再如，乾隆十八年（1753年）河南巡抚蒋炳奏称："新设商城县牛食畈巡检、外委，罗山县大胜关巡检，请各铸给印记。牛食畈至水东寨、八堡，大胜关自仙花店至九里关、十三约，悉归该巡检管辖。"④ 这里更是明确划定

① 《清史稿》第12册卷116《职官三》，北京：中华书局，1976年，第3359页。
② 《清世宗实录（二）》，雍正十一年九月乙酉条，北京：中华书局，1985年，第735页。
③ 《清世宗实录（二）》，雍正十三年闰四月戊戌条，北京：中华书局，1985年，第895页。
④ 《清高宗实录（六）》，乾隆十八年十二月庚子条，北京：中华书局，1986年，第903页。

了牛食畈和大胜关二巡检司的辖区范围。

其次，巡检司的职能也愈加宽泛，巡检常兼任他职或由他职兼任。主要有以下几种情形：

一是巡检兼管驿传事务，或由驿丞兼巡检职。由于驿丞管驿弊端丛生，因此从顺治年间起便开始裁撤个别驿丞①。驿丞裁撤后，驿站事务除改归州县管理外，也常由巡检等佐杂官兼管。例如，雍正十二年（1734 年）命："（福建）南安县大盈驿、仙游县枫亭驿、宁化县石牛驿驿丞，俱改为巡检，仍兼管驿务。"② 乾隆二十年（1755 年），朝廷下令在全国范围内裁撤驿丞，"所有各省原设之驿丞，或系附近州县，或移佐杂驻扎，均可裁汰以节冗费"③。更多地方巡检开始兼管驿站，如平凉府华亭县瓦亭驿，自乾隆二十年（1755 年）裁去驿丞后，改归华亭县知县管理。后因县治去驿站太远，另添设巡检一员，兼司驿务。④ 再如，乾隆二十三年（1758 年），陕甘总督黄廷桂奏称："甘省渠宁、瓦亭、苦水、镇羌、大靖等五驿。前各设驿丞。乾隆二十年裁汰。该处俱回汉杂处。距县城甚远，需官弹压。请改设巡检五员，兼司驿务。"⑤ 此外，在全面裁撤驿丞前，驿丞还常兼任巡检，如雍正十一年（1733 年）直隶总督李卫奏称："吴桥县连窝驿，交河县新桥驿，沧州砖河驿，青县流河驿、乾宁驿，静海县奉新驿，天津县杨青驿，武清县杨村驿，通州和合驿等驿丞，请兼巡检职衔。"⑥ 雍正十二年（1734 年）因河南汤阴县宜沟驿和信阳州明港驿，"俱路当孔道，奸匪聚集"，故俱兼巡检衔，以资弹压。⑦ 又如乾隆十九年（1754 年）下令："以甘肃中卫县渠宁驿

---

① 王昱淇、廖吉广：《乾隆朝州县驿站管理改革研究——以乾隆二十年驿丞裁撤为中心》，《历史档案》2015 年第 3 期。

② 《清世宗实录（二）》，雍正十二年六月庚戌条，北京：中华书局，1985 年，第 801 页。

③ 《光绪会典事例》卷 703《兵部·邮政》，《续修四库全书》第 802 册，上海：上海古籍出版社，2002 年，第 752 页。

④ 《清高宗实录（八）》，乾隆二十五年十一月癸丑条，北京：中华书局，1986 年，第 1015 页。

⑤ 《清高宗实录（八）》，乾隆二十三年十月戊午条，北京：中华书局，1986 年，第 265 页。

⑥ 《清世宗实录（二）》，雍正十一年九月乙酉条，北京：中华书局，1985 年，第 735 页。

⑦ 《清世宗实录（二）》，雍正十二年六月丁巳条，北京：中华书局，1985 年，第 803 页。

驿丞，兼巡检衔，管新旧宁安二堡事。"① 相关案例之多不胜枚举，可见巡检兼管驿站已是常态。

二是巡检兼任吏目、典史等佐杂官职，如乾隆四十三年（1778 年）议准："平泉州巡检兼管吏目，朝阳县巡检兼管典史。"② 或由县丞、府经历、税课大使等兼任巡检，如雍正十二年（1734 年）河东总督王士俊奏称："灵宝县之虢略镇，阌乡县之文底镇，距县辽远，易于藏奸，请将二县县丞移驻其地，俱兼管巡检职衔，以司缉捕。"③ 雍正五年（1727 年）令："移安顺府经历一员，兼巡检职衔，驻安顺州城内，专司查缉。"④ 雍正十二年（1734 年）议准河南怀庆府河内县清化镇税课大使"兼理巡检职衔，稽查匪类，以专责成"⑤。乾隆四十三年（1778 年）议准："承德府经历兼管巡检、司狱。"⑥ 巡检兼任各类佐杂官职当然有利于精简基层机构，节约治理成本，但合二为一的同时也无疑弱化了其维系道路安全的执行力。

三是巡检兼管监狱、税课、盐务、河防等事务。一些巡检司掌管监狱，如乾隆十三年（1748 年）广西巡抚鄂昌奏称："百色同知衙门，承审命盗案犯，向未设有监狱，查署侧有公所屋，请改作监房。……百色原设巡检一员，其监狱事务，即归该巡检管理，遇有疏防，以巡检为专管。"⑦ 而西安府孝义、宁陕二巡检司亦兼司狱事务。⑧ 除监狱外，有的巡检司还管理民间词讼，如道光十一年（1831 年），皇帝下令："至拜城距阿克苏较远，著添设分防拜城巡检一员，管理拜城、赛里木二处商民回子词讼。"⑨ 个别巡检司管理税课。例如，乾隆三十五年（1770 年）规定："元江府因远地方汛

① 《清高宗实录（六）》，乾隆十九年十月丁未条，北京：中华书局，1986 年，第 1123 页。
② 《清高宗实录（一四）》，乾隆四十三年七月庚寅条，北京：中华书局，1986 年，第 192 页。
③ 《清世宗实录（二）》，雍正十二年六月丁巳条，北京：中华书局，1985 年，第 802 页。
④ 《清世宗实录（一）》，雍正五年五月乙亥条，北京：中华书局，1985 年，第 872 页。
⑤ 《清世宗实录（二）》，雍正十二年六月丁巳条，北京：中华书局，1985 年，第 803 页。
⑥ 《清高宗实录（一四）》，乾隆四十三年七月庚寅条，北京：中华书局，1986 年，第 192 页。
⑦ 《清高宗实录（五）》，乾隆十三年十月庚子条，北京：中华书局，1986 年，第 404 页。
⑧ 《大清一统志》卷 226《陕西省·文职关》，《续修四库全书》第 617 册，上海：上海古籍出版社，2002 年，第 525 页。
⑨ 《清宣宗实录（三）》，道光十一年十月己亥条，北京：中华书局，1986 年，第 1128 页。

兵，向因赴府支粮迂远，将该地应纳秋米令知事就近收放。今知事改为巡检，仍令巡检收放。"① 再如，道光十一年（1831 年），皇帝下令："著于叶尔羌、喀什噶尔、英吉沙尔、巴尔楚克等处，各设巡检一员……管缉捕、监狱、税课。"② 此外，有的巡检司因驻地靠近盐矿产地而兼司盐务，如乾隆元年（1736 年），四川巡抚杨馝奏准："彭水县郁山镇巡检，请兼司郁井盐务。"③ 还有的巡检司负责河防，如"广州、肇庆二府属地处低洼，沿河田禾惟赖围基坚固，俾免水患，始获有秋，向例属县丞管理，但县丞驻扎邑中，潦水骤发，猝难兼管，惟巡检所辖地方与民最亲，偶遇潦涨围基危险，即可督率乡民救护"。因此，雍正九年（1731 年）广东总督郝玉麟奏请由当地巡检司专管河防，"每年按时督率修筑"。④ 总而言之，清代巡检司早已突破"掌捕盗贼，诘奸宄"的职能权限，所管理的事务十分宽泛。

当然，以上所述并不能代表所有巡检司的职能状况，但清代一些巡检司的职能日益宽泛确是不争的事实。更有甚者，个别巡检司俨然成为一方主管官员，如乾隆二十二年（1757 年）议定："南宁县之白水、沾益州之炎松、寻甸州之易古，各巡检俱因驿丞裁缺而设，驿务是其专责，但各有附近屯堡村庄，计附白水者二十一，附炎松者三十四，附易古者五十五，均请就近分管，除户婚田土不得干预，余俱责成办理。"⑤ 换言之，这些区域内除户婚田土外，余皆由其管理。

总之，清代一些巡检司不仅拥有明确的辖区范围，且职能更加宽泛，涉及治安、刑狱、税收、邮驿等方方面面，俨然成为次县级行政机构。"种种现象均表明巡检司分防地方，已渐由具有单一职能的缉捕官转为行政职能逐渐完善的民事官，从而具备了转变为新政区的潜在'能力'。这种'能力'使得巡检司辖区成为居于县级政权之下的独立政治实体，在某种程度上，已

① 《清高宗实录（一一）》，乾隆三十五年十一月甲辰条，北京：中华书局，1986 年，第 695 页。
② 《清宣宗实录（三）》，道光十一年十月己亥条，北京：中华书局，1986 年，第 1128 页。
③ 《清高宗实录（　）》，乾隆元年二月壬了条，北京：中华书局，1986 年，第 411 页。
④ 《清世宗实录（二）》，雍正九年二月壬寅条，北京：中华书局，1985 年，第 360－361 页。
⑤ 《清高宗实录（七）》，乾隆二十二年三月癸丑条，北京：中华书局，1986 年，第 746 页。

成为县级以下、受县级政权节制的一级政权。"① 巡检司职能的变化固然顺应了中央政府加强基层控制的需要，但另一方面，在同样的配置下，职能的泛化不可避免地会弱化巡检司维系地方治安、维护道路安全的职能。

除职能的泛化外，清代巡检司的数量也远远少于明代（表9-2）。据统计，明正德年间全国各地共设巡检司1392处，万历年间设1255处②，至清代则减少至1000个以内，宣统末仅余951个③。清朝疆域远较明朝辽阔，但巡检司数量却显著减少，同时巡检司缉捕盗贼、维护行旅的职能遭到弱化，似乎清代对道路安全的维系远逊于明代。实则不然，在巡检司职能泛化且数量遭到压缩的同时，清代又创立了一套新的维系道路安全的制度——汛塘。

表9-2　清嘉庆二十五年（1820年）关陇地区巡检司设置情况表

所属区域		名称	具体位置
西安府	孝义厅	孝义巡检司	今柞水县城内
	宁陕厅	宁陕巡检司	今宁陕县城内
凤翔府	宝鸡县	虢川巡检司	今太白县城内
汉中府	定远县	黎坝巡检司	镇巴县黎坝镇
		鱼渡坝巡检司	镇巴县鱼渡镇
	留坝厅	南星巡检司	凤县南星镇
	南郑县	青石关巡检司	今汉中市小南海镇青石关村
	褒城县	黄官岭巡检司	今汉中市南郑区黄官镇
	西乡县	大巴山巡检司	今西乡县骆家坝镇大巴关
兴安府	平利县	镇坪巡检司	今镇坪县内
同州	蒲城县	永丰镇巡检司	蒲城县永丰镇
商州	洛南县	三要巡检司	洛南县三要镇
鄜州	宜君县	马栏镇巡检司	旬邑县马栏镇
榆林府	府谷县	麻地沟巡检司	
宁夏府		渠宁堡巡检司	中宁县城内
凉州府		大靖堡巡检司	古浪县大靖镇

资料来源：《大清一统志》卷226、卷251。

① 胡恒：《清代巡检司时空分布特征初探》，《史学月刊》2009年第11期。
② 王伟凯：《试论明代的巡检司》，《史学月刊》2006年第3期。
③ 胡恒：《清代巡检司时空分布特征初探》，《史学月刊》2009年第11期。

第二节　明代的烽堠与清代的汛塘

　　为维系道路安全，明代在要冲之地广设巡检司。清代仍置巡检司，但巡检司职能开始泛化，数量上亦少于明代，其在道路安全维系方面的作用下降。与此同时，汛塘制度逐步完善，成为护卫行旅、确保道路安全的重要基层机构。清代，巡检司与汛塘最终实现了在道路安全维系方面的角色嬗替。

一、明代的烽堠

　　明代，在内地重要路段设巡检司，而在边地则广设烽堠以控御往来。"凡烽堠，洪武二十六年定边方去处合设烟墩兵看守堠夫。"与内地巡检司缉捕盗贼的职责不同，边地烽堠主要负责瞭望敌情，"昼夜轮流看望，遇有警急，昼则举烟，夜则举火，接递通报"[1]。烽堠在边防系统中作用巨大，若敌军入侵，戍守烽堠的哨兵可第一时间发觉，并通过烽火炮声等信号将敌情迅速传递至卫所城堡，从而可以迅速布防，减少损失，所谓"哨探严密我得以预备，而虏亦难轻犯矣"[2]。因此，朝廷对哨兵的选派尤为关注。正德八年（1513 年）皇帝下旨："各卫所新增墩台务要摘拨响应卫所正军前去瞭守，如无军就余丁充守，一例与正军关支粮赏。"[3]（图 9－2）

　　从空间分布看（图 9－3、表 9－3），西安、凤翔、汉中等内地府郡不设烽堠，烽堠全部设于边地重要卫所，即所谓三边四镇地区。从数量上看，庆阳、固原、宁夏及凉州、永昌、甘州等卫所辖烽堠又明显多于他处，这与其捍卫边墙，防止蒙古骑兵入侵的重要的军事作用密切相关。

---

① （明）申时行等修：《万历会典》卷 132《兵部·镇戍·各镇通例》，北京：中华书局，1989 年，第 675 页。

② （明）王任重：《边务要略》，《明经世文编》卷 413《王太仆集一》，北京：中华书局，1962年，第 4474－4483 页。

③ （明）申时行等修：《万历会典》卷 132《兵部·镇戍·各镇通例》，北京：中华书局，1989 年，第 675 页。

图 9 - 2　古浪县打柴沟镇安门村北的烽堠遗址（贾强摄）

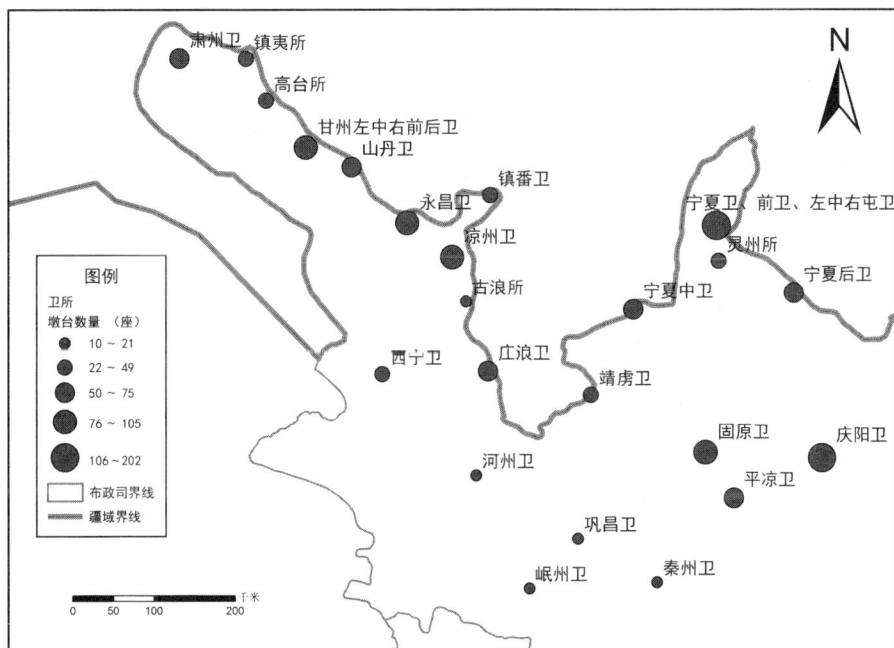

图 9 - 3　明嘉靖年间关陇地区各卫所烽堠（墩台）数量等级图

表 9-3　明嘉靖年间关陇地区各卫所烽堠（墩台）数量表　　单位：座

所属卫所	数量	所属卫所	数量
庆阳卫	202	平凉卫	70
固原卫	105	靖虏卫	31
巩昌卫	10	秦州卫	13
岷州卫	15	河州卫	21
宁夏卫	181	宁夏中卫	75
宁夏后卫	75	灵州千户所	38
甘州卫	95	肃州卫	62
西宁卫	26	庄浪卫	57
镇番卫	49	永昌卫	92
山丹卫	65	凉州卫	86
高台千户所	34	镇夷千户所	33
古浪千户所	18		

资料来源：（明）赵廷瑞：嘉靖《陕西通志》卷39《政事三·兵防》，西安：三秦出版社，2006年，第1992-1993页。

这些烽堠沿着边地重要道路均匀分布，严格把控着境外通往内地的通道。嘉靖《庆阳府志》载，庆阳卫所辖烽堠分东西两路，东路"一自清平镇、靖宁堡犯保安、金汤、第二将、荔原堡以达于庆阳。一自走马城、定边巡检司、槐安巡检司、业乐以达于庆阳。凡五百里。金汤分路东南犯延安、洛川等处，以下关中界"，西路"自安边、花马池、石沟驿、隰宁堡、萌城堡、清平堡犯环县，南下庆阳七百里。一自石沟驿、会安堡迤西犯韦州、固原等路，以达平凉、泾邠入关中界"。① 这些通道正是内地通往边地的重要通道，往往是蒙古骑兵入侵的路线。

二、清代的汛塘

清代实行汛塘制度，即在各地重要道路、河流沿线及边地设置军事戍防点——汛和塘。汛、塘是绿营兵驻防的最小单位，其中又"以汛为大，委

① （明）傅传礼：嘉靖《庆阳府志》卷8《兵防·烽堠》，兰州：甘肃人民出版社，2001年，第144-146页。

千总、把总领之，分管塘、哨、关、卡。"① 各汛塘均建有烽堠（墩台）及营房数间，"营汛，汛兵分驻巡防处所，各设营房墩台"②。最初，汛塘主要分布在边境沿线，"国初定边境，设立墩台营房以司侦瞭。遇有紧急，举烟为号"。至康熙七年（1668 年），"题准各省孔道均设墩台营房，拨兵看守。如有紧急军机，按递传报"③。至此，汛塘之设，几乎遍及全国各地，"星罗棋布，络绎声援。"④ 明代的部分烽堠都被清代的汛塘所沿用，如明代河州地区的烽堠，清初"班军尽裁，紧要墩台多以塘丁守把，其余尽废"⑤。

对于汛塘的主要职责，以往学者多侧重于其驿传功能，实则除传递重要军事文书外，汛塘还有一项重要职责，"卫商民，防盗贼也"⑥，即稽查盗贼、护卫行人、确保水陆交通的安全和通畅。鉴于其重要性，清朝皇帝十分重视汛塘之制，不时督促地方官员严加整备。雍正四年（1726 年），皇帝诏令："各酌道路冲僻，安置汛兵多寡。其道路村庄失事，汛兵照疏防老瓜贼例治罪。"⑦ 乾隆六年（1741 年），皇帝发布上谕："各省汛塘，近会城者，兵数军器尚属完备。距省稍远，甚属废弛。有营房虽具，无兵看守者；有仅一二老弱不堪者；有全无军器并朽烂不可用者。是以行旅不戒，奸匪易滋。请饬督抚提镇，凡水陆汛塘，必须兵足实额，老弱者汰之；器足备用，缺少者补之。"⑧ 嘉庆四年（1799 年），奉上谕，"各省设立汛塘，额设兵弁，原为稽查奸匪，缉拿盗贼，护送差使。理应一律整齐，以壮观瞻，而严稽察"⑨。嘉庆十七年（1812 年），皇帝又下达圣谕，"各省设立汛塘，分派弁

---

① 方国瑜：《中国西南历史地理考释：下册》，北京：中华书局，1987 年，第 1229 页。
② （清）昆冈等撰：《光绪会典》卷 58，《续修四库全书》第 794 册，上海：上海古籍出版社，2002 年，第 568 页。
③ 《光绪会典事例》卷 626《兵部·绿营处分例·墩台营房》，《续修四库全书》第 807 册，上海：上海古籍出版社，2002 年，第 716 页。
④ 《清世宗实录（二）》，雍正八年八月癸卯条，北京：中华书局，1985 年，第 296 页。
⑤ 康熙《河州志》卷 1《关隘·烽堠》，《中国地方志集成·甘肃府县志辑》第 40 册，南京：凤凰出版社，2008 年，第 138 页。
⑥ 《清高宗实录（一）》，乾隆元年五月丁巳条，北京：中华书局，1986 年，第 475 页。
⑦ 《清世宗实录（一）》，雍正四年十二月丁卯条，北京：中华书局，1985 年，第 768 页。
⑧ 《清高宗实录（二）》，乾隆六年三月己卯条，北京：中华书局，1986 年，第 995 页。
⑨ （清）刘锦藻：《清朝续文献通考》卷 212《兵考·直省绿营》，北京：商务印书馆，1955 年，第 9589 页。

兵巡守，原以稽查缉捕，俾奸宄无从逃匿，立法至为周备。若一任倾圮废弛，于捕务殊有关系。该督抚等当严饬将备弁兵，加意整顿，毋稍疏懈。"① 这些敕令一方面表明清代统治者对于汛塘制度的重视程度，另一方面也进一步证实了汛塘承担着缉捕盗匪、护卫行旅、维系道路安全的重要职责。

为确保各处烽堠（墩台）营房的完整，朝廷每年都拨出专款用于修缮。而各地文物官员有勘察修理的责任，但因事无专责，流弊丛生。乾隆十六年（1751 年）陕甘总督黄廷桂奏请："将汛防墩台等项定费交兵丁自行修整，俾有专责，……仍令该管将弁随时查验。倘兵丁漫不经心，草率从事，以致坍损者，查出严惩责革著落将弁赔修，以儆玩违。"② 而各处武职官员需定期巡视，如乾隆十八年（1753 年）陕西提督齐大勇奏报巡视概况："发于三月初八日，自固原起身，由靖远协属八营、下马关至延绥一带，及潼关、庆阳等协营。考官兵各杨技艺，点验马匹、军装、器械，并汛塘、墩台、营房等项，务秉至公，悉心查核。"③ 对惮于远行的古人来讲，汛塘的设置既有效保证了政府公文、物资的传送及公差、使臣的通行，也在一定程度上维护了普通民、商的行旅安全。就关陇地区而言，其驿道沿途均设有汛塘。

以汉中府为例，据嘉庆《汉中府志》载，该府境内驻军所辖汛 38 处，塘 230 处。④ 从空间分布来看（图 9 - 4、表 9 - 4），绝大部分汛塘均分布于重要道路之上，其稽查过往行旅，维系道路通畅的目的不言而喻。

其中，北面的马道、留坝、废邱关、草凉驿、东河桥、二里关诸汛塘以控御连云栈道为主，华阳汛、厚畛子汛主要监控傥骆道南段，宁陕、五郎、洵阳坝、东江口、夹岭等汛主要负责控制子午道。

西面的何家崖、略阳、白水江等汛主要控制汉中通往甘肃地区的道路。

---

① 《清仁宗实录（三）》，嘉庆十二年十一月癸卯条，北京：中华书局，1986 年，第 471 页。
② 《陕甘总督黄廷桂奏为酌议修补墩台营房办法折》乾隆十六年十一月十七日《宫中档乾隆朝奏折》第 1 辑，台北：故宫博物院，1982 年，第 913 页。
③ 《陕西固原提督齐大勇奏报起身巡查营汛日期折》，第乾隆十八年三月初八日，《宫中档乾隆朝奏折》4 辑，台北：故宫博物院，1982 年，第 778 页。
④ （清）严如熤主修：《嘉庆汉中府志校勘》卷 19《军制·汛塘》，郭鹏校勘，西安：三秦出版社，2012 年，第 667 - 671 页。

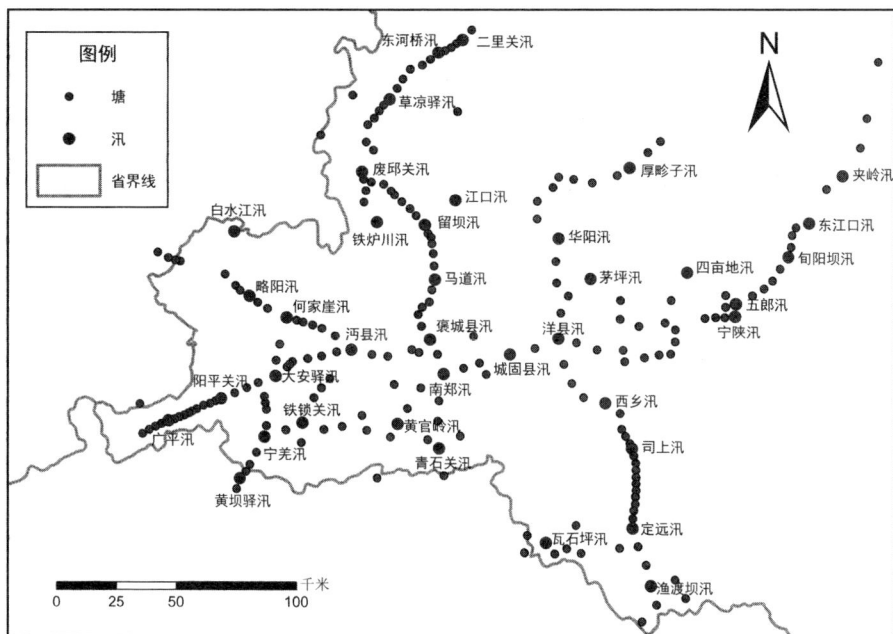

图 9 - 4　清嘉庆年间汉中地区汛塘空间分布图

资料来源：（清）严如熤主修：《嘉庆汉中府志校勘》卷 19《军制·汛塘》，郭鹏校勘，西安：三秦出版社，2012 年，第 667 - 671。

　　南面大安驿汛、铁索关汛、宁羌汛、黄坝驿汛控制汉中通往四川的金牛道。大安驿"东为通沔驿路，北往略阳捷径。西南由烈金坝直达阳平关，依山傍水为州北要隘，设把总汛驻防"①。铁锁关"后倚峻岭，前临深涧，路通沔县钢厂、阜川，当川边要区"②。黄坝驿汛位于川陕驿道之上，其南为七盘关，"为川陕交界第一要隘"，鉴于其重要性，四川地方于七盘关设汛驻守，陕西地方则于黄坝驿设汛驻守。③ 黄官岭汛、青石关汛控制汉中经米仓山通往四川的米仓道，司上汛、定远汛、渔渡坝汛、瓦石坪汛则控制汉

---

① 《清道光〈续修宁羌州志〉校注》卷 1《关隘》，宋文富校注，《宁羌州志校注集》第 1 册，北京：华夏出版社，2006 年，第 23 页 - 24 页。
② 《清道光〈续修宁羌州志〉校注》卷 1《关隘》，宋文富校注，《宁羌州志校注集》第 1 册，北京：华夏出版社，2006 年，第 23 页。
③ 《清道光〈续修宁羌州志〉校注》卷 1《关隘》，宋文富校注，《宁羌州志校注集》第 1 册，北京：华夏出版社，2006 年，第 23 页。

235

中经大巴山前往四川的重要道路。

另外，经阳平关汛、广平汛可连接古阴平道，亦是川陕间的重要通道。阳平关"南倚鸡公山，北靠嘉陵江，最为要险，弹压稽防不易"①。沔县、南郑县、城固县、洋县、西乡等汛，则控制汉中盆地的东西主干道。总之，不仅是主驿道，其他便道沿途均设置有汛塘，其稽查过往行旅、维系道路通畅的目的不言而喻。

表9-4　清嘉庆年间汉中地区汛塘设置情况表

汛	所属塘	汛	所属塘
城固县汛	东关墩台塘、谢村桥塘、上元关塘、文川塘	洋县汛	西关墩台塘、龙亭铺塘、真符塘、环珠庙塘、渭门塘
南郑青石关汛	回军坝塘、法慈院塘、铁炉坝塘、牟家坝塘	褒城黄官岭汛	梁家营塘、周家坪塘、竹坝子塘、黄草坪塘、高台寺塘、唐口子塘、庙坝塘、缸厂塘
褒城县汛	北关塘、鸡头关塘、麻坪寺塘、虎家铺塘、青桥铺塘、老道寺塘	褒城马道汛	马道塘、二十里铺塘
沔县汛	东关底塘、旧州铺塘、黄龙冈塘、土关铺塘、沮水塘、流子沟塘、青羊驿塘、板庙子塘	南郑汛	北关底塘、宗营镇塘、长寨塘、十八里铺塘、柳林铺塘、高店岭塘
阳平关汛	西关底塘、柳树垭塘、戴家坝塘、响水洞塘、郑家洞塘、竹坝塘、寄刀铺塘、下青冈坪塘、七道水塘、邵家坝塘、黑烟沟塘、分水岭塘、安乐河塘、盐茶关塘	广平河汛	水观音塘、柳树垭塘、龙神庙塘、金山寺塘、鱼箭塘、八里河塘、青木川塘、杨家坝塘
大安驿汛	大安塘、金堆铺塘、黄土岭塘、铁佛铺塘	宁羌汛	底塘、浣石铺塘、滴水铺塘、五丁关塘、宽川铺塘
黄坝驿汛	黄坝塘、接官亭塘、牢固关塘、回水河塘、界牌塘、梨树垭塘	铁锁关汛	平溪河塘、荒沟塘、黄土岭塘、高寨子塘、蔡坝塘、西流河塘、二郎坝塘
略阳汛	底塘、阁老岭塘、横现河塘、置口塘、邓子园塘、大水沟塘、七里碥塘、窑坪塘、大南峪塘、	何家崖汛	何家崖塘、茅坝塘、煎茶铺塘、峡口驿塘、沮水塘、陈家嘴塘、接官亭塘、阁老岭塘

① 《清道光〈续修宁羌州志〉校注》卷1《关隘》，宋文富校注，《宁羌州志校注集》第1册，北京：华夏出版社，2006年，第23页。

汛	所属塘	汛	所属塘
白水江汛		留坝汛	底塘、青羊铺塘、青龙寺塘、武关塘、焦岩铺塘、武曲铺塘、乱石铺塘、桃园铺塘、庙台子塘、柴关岭塘、高桥铺塘、榆林铺塘、南星塘
废邱关汛	废邱关塘、心红铺	江口汛	
定远汛	底塘、楼子坝塘、毛垭塘、捞旗河塘、葛条坡塘、沙坡子塘、七盘子塘、拉溪河塘、岩寨子塘	司上汛	司上塘、葛家河塘、柳树垭塘、杨家河塘、杨家山塘、岩寨子塘、道峪河塘
渔渡坝汛	渔渡塘、茅垭塘、盐场关塘、白庙塘、九阵坝塘、松树坝塘、鹿池坝塘	瓦石坪汛	底塘、天池寺塘、西大池塘、魁星楼塘、冯家户塘、油盘垭塘、简池坝塘、塔坝河塘
西乡汛	底塘、堰口塘、辛家坝塘、古溪铺塘、桑园铺塘、刘家坝塘、田家湾塘、渭门塘、枣园铺塘、子午镇塘、牛羊河塘、两河塘、	华阳汛	底塘、周家庄塘、黑沟口塘、范家垭塘、杜家槽塘、五道河塘、二郎坝塘
厚畛子汛	底塘、山盘子塘、秤钩湾塘、药铺塘、青龙寨塘、古子梁塘、黄柏园塘、天池山塘、二郎坝塘	茅坪汛	秧田嘴塘、老荒沟塘
宁陕汛	底塘、汤平河塘、青草关塘、斩龙垭塘、甘家砭塘、任家庄塘	五郎汛	五郎城塘、梁家庄塘、火地塘、平河塘
四亩地汛	四亩池塘、石墩子河塘、大河坝塘、良心河塘	东江口汛	底塘、徐家梁塘、高关塘
洵阳坝汛	洵阳坝塘、三道桥塘、七里沟塘、乔家沟塘	夹岭汛	夹岭塘、关石塘、子午塘、西安省城底塘
草凉驿汛	柳树湾塘、王家台塘、白家店塘、五星台塘、草凉驿塘、红花铺塘、长桥塘、唐藏僻塘	东河桥汛	东河桥塘、煎茶岭塘、江龙沟塘、石窑铺塘、黄牛铺塘、平墓僻塘
二里关汛	二里关塘、军阳湾塘、观音堂塘、半坡铺塘	铁炉川汛	凤岭塘、心红铺塘、马岭关僻塘、铁炉川塘、箭峰垭塘、三道河塘

资料来源：(清)严如熤主修：《嘉庆汉中府志校勘》卷19《军制·汛塘》，郭鹏校勘，西安：三秦出版社，2012年，第667–671。

　　但正如其他制度一样，随着官场的日渐腐败及军备松弛，各地汛塘制度亦渐名存实亡。嘉庆十七年（1812年），河南许州境内竟发生劫杀差弁事件。对此，嘉庆皇帝愤然道："直省驿路安设墩铺营房，原以稽查盗贼。乃近日率皆有名无实，致令奸宄肆行，为害商旅，甚将赍折员弁中途戕毙，废弛已极。"为此他接连下达两道谕旨："通谕各督抚，严饬所辖文武员弁，于驿站、汛塘，认真整顿，实力巡缉。务使宵小屏迹，道途肃清，以靖盗风而安行旅。"① "将境内墩汛塘铺查明，一律修整，派拨兵役常川守望稽查。如有疏纵失事者，严参究办。"② 嘉庆二十三年（1818年）再次下令，"直省各府县城守汛塘，原所以诘奸宄而安善良，必先募选兵丁足额，该管将备勒加训练，俾兵丁等技艺精强，方于巡防有裨。近来各省汛塘，屋宇倾圮，兵额短缺。即有在汛应差者，亦多疲软无能。遇有匪徒经过，退缩不前，安能望其擒拿盗贼，保护行旅。著通谕各省督抚提镇认真整顿，平时董率所属，慎选兵丁，常川操练。其汛塘，紧要地面，择兵丁中技艺精强者驻守巡缉。如有疏防懈弛等弊，据实参处。务令守望相资，以收戢暴安良之效。"③

　　尽管三令五申，但已积重难返。道光十八年（1838年）江苏桃源县境内再次发生劫掠差使案件，对此道光皇帝无奈道："各省赍递文章，经过州县皆系驿站大道，设有汛塘防守。该匪徒等胆敢抢劫拒捕，地方捕务废弛已可概见。"④ 至光绪年间，汛塘制度已是形同虚设，"乃行之既久，营弁视为具文，习于偷惰。文武既不相统摄，每遇劫窃则互相推诿，欲其振刷，岂可得哉"⑤。经过两百多年的延续，汛塘制度趋于崩溃。

　　道路是空间内人们迁移和交往的载体，是社会经济发展的重要纽带。国家机器的顺利运转，也必然基于覆盖全国范围的严密交通体系。"盖无论政

---

① 《清仁宗实录（四）》，嘉庆十七年十月乙卯条，北京：中华书局，1986年，第550页。

② 《清仁宗实录（四）》，嘉庆十七年十月丙辰条，北京：中华书局，1986年，第550页。

③ 《清仁宗实录（五）》，嘉庆二十三年七月戊申条，北京：中华书局，1986年，第553页。

④ 《清宣宗实录（五）》，道光十八年七月乙丑条，北京：中华书局，1986年，第864页。

⑤ 光绪《富平县志稿》卷4《营汛》，《中国地方志集成·陕西府县志辑》第14册，南京：凤凰出版社，2007年，第303页。

令推行，政情沟通，军事进退，经济开发，物资流通，与夫文化宗教之传播，民族感情之融和，国家关系之亲睦，皆受交通畅阻之影响。"① 历史上，任何政权建立后，无不以修辟道路、设置驿传以完善交通系统为首要任务。同时为维系道路安全，缉捕盗寇，护卫行旅，相关职能机构应运而生。明清时期，国家对社会基层的控制日渐强化，对道路安全的维系也更为重视。明代在交通要冲地带广设巡检司以盘诘过往奸细、强化治安。清代巡检司的职能逐步泛化，其在维系道路安全中的作用被削弱，与此同时，汛塘制度逐步发展完善，开始取代巡检司成为维系道路安全的重要基层机构。巡检司和汛塘的演化，体现了基层行政机构和基层军事组织的完善过程，折射出国家对基层社会控制力度的加强。而两者在完善调整的过程中，在维系道路安全这一层面上恰好实现了角色嬗替。

第三节　明清道路桥梁的维护制度

道路桥梁是人们空间移动的重要载体。对一个政权来说，道路桥梁畅通与否直接关系到国家政令的传递，进而影响到政局稳定。基于此，历朝历代除建设完善的邮驿系统外，平时也较为注重对道路桥梁的维护。

一、职责归属

明初定六部官制，其中工部下辖四个部门，水部②为其一，"掌天下川渎陂池之事，凡河渠桥梁道路堋坝舟楫水利及织造杂支杂造之属"③。将桥梁道路的维护纳入工部职责范围。而各地道路的切实维护仍有赖于地方官

---

① 严耕望：《唐代交通图考·序》，《唐代交通图考》卷 1，上海：上海古籍出版社，2007 年，第 1 页。
② 洪武二十九年（1396 年），改水部为都水清吏司。
③ 《明太祖实录》卷 130，洪武十三年三月戊申条，台北："中央研究院"历史语言研究所，1962年，第 2072 页。

员。为此，明朝皇帝时常督促地方官员注重修缮道路桥梁。洪武十七年
（1384 年），"命天下府州县修治桥梁道路"①。洪武二十六年（1393 年），
"定凡各处河津合置桥梁者，所在官司起造。若当用渡船去处，须要置造船
只、佥点水手。其通行驿道或有损坏，须于农隙之时修理，所用桩木、灰石
等，须于本处丁多户内起夫，附近山场采办"②。洪熙元年（1425 年）诏
令地方官，"沟渠道路有坏，亦即整治"③。正统四年（1439 年），"令各府
州县提调官时常巡视桥梁道路，但有损坏，随时修理坚完，毋阻经行"④。
除形式上敦促勉励地方官吏勤于巡视、修缮道路外，朝廷还多次下达修缮道
路的具体命令。例如，洪武十七年（1384 年），"命浙江布政司修治所隶绍
兴等府桥梁道路。时，信国公汤和还自浙东，言：'吴江长桥圮坏，及浙东
西道路多不治，行旅病之。' 故有是命"⑤。洪武二十四年（1391 年），"遣
官修治湖广至云南道路"⑥。永乐二十年（1422 年），"命武安侯郑亨，以卒
万人修龙门道路"⑦。宣德三年（1428 年），"命行在工部修治都城外至居庸
关桥梁道路之因雨倾塌者"⑧。

　　清代全国道路桥梁的修缮工作仍归工部都水清吏司总管，其"掌天下
河渠关梁川途之政令"⑨。从具体实施来说，京城与直省又不同。京城"街

① 《明太祖实录》卷 162，洪武十七年六月丁丑条，台北："中央研究院" 历史语言研究所，1962 年，第 2518 页。
② （明）申时行等修：《万历会典》卷 200，《河渠·桥道》，北京：中华书局，1989 年，第 1001 页。
③ 《明仁宗实录》卷 6 下，洪熙元年正月壬申条，台北："中央研究院" 历史语言研究所，1962 年，第 209 页。
④ （明）申时行等修：《万历会典》卷 200，《河渠·桥道》，北京：中华书局，1989 年，第 1001 页。
⑤ 《明太祖实录》卷 187，洪武十七年十二月甲寅条，台北："中央研究院" 历史语言研究所，1962 年，第 2802 - 2803 页。
⑥ 《明太祖实录》卷 209，洪武二十四年六月甲申条，台北："中央研究院" 历史语言研究所，1962 年，第 3123 页。
⑦ 《明太宗实录》卷 248，永乐二十年四月戊子条，台北："中央研究院" 历史语言研究所，1962 年，第 2317 页。
⑧ 《明宣宗实录》卷 45，宣德三年七月癸亥条，台北："中央研究院" 历史语言研究所，1962 年，第 1104 页。
⑨ （清）昆岗等撰：《光绪会典》卷 60，上海：上海古籍出版社，2002 年，第 577 页。

道桥梁有应修治者，内城由步军统领衙门报部，外城由街道衙门报部奏请修理"。而"各省桥道有损坏者，地方官查明随宜建置，由该督抚奏明办理，报部覆销"①。各处道路桥梁凡需修理者，需由地方官员上报工部。而在京工程花费250两以上者，地方工程花费1000两以上且无先例可循者，尚需工部奏请皇帝批示。可见各处道路桥梁的修缮，决定权在皇帝，监督权在工部，地方仅有执行权。例如，乾隆九年（1744年），署江南总府尹继善上奏称："邳州境内东南官湖系往来要道，逼近运河，地势低洼。每遇雨水充溢时，沟渠壅塞，道路阻碍。请于官湖迤上起，至州城东止，估筑堤路凡经由沟洫，建造桥座，俾水道通行。"经工部审议认为此举可行，奏请乾隆帝批准后方才实行。②

二、律令规定

除此之外，明朝还通过法律的形式，对破坏道路桥梁者及不及时修缮道路桥梁的官员施以严惩。《大明律》明确规定："凡侵占街巷道路而起盖房屋及为园圃者，杖六十，各令复旧。其穿墙而出秽污之物于街巷者，笞四十。"严惩侵占及破坏桥梁道路者。对不及时修缮桥梁道路的地方官吏，也做出详细的规定："凡桥梁道路，府、州、县佐贰官、提调，于农隙之时，常加巡行点视，务要坚完平坦。若损坏失于修理、阻碍经行者，提调官吏笞三十。若津渡之处，应造桥梁而不造、应置渡船而不置者，笞四十。"③

清代律令规定："凡桥梁道路，府、州、县佐贰官、职专提调，于农隙之时，常加点视修理，桥梁务要坚完，道路务要平坦。若损坏、失于修理，阻碍经行者，提调官吏笞三十。此原有桥梁而未修理者。若津渡之处，应造桥梁而不造，应置渡船而不置者，笞四十。"④ 可见，在道路桥梁的修缮方

---

① （清）昆岗等撰：《光绪会典》卷60，上海：上海古籍出版社，2002年，第585页。
② 《清高宗实录（三）》，乾隆九年三月甲子条，北京：中华书局，1986年，第722页。
③ 《大明律》卷30《工律二》，北京：法律出版社，1998年，第220页。
④ 《大清律例》卷39《修理桥梁道路》，张荣铮等点校，天津：天津古籍出版社，1993年，第666页。

面，清朝律令直接沿袭了明代律令。

三、朝廷态度

在一些特殊情况下，皇帝会亲自下令修缮各地道路桥梁。

一是重要典礼。在举行重要节庆或重大典礼时所颁发的诏书中，往往有下令天下修缮道路内容，但这类诏令更多是一种形式，实则并未严格落实。例如，乾隆十六年（1751 年），二十六年（1761 年）和三十六年（1771年）为皇太后上徽号时所列应行事宜中，均有"各省道路桥梁，间有损坏者，著地方官查明修理，以利行旅"①。

二是皇帝出巡。皇帝决定出巡某地后，为确保通行顺利，往往下令修缮沿途道路。例如，康熙十一年（1672 年），康熙帝陪同太皇太后巡幸赤城温泉，命"工部侍郎觉罗查哈喇、佟弘器、动支帑银前往修理道路，毋得扰民。"② 乾隆十一年（1746 年），乾陵帝巡幸五台山前亦曾要求沿途修缮道路，直隶总督那苏图奏称"前赴龙泉、正定等处，沿途查勘道路，所有应修各工，均已将次告竣"③。乾隆十三年（1748 年）筹划东巡事宜时总理行营王大臣等奏称："修垫驼马经由道路，据奏除德州及运河两岸纤路毋庸另修外，其余道路桥梁现饬酌动公项拨修。"④ 出巡道路通畅与否与皇帝切身利益密切相关，因此上至皇帝本人，下至地方官员都较为重视。

三是军队行进。当战争爆发时，调兵遣将及军需供应等往来不断。"行兵者以道路为至要"⑤，为确保军队迅速前进和军需的顺利供应，朝廷常常下令修缮所经道路。康熙三十六年（1697 年），康熙帝率军亲征准噶尔，为此其专门下令："修理道路，专责之地方官，恐至太过。可遣乡导官筏

---

① 《清高宗实录》，乾隆十六年十一月戊子条，北京：中华书局，1986 年，第 301 页；卷 649，乾隆二十六年十一月乙卯条，北京：中华书局，1986 年，第 266 页；卷 897，乾隆三十六年十一月辛酉条，北京：中华书局，1986 年，第 1068 - 1069 页。
② 《清圣祖实录（一）》卷 38，康熙十一年正月辛酉条，北京：中华书局，1985 年，第 504 页。
③ 《清高宗实录（四）》，乾隆十一年正月丙申条，北京：中华书局，1986 年，第 328 页。
④ 《清高宗实录（四）》，乾隆十二年十一月癸卯条，北京：中华书局，1986 年，第 960 页。
⑤ 《清圣祖实录（二）》，康熙三十六年正月戊午条，北京：中华书局，1985 年，第 919 页。

保、布筀，修一车可行之道足矣。山西道路著按察使巴锡、道员王辅、鸠工督修，……渡黄河后，陕西路阔，毋庸大修，或有宜略修处，着常绶等验视，令地方官修之。……若修路太过，劳及百姓，责在筏保、布筀，与地方官无涉也"①。乾隆五十一年（1786 年）由京城调八旗兵至甘肃庄浪，为确保官兵及同行家口顺利通行，沿途设置台站多处，并要求"道路桥梁，各河渡口，悉令地方官修治平坦坚固，并添备船只以利遄行"②。

四是洪灾过后。一些地方的道路桥梁或因遭遇洪灾或大雨而被冲毁，此后皇帝可能会下令修缮道路桥梁，确保行旅通行。但这类情况不多，主要发生在畿辅一带。例如，雍正三年（1725 年），雍正帝下令："闻近京各处地方，桥梁道路多被潦水淹没，行旅维艰，诸物腾贵。朕心甚为轸念。尔可转饬各地方官，悉心筹画。其大路中积水之处，作何疏泄；洼坎之处，作何修垫。……俱速令其相度地势，设法修理。使行旅之人，通行无阻。不可借端差派，以便民之政，反致累民。"③

当然，除以上集中情况外，有时皇帝也会指定要求地方官修缮某一段道路。明代如洪武二十七年（1394 年），朱元璋下令修建连云栈道。收复云南地区后，"遣人置邮驿通云南，宜率土人随其疆界远迩开筑道路，其广十丈，准古法以六十里为一驿"④。宣德三年（1428 年），"敕总兵官阳武侯薛禄，副总兵清平伯吴成，待粮至开平上仓后，仍令军士于近城多采薪刍付城内官军，用军还遇道路损坏，量加修理"⑤。清代如顺治十三年（1656 年），皇帝下旨："自通州至京道路，系直省输挽通衢。凡官员禄米、兵丁月粮及商民货物皆取道于此。连年为霖雨冲塌，致车骑驰驱备尝困苦。……今当及时修葺，为一劳永逸之计。……务使整葺有方，坚完可久。俾官员兵丁商贾

---

① 《清圣祖实录（二）》，康熙三十六年二月乙未条，北京：中华书局，1985 年，第 929 页。
② 《陕西巡抚永保奏报备办由京移驻庄浪官兵家口应需车辆口粮事》，乾隆五十一年九月初一日，《宫中档乾隆朝奏折》第 61 辑，台北：故宫博物院，1982 年，第 378 页。
③ 《清世宗实录（一）》，雍正三年七月癸亥条，北京：中华书局，1985 年，第 523–524 页。
④ 《明太祖实录》卷 142，洪武十五年二月癸丑条，台北："中央研究院"历史语言研究所，1962 年，第 2232 页。
⑤ 《明宣宗实录》卷 43，宣德三年五月戊午条，台北："中央研究院"历史语言研究所，1962 年，第 1046 页。

小民，往来咸便焉。"① 雍正二年（1724 年），雍正帝下旨："豫省官塘以及偏僻道路烟墩俱宜整理修葺，直隶、山东大道两傍皆种树木，此法甚善，可豫饬明春栽植无误，再训诫属员不得借此扰民。"② 雍正七年（1729 年）下令修缮直隶通往江南的大道，"谕工部。直隶、山东、江南查勘道路事宜，着行文三省督抚等。令动正项钱粮，乘此农隙之时，派委贤员作速兴工，务于明春雨水前告峻，朕仍遣员往查。其修过桥梁道路等项，着交与各该地方官随时休整，并令新旧交代，永着为例"③。再如，乾隆三年（1738 年），乾隆帝下旨修汉中栈道，"著四川巡抚硕色，会同西安巡抚张楷委员确勘，将应行修理之处分别南北栈，两省分任修理，即动用该省存公银两以为工费"④。

由皇帝下旨修理道路，因工程较大，所需物料及人力较多，费用往往由政府拨给。其间亦不免有侵害民间田地、房屋、坟茔等现象，乃至百姓因负担过重进而影响耕作等。对此种种弊端，统治者在下令修缮道路的同时也较为留意。宣德元年（1426 年），"车驾所过见有司集民修治道路。上命散遣之，且谕之曰：'兹秋成之时，民皆急于收获，道途通行者其免除治，毋重劳尔民'"⑤。康熙十四年（1675 年），康熙帝出行时因"见修治道路，太平庄路傍，民间坟墓有修平者"，为此降谕大学士索额图，要求详细察议此事并奏闻。⑥ 雍正皇帝曾下令："饬地方官修理道路，不得豫派累民。"⑦ 乾隆十五年（1750 年）五月，因直隶良乡、涿州一带于非农隙时节派拨农民修路，乾隆帝为此下达谕旨："修除道路固所以便商旅，但每年藉农民之力以供商旅之行，于事理殊未允协。且此案原议于农隙之时量为修补，今春月既

---

① 《清世祖实录》，顺治十三年八月癸未条，北京：中华书局，1985 年，第 799 页。
② 《清世宗实录（一）》，雍正二年三月丙申条，北京：中华书局，1985 年，第 292 页。
③ 《清世宗实录（二）》6，雍正七年九月壬辰条，北京：中华书局，1985 年，第 155 页。
④ 《清高宗实录（二）》，乾隆三年八月丁亥条，北京：中华书局，1986 年，第 180 页。
⑤ 《明宣宗实录》卷 20，宣德元年八月丙子条，台北："中央研究院"历史语言研究所，1962 年，第 535 页。
⑥ 《清圣祖实录（一）》，康熙十四年九月丙申条，北京：中华书局，1985 年，第 740 页。
⑦ 《清世宗实录（一）》，康熙六十一年十一月辛亥条，北京：中华书局，1985 年，第 44 页。

未修补，亦应俟冬月举行。"① 对于道路修理过程中，地方官员敷衍了事，趁机侵吞公款等，康熙帝曾表示："今地方官总不实心办事。如每年修治道路，开销多至三万余两，小民不沾实惠。朕今现发官帑，差工部堂官前往料理，所费不过二三千两，用夫不过数千人。此皆由上司不能留心查察，故被属下欺隐。"②

总之，朝廷对于京城周边及京城通往各地区的干道尤为重视，常常直接下令修建。而地方次要道路，则往往依托各地官员巡视修缮。

四、地方回应

地方官对辖区内的道路桥梁有定期检查维护的责任。上至各省督抚下至州县长官，不乏正直廉洁之士，常常主动提出对辖区内路段和桥梁进行修缮。

乾隆四年（1739年），陕西巡抚张楷疏称："上年蛟水陡发，咸宁县属之大义峪，镇安县属之旧司，道路多被冲缺，难以复修，且需费浩繁。今委员确勘，必须另行开辟，方成坦途。又称道路既经改修，其汛塘亦应移建。咸宁县新路一百十里，应设塘六处。镇安县新路，一百三十五里，应设塘四处。所有应建墩台营房。并修理青铜关水冲旧塘，共估需银一千八百五十九两六分零。"③ 乾隆十一年（1746年），云南总督兼巡抚事张允随奏称："金沙江两岸向无道路，间有小径，亦属险仄异常，应请修治宽平，不独行旅负贩，可免跋涉崎岖。即铜锡商船，上下往来，亦易保护稽查等语。"④ 乾隆三十九年（1774年）陕西布政使富纲奏报："陕西为入川孔道，军营文报最为紧要。……目下陕省……惟阴雨连绵之后，东西驿路不无积水泥泞，有碍驰骤。奴才飞饬沿途各地方官，率同佐杂分路稽查。凡有桥梁道路，应行修垫之处，多拨人夫上紧修治平坦，以利端行，而恤马力。其有河道处所，尤

① 《清高宗实录（五）》，乾隆十五年五月丙午条，北京：中华书局，1986年，第1009页。
② 《清圣祖实录（三）》卷271，康熙五十六年三月己卯条，北京：中华书局，1985年，第665页。
③ 《清高宗实录（二）》，乾隆四年五月甲子条，北京：中华书局，1986年，第421页。
④ 《清高宗实录（四）》，乾隆十一年九月戊午条，北京：中华书局，1986年，第595页。

须设法预备，以防河水长发，阻滞军缄。"① 这些道路桥梁的修缮因工程大，耗费多，往往需动用官银。

而一些州县官员出于利民，也往往对辖区内的小段道路或桥梁进行修缮，这类修理所需费用并不来自官方，通常由地方官员和乡绅共同捐资。这样的案例地方志中多有记载。例如，乾隆年间泾阳知县唐秉刚，"礼士惠农，通商除暴，凡有利于民者，无不为也。县西北冶峪通淳化，险阨不可车，秉刚凿之二十里，行旅便焉"②。再如，"道光二十年，布政使梁萼涵率官商捐修东关坡迤东驿路，自坡至安定县之巇口，计二百余里"③。

第四节　明清关陇地区道路桥梁的维护

明清时期，对于关陇地区的一些重要道路桥梁常常予以修理。特别是连接关中和蜀地的连云栈道以及兰州黄河浮桥，因常被洪水冲塌，故不得不花费大量人力物力进行维护。

一、汉中栈道的修理

由关中前往四川需穿越秦岭、大巴山，其间山势陡峻，沟谷崎岖难行。为便于通行，从汉代起便修建栈道。"大石塞途者，烧以薪，浇以醋，碎以巨锤；峭壁无可施力者，凿孔，横巨木，覆以板，钳以钉；涧深不能逾越者，以架长檩，覆巨板。"自元代起，从今天宝鸡向南，经凤县、留坝、勉县、宁强，进入四川的道路，成为沟联关中和蜀地的主要驿道。因此，明清两代对此段栈道的建设极为重视。

---

① 《陕西布政使富纲奏报出省稽查驿路事》，乾隆三十九年三月十六日，《宫中档乾隆朝奏折》第35辑，台北：故宫博物院，1982年，第17页。
② 道光《重修泾阳县志》卷19《名宦传》，《中国地方志集成·陕西府县志辑》第7册，南京：凤凰出版社，2007年，第312页。
③ 光绪《重修皋兰县志》卷10《舆地志·山川》，《中国地方志集成·甘肃府县志辑》第3册，南京：凤凰出版社，2008年，第553页。

（一）栈道概况

整条栈道可分为南北两段，"栈道由宝鸡进，至褒城，为连云栈，即北栈也。由沔县进，历宁羌、广元、昭化、剑州，为南栈。"① 南栈大半位于四川境内，而位于汉中的沔县至宁羌段栈道则较易通行。嘉靖年间，经由此处的张瀚写道："入关西界，即为汉中之宁羌。行经滴水崖、五丁峡，峡中凄凄生寒，五月如深秋。路虽崎岖，然在山麓无险，茂林峭壁，怪石鸣泉，亦奇观也。金牛、青阳路皆平坦……。"②

连云栈自宝鸡县以南的大散关至褒城县以北的鸡头关，全长930余里，自元代起便成为连接关中和汉中地区的官方驿道。③ 明代连云栈道仍置驿站。而北栈（连云栈）则极为险峻难行，尤以鸡头关至柴关一段为甚，"历青桥、马道，凡九十里皆栈道，两崖陡绝，中开一路。于山腰下瞰，江流鸣雷喷雪。路断处皆空中悬木为路，所谓栈也。……自柴关迤东，悬崖峭壁，急流飞湍，溪中石白如粉，殊快心目。然皆平地，虽沿溪间有木桥，而溪浅岸低，不为险也。"④ 万历年间，王士性行经青桥一带时，亦感叹此处"岑嵚难步"⑤。康熙年间，王士禛经由连云栈入蜀，过柴关岭时写道："岭上下二十里，石齿廉利如剑锷。下岭沿青羊河行，河流挟雨益怒。巨石怪丑，时来压人，幽篁丛木，蒙茸数十里，不见山巅。行人与虎、豹、蛇、虺争一线。""自画眉关而下至马道百里间，俗谓二十四马鞍岭，险峭特绝。一岭上下登顿辄数里，上如猱升，下如鳖行，外俯迅流，内倚绝壁，石磴连卷其中，山骨呈露，不受寸土。"⑥ 南北栈道虽崎岖难行，却是连接川陕的动脉。而木制栈阁又极易腐坏，阻碍行旅，所以明清两朝不得不花费大量的民力和

① （清）严如熤主编：《嘉庆汉中府志校勘》卷1《星野·舆图》，郭鹏校勘，西安：三秦出版社，2012年，第44页。

② （明）张瀚：《松窗梦语》卷2《西游纪》，盛冬铃点校，北京：中华书局，1985年，第41页。

③ 相关研究见李之勤《元明清连云栈道创始于北魏迴车道说质疑》，《历史地理》2006年第21辑。

④ （明）张瀚：《松窗梦语》卷2《西游纪》，盛冬铃点校，北京：中华书局，1985年，第41页。

⑤ （明）王士性：《五月游草》卷5《入蜀记上》，《王士性地理书三种》，上海：上海古籍出版社，1993年，第107页。

⑥ （清）王士禛：《蜀道驿程记》，《中国西北文献丛书（二辑）·西北稀见方志文献》卷4，兰州：兰州古籍书店，1990年，第446页。

物力来维系此道路的畅通。

（二）明代对栈道的修理

洪武二十五年（1392 年）七月，"命普定侯陈桓，往陕西修连云栈入四川"①。嘉靖《陕西通志》亦载，洪武二十五年朱元璋派遣普定侯陈垣，监督军夫，增损历代旧路，开通修建连云栈道。此次工程浩大，共修建栈阁 41 处，2008 间。《明太祖实录》载："诏发汉中等府民丁，修栈道凡三百二十桥"②。道光《褒城县志》载明弘治年间曾重修连云栈道，至"万历甲辰知府崔应科，同知张光宇，通判赵文兰，推官李俸修连云栈道"③。经过明代的不断修缮，连云栈道路况大有改观。明人王士性称："自古称栈道险，今殊不然。屡年修砌，可并行二轿四马。"④ 综上，明代对栈道的修理主要集中于北栈，即连云栈，而南栈未见大规模修理的记载。

（三）清代对栈道的修理

历经明末清初的战乱，连云栈道残破倾圮严重，交通阻塞。康熙三年（1664 年），陕西巡抚贾汉复奉命巡视汉中府城垣，经由连云栈道，见其破败决定重修。从康熙三年九月至十一月，历经三月而成。党崇雅《贾大司马修栈记》碑文对此次工程做了详细记载：

> 修险碥凡五千二百丈有奇，险石路凡二万三千八十九丈有奇，险土路凡一千七百八十一丈有奇，修偏桥一百一十八处，计一百五十七丈；去偏桥而垒石以补之者，自江面至岸高三丈许，共长六十五丈二尺，凡十五处；修水渠一百四十五道，煅石三十二处，共一百六十五丈六尺，去当路山根

---

① （明）雷礼等撰：《皇明大政纪》卷 4，《续修四库全书》第 353 册，上海：上海古籍出版社，2002 年，第 446 页。

② 《明太祖实录》卷 230，洪武二十六年十月甲寅条，台北："中央研究院"历史语言研究所，1962 年，第 3365 页。

③ 道光《褒城县志》卷 1《疆域图考》，《中国地方志集成·陕西府县志辑》卷 51，南京：凤凰出版社，2007 年，第 374 页。

④ （明）王士性：《广志绎》卷 3，《王士性地理书三种》，上海：上海古籍出版社，1993 年，第 295 页。

大石二百八十九处，垒修木栏杆一百二十三处，凡九百三十八丈有奇。①

　　此次工程虽称浩大，但仅限于北栈，即连云栈。雍正《陕西通志》载，经过此次修理，"自煎茶坪抵鸡头关，绵亘 600 里，剔险披隘，尽成坦途"②。而最为险峻的阎王碥一带经过修整，尽去其险。"云栈中，碥为最险，有燕子碥、甜竹碥，而阎王碥最险。工日凿之，不能以寸，烈火沃酝，应手堕落，不三日告成，广倍于前，而碥失其险。易阎王之名为观音，人无不知观音之为济世慈航也。"③康熙二十八年（1689 年），时任川陕总督的葛思泰巡视汉南，"因念连云栈险道危，首捐全俸，并移会三省抚台，提倡率镇（台）、司、道、府，各捐己俸，修成坦途，商民感悦"④。可知，康熙年间曾先后两次对连云栈进行修理。

　　乾隆三年（1738 年），乾隆帝下令修缮南北栈道，"川省远在西陲，道路之难甲于天下。其中栈道偏桥更为险隘，每年资藉民力随时修补，未能一劳永逸，行旅跋涉艰辛，深可轸念。着四川巡抚硕色，会同陕西巡抚张楷，委员确勘，将应行修理之处，分别南栈北栈，两省分任修理。即动用该省存公银两以为工费。将来工竣之后，交于地方官不时稽查。如遇暴雨大水冲塌过多之时，仍准详报，酌动公项修整，俾永远坚固以便行人⑤。乾隆二十七年（1762 年）十一月，陕西巡抚鄂弼又上奏称："由汉中凤县、褒城、宁羌至四川广元，绵长九百余里，悉皆栈道。遇山水骤涨，泊岸易坍。"请求再次修理栈道，"拟于冬春之交兴工"⑥。次年五月，"自宝鸡大散关至宁羌

---

① （清）党崇雅：《贾大司马修栈记》，薛凤飞：《褒谷摩崖校释》，武汉：湖北人民出版社，1999 年，第 163 页。

② 雍正《陕西通志》卷 51《名宦二》，《中国西北文献丛书·西北稀见方志文献》第 3 卷，兰州：兰州古籍书店，1990 年，第 309 页。

③ 道光《褒城县志》卷 8《文物志》，《中国地方志集成·陕西府县志辑》卷 51，南京：凤凰出版社，2007 年，第 444 页。

④ （清）严如熤主编：《嘉庆汉中府志校勘》卷 32《拾遗下》，郭鹏校勘，西安：三秦出版社，2012 年，第 1208 页。

⑤ 《清高宗实录（二）》，乾隆三年八月丁亥条，北京：中华书局，1986 年，第 180 页。

⑥ 《清高宗实录（九）》，乾隆二十七年十一月戊子条，北京：中华书局，1986 年，第 554 页。

州与川省交界之七盘关止，各工俱届完竣"①。与康熙年间相比，乾隆年间的两次修理不仅包括北栈（连云栈），也包括南栈在内，规模巨大。鉴于栈道乃"木石工程，雨雪易致损坏，非随损随修，不能经久"，陕西巡抚鄂弼奏请："于西巡经费余息项内，拨银一万两，交凤、汉二府，分各州县生息修理。"② 设置日常维护栈道的专项费用，"交南郑十二州县营运生息贮府库，责成汉兴道总理，随倾随修，汇奏核销"③。

嘉庆十六年（1811年），因"凤县、留坝、褒城、沔县、宁羌五厅、州、县，……上年秋雨连绵，叠次山水陡发，石岸、偏桥多被冲塌"④，陕甘总督董教增又奏请修理栈道，"阅数月，次第完竣"⑤。此次修理仍然涉及南北二栈道。道光年间对栈道进行过局部性修理。道光八年（1828年）四月，"修陕西宝鸡县被水冲坍栈道，从护巡抚徐炘请也"⑥。同年十一月，"修陕西凤县栈道，从巡抚鄂山请也"⑦。道光九年（1829）十月，"修陕西留坝厅坍塌栈道，从巡抚鄂山请也"⑧。道光二十七（1847年）年四月，"修陕西宝鸡县栈道，从前巡抚林则徐请也"⑨。道光年间，宁羌州知州张廷槐捐资于南栈道路两侧栽植桑树，"左右两畔悉捐俸栽植桑苗盈万，中留丈许，以通邮递人行。三载后，根干挺舒，枝叶繁茂，郁郁葱葱，翠云盘结。不惟可坐收厚利，以资亭长里正随时修补道路之费。而行旅负贩之人，当炎暑傍午时坐憩其下，无风自凉"⑩。道光以后，清王朝陷入内忧外患的困境

---

① 道光《留坝厅志》卷3《事征》，《中国地方志集成·陕西府县志辑》第52册，南京：凤凰出版社，2007年，第575页。

② 《清高宗实录（九）》，乾隆二十八年五月戊寅条，北京：中华书局，1986年，第695页。

③ 道光《留坝厅志》卷3《事征》，《中国地方志集成·陕西府县志辑》第52册，南京：凤凰出版社，2007年，第575页。

④ 董教增：《重修栈道折》，《嘉庆汉中府志校勘》卷26《艺文志下》，西安：三秦出版社，2012年，第986－987页。

⑤ （清）严如煜主编：《嘉庆汉中府志校勘》卷1《星野·舆图》，郭鹏校勘，西安：三秦出版社，2012年，第44页。

⑥ 《清宣宗实录（三）》，道光八年四月己卯条，北京：中华书局，1986年，第64页。

⑦ 《清宣宗实录（三）》，道光八年十一月壬寅条，北京：中华书局，1986年，第234页。

⑧ 《清宣宗实录（三）》，道光九年十月丙寅条，北京：中华书局，1986年，第490页。

⑨ 《清宣宗实录（七）》，道光二十七年四月丙辰条，北京：中华书局，1986年，第522页。

⑩ （清）张廷槐：《栈道载桑记》，光绪《宁羌州志》卷5《艺文志》，《中国地方志集成·陕西府县志辑》第52册，南京：凤凰出版社，2007年，第189页。

中，国力衰微，已无财力大规模修建栈道。

二、六盘山路的修理

六盘山位于平凉府境内，其登山之路凡六盘，故曰六盘山。六盘山向来不通车道，往来物资运输俱有牲畜驮运。对六盘山路的修理主要是在清代，分别是雍正年间和同治年间。

（一）雍正年间对六盘山路的修理

由平凉府向西至隆德县，中间需翻越六盘山，其"沙石相间，崎岖窄狭，不能行车，只可牲口驮运"。因此，历来关中地区运送军需物资至甘、凉地区，往往经由固原一路。雍正十一年（1733年），甘肃巡抚许容以运送粮饷为由，奏请修葺六盘山道，"惟自平凉抵隆德县，路隔六盘山，不通车道，只凭驴骡驮载，每驴骡一头，止运一石，瘦弱者仅驮五斗，不若车运利便，更裨军需。……今岁，平凉一路，接运陕省及平、庆两府派拨之粮几及八万石，……山高路曲，难使宽平，而就势开凿尚可行车。公同估计约需银四百余两，虽遇夏月雨水，难保不无冲塌，而随时修补，可供军糈挽输，民力实属省便"①。

（二）光绪年间对六盘山路的修理

关陇地区的交通，在陕甘回民起义中受到严重冲击，驿传系统一度处于瘫痪状态，道路桥梁等亦遭到严重破坏，"如会宁县之翟家所、张陈堡，安定县之土公桥，隆德县之六盘山，固原州之三关口等处，均为著名险隘，其间沟涧深窄，河道沮洳，道路、桥梁率多倾塌，夏潦冬冰，时有阻滞、倾覆之患，农商行旅均以为苦"。在此情况下，陕甘总督左宗棠主导对陕甘大道进行较大规模的修理。其中包括六盘山上下车路二十余里。②

---

① 《兰州巡抚许容奏请修凿六盘山车路节省民力以济军需折》雍正十一年二月二十六日，《雍正朝汉文朱批奏折汇编》第24册，南京：江苏古籍出版社，1989年，第39－40页。
② （清）左宗棠：《防营承修工程请饬部备案折》，《左宗棠文集·奏稿七》，长沙：岳麓书社，2014年，第468－469页。

三、白水江路的修理

徽州至略阳的白水路自宋代开辟以来，一直被视作徽略大道。但两地交界处的大石碑一带，"壁立百仞，长可十数里许。其上则铁石巉岩不可凿，其下则浚流湍急不可渡，其路则适当孔道不可断"。宋代曾经架木为桥，至明代沿用既久，倾圮阻断。"旅人甚苦之，强渡而溺者，更仆未易数。里民谋开路以通往来，垂久远而艰于赀，即有司犹或难之。"万历年间，前往陕西巡视茶马的钟化民途经此处，"恻然在念，爰捐金二百，鸠工作路于石壁间。里民感公之德，争先赴役，不期月而告成。舆马仆卒，履若坦途。自下望之，恍然云霄之上，盖奇绩也"①。

殆至晚清时期，由于栈道沿用既久又失于修理，道路再次变得难行。"山路崎岖，羊肠一线，来往人等，穿石隙以行。最高之处或三四丈不等，下临白水江，石壁峻嶒，稍一失足，即堕江中。每遇江水涨发，行旅遂绝，其路极为危险，言者咋舌。"光绪十七年（1891年），陕甘总督杨昌濬决定重新修建此路，令徽县前任知县龚炳奎前往勘察，并率先捐资。此役自光绪十七年九月起，至十九年十月竣工，前后历时两年有余。"自徽县城南十五里之姚家坪起，至略阳县界之黄草坡止，计程五十五里。……饬该旅勇丁，并雇石工及土夫人等，举锄持畚，一律修作。其当山巨石之不能施凿者，以火药攻之。"经过此次修理，此段道路变得平坦易行，"原日险窄各处，今可并辔而驰，尽成途道。其阻水之处，亦皆搭造桥梁"②。

四、商州道的修理

西安府至商州的道路，是关中通往荆楚地区的重要通道，其间翻山越岭，道路曲折，亦经多次大规模修整。

---

① （明）郭元桂：《白水石路记》，道光《重修略阳县志》卷4《艺文部》，《中国地方志集成·陕西府县志辑》第52册，南京：凤凰出版社，2007年，第424页。

② 中国第一历史档案馆编：《光绪朝朱批奏折》，光绪十九年十月至十二月，第104辑，北京：中华书局，1996年，第354页。

早在明成化年间，巡按湖广御史吴道宏便奏请修建郧阳通往西安和汉中的道路，"增置铺舍，疏凿险阻，今商旅络绎不绝，公文四达无留，居民乐业政令流通"①。又据《郜公路碑》载，嘉靖年间抚治商洛道郜元洪曾修整该道。其"芟榛莽为广阔，易冲崩为坦夷。山石之横，溪涧之阻，不可人力者，咸治之有法，一时行者豁如也。"②

历经明末战乱，至清代这条道路又变得十分难行，"自蓝田至商州三百余里，顽石崎岖，碥路逼仄"。乾隆十年（1745 年），时任陕西巡抚的陈弘谋捐银两千两，委派商南县典史张恒进行修整，"自商州胭脂关，至蓝田七盘坡，凿山煅石，辟成大道，驮轿通行，商旅往来如织。呼曰陈公路"。而商州东南四十里处的铜佛龛一带，地势尤为险峻，"悬崖一线，下临丹江，长五六里。商旅往来，骡驮行李多有堕岩落水之虞"。秋冬时水少，尚可沿河滩行进，至夏秋水涨则只能走碥路。乾隆二十二年（1757 年）商州知州罗文思出资五百两进行修整，拓宽碥道，由原来的三尺阔为丈许，"旁因石为栏。壁间洞如屋可息，行者避除之，俾加宽洁。盖自是往来驮载，如履平地"。当地民众遂呼此段道路为"罗公碥"。③

五、关山道路的修理

陕甘大道南道需翻越关山，此处崇山峻岭，道路迂回曲折。明初，关山道由陇州出发向西北经安戎关（新关）、大震关（故关）至清水县。明初大将徐达便是经由此路进入陇右地区的。鉴于此路的重要性，永乐三年（1405 年），下令"修陕西陇州迤西关山驿路桥梁"④。还曾设置巡检司。但

---

① （明）余子俊：《地方事·郧阳》，《明经世文编》卷 61《余肃敏公文集》，北京：中华书局，1962 年，第 487－502 页。
② （明）陈仲：《郜公路碑》，乾隆《直隶商州志》卷 13《艺文志·古文》，《中国地方志集成·陕西府县志辑》第 30 卷，南京：凤凰出版社，2007 年，第 189 页。
③ 乾隆《续商州志》卷 2《建置志·桥道》，《中国地方志集成·陕西府县志辑》第 30 册，南京：凤凰出版社，2007 年，第 59－61 页。
④ 《明太宗实录》卷 40，永乐三年三月癸丑条，台北："中央研究院"历史语言研究所，1962 年，第 666 页。

至正统年间，"因关山路阻，始改从咸宜凿山开道，径通秦凤"①。此后关山路不再经由新、旧两关，而改走南面的咸宜关。为便于通行，将武功县境内的长宁驿移至关山之上的石觜关。

清代关山道路沿袭明代，自陇州以西的咸宜关"至关山顶计程五十里，自关山顶渐下至长宁驿计程二十里，沿途向多陡险"。乾隆年间，陇州知县吴炳"相度径直险峻地方，改为盘回上下，现在尚无险阻难行之处"②。

六、兰州至河州道路的修理

明清时期，兰州通往河州的驿道需绕行临洮府，路程约四百里，而自河州向东北经锁南坝过洮河有直达兰州的便道，可近一百八十余里。为此，明万历年间，布政使荆州俊于洮河之上建弘济浮桥，"如镇远桥，而河口隘船半之"③，以通往来。但因途中多经山地，往来行旅通行仍不便，特别是"河州境内有滚豆坡，七个湾，及兰州境内之尖山，陡峻窄狭，车畜难行，须得开凿"。雍正十一年（1733年），兰州巡抚许容奏请修建此道，"走锁南坝，渡洮河直抵兰城，较由狄至兰近程一百八十里，不但运期可速，且免狄邑转接，并得节省钱粮。……并请将河州额设铺司五十名，分拨二十名安设，沿途递送上下文移"④。经过此次修复，这条道路成为沟通河、兰二地间的重要通道，尖山一段道路"尤称捷径"⑤。其具体走向为自兰州出发，"西南行，二十里冈家营，二十里箭山，四十里漫坪（东南距沙泥八十里），二十里白崖，渡洮水即唐汪川（多回民，有牛心山），三十里大湾，三十里陈沟，二

---

① 乾隆《陇州续志》卷2《建置志·关梁》，《中国地方志集成·陕西府县志辑》第37册，南京：凤凰出版社，2007年，第140页。
② （清）吴炳：《覆明大中丞谕修关山道路禀》，乾隆《陇州续志》卷8《艺文志》，《中国地方志集成·陕西省县志辑》第37册，南京：凤凰出版社，2007年，第197页。
③ 万历《临洮府志》卷6《建置考·桥梁》，明万历三十三年刻本。
④ 《兰州巡抚许容奏陈应开修河州镇南坝一路改通运道并设铺司递送文移事宜折》，雍正十一年二月二十六日，《雍正朝汉文朱批奏折汇编》第24册，南京：江苏古籍出版社，1989年，第40页。
⑤ 光绪《重修皋兰县志》卷9《舆地志·疆域》，《中国地方志集成·甘肃府县志辑》第3册，南京：凤凰出版社，2008年，第525页。

十里锁南坝，三十里折桥（大夏河），十里河州（共二百二十里）"①。

七、关陇地区的桥梁维修

（一）兰州镇远浮桥

兰州地区自汉代设金城郡以来，便是东西往来的重要节点。兰州城北临黄河，"控河为险"，为便于往来，自宋代起便于城北设浮桥。在此基础上，明初重新修建镇远浮桥，万历《临洮府志》载："洪武五年，宋国公冯胜、守御指挥赵祥建于城西七里，越四年卫国公邓愈移建于州西一十里，名古浮桥。洪武十八年，守御指挥杨廉移置城西北二里金城关。"②几经变迁，浮桥的位置最终固定在城北金城关下，即今中山铁桥所在地。镇远浮桥（图9-5）的修建较为复杂，"用巨舟二十四艘横亘黄河上，架以木梁，棚以木板，围以栏楯，两岸南北为铁柱四，各长二丈一，落河底铁盘。见存木柱四十五，维铁缆二，各长一百二十丈，麻缆四、草缆四，长亦如之，遇冬河将冻，则拆而修舣之，来春冰泮复建"③。镇远浮桥要在每年黄河结冰前拆除，次年春天冰融后再重新建造。为确保浮桥牢固，需定时修补船只及更换绳索等，这要花费大量的人力、物力。而除每年的定期拆建和维修保养外，汛期时节浮桥还常常被洪水冲坏，不得不重新搭建，这极大地增加了浮桥的使用风险和运营成本。为此，明清两代的官员想尽各种办法，在降低维修费用的同时确保浮桥的稳固。

据清川陕总督刘於义在奏折中所转引的明代《改修河桥记》的内容，可知明兰州卫守备苗旺曾"以造舟费大，乃于两岸甓出埠头，减其二舟，只用二十有二。埠头水急，舟常冲击流荡，其流者莫之能返，未免复有所造，虽云省费而反重费劳人"。因此至正统十年（1445年），复将埠头拆除，

① （清）陶保廉：《辛卯侍行记》卷3，刘满点校，兰州：甘肃人民出版社，2000年，第229页。
② 万历《临洮府志》卷6《建置考·桥梁》，明万历三十三年刻本。
③ 万历《临洮府志》卷6《建置考·桥梁》，明万历三十三年刻本。

仍添二舟，将浮桥恢复到原来的形制。① 据万历《临洮府志》载，苗旺"永乐中以陕西都指挥同知守备兰州，兼掌兰州卫事，有威名善恤军士"②。可知苗旺改修镇远浮桥是在永乐年间。又据《明太宗实录》载，永乐元年（1403 年）十一月，"修陕西兰县黄河镇远浮桥"③。永乐九年（1411 年）十月修"陕西兰州卫浮桥"④，应当便是指苗旺的这次改修。

图 9-5　兰州城及镇远浮桥远眺（美国人克拉克拍摄于 1909 年）

但至清代，镇远浮桥所用船只又减为 20 只，"浮桥两岸筑有码头二座，每座计长三丈五尺，两岸共长七丈，插入河中，以致河流束紧，愈肆湍急"⑤。因此，浮桥屡屡被河水冲断。乾隆元年（1736 年）六月大雨，致使

---

① （清）刘於义：《请修复浮桥疏》，《皇清奏议》卷 33，《续修四库全书》第 473 册，上海：上海古籍出版社，2002 年，第 267 页。

② 万历《临洮府志》卷 17《列传·宦迹传》，明万历三十三年刻本。

③ 《明太宗实录》卷 25，永乐元年十一月甲申条，台北："中央研究院"历史语言研究所，1962 年，第 452 页。

④ 《明太宗实录》卷 120，永乐九年十月辛丑，台北："中央研究院"历史语言研究所，1962 年，第 1516 页。

⑤ （清）刘於义：《请修复浮桥疏》，《皇清奏议》卷 33，《续修四库全书》第 473 册，上海：上海古籍出版社，2002 年，第 267 页。

山洪暴发，又将镇远浮桥冲毁。川陕总督刘於义奏请："将码头每座减退三丈五尺，仍请用船二十四只，庶河广水缓，怒涛不至于冲激。"① 浮桥重新恢复到明代形制。

而针对修建浮桥而造成的扰民累民等弊端，康熙四十一年（1702 年），政府便颁刻了《饬禁河桥诸弊碑》，内容主要包括以下 6 条：①每年造桥所需草绳不再向民间无偿摊派，改由官方出钱购置；②每年所需麻绳不再由渭源县长途运送，改为就近从兰州市场购买；③将看船夫工银，从一两七钱增加至三两；④每年安桥所需编笼梢条不再派累民间，改为官方购置；⑤严禁桥工偷工减料，敷衍了事；⑥嗣后凡需夫车土石等物，俱由管桥税官发银催买，不得派累于民。②

浮桥修理费用"旧则，商经此桥有税，郡丞经收，除征解外，羡余可供桥费。又，木商经此，倒抽木以供桥用，是修桥之费，郡丞例应专任"③。鉴于浮桥的重要性，自明代成化年间起增设临洮府同知，负责过往税收和桥梁维修。④ 清初，顺治四年（1647 年）以临洮府同知移驻兰州，兼管河桥事务。雍正八年（1730 年），"改兰厅同知为河捕同知，专司桥税、茶法暨捕盗事"。乾隆三十六年（1771 年）裁河桥同知，以皋兰知县兼管河桥事务。⑤ 乾隆四十年（1775 年），陕甘总督勒尔奏称："黄河浮桥向归皋兰县经理，该县政繁，难以兼顾，请添设主簿一员管理河桥。"⑥

尽管明清两代通过种种方式来维护浮桥的稳固，但汛期仍有冲溃之虞，加之每年耗费物料钱财无数，因此至晚清时便有构建铁桥之议论。据载，左

① （清）刘於义：《请修复浮桥疏》，《皇清奏议》卷 33，《续修四库全书》第 473 册，上海：上海古籍出版社，2002 年，第 267 页。
② （清）何锡爵：《饬禁河桥诸弊碑》，乾隆《皋兰县志》卷 18《艺文志》，《中国地方志集成·甘肃府县志辑》第 3 册，南京：凤凰出版社，2008 年，第 193 - 194。
③ （清）齐世武：《天下第一桥记》，光绪《重修皋兰县志》卷 11《舆地下·津梁》，《中国地方志集成·甘肃府县志辑》第 3 册，南京：凤凰出版社，2008 年，第 16 页。
④ 万历《临洮府志》卷 16《列传·宦绩传》，明万历三十三年刻本。
⑤ 光绪《重修皋兰县志》卷 12《经政上·建置》，《中国地方志集成·甘肃府县志辑》第 3 册，南京：凤凰出版社，2008 年，第 177 - 178 页。
⑥ 《清高宗实录（一三）》，乾隆四十年八月丁酉条，北京：中华书局，1986 年，第 200 页。

宗棠督甘时便曾提议修建铁桥，因洋商索价过高乃罢。光绪三十二年（1906年）陕甘总督升允经多方筹划，与德商订立合同修建铁桥，"议定桥价工料，共银十六万五千两。其由天津至甘肃运费并修造时预备船只、木杆、麻绳等项，概由甘省认筹"。而具体修建事宜则由兰州道台彭英甲负责。① 宣统元年（1909年），黄河铁桥竣工通行，兰州乃至黄河上游地区的交通进入了新的时代。

（二）其他桥梁

除兰州镇远浮桥外，关陇地区还存在其他各类浮桥，如跨越洮河的永宁桥和弘济桥，前者"旧在府城西北，宋熙宁中熙州梁城建，赐名永通。国朝移建于城西三里，更名永宁。造船十二，两岸置木柱十二，维以铁缆、草缆各二。万历三十二年推官高伟重修"，后者"在府西北一百三十里洞子沟，兵备右布政使荆州俊创建如镇远桥，而河口隘船半之"②。康熙前期，洮河浮桥没有专门的款项用于修缮，而是"私抽木商税，以为修缮费"，后兰州河桥同知杨宗仁，"令动公项，商旅为之辐辏"③。渭河"嘉靖间以舟为浮桥，则岁可长行，故又曰渭河浮桥"④。景泰四年（1453年）以前，"陕西咸阳三里桥及渭河二浮桥，旧以咸阳、泾阳二县协造，至是有司言费大民不能办，请抽分客商所贩竹筏充用"⑤。

除以上重要浮桥之外，更有众多普通桥梁，如略阳县东有紫竹、木瓜二桥，俱为冲要之地，"行人无褰涉之忧，功甚巨也"。道光二十年（1840年）间，两桥先后被水冲塌，县令谭瑀令乡约蒋成富负责修建木瓜桥，并带头捐资，历经半年桥成，"东西广六丈五尺，袤八尺，其下累石为墩，其上作捲蓬

① 《陕甘总督升允奏为筹建兰州黄河铁桥以期经久而资利济折》，光绪三十三年十二月十九日，中国第一历史档案馆编：《光绪朝朱批奏折》第104辑，北京：中华书局，1996年，第369页。
② 万历《临洮府志》卷6《建置考·桥梁》，明万历三十三年刻本。
③ 道光《兰州府志》卷8《官师志》，《中国地方志集成·甘肃府县志辑》第1册，南京：凤凰出版社，2008年，第591页。
④ （明）赵廷瑞修：嘉靖《陕西通志（上）》卷2《土地·山川上》，董健桥等校注，西安：三秦出版社，2006年，第48页。
⑤ 《明英宗实录》卷231，景泰四年七月丙辰条，台北："中央研究院"历史语言研究所，1962年，第5037页。

以蔽风雨"①。其年冬,汛官张廷相等与乡绅捐资重建紫竹桥,得到县令谭瑀支持,"是役也,桥长二丈,阔一丈四尺,周建捲蓬,鳞瓦覆其上,两旁增建铺房二间,工坚而料实"②。因此桥在紫竹岭下,故新修之桥得名紫竹桥。

小 结

在古代,所有的信息传递、物资运输和人员往来皆由陆路进行,因此确保道路通畅,上对国家政权,下对黎民百姓都是十分重要的。确保道路通畅要从两方面入手:一是保证道路安全,二是保证道路平坦。

道路安全方面,明代在内地设置巡检司,在边地广设烽堠。巡检司大多位于远离州县的交通节点上,这些节点往来人员众多,但州县佐贰官鞭长莫及,治安相对较差。巡检司的设置弥补了这些地区的治安空缺,有效维护了行旅安全。边地往来人员较内地少,烽堠以瞭望敌情、传递警报为主,但也一定程度上维护了过往人员的人身财产安全。清代对巡检司进行大量裁革,而将明代的烽堠制度推广到内地,发展为汛塘制度。清代在驿道及众多普通道路沿线均设置汛塘,以维系过往行旅安全。

道路平坦方面,明清两代均以法律形式对道路的维护和修理做出规范。上自皇帝,下至地方官员对各处重要道路的维护均较为在意。一些重要路段和桥梁,如连云栈道、兰州镇远浮桥均曾经过多次修理,并有专门的修理款项。

---

① (清)谭瑀:《重修木瓜桥记》,道光《重修略阳县志》卷4《艺文部》,《中国地方志集成·陕西府县志辑》第52册,南京:凤凰出版社,2007年,第435页。

② (清)谭瑀:《重修紫竹桥碑记》,道光《重修略阳县志》卷4《艺文部》,《中国地方志集成·陕西府县志辑》第52册,南京:凤凰出版社,2007年,第435页。

结　论

　　区域交通是伴随着人类文明进程的推进而不断发展和完善起来的。关陇地区作为中华文明的重要源起地，其交通经历了数千年的发展演变史。据考古发现，早在四千年前的夏朝时期，夏王朝的势力已波及关中平原东部和丹江上游的商洛一带。由伊洛平原进入关中平原，最直接的道路是穿越豫西山区，因此连接两地的崤函古道很可能在一时期得到初步的开发和利用。而连接关中平原东部和丹江上游的蓝田—商州古道也已具雏形。商代，随着商文化的进一步扩张，关中平原中西部亦被纳入其控制范围之内。商王朝势力的西进，有力促进了关中平原东西向交通的发展。商晚期，周人在关中平原西部发展壮大，并逐渐东进。周朝建立后，关中平原内部，关中通往豫西、关中通往陇右、关中通往荆楚、关中通往巴蜀地区的道路都有了进一步的发展。东周时期，随着车马交通的普及，列国间的交往日益密切，促进了地区间的交通路线发展。至战国末期，关陇地区构建起以秦都咸阳为中心，通往周边的交通道路网。东面出函谷关、临晋关、武关通往关东诸国，西面沿渭河、泾河而上至陇西郡、北地郡一带，南面沿褒斜道、金牛道通往汉中、蜀地，北面通往陕北的上郡。秦朝建立后，在原有道路基础上修建咸阳通往全国各地的驰道，并开辟通往九原郡的直道。汉代，由关中通往汉中、巴蜀地区的褒斜道、故道、子午道、傥骆道等通道被逐渐开辟出来。长安向西通往西域的丝绸之路亦被打通。魏晋南北朝时期，由于南北政权长期对峙，秦岭诸道屡兴屡废，成为重要的军事通道。

　　隋唐时期，再次实现全国大一统。长安作为全国政治中心，其通往各地的交通路线得到进一步调整和完善，重要道路沿线均置驿站。由长安出发，向东有通往潼关的驿道，向东南有通往武关的驿道，向东北有通往蒲关的驿道，向北有通往陕北的驿道，向南穿越秦岭的子午道、故道、傥骆道、褒斜新道、文川道等，先后被辟为驿道。由长安向西还有通往吐蕃、西域的南北两条驿道。晚唐、五代、北宋时期，由于吐蕃、西夏长期占据关陇西北一带，传统丝绸之路受阻，故而北面的灵州道和南面的青唐道一度兴盛。南宋时期，汉中成为对阵金朝的前沿地带，故而由汉中向东沿汉水而下的通道，成为当时的重要干线。元朝建立后，关陇地区的交通得到进一步的整合。

明代在元代基础上建起以西安为中心通往各地的驿道体系。西安府向东的驿道通往河南、山西及京师各地，是连接中原和西北地区的主要干道。西安府向南的驿道通往汉中、巴蜀及云南各地，是连接中原和西南地区的主要干道。西安府向西的驿道经巩昌、临洮通往河西及青海等地，是连接中原和西域、青藏高原地区的主要干道。西安府向西北的驿道通往庆阳、宁夏各地，向北的驿道通往延安、榆林各地，是内地通往北方长城边地，乃至蒙古地区的重要通道。

除官方驿道外，许多普通便道也具有重要交通地位。自宁夏卫向西南通往靖虏卫的道路，向东南通往宁夏后卫的道路，是长城内侧沿线地区往来的重要纽带。这条道路在河西地区与驿道相结合，直达嘉峪关，向东则一直延伸至山海关，实质上是明朝北方边境线上的重要往来通道。连云栈道以木架桥，缘崖凿路，极易遭受战乱及雨水破坏，一旦遇阻则南北消息不通，危害极大。因此穿越秦岭的黑水峪道及略阳—徽州—秦州一线道路，很大程度上是对连云栈道的补充。汉中府城向东沿汉水而下，经城固、洋县、石泉、汉阴、兴安州等地的道路，将陕南地区东西向串联起来。蓝田向南翻越秦岭沿丹水而下商州的武关道，进一步密切了关中与陕南地区的联系。这两条道路还是沟通关中、陕南与荆襄地区的重要通道。而一度畅通的迭烈逊道路，是关中通往河西地区最便捷的道路。总体来看，明代关陇地区的交通格局是以西安为中心，呈放射状向周边地区辐射。驿道作为官方道路，是这一交通格局中的主要框架，而普通道路则是对其进一步的完善和补充。两者共同构建起相对严密和合理的交通路线网。

清代关陇地区的交通干线与明代相差不大，主要驿道的走向和驿站的设置方面，未见有较大变化。其变动主要体现在新驿道的开辟和县驿的广泛设置。清朝实行联蒙政策，基本解除了来自北方的军事压力，但却长期与西域准噶尔对峙，因此东西向的交通愈加重要。清前期，河湟与河西地区是平定罗卜藏丹津和噶尔丹叛乱的前沿阵地。为便于军事支援和军情传递，清朝开通了由宁夏向西直达凉州、庄浪的驿道和向东经花马池至榆林的驿道，实际上是明朝长城一线道路的沿用和发展。另外，由于庆阳—环县—宁夏一路军事地位的下降，且沿线环境恶劣，水草缺乏，清朝开通了由固原向北沿清水河、黄河至宁夏的驿道。而随着秦岭山区的土地开发和州县设置，穿越秦岭的大泥峪驿道也被开辟。

此外，清代广设县驿，依据各州县地理位置的冲僻，配置数量不等的马匹。原先的许多便道成为驿道，虽然交通地位无法与主驿道相匹敌，但无疑密切了各地区间的联系。在交通路线网进一步完善和严密的同时，关陇地区的交通重心也发生了变化。清代关陇地区分属陕甘二省，西安和兰州作为区域内两个重要的政治中心，成为关陇交通体系中的重心所在。

在水运方面，关陇地区的水利资源虽远不如江南地区优越，但却是我国众多河流的发源地和流经地。黄河自青藏高原流下，流经陇中高原、宁夏平原、黄土高原等地区，几乎将整个关陇地区围括在内，是天然的水运通道。渭河发源于陇中，向东流入关中平原。嘉陵江、汉水及其支流丹水发源于秦岭，经陕南地区后向南汇入长江。河西地区的石羊河、黑河、疏勒河等从祁连山北坡流下，纵贯河西走廊。这些河流的不少河段均有水运价值。由于水运成本远较陆运低廉，且运输迅捷，因此民间各类资源产品诸如木材、煤炭、粮食、食盐、茶叶及其他日用器物等的转售，都尽可能借助水运来实现。不仅是民间商贸往来，官方物资采购及调运等也常借助水运。但需要强调的是，关陇地区的水运能力是极为有限的，大部分河段由于水量小、险滩多，只能实现季节性通航，且无法承载大规模船只。因此就关陇地区而言，水运只能算是陆运的补充。

　　陆路与水路共同构建起关陇地区的交通网络,而一些位于网络节点的城市成为重要的交通枢纽。源于优越的地理位置和政治上的重要性,明清两代西安始终是关陇地区最重要的交通枢纽。巩昌府作为陇右首郡,在明代亦是陇西地区重要的交通枢纽。清代,随着兰州作为省会城市地位的提升,其交通地位亦不断凸显,形成以此为中心通往全省各地的交通网。除此外,凤翔、汉中、秦州、固原、庄浪等地,也是重要的区域交通枢纽。

　　道路的功用主要体现在政治、经济和军事方面。政治方面,通过对各处驿站驿马数量进行分析,发现明清时期陕甘大道北道和川陕大道的政治功用较为突出。此外,明代由西安经庆阳至宁夏的驿道,清代由宁夏至庄浪、凉州的驿道,所承担的政治传输任务亦较重。军事方面,从递运所的设置看,明代由关中通往边地卫所的道路,是重要的军事通道;从台站的设置看,清代陕甘大道北道和川陕大道是重要的军事通道。道路的政治和军事功用的不同,与明清两代的边防形势密切相关。经济方面,通过对各地商税数量进行分析,发现由西安通往大庆关、潼关和龙驹寨的道路始终是重要的商贸通道。为有效管理和维护各处道路,明代于内地广设巡检司,边地广设烽燧;清代对巡检司进行裁革,而将明代的烽燧发展为汛塘制度,推及各地。同时,明清两代均以法律的形式明确道路维修职责,督促各地官员及时修缮各处桥梁道路。

　　区域交通地理的研究,除对内部交通路线的复原和交通体系的探讨外,还可从宏观视角出发,衡量其在国家整体交通中的作用。明代以降,受国家疆域变迁及政治军事形势转变等因素的影响,关陇地区的交通地位亦有所变化。

　　在明朝疆域中,关陇地区偏居西北,与"居天下之中"① 的汴洛地区比,其在空间层面似乎不具有太多的交通优势。在明人眼中,关陇地区被视作西陲边地,是国家西部藩篱,"关陇西北迫近羌戎,城与池尤所当设者。"② 但关

---

① （明）徐恪:《一节起运以充岁支疏》,《明经世文编》卷 82《徐司空奏疏》,北京:中华书局,1962 年,第 714 – 724 页。
② 嘉靖《秦安县志》卷 1《建置志》,张德友主编:《明清秦安志集注（一卷）》,兰州:甘肃人民出版社,2012 年,第 56 页。

陇地区的交通地位并未因偏居西北而弱化，反而因其重要的军事地位和特殊的地理位置，在国家交通网中扮演着重要角色。

对此明人曾说，其"内通三边四镇，传报赍奏，转输军饷；外达诸夷川贵，进贡朝贺，解运钱粮，往来公使，络绎不绝，较比别省极为冲繁"①。"陕西关中重地，北连胡虏，西抵番夷，南通汉中，东接襄、邓，安危所系诚为不轻，比之他方尤当轸念。"② 从宏观视角看，明代关陇地区的交通地位不容小觑，其交通的重要性可从两方面来讲。

一、关陇地区是京师通往西南地区的重要通道

由北京出发经河南或山西，由潼关进入关中平原，再由栈道经汉中入四川、云南、贵州的道路是明代的主驿道，起着连接京城与西南地区的重要作用。关陇地区显然是这条驿道上的重要一环。"四川地方僻在西隅万里之远，番汉杂处，水陆二途俱各险阻，比之他省不同。……且四川地方自汉唐以来，往往奸雄窃据。"③ 为加强与四川等西南地区的联系，洪武二十五年（1392 年）朱元璋，"命普定侯陈桓，往陕西修连云栈以入四川"④。对川陕驿道进行大规模修建，在之后二百余年间，栈道历经多次修缮。当明末农民起义爆发，栈道受阻时，明朝迅速开通了汉中绕行秦州至关中的驿道和穿越秦岭的黑泥峪道，极力确保中央与四川地区的联系。

二、关陇地区是通往"三边四镇"的必经之地

明代西北四镇均以关陇地区为依托，其所需军饷物资及日用器物等均由关陇地区供应，或自其他地方经由关陇转运边地。"民间税粮惟以供边为

① （明）张卤辑：《嘉隆疏钞》卷 22《查议驿传以苏疲困事》，《续修四库全书》第 467 册，上海：上海古籍出版社，2002 年，第 174 页。
② （明）马文升：《存远军以实兵备疏》，《明经世文编》卷 62《马端肃公奏疏一》，北京：中华书局，1962 年，第 510－511 页。
③ （明）马文升：《为思患豫防事疏》，《明经世文编》卷 62《马端肃公奏疏一》，北京：中华书局，1962 年，第 512－513 页。
④ （明）雷礼等撰：《皇明大政纪》卷 4，上海：上海古籍出版社，2002 年，第 446 页。

累，陕西外供三边，较之他省已为偏累，近复供固原总镇，是以一省之民而
供四镇之军饷，况南有洮岷，北有环庆，举皆仰给，其何以堪？"① 而四镇
重要情报亦经由关陇地区传递至京城。除北边四镇与鞑靼对峙外，西部尚有
吐鲁番、鞑靼土默特部虎视眈眈，西南岷洮一带又有番羌诸部不时作乱。因
此明代关陇地区北西南三面都承受着较大的军事压力，其交通地位不言而
喻，所谓"北抵沙漠，西界西域，西南连羌部，三面受敌"②。对此明人直
言："夫秦晋为京师右臂，辽东为京师左臂，两者并重。况秦百二河山，延
绥镇劲兵甲于宇内。"③ 明末清初顾祖禹更是明言："陕西之为陕西，固天下
安危所系也，可不畏哉？"④ "陕西三边四镇，外扼番敌，内巩中华，诚我国
家万里金汤也。自万历末年辽左发难，征兵调将频虚西塞以实东方，而四路
进兵之役相率溃归，数载凶荒，流移载道，于是逃兵落草，饥卒从之，寇贼
之祸，至今滋蔓。"⑤ 可见，直到晚明辽东女真崛起前，西北地区一直是明
王朝防御的重点，其在国家层面的交通地位也异常重要。

　　清朝建立后，在相当长时间内与准噶尔呈对峙状态，疆域西界维持在哈
密一带。关陇地区是清朝对阵准噶尔的前线阵地，仍被当时人视作边陲重
地。康熙二年（1663 年），通渭知县顾竟成在所上奏折中写道："西秦半壁
天下，为朝廷右臂，关陇以西，内捍王室，外御海彝，尤为重地，从来治则
先治，乱则先乱。"⑥ 康熙四十四年（1705 年）颁布的敕文中也写道："朕
存心天下，眷顾西陲，惟兹关陇之区，实切封疆之重。"⑦

① （明）梁材：《议覆陕西事宜疏》，《明经世文编》卷 105《梁端肃公奏议四》，北京：中华书局，
　　1962 年，第 944－952 页。
② （明）张雨：《边政考》卷 1《边图》，《续修四库全书》第 738 册，上海：上海古籍出版社，
　　2002 年，第 9 页。
③ （明）吴甡：《柴庵疏集·记忆》卷 7《微臣星驰入关疏》，秦晖点校，杭州：浙江古籍出版社，
　　1989 年，第 132 页。
④ （清）顾祖禹：《读史方舆纪要·陕西方舆纪要序》，北京：中华书局，2005 年，第 2451 页。
⑤ （明）杨嗣昌：《西事因循日久疏》，《杨嗣昌集》卷 22，梁颂成辑校，长沙：岳麓书社，2008
　　年，第 505 页。
⑥ （清）顾竟成：《请蠲征详文》，光绪《重修通渭县志》卷 12《艺文志》，《中国地方志集成·甘
　　肃府县志辑》第 9 册，南京：凤凰出版社，2008 年，第 237 页。
⑦ 《广仁寺碑文》，雍正《陕西通志》卷 85《艺文志》，《中国西北文献丛书·西北稀见方志文献》
　　第 4 卷，兰州：兰州古籍书店，1990 年，141 页。

这种局面随着乾隆年间西域的平定而彻底改变。乾隆二十四年（1759年）新疆正式纳入国家行政版图，国家疆域向西推进至巴尔喀什湖和帕米尔高原一带。从空间上看，关陇地区从原来的西北边陲变为帝国的中心地带，"威德远被玉门、阳关以外，且逾万里，视此直同腹地"①。随着关陇区位优势的凸显，其交通地位也有了较大的提升，"陕甘二省乃三秦重地，东连豫、晋，西达新疆，北控边城，南通楚、蜀"②。关陇地区成为"四达冲要之区，各路本章，络绎不绝"③。

在东面，出大庆关可通往山西，出潼关可通往河南，出武关可通往湖广；在南面经米苍山、大巴山通往巴蜀地区；在西面，由西宁通往青海、西藏地区，由河西走廊通往新疆，"车书所达，西通万余里"④；在北面，由宁夏、陕北通往蒙古地区。清帝国境内两条极为重要的驿路，即西北通新疆的驿道和西南通往四川的驿道在此交会，"陕省西达新疆，南通巴蜀，为邮驿要冲"⑤。

近代以后，国门洞开，中国被迫纳入世界资本主义市场，海上对外贸易日渐兴盛。同时在西方先进交通技术的影响下，东部地区率先进入铁路时代。东部地区经济较西北内陆发达由来已久，水陆交通便利。海运和铁路的兴起，无疑进一步拉大了东西部地区的交通差距。在此背景下，关陇地区则被视作闭塞之地。对此清人陶保廉说道："关中越在西北，大河急溜，不便行舟，东抵汴梁，东南出丹、淅，皆须十余日，其它尤虑鞭长。山径崎岖，邮程濡滞，无事艰于挽输，有事艰于策应。……三百年来，形势趋重江海，枢纽要地，莫若燕京。遵运河以指兖、徐，浮楼船以临闽、粤，呼吸灵通，

<hr />

① 道光《兰州府志》卷1《地理志·形胜》，南京：凤凰出版社，2008年，第464页。
② （清）阿桂等：《钦定兰州纪略》卷15，杨怀中标点，银川：宁夏人民出版社，1988年，第231页。
③ 《陕西巡抚毕沅奏复遵旨严饬驿站遵照章程接递本章事》乾隆四十三年闰六月初十日，《宫中档乾隆朝奏折》第43辑，台北：故宫博物院，1982年，第739页。
④ 张兆衡：《兰山书院加增膏火碑记》，道光《皋兰县续志》，《中国西北文献丛书·西北稀见方志文献》第34册，兰州：兰州古籍书店，1990年，第505页。
⑤ 《陕西巡抚毕沅奏复本省驿站递送公文情形事》乾隆四十三年正月十三日，《宫中档乾隆朝奏折》第41辑，台北：故宫博物院，1982年，第666页。

地似偏而实不偏。"① 进而指出"关中无铁轨，必不可立都会"②。

民国时期，作为临时大总统的孙中山，曾对全国交通进行过一番设想和规划。1912 年，他提出了"于今后十年之内，敷设二十万里之铁路"的伟大设想，铁路干线纵横交错，"以横贯全国各极端，使伊犁与山东恍如毗邻，沈阳与广州语言相通，云南视太原将亲如兄弟焉"。并特别表示，届时兰州将成为全国的重要枢纽，"将有十三条铁路汇合于此，形成一极重要之交通中枢，此世人必为惊异者也"③。他称兰州为"陆都"，甚至表示"统一满、蒙、回、藏之后，可都兰州"④。其后在成书于 1919 年的《建国方略》中，孙中山又提出了详细的"六大铁路系统"的建设计划，关陇地区在其中具有重要地位。

20 世纪二三十年代，随着国际形势的日益严峻和国民意识的觉醒，开发西北之声日益高涨。1931 年建设委员会制订《开发西北计划》，表示将从交通、金融、水利、农牧业、林业、矿业等方面入手，全面推进西北建设。"一·二八事变"爆发后，国内形势骤然严峻，国民政府为应对可能即将到来的全面抗战，在 1932 年 3 月 5 日的四届二中全会上决定以西安为陪都，"至于陪都之设定，在历史地理及国家将来需要上，终以长安为宜，请定名为西京"⑤。在此背景下，国内掀起了一股开发西北的热潮。抗战全面爆发以后，随着东部地区的沦陷，西北地区的战略地位迅速提升，西安和兰州相继建市。抗战胜利前夕的"定都之争"，建都西安的呼声高涨，亦不乏主张定都兰州者。⑥ 至新中国成立前期，关陇地区的公路网已初具规模，与周边

---

① （清）陶保廉：《辛卯侍行记》卷 2，刘满点校，兰州：甘肃人民出版社，2002 年，第 154 页。
② （清）陶保廉：《辛卯侍行记》卷 2，刘满点校，兰州：甘肃人民出版社，2002 年，第 155 页。
③ 中国社科院近代史所编：《中国之铁路计划与民生主义》，《孙中山全集》第 2 卷，北京：中华书局，1981 年，第 490－491 页。
④ 苏全有：《孙中山与建都设置问题》，《天府新论》2004 年第 2 期。
⑤ 浙江省中共党史学会编：《中国国民党历次会议宣言决议案汇编》第二分册，浙江省中共党史学会编印，第 57 页。
⑥ 朱文长：《战后应建都兰州》，《东方杂志》1943 年第 39 卷第 16 号；郑励俭：《战后新国都问题》，《时事月报》1943 年第 29 卷第 1 期；胡焕庸：《战后我国国都——武汉》，《新中华》1943 年第 12 期；张其昀：《陆都兰州》，《大公报》星期论文，1942 年 10 月 12 日。

地区均有公路相通。铁路建设方面，1948 年陇海铁路已修至天水。

　　中华人民共和国成立以来，关陇地区的交通进入快速发展阶段，建立起四通八达的公路、铁路网，在全国交通网中占据重要位置。进入 21 世纪，中国进入高速铁路建设时代。从 2016 年颁布的《中长期铁路网规划》（2016—2025 年）来看，未来西安将成为全国最重要的高速铁路枢纽之一，届时将有 8 条线路汇集于此，兰州亦成为 5 条高速铁路线的汇集地。从高速线路的分布密度上看，关陇地区虽无法与沿海发达地区相比较，但从整体路线格局看，有举足轻重的地位。未来，随着中西部地区的进一步发展，这种重要地位将进一步提升。

从"边塞"到"陆都"：近代兰州城市意象变迁研究

兰州地处青藏高原、黄土高原和内蒙古高原交会处，其"控河为险，隔阂羌戎"①，自汉代设立金城郡以来，尽管国家疆域几经变迁，然一直被视作边塞之地。清中期以后，伴随着西域的统一，国家边界向西推进至帕米尔高原至伊犁一带，兰州由边塞之地变为国家版图的中心地区，成为沟通四方的咽喉重地，民国以后，兰州的地位被进一步提升，被视作"陆都"，并一度在抗战后期的建都之争中占据一席之地。近代兰州城市的意象变迁，所折射出的不仅是国家疆域、政治形势的变化，亦是近代国人国家、边疆和民族意识觉醒的体现。以某一特定地标为对象，探讨其在一定时间段内的主体意象，这在目前学界，已有较好的尝试，如僧海霞对明至民国时期嘉峪关意象的探讨②，张晓燕、李中耀对清代玉门关意象的分析③，以及张珍珍对历代铁门关地理意象的探讨④等。而兰州作为中国近代化变迁中的一处重要地理坐标，尚未受到相应的关注。本文通过梳理近代兰州意象变迁的过程，力图还原一个更为丰富的兰州形象，使民众能够更为全面、客观地认识这座处

---

① 顾祖禹：《读史方舆纪要》卷 60《陕西九》，贺次君、施和金点校，北京：中华书局，2005 年标点本，第 2871 页。
② 僧海霞：《从"关限"至"废垒"：明至民国嘉峪关的意象变迁》，《中国边疆史地研究》2014 年第 1 期。
③ 张晓燕、李中耀：《从"玉门关"意象看清代文人的西域情怀》，《西域研究》2016 年第 1 期。
④ 张珍珍：《铁门关历代地理意象变迁》，《兰台世界》2017 年第 2 期。

于时代转型期的城市，并借此了解近代民众对整个西北地区的认知过程。

一、"边塞"重镇：西汉至清前期国人的兰州意象

兰州以其重要的地理位置而成为历代战略要地。西汉始元六年（前81年），政府设金城郡，下辖有金城县（今兰州市西固区）①，据载因"初筑时得金，故曰金城。又言金取其坚固。"② 其设立之初的军事意图由此可见一斑。金城郡的设立，既巩固了西汉政府对于河西乃至西域的控制，同时避免了青藏高原的羌族与蒙古草原上匈奴势力的勾结。东汉时期，汉羌之间战乱频仍，金城郡首当其冲，"朝臣以金城、破羌之西，涂远多寇，议欲弃之"③。甚至一度"省金城郡属陇西"④。十六国时期，金城一地作为黄河重要渡口，成为陇右诸政权争夺的要点，且西秦一度定都于此。

隋定天下，改金城郡为兰州，治子城县（今兰州市城关区），是为兰州得名之始。鉴于其重要的军事地位，政府设兰州总管府，以此抵御来自吐谷浑和突厥的军事压力。⑤ 唐初，兰州治五泉县（今兰州市城关区），续设兰州总管府，后改称兰州都督府⑥，借以遏制吐谷浑和吐蕃势力。而唐人关于兰州的诗歌亦多边地苍凉之调。

金城北楼⑦

北楼西望满晴空，积水连山胜画中。

湍上急流声若箭，城头残月势如弓。

垂竿已羡磻溪老，体道犹思塞上翁。

为问边庭更何事，至今羌笛怨无穷。

---

① （汉）班固：《汉书》卷28下《地理志下》，北京：中华书局，1999年标点本，第1290页。
② （唐）李吉甫：《元和郡县图志》卷39《陇右道上》，北京：中华书局，1983年，第986页。
③ 范晔：《后汉书》卷24《马援传》，北京：中华书局，1999年，第559页。
④ 范晔：《后汉书》卷1下《光武帝纪下》，北京：中华书局，1999年，第41页
⑤ 魏征、令狐德棻等：《隋书》卷29《地理志上》，北京·中华书局，1973年标点本，第814页。
⑥ 刘昫等：《旧唐书》卷40《地理志三》，北京：中华书局，1975年标点本，第1633－1634页。
⑦ 高适：《金城北楼》，卢金洲选注：《兰州古今诗词选》，兰州：兰州大学出版社，1991年，第2页。

题金城临河驿楼①

古戍依重险，高楼见五凉。

山根盘驿道，河水浸城墙。

庭树巢鹦鹉，园花隐麝香。

忽如江浦上，忆作捕鱼郎。

"残月""羌笛""古戍"，尽管盛唐时期国土西逾葱岭，兰州亦居疆土腹内，但在唐人眼中，兰州仍呈现出一幅十足的边塞重镇形象。

唐后期至北宋初，兰州先后为吐蕃、西夏所占有。元丰四年（1081年），北宋军队攻取兰州，划归熙河路，成为对峙吐蕃和西夏的前线阵地。元祐初，司马光等欲弃让河、湟之地，曾任兰州通判的孙路谏言："自通远至熙州才通一径，熙之北已接夏境，今自北关辟土百八十里，濒大河，城兰州，然后可以捍蔽。若捐以予敌一道危矣。"② 监察御史上官均也认为："今西夏所争兰州砦地，皆控扼要路，若轻以予之，恐夏人捣虚，熙河数郡，孤立难守。……不如治兵积谷，画地而守，使夏人晓然知朝廷意也。"③ 可见在宋人眼中，兰州一地成为对抗吐蕃、西夏的前线阵地和拱卫内地的重要屏障。其后，兰州又成为西夏及辽、金诸政权的争夺要地，硝烟炮火，几无宁日。"云雷天堑，金汤地险，明藩自古皋兰。营屯绣错，山形米聚，襟喉百二秦关。鏖战血犹殷。见阵云冷落，时有雕盘。静塞楼头晓月，依旧玉弓弯。"④ 此时的兰州仍然以边塞军事重镇的形象存在着。

元代，蒙古以游牧民族身份入主中原，国家疆域订阔，且北面已不再面临来自草原民族进犯的压力，因此，北面的草原之路一度取代传统的丝绸之路，成为勾连东西的重要纽带，兰州作为西北军事重镇的地位有所下降。另

---

① 岑参：《题金城临河驿楼》，卢金洲选注：《兰州古今诗词选》，兰州：兰州大学出版社，1991年，第1页。
② 《宋史》卷332《孙路传》，北京：中华书局，1977年标点本，第10687–10788页。
③ 《宋史》卷355《上官均传》，北京：中华书局，1977年标点本，第11179页。
④ （金）邓千江：《望海潮·献张六太尉》，卢金洲选注：《兰州古今诗词选》，兰州：兰州大学出版社，1991年，第7页。

外,从疆域上看,虽然元代兰州已不再作为边塞军事重镇而存在,但在当时人心目中,其仍然处于中原文化区的边缘地带,元人潘昂霄《河源记》中道:"大概河源东北流,所历皆西番地,至兰州凡四千五百余里,始入中国。"① 虽然兰州一地已非边地,但他意象中的兰州仍是边塞的形象。

明代,兰州隶属临洮府。明初,元朝残将扩廓帖木儿与明军隔河对峙达两年之久。有明一代,"(兰州)以北常为寇冲,往往设重兵驻此"②,明政府在此地设立兰州卫,同时修建边防工事。据载,仅兰州卫便辖堡寨十六座,墩台二十七座。又有兰州参将营所辖墩台十七座,边墙四道,建立起完善的防御体系③。在明人眼中,"(兰州)据陇首,撩西倾,襟带关河,长城之险,抗衡三边"④。成为对抗蒙古势力的前沿阵地。明守备李进在所撰《改修河桥记》中更直言:"金城为西北之喉襟,河桥为金城之天险,虽云弹丸黑子之地,然卫外安内实赖此以为固焉。"⑤ 顾祖舆在历数兰州的重要性后,亦认为"(兰州)诚自古扦圉之地矣"⑥。

清初,兰州隶属临洮府,并设兰州卫。康熙七年(1668 年)正式设甘肃行省,甘肃巡抚移驻兰州。乾隆三年(1738 年)废临洮府为兰州府,治皋兰县。清前期,西北局势起伏不定,频繁用兵西北,兰州仍被视为前线军事重地。甘肃巡抚移驻兰州亦是为了择甘宁适中之地,以便"统辖四府两边"。⑦ 另据康熙《兰州志》载,清初于甘肃巡抚公署(原明肃藩旧址)南立有坊曰:"深远能迩。"东、西有坊曰:"纲维四郡""琐钥三边",均有

① (元)潘昂霄:《河源记》,杨建新等编注:《古西行记选注》,银川:宁夏人民出版社,1987 年,第 257 – 258 页。
② (清)顾祖禹:《读史方舆纪要》卷 60《陕西九》,北京:中华书局,2005 年,第 2871 页。
③ 万历《临洮府志》卷 11《防御考》,明万历三十三年刻本。
④ 《嘉庆重修一统志》卷 255《甘肃统部·兰州府》,上海:上海书店出版社,1984 年。
⑤ 康熙《兰州志》卷 4《艺文志》,《中国地方志集成·甘肃府县志辑》第 1 册,南京:凤凰出版社,2008 年,第 311 页。
⑥ 顾祖禹:《读史方舆纪要》卷 60《陕西九》,北京:中华书局,2005 年,第 2871 页。
⑦ 康熙《兰州志》卷 1《地理志·郡纪》,《中国地方志集成·甘肃府县志辑》第 1 册,南京:凤凰出版社,2008 年,第 40 页。

安抚边境之意，又南门内通衢坊立坊曰："西维重地。"① 可见，清朝初年兰州仍被赋予镇守边地的重要职能，边地军事重镇的主体意象仍未发生明显转变。

总之，自西汉设立金城郡以来一直到清前期，兰州均因其特殊的地理位置而被赋予重要的军事职能，在时人心目中，其成为镇守边境，抗御外敌的"边塞"重镇。

二、"咽喉"胜地：清中晚期国人的兰州意象

乾隆二十年（1755 年）至二十四年（1759 年），清廷几次用兵西北，最终平定漠西厄鲁特蒙古准噶尔部和大小和卓的叛乱，统一了西域，不同于汉唐间的羁縻治所，清廷设伊犁将军直接统管天山南北各地事务。至此，国家的疆域在实质上向西推进至今天中亚的巴尔喀什湖和帕米尔高原一带。从地理层面上看，兰州经历了边疆内地化的过程，其不再作为边塞军事重地而存在，而实际上已处于国家疆域的中心地带。而在国人心目中，兰州的意象亦逐渐发生了变化，"视此直同腹地，然自古形胜之区，固亦不容忽焉"②。

编纂于乾隆四十三年（1778 年）的《皋兰县志》，形胜条下写道，"按皋兰形胜，论者谓其开障狭小，未足为省会之区，不知山峙河流凝形结势"。紧接着又写道，"（兰州）地据南北之中，为东西咽喉，扼塞之处，宜乎万里，新疆遥归控制而与西安天府并为省会名区也"③。道光初年，翰林张兆衡所撰《兰山书院加增膏火碑记》中亦有，"甘肃地当秦陇，高山大河磅礴郁积，车书所达，西通万余里"等语④。可见在当时人眼中，兰州一地四面环山，紧傍黄河，具有鲜明的形胜优势。而从全国范围来看，兰州已经

---

① 康熙《兰州志》卷 1《地理志·坊市》，《中国地方志集成·甘肃府县志辑》第 1 册，南京：凤凰出版社，2008 年，第 62 页。
② 道光《兰州府志》卷 1《地理志上·形胜》，《中国地方志集成·甘肃府县志辑》第 1 册，南京：凤凰出版社，2008 年，第 464 页。
③ 乾隆《皋兰县志》卷 5《疆域·形胜》，《中国西北文献丛书续编·稀见方志文献卷》第 3 卷，兰州：甘肃文化出版社，1999 年，第 388 页。
④ 道光《皋兰县续志》卷 10《艺文·碑记》，《中国西北文献丛书·西北稀见方志文献》第 34 卷，兰州：兰州古籍书店，1990 年，第 505 页。

成为连接中原与新疆的重要通道，其地位并不亚于西安。

杨遇春为清朝名将，历乾、嘉、道三朝，曾任陕甘总督，带兵平定新疆张格尔之乱。其在《新修兰州府志序》中写道："兰州自汉置金城郡，历代据为重镇，前明降县属临洮，我朝控驭边陲，以兰为居中一大省会，……斯诚亘古收复之区，锋镝之垒矣，今天威远播，边宇乂安。"① 在他眼中，兰州已然摆脱了边区要塞的历史命运，成为腹地中心的一大都会。

而从当时人所作诗词看，亦多咏赞兰州山水景观，而绝少边地苍凉之调。乾隆时期兰州诗人江得符作《我忆兰州好》律诗十二首，可略探一二。

我忆兰州好（其二）②

我忆兰州好，熏风入夏时。

踏花寻竹坞，醉月泛莲池。

泉石多清趣，园林尽古姿。

晚来水车下，凉意沁诗脾。

此诗描绘的是夏日间兰州的园林景致，"竹坞""醉月""莲池""水车"，俨然一幅江南水乡的婉约景象，全不见边塞气息。

我忆兰州好（其五）③

我忆兰州好，登楼望远情。

寻源来汉使，绝堑倚秦城。

自得金汤固，常留玉塞清。

凤林遗垒在，千里暮云平。

---

① 道光《兰州府志》序，《中国地方志集成·甘肃府县志辑》第 1 册，南京：凤凰出版社，2008 年，第 445 – 446 页。
② 道光《皋兰县续志》卷 11《艺文·诗》，《中国西北文献丛书·西北稀见方志文献》第 34 卷，兰州：兰州古籍书店，1990 年，第 558 – 559 页。
③ 道光《皋兰县续志》卷 11《艺文·诗》，《中国西北文献丛书·西北稀见方志文献》第 34 卷，兰州：兰州古籍书店，1990 年，第 559 页。

这是一首怀古诗，昔日的长城、关隘遗址历历在目，但均已失去了其最初的军事意义，它们不再被赋予守卫边疆的使命，而逐渐演变为供后人凭吊的残垣断壁。

张澍为凉州府人，嘉、道年间著名史学家，其有诗《金城关》，曰："倚岩百尺峙雄关，西域咽喉在此间。"① 显然认为，兰州已成为沟通中原与西域的咽喉重地。

晚清时期，伴随着西北史地学的兴起和发展，西北行记类著作开始增多，它们多出自前往新疆任职的官员和谪员之手。这些行记记录了沿途的山川地貌、风土人情等，内容涉及社会、经济、文化、历史、交通等方方面面，具有重要的史地学价值。兰州是西行道路上的重镇，因之这些行记中大多有关于兰州的描述。这些记载不仅是对于晚清时期兰州城市面貌的真实反映，也透露出时人心目中的兰州主体意象。

晚清时期的西北行记中，多有关于兰州形胜、地位的书写，这些内容较为明确地反映了时人心目中的兰州意象，试节选主要者列表如下。（附表1）

附表1　晚清西北行记中国人对兰州形胜描述一览表

人物	写作内容	时间	出处
董醇	"镇远桥北有白塔山，拱抱金城如屏障。" "兰山，高厚蜿蜒如张两翼，东西环拱州城，延袤二十余里。" "南得钟存，北阻大河，东亘为马衔，西抵榆谷，中原迤西，山川扼塞，险拟金汤，关右一雄镇也。" "地据南北之中，为东西咽喉，扼塞之处，宜乎万里，新疆遥归，控制不难，与西安天府并为省会名区焉已。"	道光二十九年（1849年）	《度陇记》
乌齐格里·倭仁	"皋兰山环拱州城，如张两翼。" "地据南北之中，为东西咽喉，扼塞之地。万里新疆，悉归控制，与西安天府同为省会名区。"	咸丰元年（1851年）	《莎车行记》
冯焌光	"控河为险" "欲控制西陲者，固不得不以是为根本也。"	光绪三年（1877年）	《西行日记》
阔普通武	"扼南北之冲，控新疆之远，诚要区也。"	光绪二十四年（1898年）	《湟中行记》

---

① 张澍：《金城关》，《兰州文史资料选辑》第7辑，兰州：兰州晚报印刷厂，1988年，第210页。

续表

人物	写作内容	时间	出处
方希孟	"四面皆山，黄河自塞外羌中西来，绕城东去。""左控甘凉，右带秦陇，关河险固，人民劲强，限隔番戎，诚西方一奥都也。"	光绪三十二年（1906 年）	《西征续录》
李德贻	"居黄河南岸，控河为险，西陲一重镇也。"	光绪三十三年（1907 年）	《北草地旅行记》
袁大化	"北有贺兰，南有陇坂，皋兰、龙尾、九州、元昊诸山，对峙环绕，阻河为固，山川形势，险扼金汤，移三边总督驻此，控制西道，最得形胜。""考河陇之故地，乃嬴秦之旧封，近跨洮、岷，远阻阿拉，界接羌戎。其山耸拔，地势蜿蜒，襟带长城，马衔阻其东，榆谷抵其西，皋兰峙其南，黄河经其北。虽濒远中原，而山川形胜，固拟金汤，关右一雄都也。"	宣统三年（1911 年）	《抚新记程》
温世霖	"甘肃省垣枕山带河，颇占形胜，洵西北之重镇也。"	宣统三年（1911 年）	《昆仑旅行日记》

除行记外，方志中亦有关于兰州形胜的描写。道光间甘肃布政使程德润所撰《皋兰县续志序》中写道"皋兰行省首邑，郁然一大都会，东连陇坻，西扼河湟"。昔日边塞之地，今则"与河洛齐鲁同为腹里"[1]。知县萧国本《皋兰县续志序》亦有"金城系西州首邑，襟山带河，形势称雄"等语[2]。陕甘总督杨昌濬《重修皋兰县志序》写道："皋兰领金城邑带山夹河，形胜适中，扼要关陇。"[3] 甘肃省学政蔡金台《重修皋兰县志序》更道："皋兰自古为西羌捍圉，今益同畿会。"[4]

如果说清中叶国人对兰州"咽喉"胜地的形象认知尚未普遍化，兰州并未完全摆脱边塞军事重镇形象的话，那么晚清时期国人对于兰州形胜地位

---

[1]　道光《皋兰县续志》序，《中国西北文献丛书·西北稀见方志文献》第 34 卷，兰州：兰州古籍书店，1990 年，第 9 页。

[2]　道光《皋兰县续志》序，《中国西北文献丛书·西北稀见方志文献》第 34 卷，兰州：兰州古籍书店，1990 年，第 27 页。

[3]　光绪《重修皋兰县志》序，《中国西北文献丛书·西北稀见方志文献》第 4 卷，兰州：兰州古籍书店，1990 年，第 7 页。

[4]　光绪《重修皋兰县志》序，《中国西北文献丛书·西北稀见方志文献》第 4 卷，兰州：兰州古籍书店，1990 年，第 17 页。

的认知已经形成一种固化模式。从小区域看，兰州城四面环山，又"控河为险"，占据形胜优势，作为一方重镇，当之无愧。而从全国范围来看，其"左控甘凉，右带秦陇""扼南北之冲"，实为国家地理中心之所在，在时人心目中形成一种潜在的"兰州中心观"。

三、"陆都"的设想及其塑造：民国时期国人的兰州意象

1919 年孙中山完成其《建国方略》中第二部分《实业计划（物质建设）》的写作。他表示应当借大战结束后，欧美国家急于寻找新的市场以消纳战争时剩余产品的机会，大力发展中国实业。他提出了发展铁路、海港、航运、煤铁等六大计划。而交通建设是其他建设的基础，为此，孙中山提出了包括中央、东北、西北、西南、东南、高原等六大铁路系统。而其中心便是位于兰州。此后，他又提出了"海都"和"陆都"的设想，"海都"指南京，而"陆都"则指"兰州"。

孙中山尤为注重国家的交通建设，指出"建设之大计，当远测于十百年后，始能立国基于永久。建设最要之一件，则为交通。以今日之国势，交通最要者，则为铁路"①。他认为交通的完善乃是富民强国的先决条件，"夫铁路者，今日文明富强之利器也。古人有言，工欲善其事，必先利其器。予为转一语曰：民欲兴其国，必先修其路"。他认为欧美国家之所以富强，便是因为拥有完善的铁路交通设施②。早在 1912 年，孙中山便提出了"于今后十年之内，敷设二十万里之铁路"的伟大设想，设想各大铁路干线将沟通全国各地，"俾伊犁与山东恍如毗邻，沈阳与广州语言相通，云南视太原将亲如兄弟焉"。而兰州将成为其间的重要枢纽，"将有十三条铁路汇合于此，形成一极重要之交通中纽，此世人必为惊异者也"③。而在来后成书的

---

① （民国）孙中山：《在上海报界公会欢迎会的演说》，《孙中山全集》第 2 卷，北京：中华书局，1982 年，第 496 页。

② （民国）孙中山：《〈铁路杂志〉题辞》，《孙中山全集》第 2 卷，北京：中华书局，1982 年，第 567 页。

③ （民国）孙中山：《中国之铁路计划与民生主义》，《孙中山全集》第 2 卷，北京：中华书局，1981 年，第 490－491 页。

《建国方略》中，明确提出了完整的"六大铁路系统"的计划，而兰州则居其中心部位，并进而提出了"陆都"的设想。这种设想，本质上来说是对晚清"兰州中心观"的继承和发展。但是由于当时政局的动荡，孙中山的计划并未能在大范围内得到重视，更没有付诸实践。也因此，其在遗教中仍然谆谆告诫后人务必贯彻《建国方略》《建国大纲》《三民主义》等纲领文件。①

早在20世纪20年代初，国人对于西北便日渐关注。曾任甘肃学院（今兰州大学前身）院长的马鹤天早年便曾在北京创建"中华西北协会"，并于1924年1月创办《西北月刊》，研究西北边疆问题②。随着民众边疆意识的提高，主张开发西北的呼声日益高涨。迫于民意及边疆形势的日渐严峻，南京国民政府做出开发西北的相关决策。1931年，国民政府建设委员会制定了《开发西北计划》，对西北总体概况进行了调查，并提出从移民、金融、交通、水利、农牧业、林业、矿业等诸方面全面建设西北的计划③。1932年国民党第四届中央执行委员会又通过了《开发西北案》，指出"开发西北，以解除吾民之痛苦，增进国家之富力，实为今日刻不容缓之图"④。一时间众多政府机构人员及私人考察团体涌入西北，掀起了一股西北考察热。

而兰州作为西北重镇，自然成为民众关注的重点。随着了解的加深，民众对于兰州也有了新的认识。首先便是区域位置上，逐渐认识到，"（兰州）在几何的位置上言，它是中国的心脏；但在人们心理上与观念上言，它好像是偏在中国遥远的西北一方"⑤。1934年，到达兰州的张恨水也写道："兰州虽是边省的省治，可是指古时而言。现在我们把中华全国地图打开来一看，在正中的地方，画一个十字，那么，我们就可以在十字中心点附近，发现兰州这个地名。所以到兰州来，名义上是繁华的边界，实际上是到了中国

① （民国）孙中山：《国事遗嘱》，《孙中山全集》第11卷，北京：中华书局，1986年，第639-640页。
② 马鹤天：《甘青藏边区考察记》，胡大浚点校，兰州：甘肃人民出版社，2002年，第5页。
③ 西安市档案馆编：《民国开发西北》，西安：陕西人民出版社，2003年，第138-167页。
④ 西安市档案馆编：《民国开发西北》，西安：陕西人民出版社，2003年，第91页。
⑤ 景才瑞：《兰州风光》，《西北文化》1947年第1卷第3期。

的中央。这里在西方人看来，也是西北的上海，西向新疆、青海以及西藏北部，都由这里运了货物去，北向宁夏、蒙古，也有买卖，所以在商业上，兰州是很有地位的。"①

在此背景下，孙中山的《实业计划》及"陆都"设想也重新被人提及。② 戴季陶指出："在国防上，总理所计划之国境线，由喜马拉雅山至黑龙江之一路，以西安为中心，以兰州为定点，而作一圆，则中国全境，悉包在内，是以兰州应为将来全国全部建设完成后之中心。"进而认为"现在中国整个之国防计划，主力既全集中西北，则建设国防，自当自西安始。关中之建设既毕，乃经营兰州，而以甘肃为起点，完成整个之中国国防建设"③。总之，他对孙中山的建设计划表示支持。交通是一切建设之肇始，开发西北首先应当完善交通，时国民党政要曾养甫认为首先应当积极建设铁路，并辅之以公路建设，以实现孙中山之实业计划④。1934 年到达兰州的陈赓雅认为，当下应该尽快完善以兰州为中心的西北交通线，第一步是整理公路，第二步是调整航空路线，第三步才轮到建设铁路⑤。总之，从 20 世纪 30 年代初开始，政府便积极展开了以兰州为中心的西北交通建设。除交通方面，伴随着开发西北运动的深入和兰州地位的日渐凸显，兰州的城市建设亦取得了较大进步。几年时间内，随着开发西北运动的推进，初步建设起以兰州为中心的西北交通网，兰州城市建设也有了很大的进步，这不仅促进了兰州的经济、政治、文化等各方面的发展，也进一步宣传和加深了兰州在国人心目中的"陆都"印象。

抗战后期，随着战场局势的日渐明朗，战后建都问题逐渐提上日程，并

---

① 张恨水：《西游小记》，邓明点校，兰州：甘肃人民出版社，2003 年，第 85 页。
② 如浣星：《西北与长期抗战的关系》（《西北研究》1938 年第 2 期），张其昀：《开发西北之要点》（《西北问题》1935 年第 1 卷第 3 期），藩：《对蒋委员长视察西北后之希望》（《西北问题》1935 年第 1 卷第 3 期）等都曾提及孙中山的"陆都"计划。
③ 戴季陶：《中央关于开发西北之计划》，西安市档案馆编：《民国开发西北》，西安：陕西人民出版社，2003 年，第 50 - 52 页。
④ 曾养甫：《建设西北为本党今后重要问题》，西安市档案馆编：《民国开发西北》，西安：陕西人民出版社，2003 年，第 45 - 49 页。
⑤ 陈赓雅：《西北视察记》，甄暾点校，兰州：甘肃人民出版社，2002 年，第 123 页。

掀起一场建都论争。当时，争论者认为适合建都的城市有南京、北平、武汉、西安、兰州、重庆、成都、济南、长春、长沙、洛阳等。

朱文长是建都兰州的重要支持者，其在《战后应建都兰州》一文中首先列举了张君俊、钱穆、王芸、黄宗羲、顾炎武、孙中山等人的建都主张及依据。进而以上述诸人所持建都标准来衡量兰州，认为兰州更适合建都。其后，朱文长又借鉴张其昀观点，从以下几点指出兰州适于建都的优势：①大陆中心。他认为在中国版图上，求一疆域之中心，四至八道道里维均者，即为兰州。②半壁枢纽。从黑龙江瑷珲划一条线至云南腾冲，则左右区域在人口数量、气候状况、生产方式等方面迥然不同，而兰州正居此分界线之上，为两大区域之间的重要枢纽。③水利渊薮。兰州附近不仅泉水充足且濒临黄河，蕴含丰富的水利潜能，有利于水电开发和工业建设。④林牧宝库。西北地区畜牧业发达，并且蕴含丰富的林业资源。⑤织造巨镇。西北羊毛汇聚于此，量多质优，以后或可发展为亚洲最大羊毛业中心。⑥石油总站。甘肃蕴含丰富的矿产资源，有利于重工业的发展。⑦铁道动脉。将来铁路建设完善后，兰州不仅为全国交通中心，且当为国际重要交通枢纽。⑧贸易焦点。目前来看，甘宁青出产皆汇聚于此，将来铁路通达以后，"全国物资之吞吐，半由于此"。⑨民族会堂。西北为各民族汇聚之地，以兰州为首都有利于民族融合和国家的长远发展。最后，他认为"有以上特色之兰州，作为战后新都，允无愧色"[1]。

分析来看，朱文长所举优势凡九点，不外乎地理位置和自然资源两个方面。所谓大陆中心、半壁枢纽、铁道动脉、贸易焦点，均是就兰州地处国家版图中心，沟通东西、联系南北的区位优势而言的，民族会堂很大程度上亦与兰州的区域位置密切相关。而水利渊薮、林牧宝库、织造巨镇、石油总站则是就兰州及甘肃地区丰富的自然资源而言的。可见，时人眼中兰州的地理区位优势及自然资源优势，是其成为首都备选的重要支撑点。

另外，郑励俭从政府开发西北的国策出发，综合考虑各种地理因素后

---

[1] 朱文长：《战后应建都兰州》，《东方杂志》1943年第39卷第16号。

认为，战后应建都西安或者兰州①。胡焕庸主张建都武汉的同时广设陪都，"兰州定为西京，可作经营西北之根据"②。张其昀也主张将兰州设为陪都③。

尽管支持建都兰州的呼声曾占据一席之地，但从当时兰州总体发展水平来看，尚不具备建都的条件，"交通尤见阻深，殆难建都"④。不仅无法与北平、南京等城市相提并论，与西安相比亦显逊色。而此次建都之争实质上也并没有影响到国民政府最终的决策。1946 年 5 月 5 日，国民政府还都南京，1948 年 1 月 14 日，国民政府明令定都南京，建都之争最终尘埃落定。

总之，就当时兰州的发展情况看，并不具备建都的条件。但其仍然能在"建都之争"中占据一席之地，归根结底是近代民众对兰州、对西北重新感知、重新定位的结果。从晚清时期国人潜意识中的"兰州中心观"到孙中山"陆都"设想的提出，再到开发西北运动中对兰州的建设，民众的兰州意象不断变化，并在此时达到这种转变的顶点。

综上所述，兰州地区自汉代设立金城郡以来，一直到清前期，均以边塞军事重镇的主体形象而存在于人们的心目当中。清中叶，伴随着西北地区的统一，兰州成为帝国疆域的中心地带，由边塞军事重镇一举转变为腹地"咽喉"，这种新形象在晚清时期最终确立，并在时人心中形成一种潜在的"兰州中心观"。民国初年，孙中山"陆都"设想的提出，其实是对晚清以来"兰州中心观"的继承和发展。这种设想在其后的开发西北运动中被付诸实践，并在抗战后期的"建都争论"中达到高潮。从"边塞"到"陆都"，兰州在近代国人心目中的形象经历了较大的变迁，已然成为近代以来中华民族重新认知西北和建设西北进程中的符号象征，而促使这种意象转变的实质动力是客观上国家疆域的变迁、交通的发展和主观上中华民族共同体意识的觉醒。

① 郑励俭：《战后新国都问题》，《时事月报》1943 年第 29 卷第 1 期。
② 胡焕庸：《战后我国国都——武汉》，《新中华》1943 年第 12 期。
③ 张其昀：《陆都兰州》，《大公报》星期论文，1942 年 10 月 12 日。
④ 葛存奋：《建都论》，《再生》1947 年第 174 期。

清代关陇地区驿站位置及驿马（驴）数量状况表

单位：匹/头

所属地区	驿站	康熙三年（1664年）驿马（驴）数	雍、乾之交驿马数	光绪九年（1883年）驿马数	所在位置
西安府	京兆驿	200	132	132	今西安市区
	渭水驿	130	80	85	今咸阳市区
	白渠驿	120	76	64	今兴平市区
	店张驿	80	72	75	今兴平市店张街道
	鄠县驿	10	6	3	今户县城
	蓝田县	40	12	4	今蓝田县城
	临潼县新丰驿	130	89	89	今西安市临潼区新丰街道
	高陵县驿	70	30	9	今西安市高陵区
	泾阳县驿	70	33	11	今泾阳县城
	建忠驿	70	30	12	今三原县城
	盩厔县驿	15	6	3	今周至县城
	丰原驿	130	89	89	今渭南市区
	富平县	60	20	6	今富平县城
	醴泉县	10	*	*	今礼泉县城
	顺义驿	37	18	9	今铜川市印台区
	同官县漆水驿	35	18	9	今耀州市王益区
商州	商州驿	30	9	4	今商洛市区
	洛南县驿	10	3	1	今洛南县城
	镇安县驿	6	4	4	今镇安县城
	商南县驿	3	*	2	今商南县城
	山阳县驿	10	4	2	今山阳县城

所属地区	驿站	康熙三年（1664年）驿马（驴）数	雍、乾之交驿马数	光绪九年（1883年）驿马数	所在位置
同州	同州驿	60	14	9	今大荔县城
	朝邑县驿	80	39	6	今大荔县朝邑镇
	韩城县驿	15	5	3	今韩城县城
	郃阳县驿	15	7	3	今合阳县城
	澄城县驿	20	7	3	今澄城县城
	白水县驿	15	4	2	今白水县城
	华山驿	130	89	89	今渭南市华州区
	潼津驿	130	89	89	今华阴市区
	蒲城县驿	60	14	4	今蒲城县城
	潼关驿	120	100	108	今潼关县秦东镇
乾州	乾州威胜驿	90	55	49	今乾县县城
	郿城驿	120	76	59	今武功县武功镇
	永安驿	70	55	49	今永寿县永平镇
邠州	新平驿	70	55	49	今彬州市区
	三水县驿	10	2	2	今旬邑县城内
	淳化县驿	10	2	2	今淳化县城内
	宜禄驿	70	55	49	今长武县城内
鄜州	鄜城驿	35	15	9	今富县县城内
	翟道驿	32	15	9	今黄陵县城内
	宜君县云阳驿	35	15	9	今宜君县城内
	三川驿	35	15	9	今洛川县城内
凤翔府	岐阳驿	120	76	64	今凤翔县城内
	岐周驿	120	76	59	今岐山县城内
	凤泉驿	120	76	59	今扶风县城内
	郿县驿	14	6	3	今眉县城内
	陈仓驿	110	76	64	今宝鸡市渭滨区
	东河桥驿	80	81	60	今凤县黄牛铺镇老街
	汧阳县驿	100	45	28	今千阳县城内
	麟游县	10	*	2	今麟游县城内
	陇州	100	43	28	今陇县县城内
	长宁驿	100	35	28	今张家川回族自治县

所属地区	驿站	康熙三年（1664年）驿马（驴）数	雍、乾之交驿马数	光绪九年（1883年）驿马数	所在位置
汉中府	汉阳驿	90	17	14	今汉中市区
	开山驿	90	54	50	今勉县褒城镇
	青桥驿	80	54	54	今留坝县青桥驿镇
	马道驿	80	54	50	今留坝县马道镇
	城固县驿	30	5	2	今城固县城内
	西乡县驿	40	12	3	今西乡县城内
	洋县驿	30	5	2	今洋县城内
	梁山驿	90	54	50	今凤县凤州镇
	松林驿	80	54	50	今凤县高桥铺
	三岔驿	80	54	50	今凤县三岔村
	留坝驿	80	54	51	今留坝县城内
	武关驿	80	54	50	今留坝县武关河村
	草凉驿	80	54	54	今凤县草凉驿
	柏林驿	60	54	43	今宁强县柏林驿村
	宁羌州驿	10	*	*	今宁强县城内
	黄坝驿	60	54	43	今宁强县黄坝驿村
	顺政驿	60	54	43	今勉县武侯镇
	黄沙驿	60	54	43	今勉县黄沙村
	大安驿	60	54	*	今宁强县大安镇
	宽川驿	*	*	43	今宁强县宽川乡
	青羊驿	*	*	43	今勉县青羊驿镇
	定远厅	*	*	2	今镇巴县城内
	佛坪厅	*	*	2	今周至县厚畛子镇老县城
	略阳县驿	30	5	2	今略阳县城内
固原州	瓦亭驿	60	45	45	今泾源县瓦亭村
	永宁驿	70	32	10	今固原市区
	三营驿	*	11	10	今固原市三营镇
	海喇都驿	*	*	3	今海原县城内
	郑旗堡驿	*	*	3	今海原县郑旗乡
	李旺驿	*	11	8	今海原县李旺镇
	同心城驿	*	11	8	今同心县城内

所属地区	驿站	康熙三年（1664 年）驿马（驴）数	雍、乾之交驿马数	光绪九年（1883 年）驿马数	所在位置
平凉府	高平驿	70	45	50	今平凉市区
	华亭县	15	*	*	今华亭县城内
	白水驿	60	45	50	今平凉市白水镇
	安国镇腰站	*	*	30	今平凉市安国镇
	镇原县	10	*	*	今镇原县城内
	崇信县	6	*	*	今崇信县城内
	安定驿	70	45	60	今泾川县城内
	瓦云驿	60	45	50	今泾川县飞云镇
	荔家堡驿	*	*	6	今泾川县荔堡镇
	灵台县驿	6	4	4	今灵台县城内
	泾阳驿	60	45	45	今静宁县城内
	高家堡腰站	*	*	35	今静宁县高堡村
	庄浪县驿	4	*	*	今庄浪县南湖镇
	隆城驿	60	45	45	今隆德县城内
	神林堡腰站	*	*	35	今隆德县神林乡
庆阳府	弘化驿	25	11	9	今庆城县城内
	华池驿	30	4	4	今合水县城内
	合水县驿	5	*	*	今合水县老城镇
	真宁县	5	*	*	今正宁县罗川乡城关村
	彭原驿	35	4	4	今宁县城内
	焦村驿	*	*	4	今宁县焦村
	政平驿	30	4	*	今宁县政平乡
兰州府	洮阳驿	80	20	11	今临洮县城内
	窑店驿	*	20	11	今临洮县窑店镇
	沙泥驿	60	20	14	今临洮县太石镇
	摩云驿	*	20	14	今临洮县中埔镇摩云关村
	庆平驿	60	20	10	今渭源县城内
	兰泉驿	80	60	90	今兰州市区
	清水驿	50	45	45	今榆中县清水驿乡
	定远驿	*	45	45	今榆中县定远镇
	长宁驿	10	*	*	今积石山自治县大河家乡康吊村

所属地区	驿站	康熙三年驿马（驴）数	雍、乾之交驿马数	光绪九年驿马数	所在位置
兰州府	定羌驿	20	11	4	今广河县城内
	和政驿	20	4	4	今和政县城内
	凤林驿	35	11	4	今临夏回族自治州市区
	靖远县驿	10	*	*	今靖远县城内
	古城驿	*	*	4	今靖远县古城村
	沙井驿	*	45	45	今兰州市安宁区沙井驿
	蔡河驿	*	*	4	今皋兰县蔡家河
	三眼井驿	*	30	13	今景泰县三眼井
	宽沟驿	*	30	13	今景泰县宽沟村
	白墩子驿	*	*	18	今景泰县白墩子驿
巩昌府	通远驿	110	20	14	今陇西县城内
	延寿驿	50	45	40	今定西市区
	秤钩驿	50	45	45	今定西市秤钩驿村
	西巩驿	*	45	45	今定西市西巩驿镇
	通安驿	30	11	8	今陇西县通安驿镇
	通渭县驿	14	4	4	今通渭县城内
	三岔驿	15	11	6	今漳县三岔镇
	保宁驿	50	45	50	今会宁县城内
	青家驿	50	45	45	今会宁县清江驿
	翟家所腰站	*	*	35	今会宁县翟家所镇
	乾沟驿	20	4	*	今会宁县甘沟驿镇
	郭城驿	20	4	*	今会宁县郭城驿镇
	伏羌县驿	80	20	14	今甘谷县城内
	宁远县驿	80	20	14	今武山县城内
	西和县驿	15	11	6	今西和县城内
	岷山驿	15	11	6	今岷县城内
	酒店驿	15	11	6	今漳县酒店村
秦州	秦州驿	100	20	14	今天水市区
	徽县驿	20	4	4	今徽县城内
	两当县	5	4	4	今两当县城内
	清水县驿	100	20	14	今清水县城内
	秦安县	12	4	4	今秦安县城内
	礼县驿	7	4	4	今礼县城内

所属地区	驿站	康熙三年（1664年）驿马（驴）数	雍、乾之交驿马数	光绪九年（1883年）驿马数	所在位置
阶州	阶州在城驿	14	4	*	今陇南市区
	平落驿	10	*	4	今康县平洛镇
	杀贼驿	10	4	4	今宕昌县沙湾镇
	文县在城驿	15	4	4	今文县城内
	临江驿	10	4	4	今文县临江镇
	成县	10	4	4	今成县县城内
	小川驿	*	11	6	今成县小川镇
	西津驿	10	4	6	今岷县西寨镇
兴安府	安康县驿	50	27	6	今安康市区
	平利县驿	*	*	2	今平利县城内
	洵阳县驿	20	11	2	今旬阳县城内
	白河县驿	*	*	2	今白河县城内
	紫阳县	*	*	2	今紫阳县城内
	石泉县	30	17	2	今石泉县城内
	砖坪厅驿	*	*	2	今岚皋县城内
	汉阴厅驿	40	23	2	今汉阴县城内
	宁陕厅驿	*	*	2	今宁陕县老城村
	孝义厅	*	*	2	今柞水县城内
宁夏府	宁夏在城驿	—	60	38	今银川市区
	王铉驿	—	45	18	今永宁县望洪镇
	大坝驿	—	45	18	今青铜峡市大坝镇
	灵州	—	4	4	今灵武市区
	横城口驿	—	30	18	今银川市掌政镇横城村
	红山驿	—	4	18	今灵武市横山村
	清水驿	—	4	18	今灵武市清水营村
	安定驿	—	4	18	今盐池县安定堡
	兴武驿	—	4	18	今盐池县兴武营
	平罗县驿	—	—	4	今平罗县城内
	中卫县驿	—	45	18	今中卫市区
	宁安驿	—	11	8	今中宁县宁安镇
	沙泉驿	—	11	8	今中宁县陈麻井

所属地区	驿站	康熙三年（1664 年）驿马（驴）数	雍、乾之交驿马数	光绪九年（1883 年）驿马数	所在位置
宁夏府	渠口驿	—	45	18	今中宁县渠口
	胜金驿	—	30	18	今中卫市胜金村
	长流水驿	—	30	18	今中卫市长流水村
	三塘水驿	—	30	18	今中卫市甘塘镇
	营盘水驿	—	30	18	今阿拉善左旗营盘水村
	宁灵厅	—	—	4	今吴忠市金积镇
	花马池驿	—	4	18	今盐池县城内
西宁府	西宁县驿	—	45	43	今西宁市区
	平戎驿	—	45	28	今海东市区
	嘉顺驿	—	45	29	今海东市乐都区
	老鸦驿	—	45	28	今海东市乐都区老鸦村
	冰沟驿	—	45	28	今海东市乐都区芦花乡城背后村
	巴州驿	—	11	—	今民和回族自治县巴州镇
	古鄯驿	—	4	—	今民和回族自治县古鄯镇
	巴燕戎格厅	—	—	6	今化隆回族自治县城内
	大通县驿	—	—	2	今大通自治县城关镇
	向阳驿	—	—	6	今大通自治县向阳堡村
	长宁驿	—	—	2	今大通自治县长宁镇
	循化厅驿	—	—	4	今循化自治县城内
	立轮驿	—	—	2	今循化县立伦村
	盘坡根驿	—	—	2	今循化县起台堡村以南
	韩家集驿	—	—	2	今临夏县韩集镇
	拉扎山根驿	—	—	8	今化隆回族自治县工什加村
	贵德厅	—	—	3	今贵德县城内
	朝天驿	—	—	3	今贵德县尕让乡
	申中驿	—	—	3	今西宁市湟中区申中村
	丹噶尔厅	—	—	3	今湟源县城内
	镇海驿	—	—	2	今西宁市湟中区多巴镇
	哈拉库图尔驿	—	—	4	今湟源县日月乡哈城村

所属地区	驿站	康熙三年（1664年）驿马（驴）数	雍、乾之交驿马数	光绪九年（1883年）驿马数	所在位置
凉州府	武威县驿	—	45	35	今武威市区
	大河驿	—	32	24	今武威市凉州区武南镇大河村
	怀安驿	—	32	25	今武威市凉州区怀安镇怀安村
	柔远驿	—	32	35	今武威市凉州区丰乐镇沙城村
	永昌县驿	—	32	32	今永昌县城内
	水泉驿	—	32	32	今永昌县红山窑镇水泉村
	靖边驿	—	32	12	今武威市凉州区黄羊镇
	古浪驿	—	32	35	今古浪县城内
	圆墩子驿	—	*	3	今古浪县元墩子
	夹山岭驿	—	*	3	今古浪县夹山岭村
	大靖驿	—	*	3	今古浪县大靖镇
	平番县驿	—	60	50	今永登县城内
	红城驿	—	45	35	今永登县红城镇
	南大通驿	—	45	*	今永登县大同镇
	苦水驿	—	45	35	今永登县苦水镇
	镇羌驿	—	32	24	今天祝自治县金强驿村
	黑松驿	—	32	*	今古浪县黑松驿村
	武胜驿	—	32	24	今永登县武胜驿镇
	岔口驿	—	32	35	今天祝自治县岔口驿村
	通远驿	—	32	20	今永登县通远乡
	西大通驿	—	32	30	今永登县河桥镇河桥村
	塘坊驿	—	20	20	今永登县通远镇塘坊村
	平戎驿	—	30	13	今永登县坪城乡
	松山驿	—	30	13	今天祝县松山镇
甘州府	甘泉驿	—	45	32	今张掖市区
	仁寿驿	—	32	25	今张掖市甘州区碱滩镇古城村
	沙井驿	—	32	32	今张掖市甘州区沙井镇
	沙河驿	—	32	*	今临泽县沙河镇
	东乐驿	—	32	32	今山丹县东乐乡
	山丹县驿	—	32	32	今山丹县城内
	新河驿	—	32	32	今山丹县新河
	硖口驿	—	32	32	今山丹县峡口村
	抚彝厅	—	32	32	今临泽县蓼泉镇

续表

所属地区	驿站	康熙三年 (1664年) 驿马 (驴) 数	雍、乾之交驿马数	光绪九年 (1883年) 驿马数	所在位置
肃州	酒泉驿	—	32	70	今酒泉市区
	临水驿	—	32	25	今酒泉市肃州区临水乡
	高台县	—	32	32	今高台县城内
	双井驿	—	32	32	今高台县双丰村
	盐池驿	—	32	25	今高台县盐池乡
	深沟驿	—	32	24	今高台县深沟
	黑泉驿	—	32	32	今高台县黑泉乡
	沙井驿	—	45	45	今兰州市安宁区沙井驿
	蔡河驿	—	*	4	今皋兰县蔡家河
	三眼井驿	—	30	13	今景泰县三眼井
	宽沟驿	—	30	13	今景泰县宽沟村
	白墩子驿	—	*	18	今景泰县白墩子驿

注：＊表示此时期未设驿站，—表示资料缺失。

资料来源：康熙《陕西通志》，雍正《陕西通志》卷36《驿传》，乾隆《甘肃通志》卷16《驿传》，《光绪会典事例》卷657《邮政·置驿三》。

　　清代广泛设立县递，一些州县既有驿站，又另设县递，一些州县只设县递。为便于理解，清代计算马匹数量时，在城驿驿站和县马一同计算。

　　需要注意的是：康熙《陕西通志》中，陇州与清水县下均有长宁驿，陇州长宁驿设马60匹，清水长宁驿设马100匹。但据康熙《陇州志》，长宁驿马匹向来由陇州、清水共同承办，"顺治十三年，奉冲僻册酌定马一百匹，陇六清四，除清水县协济马四十匹外，实该协马六十匹"[①]。据此可知，康熙《陕西通志》中，陇州所记驿马数量为本州所承办数量，而清水长宁驿下所记驿马数量为该驿驿马总数。故在记录时应格外注意，不可重复计算。不仅康熙《陕西通志》，之后的雍正《陕西通志》、乾隆《甘肃通志》所记长宁驿马匹数，或为本州县承担数量，或为改驿总数，计算时应仔细甄别方不出舛误。

---

① 康熙《陇州志》卷3《田赋志·驿站》，《中国地方志集成·陕西府县志辑》37册，南京：凤凰出版社，2007年，第42页。

| 参考文献 |

一、正史

［1］（汉）司马迁：《史记》，北京：中华书局，1999年。

［2］（汉）班固：《汉书》，北京：中华书局，1999年。

［3］（晋）陈寿：《三国志》，北京：中华书局，1999年。

［4］（晋）常璩：《华阳国志译注》，汪启明、赵静译注：成都：四川大学出版社，2007年。

［5］（南朝宋）范晔撰，（唐）李贤等注：《后汉书》，北京：中华书局，1999年。

［6］（唐）李延寿：《北史》，北京：中华书局，2000年。

［7］（唐）房玄龄：《晋书》，北京：中华书局，2000年。

［8］（唐）魏征：《隋书》，北京：中华书局，2000年。

［9］（后晋）刘昫等：《旧唐书》，北京：中华书局，1995年。

［10］（宋）欧阳修、宋祁：《新唐书》，北京：中华书局，2000年。

二、志书

［1］（北魏）郦道元注：《水经注·沔水》，陈桥驿注释，杭州：浙江古籍出版社，2001年。

［2］（唐）李吉甫：《元和郡县图志》，北京：中华书局，1983年。

［3］（宋）宋敏求：《长安志》，辛德勇、郎洁点校，西安：三秦出版社，2013年。

[4]（宋）李焘：《续资治通鉴长编》，北京：中华书局，1993 年。

[5]（宋）王象之：《舆地纪胜》，成都：四川大学出版社，2005 年。

[6]（元）脱脱等：《宋史》，北京：中华书局，2000 年。

[7]（明）官撰：《寰宇通衢》，《明代驿站考（增订本）》，上海：上海古籍出版社，2006 年。

[8]（明）李贤等撰：《大明一统志》，台北：台联国风出版社，1977 年。

[9]成化《山西通志》，《四库全书存目丛书·史部》第 174 册，济南：齐鲁书社，1996 年。

[10]（明）何景明纂修：《雍大记校注》，吴敏霞、刘思怡等校注，西安：三秦出版社，2010 年。

[11]（明）李延寿修，（明）杨怀纂：《明弘治本延安府志》，樊高林、曹树蓬校点，西安：陕西人民出版社，2012 年。

[12]（明）雷礼等撰：《皇明大政纪》，《续修四库全书·史部·编年类》第 353 – 354 册，上海：上海古籍出版社，2002 年。

[13]（明）魏焕：《皇明九边考》，《皇明九边考·皇明四夷考（合订本)》，台北：华文书局，1968 年。

[14]（明）赵廷瑞修，马理、吕楠纂：《嘉靖陕西通志》，董健桥点校，西安：三秦出版社，2006 年。

[15]（明）龚辉：《全陕政要》，《四库全书存目丛书·史部》第 188 册，济南：齐鲁书社，1996 年。

[16]嘉靖《固原州志》，银川：宁夏人民出版社，1995 年。

[17]嘉靖《汉中府志》，《原国立北平图书馆甲库善本丛书》第 354 册，北京：国家图书馆出版社，2013 年。

[18]（明）傅学礼：《嘉靖庆阳府志》，兰州：甘肃人民出版社，2000 年。

[19]嘉靖《略阳县志》，《天一阁藏明代方志选刊》第 68 册，上海：上海古籍书店，1981 年。

[20]《嘉靖城固县志校注》，穆育人校注，西北大学出版社，1995 年。

[21]嘉靖《高陵县志》，《中国地方志集成·陕西府县志辑》第 6 册，南

京：凤凰出版社，2007 年。

［22］嘉靖《重修三原县志》，《中国地方志集成·陕西府县志辑》第 8 册，
南京：凤凰出版社，2007 年。

［23］（明）杨经纂：《嘉靖固原州志》，牛达生、牛春生校勘，银川：宁夏
人民出版社，1985 年。

［24］（明）胡汝砺纂：《嘉靖宁夏新志》，陈明猷校勘，银川：宁夏人民出
版社，1982 年。

［25］《明嘉靖秦安志注》，张德友主编：《明清秦安志集注（一卷）》，兰
州：甘肃人民出版社，2012 年。

［26］嘉靖《徽郡志》，《中国地方志集成·甘肃府县志辑》第 36 册，南京：
凤凰出版社，2008 年。

［27］（明）张雨：《边政考》，《续修四库全书·史部·地理类》第 738 册，
上海：上海古籍出版社，2002 年。

［28］（明）吴祯纂：《河州志校刊》，马志勇校，兰州：甘肃文化出版社，
2004 年。

［29］隆庆《蓝田县志》，明隆庆五年刻本。

［30］（明）黄汴纂：《一统路程图记》，杨正泰点校，《明代驿站考（增订
本)》附录二，上海：上海古籍出版社，2006 年。

［31］（明）王士性：《广志绎》，北京：中华书局，1981 年。

［32］（明）陈邦瞻：《宋史纪事本末》，上海：上海古籍出版社，1994 年。

［33］《明万历宁羌州志校注》，宋文富校注，《宁羌州志校注集》第 1 册，
北京：华夏出版社，2006 年。

［34］万历《阶州志》，《阶州志集校笺注》，曾礼校注，兰州：甘肃人民出
版社，2013 年。

［35］《增补万历朔方新志校注》，范宗兴校注，银川：宁夏人民出版社，
2015 年。

［36］万历《临洮府志》，明万历三十三年刻本。

［37］万历《续朝邑县志》，《中国地方志集成·陕西府县志辑》第 21 册，

南京：凤凰出版社，2007 年。

[38]（明）李应魁撰：《〈肃镇华夷志〉校注》，高启安、邰惠莉点校，兰州：甘肃人民出版社，2006 年。

[39] 万历《韩城县志》，明万历三十五年刊本。

[40] 天启《同州志》，明天启五年刻本。

[41]（明）程春宇辑：《士商类要》，杨正泰点校，《明代驿站考（增订本)》附录三，上海：上海古籍出版社，2006 年。

[42] 崇祯《乾州志》，明崇祯六年刻本。

[43]（清）戴笠撰：《怀陵流寇始终录》，陈协琹、刘益安点校，沈阳：辽沈书社，1993 年。

[44]《大清一统志》，《续修四库全书·史部·地理类》第 613 – 624 册，上海：上海古籍出版社，2002 年。

[45] 顺治《澄城县志》，咸丰元年影印本。

[46]（清）顾炎武：《天下郡国利病书》，黄坤等点校，上海：上海古籍出版社，2012 年。

[47]（清）顾祖禹：《读史方舆纪要》，北京：中华书局，2005 年。

[48]（清）顾炎武：《肇域志》，上海：上海古籍出版社，2011 年。

[49]（明）陆应阳撰，（清）蔡方炳增辑：《广舆记》，《四库全书存目丛书·史部》第 173 册，济南：齐鲁书社，1996 年。

[50] 康熙《重修靖远卫志》，李金财、白天星等校注：《靖远旧志集校》，兰州：甘肃文化出版社，2004 年。

[51] 康熙《蒲城县志》，《中国地方志集成·陕西府县志辑》第 26 册，南京：凤凰出版社，2007 年。

[52] 康熙《清水县志》，《中国地方志集成·甘肃府县志辑》第 33 册，南京：凤凰出版社，2008 年。

[53] 康熙《陇州志》，《中国地方志集成·陕西府县志辑》第 37 册，南京：凤凰出版社，2007 年。

[54] 康熙《城固县志》，《中国地方志集成·陕西府县志辑》第 51 册，南

京：凤凰出版社，2007年。

［55］康熙《岷州志》，《岷州志校注》，岷县印刷厂，1988年。

［56］康熙《洋县志》，《中国地方志集成·陕西府县志辑》第45册，南京：凤凰出版社，2007年。

［57］康熙《河州志》，《中国地方志集成·甘肃府县志辑》第40册，南京：凤凰出版社，2008年。

［58］（清）张如锦：《清康熙淳化县志》，西安：三秦出版社，2010年。

［59］雍正《陕西通志》，《中国西北文献丛书·西北稀见方志文献》第1－5册，兰州：兰州古籍书店，1990年。

［60］雍正《蓝田县志》，《中国地方志集成·陕西府县志辑》第16册，南京：凤凰出版社，2007年。

［61］（清）张廷玉等：《明史》，北京：中华书局，2000年。

［62］乾隆《甘肃通志》，《中国边疆丛书》第2辑，台北：文海出版社，1966年。

［63］乾隆《西宁府新志》，《中国地方志集成·青海府县志辑》第1册，南京：凤凰出版社，2008年。

［64］乾隆《直隶商州志》，《中国地方志集成·陕西府县志辑》第30册，南京：凤凰出版社，2007年。

［65］（清）张金城修：《乾隆宁夏府志》，陈明猷点校，银川：宁夏人民出版社，1992年。

［66］乾隆《韩城县志》，台北：成文出版社，1986年。

［67］乾隆《咸阳县志》，《中国地方志集成·陕西府县志辑》第4册，南京：凤凰出版社，2007年。

［68］（清）黄恩锡编，郑元吉修：《标点注释〈中卫县志〉》，宁夏中卫县县志编纂委员会点校，银川：宁夏人民出版社，1990年。

［69］乾隆《同官县志》，《中国地方志集成·陕西府县志辑》第27册，南京：凤凰出版社，2007年。

［70］（清）孙星衍纂：《清乾隆〈三水县志〉》，西安：三秦出版社，2010年。

［71］乾隆《陇州续志》，《中国地方志集成·陕西府县志辑》第 37 册，南京：凤凰出版社，2007 年。

［72］（清）舒其绅、严长明等纂修：《西安府志》，何炳武点校，西安：三秦出版社，2011 年。

［73］乾隆《泾阳县志》，《中国地方志集成·陕西府县志辑》第 7 册，南京：凤凰出版社，2007 年。

［74］乾隆《临潼县志》，《中国地方志集成·陕西府县志辑》第 15 册，南京：凤凰出版社，2007 年。

［75］乾隆《洵阳县志》，《中国地方志集成·陕西府县志辑》第 55 册，南京：凤凰出版社，2007 年。

［76］乾隆《咸阳县志》，《中国地方志集成·陕西府县志辑》第 4 册，南京：凤凰出版社，2007 年。

［77］乾隆《三原县志》，《中国地方志集成·陕西府县志辑》第 8 册，南京：凤凰出版社，2007 年。

［78］乾隆《礼县志》，《中国地方志集成·甘肃府县志辑》第 22 册，南京：凤凰出版社，2008 年。

［79］乾隆《西和县志》，《中国地方志集成·甘肃府县志辑》第 34 册，南京：凤凰出版社，2008 年。

［80］乾隆《镇番县志》，《中国地方志集成·甘肃府县志辑》第 43 册，南京：凤凰出版社，2008 年。

［81］乾隆《续商州志》，商洛市人民政府地方志办公室，2007 年。

［82］乾隆《皋兰县志》，《中国西北文献丛书续编·稀见方志文献卷》第 3 册，兰州：甘肃文化出版社，1999 年。

［83］乾隆《重修肃州新志》2《景致》，《中国地方志集成·甘肃府县志辑》第 48 册，南京：凤凰出版社，2008 年。

［84］乾隆《直隶秦州新志》卷 1《形胜》，《中国地方志集成·甘肃府县志辑》第 29 册，南京：凤凰出版社，2008 年。

［85］（清）王如玖编纂：《〈直隶商州总志〉点注》，商洛地区地方志办公

室编注，西安：陕西人民教育出版社，1992 年。

［86］（清）严如熤修：《嘉庆汉中府志校勘》，郭鹏校勘，西安：三秦出版社，2012 年。

［87］（清）严如熤：《嘉庆甘州府志校注》，张志纯等校注，兰州：甘肃文化出版社，2008 年。

［88］（清）严如熤：《三省山内风土杂识》，北京：中华书局，1985 年。

［89］（清）严如熤：《三省边防备览》，《陕西古代文献集成》第 4 辑，西安：陕西人民出版社，2017 年。

［90］嘉庆《安康县志》，《中国地方志集成·陕西府县志辑》第 53 册，南京：凤凰出版社，2007 年。

［91］嘉庆《徽县志》，《中国地方志集成·甘肃府县志辑》第 36 册，南京：凤凰出版社，2008 年。

［92］（清）魏源：《圣武记》，北京：中华书局，1984 年。

［93］道光《兰州府志》，《中国地方志记程·甘肃府县志辑》第 1 册，南京：凤凰出版社，2008 年。

［94］道光《褒城县志》，《中国地方志集成·陕西府县志辑》第 51 册，南京：凤凰出版社，2007 年。

［95］道光《重修略阳县志》，《中国地方志集成·陕西府县志辑》第 52 册，南京：凤凰出版社，2007 年。

［96］《清道光〈续修宁羌州志〉》，宋文富校注，《宁羌州志校注集》第 2 册，北京：华夏出版社，2006 年。

［97］道光《循化厅志》，台北：成文出版社，1968 年。

［98］道光《重修镇番县志》，《中国地方志集成·甘肃府县志辑》第 43 册，南京：凤凰出版社，2008 年。

［99］道光《留坝厅志》，《中国地方志集成·陕西府县志辑》第 52 册，南京：凤凰出版社，2007 年。

［100］道光《哈密志》，台北：成文出版社，1968 年。

［101］道光《宁陕厅志》，《中国地方志集成·陕西府县志辑》第 56 册，南

京：凤凰出版社，2007 年。

［102］《重修泾阳县志》，《中国地方志集成·陕西府县志辑》第 7 册，南京：凤凰出版社，2007 年。

［103］道光《西乡县志》，《中国地方志集成·陕西府县志辑》第 45 册，南京：凤凰出版社，2007 年。

［104］（清）梁份：《秦边纪略》，赵盛世等校注，西宁：青海人民出版社，1987 年。

［105］同治《河曲县志》，《中国地方志集成·山西府县志辑》第 16 册，南京：凤凰出版社，2005 年。

［106］光绪《宁羌州志》，《中国地方志集成·陕西府县志辑》第 52 册，南京：凤凰出版社，2007 年。

［107］光绪《绥德州志》，《中国地方志集成·陕西府县志辑》第 41 册，南京：凤凰出版社，2007 年。

［108］（清）郑德枢修：《光绪永寿县新志》，西安：三秦出版社，2010 年。

［109］光绪《凤县志》，《中国地方志集成·陕西府县志辑》第 36 册，南京：凤凰出版社，2007 年。

［110］光绪《同州府续志》，《中国地方志集成·陕西府县志辑》第 19 册，南京：凤凰出版社，2007 年。

［111］光绪《洋县志》，《中国地方志集成·陕西府县志辑》第 45 册，南京：凤凰出版社，2007 年。

［112］光绪《重修通渭县志》，《中国地方志集成·甘肃府县志辑》第 9 册，南京：凤凰出版社，2008 年。

［113］光绪《沔县志》，《中国地方志集成·陕西府县志辑》第 52 册，南京：凤凰出版社，2007 年。

［114］光绪《阶州直隶州续志》，《阶州志集校笺注》，兰州：甘肃人民出版社，2013 年。

［115］光绪《岷州续志采访录》，《岷州志校注》，岷县印刷厂，1988 年。

［116］光绪《洮州厅志》，《中国地方志集成·甘肃府县志辑》第 41 册，南

京：凤凰出版社，2008 年。

[117] 光绪《襄阳府志》，《中国地方志集成·湖北府县志辑》第 62 册，南京：江苏古籍出版社，2001 年。

[118] 光绪《富平县志稿》，《中国地方志集成·陕西府县志辑》第 14 册，南京：凤凰出版社，2007 年。

[119] 光绪《重修皋兰县志》，《中国地方志集成·甘肃府县志辑》第 3 册，南京：凤凰出版社，2008 年。

[120]（清）袁大化、王树枏等纂修：《新疆图志》，朱玉麒等整理，上海：上海古籍出版社，2015 年。

[121]（清）王全臣：《西域闻见录》，《中国西北文献丛书·西北民俗文献》第 1 册，兰州：兰州古籍书店，1990 年。

[122]（清）赵翼：《皇朝武功记盛》，北京：中华书局，1985 年。

[123] 民国《创修红水县志》，《靖远会宁红水县志集校》，兰州：甘肃文化出版社，2002 年。

[124] 宣统《甘肃新通志》，《中国西北文献丛书·西北稀见方志文献》第 23—26 卷，兰州：兰州古籍书店，1990 年。

[125]（民国）赵尔巽等撰：《清史稿》，北京：中华书局，1976 年。

[126] 民国《甘肃通志稿》，《中国西北文献丛书·西北稀见方志文献》第 27—29 卷，兰州：兰州古籍书店，1990 年。

[127] 民国《续修陕西通志稿》，《中国西北文献丛书·西北稀见方志文献》第 6—11 卷，兰州：兰州古籍书店，1990 年。

[128] 民国《平民县志》，台北：成文出版社，1970 年。

[129] 民国《新纂康县县志》，台北：成文出版社，1976 年。

[130] 民国《重修灵台县志》，《中国地方志集成·甘肃府县志辑》第 19 册，南京：凤凰出版社，2008 年。

[131] 民国《重修镇原县志》，《中国地方志集成·甘肃府县志辑》第 27 册，南京：凤凰出版社，2008 年。

[132] 民国《重纂兴平县志》，《中国地方志集成·陕西府县志辑》第 6 册，

南京：凤凰出版社，2007 年。

［133］民国《新绛县志》，《中国地方志集成·山西府县志辑》第 59 册，南京：凤凰出版社，2008 年。

［134］（清）冯光裕、吴廷锡：《民国〈重修咸阳县志〉》，西安：三秦出版社，2010 年。

［135］民国《鄠县志》，《中国地方志集成·陕西府县志辑》第 4 册，南京：凤凰出版社，2007 年。

［136］民国《重修紫阳县志》，《中国地方志集成·陕西府县志辑》第 56 册，南京：凤凰出版社，2007 年。

［137］（民国）孙中山著，广东省社会科学院历史研究室等合编：《孙中山全集》，北京：中华书局，1981 年。

［138］甘肃省地方史志编纂委员会：《甘肃省志》卷 38《公路交通志》，兰州：甘肃人民出版社，1993 年。

［139］陕西省地方志编纂委员会：《陕西省志》卷 26《公路志》，西安：陕西人民出版社，2000 年。

三、档案

［1］《明实录》，台北："中央研究院"历史语言研究所，1962 年。

［2］（明）张卤辑：《嘉隆疏钞》，《续修四库全书·史部·诏令奏议类》第 466—467 册，上海：上海古籍出版社，2002 年。

［3］中国第一历史档案馆、辽宁省档案馆编：《中国明朝档案总汇》第 101 册，桂林：广西师范大学出版社，2001 年。

［4］《清实录》，北京：中华书局，1985 年。

［5］（清）琴川居士编：《皇清奏议》，《续修四库全书·史部·诏令奏议类》第 473 册，上海：上海古籍出版社，2002 年。

［6］中国第一历史档案馆编：《雍正朝汉文朱批奏折汇编》，南京：江苏古籍出版社，1989 年。

［7］国立故宫博物院编辑委员会编：《宫中档乾隆朝奏折》，台北：故宫博

物院，1982 年。

[8] （清）阿桂等：《钦定兰州纪略》，杨怀中标点，银川：宁夏人民出版
社，1988 年。

[9] （清）官修：《钦定石峰堡纪略》，杨怀中标点，银川：宁夏人民出版
社，1987 年。

[10] 中国第一历史档案馆编：《光绪朝朱批奏折》，北京：中华书局，
1996 年。

[11] 张伟仁主编：《明清档案》，台北："中央研究院"历史语言研究所，
1986 年。

[12] 西安市档案馆编：《民国开发西北》西安：陕西人民出版社，
2003 年。

四、政书

[1] （唐）杜佑撰：《通典》，北京：中华书局，1984 年。

[2] （唐）李吉甫等撰：《唐六典》，北京：中华书局，1992 年。

[3] （明）申时行等修：《万历会典》，北京：中华书局，1989 年。

[4] （明）李东阳撰：《正德会典》，《景印文渊阁四库全书》第 617 - 618
册，台北：台湾商务印书馆，1986 年。

[5] （明）吕坤撰：《实政录》，《续修四库全书·史部·职官类》753 册，
上海：上海古籍出版社，2002 年。

[6] （明）张学颜撰：《万历会计录》，《续修四库全书·史部·政书类》第
831 - 833 册，上海：上海古籍出版社，2002 年。

[7] （清）徐松辑：《宋会要辑稿》，刘琳等校点，上海：上海古籍出版社，
2014 年。

[8] （清）昆岗等撰：《光绪会典》，《续修四库全书·史部·政书类》第
798 - 814 册，上海：上海古籍出版社，2002 年。

[9] （清）昆岗等撰：《光绪会典事例》，《续修四库全书·史部·政书类》
第 798 - 814 册，上海：上海古籍出版社，2002 年。

［10］（清）苏昌臣辑：《河东盐政汇纂》，《续修四库全书·史部·政书类》
第 839 册，上海：上海古籍出版社，2002 年。

［11］（清）刘锦藻撰：《清朝续文献通考》，北京：中华书局，1955 年。

五、文集

［1］（唐）柳宗元著：《柳宗元全集》，曹明纲标点，上海：上海古籍出版
社，1997 年。

［2］（宋）曾公亮著：《武经总要前集》，长沙：湖南科学技术出版社，
2017 年。

［3］（明）康海：《康对山先生集》，贾三强、余春柯点校，西安：三秦出
版社，2015 年。

［4］（明）张四维撰：《條麓堂集》，《明别集丛刊》第 3 辑，第 41 册，合
肥：黄山书社，2016 年。

［5］（明）齐之鸾：《入夏录》，《四库全书存目丛书·集类》第 67 册，济
南：齐鲁书社，1997 年。

［6］（明）张瀚：《松窗梦语》，盛冬铃点校，北京：中华书局，1985 年。

［7］（明）艾穆：《艾熙亭先生终太山人文集》，海口：海南出版社，2000 年。

［8］（明）毕自严：《石隐园藏稿》，上海：上海古籍出版社，1993 年。

［9］（明）杨嗣昌撰：《杨嗣昌集》，梁颂成辑校，长沙：岳麓书社，2008 年。

［10］（明）孙传庭《白谷集》，《幔亭集外四种》，上海：上海古籍出版社，
1993 年。

［11］（清）储大文：《存砚楼文集》，《清代诗文集汇编》，上海：上海古籍
出版社，2010 年。

［12］（清）朱彝尊：《曝书亭集》，世界书局，1937 年。

［13］（清）左宗棠：《左宗棠文集》，长沙：岳麓书社，2014 年。

［14］（明）吴甡：《柴菴疏集》，秦晖点校，杭州：江苏古籍出版社，1989 年。

六、行记

[1]（明）都穆：《使西日记》，北京：中国书店，1959 年。

[2]（明）杨一清著，杨建新主编：《西征日录》，《古西行记选注》，银川：宁夏人民出版社，1987 年。

[3]（明）王士性：《五月游草》，《王士性地理书三种》，上海：上海古籍出版社，1993 年。

[4]（明）徐弘祖：《徐霞客游记》，上海：上海古籍出版社，2010 年。

[5]（清）陶保廉：《辛卯侍行记》，刘满点校，兰州：甘肃人民出版社，2000 年。

[6]（清）叶昌炽：《缘督庐日记》，南京：江苏古籍出版社，2002 年。

[7]（清）温世霖：《昆仑旅行日记》，天津：天津古籍出版社，2005 年。

[8]（清）陈斐然：《西行日记》，《西域行程（外三种)》，兰州：甘肃文化出版社，2016 年。

[9]（清）冯焌光：《西行日记》，兰州：甘肃人民出版社，2002 年。

[10]（民国）高良佐：《西北随轺记》，兰州：甘肃人民出版社，2003 年。

[11]（民国）林鹏侠：《西北行》，王福成点校，兰州：甘肃人民出版社，2002 年。

[12]（民国）周希武：《宁海纪行》，兰州：甘肃人民出版社，2002 年。

[13]（民国）陈赓雅：《西北视察记》，兰州：甘肃人民出版社，2002 年。

[14]（民国）张恨水：《西游小记》，兰州：甘肃人民出版社，2003 年。

[15]（芬兰）马达汉著，阿拉腾奥其尔、王家骥译：《马达汉中国西部考察调研报告合集》，乌鲁木齐：新疆人民出版社，2009 年。

[16]（英）台客满：《领事官在中国西北的旅行》，史红帅译，上海：上海科学技术文献出版社，2010 年。

七、其他古籍

[1]《诗经》，葛培岭注译评，郑州：中州古籍出版社，2005 年。

［2］《尚书》，冀昀主编，北京：线装书局，2007 年。

［3］《周礼》，陈戍国点校，长沙：岳麓书社，1989 年。

［4］（春秋）左丘明著：（三国）韦昭注：《国语·周语》，上海：上海古籍出版社，2015 年。

［5］《韩非子译注》，张觉等注，上海：上海古籍出版社，2007 年。

［6］（唐）房玄龄注，（明）刘绩补注：《管子》，刘晓艺校点，上海：上海古籍出版社，2015 年。

［7］（唐）慧立、彦悰：《大慈恩寺三藏法师传》，北京：中华书局，1983 年。

［8］《大明律》，怀效锋点校，北京：法律出版社，1999 年。

［9］（明）官修：《永乐大典》，卷 19423、19426。

［10］（明）章潢编：《图书编》，上海：上海古籍出版社，1992 年。

［11］（明）卓明卿：《卓氏藻林》，《四库全书存目丛书·子部》214 册，济南：齐鲁书社，1995 年。

［12］（明）范钦等编：《嘉靖事例》，《北京图书馆古籍珍本丛刊》第 51 册，北京：书目文献出版社，1997 年。

［13］（明）陈子龙：《明经世文编》卷 26，北京：中华书局，1962 年。

［14］（清）贺长龄、魏源：《清经世文编》，北京：中华书局，1992 年。

［15］（清）沈树镛：《汉石经室题跋》，柴志光、高贞杰编，上海：上海远东出版社，2017 年。

［16］《大清律例》，张荣铮等点校，天津：天津古籍出版社，1993 年。

八、专著

［1］王倬：《交通史》，上海：商务印书馆，1923 年。

［2］谭其骧主编：《中国历史地图集》，北京：中国地图出版社，1982 年。

［3］杨吾扬：《交通运输地理学》，北京：商务印书馆，1986 年。

［4］方国瑜：《中国西南历史地理考释》，北京：中华书局，1987 年。

［5］王开：《陕西古代道路交通史》，北京：人民交通出版社，1989 年。

［6］刘广生、赵梅庄编著：《中国古代邮驿史（修订本）》，北京：人民邮电出版社，1999年。

［7］薛凤飞：《褒谷摩崖校释》，武汉：湖北人民出版社，1999年。

［8］〔美〕施坚雅著，叶光庭等译，陈桥驿校：《中华帝国晚期的城市》，北京：中华书局，2000年。

［9］李治安：《元代政治制度研究》北京：人民出版社，2003年。

［10］石泉：《古代荆楚地理新探·续集》，武汉：武汉大学出版社，2004年。

［11］张天恩：《关中商文化研究》，北京：文物出版社，2004年。

［12］方诗铭、王修龄校注：《古本竹书纪年辑证（修订本）》，上海：上海古籍出版社，2005年。

［13］朱红林：《张家山汉简〈二年律令〉集释》，北京：社会科学文献出版社，2005年。

［14］饶胜文：《布局天下：中国古代军事地理大势》，北京：解放军出版社，2006年。

［15］杨正泰：《明代驿站考（增订本）》，上海：上海古籍出版社，2006年。

［16］严耕望：《唐代交通图考》，上海：上海古籍出版社，2007年。

［17］史红帅：《明清时期西安城市地理研究》，北京：中国社会科学出版社，2008年。

［18］白寿彝：《中国交通史》，武汉：武汉大学出版社，2012年。

［19］王子今：《秦汉交通史稿（增订本）》，北京：中国人民大学出版社，2012年。

［20］王文楚：《史地丛稿》，上海：上海人民出版社，2014年。

［21］张萍：《区域历史商业地理学的理论与实践——明清陕西的个案考察》，西安：三秦出版社，2014年。

［22］刘文鹏：《清代驿站考》，北京：人民出版社，2016年。

［23］曹家齐：《宋代的交通与政治》，北京：中华书局，2017年。

［24］辛德勇：《古代交通与地理文献研究》，北京：商务印书馆，2018年。

九、论文

［1］张嘉瑞：《泾洛渭三水之鸟瞰》，《陕西水利月刊》1932 年第 1 卷第 1 期。

［2］李仪祉：《汉江上游之概况及希望》，《陕西水利月刊》1933 年第 1 卷第 2 期。

［3］傅健哉：《洛河下游概况：自白水至三河口一段》，《陕西水利月刊》1933 年第 1 卷第 4 期。

［4］赵国宾、张嘉瑞：《龙门潼关间之黄河》，《陕西水利月刊》1933 年第 1 卷第 7 期。

［5］杨炳堃：《黄渭洛航运概况及希望》，《陕西水利月刊》1936 年第 1 期。

［6］董继藩、盛石如：《洮河试航报告》，《行政院水利委员会季刊》1942 年第 1 卷第 4 期。

［7］暴绳武、袁鸿志：《查勘陕西任河水道报告》，《行政院水利委员会季刊》1942 年第 1 卷第 4 期。

［8］李书田：《潼关以上黄河水利之展望》，《行政院水利委员会月刊》1944 年第 1 卷第 3 期。

［9］李清堂：《青海水利视察报告》，《行政院水利委员会月刊》1945 年第 2 卷第 11/12 期。

［10］于省吾：《殷代的交通工具和驲传制度》，《东北人民大学人文科学学报》1955 年第 2 期。

［11］章巽：《秦帝国的主要交通线》，《学术月刊》1957 年第 2 期。

［12］史念海：《古代的关中》，《河山集》（初集），北京：三联书店，1963 年。

［13］史念海：《春秋时期的交通道路》，《河山集》（初集），北京：三联书店，1963 年。

［14］王京阳：《关于秦始皇几次出巡路线的探讨》，《人文杂志》1980 年第 3 期。

［15］王文楚：《唐代两京驿路考》，《历史研究》1983 年第 6 期。

［16］艾冲：《西晋以前的褒斜道》，《人文杂志》1983 年第 4 期。

［17］王宗维：《汉代祁连山路考述》，《西北师大学报（社会科学版）》1983 年第 3 期。

［18］卢云：《战国时期主要陆路交通线初探》，《历史地理研究》第 1 辑，上海：复旦大学出版社，1986 年。

［19］林永匡、王熹：《乾隆时期内地与新疆哈萨克的商业贸易》，《西北民族研究》1986 年。

［20］李之勤：《元代陕西行省的驿道和驿站》，《西北史地》1987 年第 1 期。

［21］陈小平：《"唐蕃古道"的走向和路线》，《青海社会科学》1987 年第 3 期。

［22］陈守忠：《北宋通西域的四条道路的探索》，《西北师大学报（社会科学版）》1988 年第 1 期。

［23］李之勤：《元代川陕间的驿道和驿馆》，《中国历史地理论丛》1988 年第 1 期。

［24］鲜肖威：《阴平道初探》，《中国历史地理论丛》1988 年第 2 期。

［25］李之勤：《论唐代的上津道》，《中国历史地理论丛》1988 年第 4 期。

［26］高景明、林剑鸣、张文立：《关中与汉中古代交通试探》，《成都大学学报（社科版）》1989 年第 1 期。

［27］杨伟立：《褒斜道是蜀人走向关中、中原的通道》，《成都大学学报（社科版）》1989 年第 1 期。

［28］李之勤：《唐代的文川道》，《中国历史地理论丛》1990 年第 1 期。

［29］辛德勇：《汉〈杨孟文石门颂〉堂光道新解——兼析傥骆道的开通时间》，《中国历史地理论丛》1990 年第 1 期。

［30］刘敬坤、富兵：《民国时期的首都、陪都与行都》，《民国档案》1994 年第 1 期。

［31］臧振：《"玉石之路"初探》，《人文杂志》1994 年第 2 期。

[32] 郭荣章：《也谈"围谷"、"堂光"之道》，《中国历史地理论丛》1994年第2期。

[33] 马倩如：《周秦先祖在甘肃东部的活动》，《中国典籍与文化》1994年第4期。

[34] 杨希义、唐莉芸：《唐代丝绸之路东段长安至敦煌间的馆驿》，《敦煌研究》1994年第4期。

[35] 梁中效：《宋代蜀道交通与汉中经济的重大发展》，《汉中师范学院学报》1995年第3期。

[36] 李之勤：《傥骆古道的发展特点、具体走向和沿途要地》，《文博》1995年第2期；

[37] 梁中效：《南宋东西交通大动脉——"马纲"驿路初探》，《成都大学学报（社科版）》1996年第1期。

[38] 陈新海：《西汉时期湟中地区的交通》，《中国历史地理论丛》1997年第1期。

[39] 胡小鹏：《元甘肃行省诸驿道考》，《西北史地》1997年第4期。

[40] 党瑜：《褒斜道的开发、变化和历史作用》，《唐都学刊》1997年第4期。

[41] 韩茂莉：《宋夏交通道路研究》，《中国历史地理论丛》1998年第1期。

[42] 刘志玲：《试论商代的交通》，《四川师范学院（哲学社会科学版）》1998年第3期。

[43] 张天恩：《试论关中东部夏代文化遗存》，《文博》2000年第3期。

[44] 赵贞：《敦煌文书中所见晚唐五代宋初的灵州道》，《中国历史地理论丛》2001年第4期。

[45] 刘琴：《五代巡检研究》，《历史研究》2003年第6期。

[46] 侯风云：《抗日战争时期的西北国际交通线》，《江苏社会科学》2005年第4期。

[47] 王伟凯：《试论明代的巡检司》，《史学月刊》2006年第3期。

［48］李之勤：《元明清连云栈道创始于北魏迴车道说质疑》，《历史地理》第 21 辑，上海：上海人民出版社，2006 年。

［49］王晓燕：《论清代官营茶马贸易的延续及其废止》，《中国边疆史地研究》2007 年第 4 期。

［50］孙启祥：《金牛古道演变考》，《历史地理》第 23 辑，上海：上海人民出版社，2008 年。

［51］李之勤：《陈仓古道考》，《中国历史地理论丛》2008 年第 3 期。

［52］李新贵：《〈巩昌分属图说〉初探》，《故宫博物院院刊》2008 年第 2 期。

［53］张萍、杨方方：《明清西安与周边地区道路交通建设及商路拓展》，《唐都学刊》2009 年第 3 期。

［54］胡恒：《清代巡检司时空分布特征初探》，《史学月刊》2009 年第 11 期。

［55］张天恩：《论关中东部的夏代早期文化遗存》，《中国历史文物》2009 年第 1 期。

［56］杨发鹏：《汉唐时期"河陇"地理概念的形成与深化》，《中国边疆史地研究》2010 年第 2 期。

［57］李并成：《汉代河西走廊东段交通路线考》，《敦煌学辑刊》2011 年第 1 期。

［58］周书灿：《早商时期经营四土之考古学新证》，《考古与文物》2011 年第 1 期。

［59］彭邦本：《故道起源新探》，《宝鸡社会科学》2012 年第 3 期。

［60］王子今：《"武侯"瓦当与战国秦汉武关道交通》，《文博》2013 年第 6 期。

［61］朱世广：《马莲河古道初探》，《陇东学院学报》2014 年第 6 期。

［62］周博：《西周陇东与关中交通考略》，《科学经济社会》2016 年第 2 期。

［63］郑宁：《明代递运所考论》，《中国历史地理论丛》2017 年第 1 期。

［64］李龙：《阴平道考略》，《成都大学学报（社会科学版）》2017 年第 1 期。

［65］苏海洋：《唐宋时期青泥路的高精度复原研究》，《西南交通大学学报（社会科学班）》2017 年第 4 期。

［66］杨小敏：《北宋时期的秦州（天水）经济与陆上丝绸之路》，《中国史研究》2017 年第 4 期。

［67］宋翔：《汉魏南北朝时期"河陇"政治地理之演变》，《暨南学报（哲学社会科学版)》2017 年第 5 期。

［68］彭邦本：《金牛道的起源和早期发展》，《中华文化论坛》2019 年第 3 期。

［69］蓝勇：《近 70 年来中国历史交通地理研究的回顾与思考》，《中国历史地理论丛》2019 年第 3 期。

［70］武鑫、贾小军：《汉代张掖郡驿置与道路交通考》，《石河子大学学报（哲学社会科学版)》2019 年第 5 期。

十、学位论文

［1］常玮：《明长城西北四镇军事聚落研究》，天津大学 2014 年博士学位论文。

［2］宋立州：《波河西行——清代西北交通与自然环境研究》，复旦大学 2018 年博士学位论文。

附图二　清代关

图例

- ◉ 府、直隶州、厅
- ⊙ 州、县、厅
- · 驿站
- —— 主要驿道
- ─── 次要驿道
- ─── 河流
- ▨ 湖泊
- ▭ 府州厅界线
- ▭ 省界线

酒泉驿　临水驿　双井驿
肃州　　　　　盐池驿
　　　　　　深沟驿
　　　　　黑泉驿
高台　抚彝厅
　　沙井驿　白泉驿
甘州府　仁寿驿
　　　东乐驿　山丹
　　　　新河驿
　　　　峡口驿
　　　水泉驿
永昌
　　圣远驿
　　怀安驿
　　武威驿
凉州府　大河驿
靖边驿　圆墩子驿
　　　　　大靖　央山岭驿　白墩子驿
古浪　　　　　　　三眼井驿　喜盘水驿
　　　镇美驿　松山驿　奎沟驿
　　　岔口驿　硬城驿
大通　　　武胜驿　　　平番
向阳驿　　　通远驿　庄浪厅
　　长宁驿　塘坊驿
舟曲尔厅　　　西大通驿　红沟驿
镇海驿　西宁府　冰沟驿
哈拉库图尔驿　申中驿　嘉顺驿　苦水驿
　　平戎驿　湟　碾伯　老鸦城
朝天驿　　　　　　水
贵德厅　　巴燕戎格厅　　　　蔡河驿
　　　　　　　　　　沙井驿　兰州府
拉扎山根驿　　　　　　　　定远驿　金县
循化厅　城驿　　　云驿　　　　　秆钩驿
立轮驿　盘根驿　凤林驿　沙泥驿
　　　　河州　　　秆钩驿　廷寿驿
　　独家集驿　定羌驿
　　　　和政驿　洮阳驿　狄道
　　　　　　　　宫店驿　渭源
洮州厅　　庆平驿　　通远驿
　　　　　　三岔驿　漳县
卓尼司　　　　　　酒店驿
　　　　岷山驿　岷州
镇番
青海
河

白
水
龙
文县
四津驿
杀贼驿

千米
0　　50　　100　　200　　300　　400

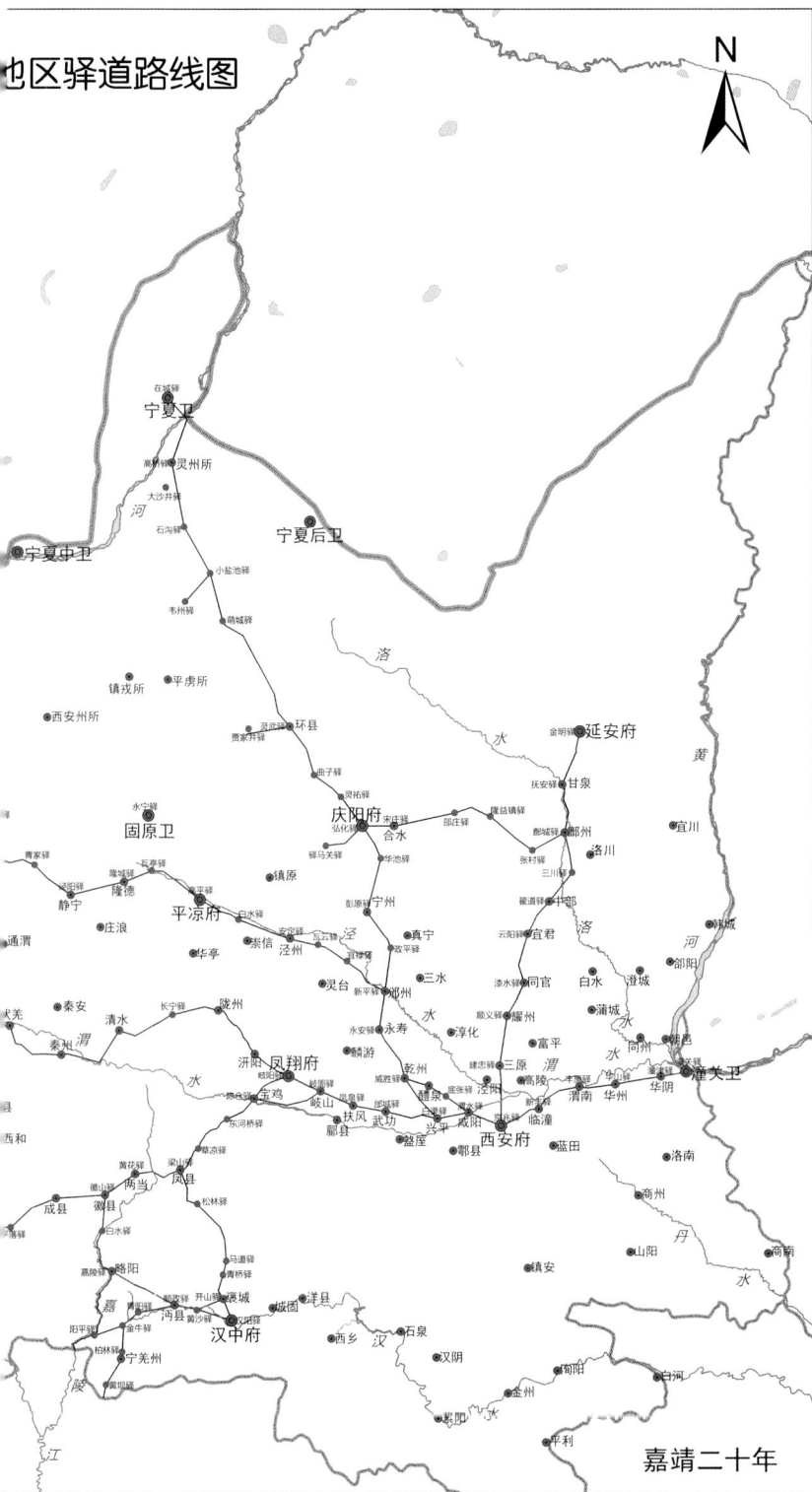

図

地区驿道路线图

N

嘉靖二十年

附图一　明代关陇...

图例

- 府、卫、所
- 州、县、所（隶于卫）
- 驿站
- —— 驿道
- —— 河流
- 湖泊
- 布政司界线
- 疆域界线

酒泉驿　临水驿　河清驿　肃州卫　镇夷所　镇远驿　盐池驿　深河驿　黑泉驿　高台所　高台驿　抚彝驿　大沙河驿　小沙河驿　甘州卫　仁寿驿　甘泉驿　东乐驿　山丹卫　山丹驿　新河驿　石硖口驿　水泉驿　嘉靖驿　水磨川驿　永昌卫　黑黑驿　宁远　镇番卫　黑山驿　三岔驿　柔远驿　怀安驿　武威驿　凉州卫　大河驿　靖边驿　古浪驿　古浪所　黑松驿　镇羌驿　三岔驿　武胜驿　在城驿

青　海

湟　水　黄　河　洮　水　洮　白　龙　江

在城驿　平戎驿　嘉顺驿　西宁卫　冰沟驿　通远驿　庄浪卫　大通山口驿　大通驿　红城子驿　碾伯所　老鸦城驿　巴州驿　苦水驿　归德所　古鄯驿　宋井驿　兰州驿　定远驿　提川驿　永宁驿　沙泥驿　会州驿　靖虏卫　郭城驿　金县　清水驿　扒狗驿　西湖驿　宁远驿　会宁　凤林驿　河州卫　延寿驿　安定　定羌驿　和政驿　消阳驿　临洮府　通安驿　东平驿　清凉　巩昌府　三岔驿　漳县　渭　洮州卫　西店子驿　西津驿　岷州卫　宕昌驿　杀贼桥驿　阶州　文县　临江关驿

千米
0　50　100　200　300　400

秦陇地区驿道路线图

N

光绪八年

宁夏府
镇城口驿
红山驿
清水驿
王鋐驿
灵州
宁灵厅
安定驿
花马池驿
太坝驿
梁口驿
盐金驿
中卫驿
中卫
宁安驿
永乐驿
长波永乐
沙泉驿
韦州堡驿
平远镇
平远
同心城驿
打拉池驿
预旺城驿
阿布条驿
李旺堡驿
海喇都驿
环县
乾盐池驿
海原
郑旗堡驿
三营驿
金明驿
延安府
洛
扶安驿
甘泉
硝沟口驿
永宁驿
宏化驿
合水
麟城驿
鄜州
宜川
硝河城驿
固原州
庆阳府
华池驿
三川驿
洛川
韩城
讯宁驿
保宁
青家驿
单家集
隆德
镇原
彭原驿
宁州
云阳驿
翟道驿
中部
会宁
高家堡腰站
三家所腰站
泾州
荔家堡驿
焦村驿
正宁
宜君
长宁驿
澄城
郃阳
静宁州
庄浪县丞驿
化平川厅
白水驿
安口镇驿
长武
三水
白水
蒲城
同州府
昌府
通渭
华亭
崇信
泾州
灵台
顺义镇驿
醴泉驿
富平
潼关厅
清水
陇州
新平驿永寿
淳化
建忠驿
三原
潼关驿
天水驿
伏羌
泾阳
高陵
华州
华阴
宁远
秦州
汘阳
凤翔府
乾州
醴泉
咸阳
临潼
渭南
礼县
三岔厅
渭
岐阳驿
岐山
礼泉
白渠驿
西安府
蓝田
洛南
西和
黄花驿
强仓驿
郿县
武功
兴平
盩厔
鄠县
商州
成县
徽山驿
梁山驿
东河驿
考义厅
山阳
商南
小川驿
两当
凤县
青草凉驿
三岔驿
佛坪厅
镇安
丹
徽县
松林驿
个州
王落驿
略阳
留坝厅
武关驿
宁陕厅
临江驿
青羊驿
开山驿
马道驿
褒城
青桥驿
顺政驿
汉阳驿
洋县
石泉
旬阳
白河
海县黄沙驿
城固
汉中府
茶溪镇驿
汉阴厅
黄坝驿
宁羌州
西乡
兴安府
陵
定远厅
紫阳
汉
砖坪厅
平利

312